中国仁政司法传统及其现代转化

蒋铁初　著

商务印书馆
The Commercial Press

本书系 2018 年度国家社会科学基金项目
"中国仁政司法的传统及其权益转化研究"
（批准号：18BFX025）的结项成果

目　录

导　言 …………………………………………………………… 1

上　编　中国仁政司法传统

第一章　法内施仁 ……………………………………………… 11
第二章　法外施仁 ……………………………………………… 44
第三章　赦过宥罪 ……………………………………………… 76
第四章　疑罪施仁 ……………………………………………… 91
第五章　优待弱者 ……………………………………………… 108
第六章　教化司法 ……………………………………………… 131
第七章　慎刑详谳 ……………………………………………… 150
第八章　敏速司法 ……………………………………………… 182
第九章　司法守正 ……………………………………………… 208

中　编　中国仁政司法传统的法文化基础

第十章　　仁政理念 …………………………………………… 229
第十一章　伦理本位 …………………………………………… 252
第十二章　刑罚为用 …………………………………………… 266

第十三章	以人治国	285
第十四章	原情司法	299
第十五章	天人感应	318

下编 中国仁政司法传统的现代转化

| 第十六章 | 古今一脉 | 343 |
| 第十七章 | 古为今用 | 365 |

参考文献 …………………………………… 391
后　记 …………………………………… 400

导　言

一

关于中国传统社会治理方式的选择，先秦诸子各持己见。老子认为"治大国若烹小鲜"，主张无为而治。孔子赞赏"为政以德，譬如北辰，居其所而众星共之"，表现出对德治的推崇；孟子宣称"惟仁者宜在高位"，其仁政追求与孔子的德治观念一脉相承。墨家主张贤人治国，强调尚贤使能。法家则主张缘法而治，不过更偏好重刑治国。

五霸迭位，七国争雄，奉行法家主张的秦国一统海内，以法治国自然成了统一之后秦朝的不二之选。然而，秦朝二世而亡的现实导致后世无论哪个朝代都不敢宣称，只须以法治国即可江山永固。汉朝走上了外儒内法的杂治之路，魏晋以后渐次演变为德主刑辅的治国模式。但德主刑辅模式仅具有宣示的意义，统治者内心深处认可的还是"霸王道杂之"的汉家制度，差异只在于在王霸之间更偏重哪一端，不同时期各有抑扬而已。而这种抑扬本身就是儒家理论所能包容的。所谓"三国三典"的"刑新国用轻典""刑平国用中典""刑乱国用重典"，也是儒家主张的治国理念。可见，儒家与法家对治国模式的选择在某种情况下又是相通的。作为霸道体现的法治在秦以后的各个朝代并无根本变化，可谓"百代都行秦政法"，历代制定法皆有重刑色彩，即使号称"得古今之平"的唐律亦不能外。

既如此,儒家德治与仁政的治国理念在立法中就很难畅意伸张,故而须由司法者在实践中通过具体的宽厚司法来予以实现。之所以出现要由司法宽厚来平衡立法严厉这一现象,是因为古代的统治者认为需要通过以刑止刑来实现国家对犯罪的控制,因而立法必须有威慑力,而宽厚司法则可以体现统治者对民众的哀矜。正如朱元璋所言,如在立法中注明宽减之文,会导致民众因法轻而易犯,故而具体的宽减应由领会法意的司法者来权衡适用。职是之故,相对宽厚的司法成了绝大多数时代司法者的选择。

如果一个具秉仁政追求的官员在司法过程中努力践行其哀矜民众的理念,那么此类受仁政理念支配的司法行为该以何名之?古代司法话语中能够体现此种司法的概念有三:一是仁狱,二是恤刑,三是哀敬折狱。"仁狱"概念仅明代余懋学使用过,其含义非常宽泛,甚至部分司法者果于诛杀乃至轻罪重罚的严毅亦被视为仁狱,这与本书要讨论的司法应当善待诉讼参与人的现象轩轾昭然。后两个概念使用较广,含义也基本相同,都强调司法者因出于同情诉讼参与人而认真对待司法审判。笔者之所以也未使用这两个概念,是因为这两个概念中的"狱"和"刑"在中国古代通常指刑名重案,而笔者要关注的善待诉讼参与人不仅指刑名重案审理中的司法现象,还包括细故案件审判中的司法表现。鉴于已有的概念中没有合适的语词,故而笔者将古代的"仁政"与当代的"司法"两个概念结合起来,创造出"仁政司法"这一概念,用来定义那些具有仁政理念的司法者在司法过程中力求善待诉讼参与人的司法行为,且此种善待并非出于司法者的法定义务,而是出于其心中对诉讼参与人的怜悯之念。

二

仁政司法的传统样态有法内施仁、法外施仁、赦过宥罪、疑罪施仁、优待弱者、教化司法、慎刑详谳、敏速司法、司法守正等九种做法。前五种做法有明确宽待诉讼参与人的内容,可以视为仁政司法的直接传统;后四种做法不是直接给予诉讼参与人宽待,但在客观上具有使诉讼参与人获得善待的效果,因此可以视为仁政司法的间接传统。

法内施仁在案件审理的各个阶段都有体现。在案件启动阶段,司法者出于为当事人释冤的动机,可以受理其没有义务受理的案件,也可以在没有当事人主动告状时建议当事人告状并为其释冤。在案件审理阶段,司法者会选择低成本的证据来认定事实,控制刑讯及其他较高成本证据方式的适用。在诉讼程序上尽可能善待诉讼参与人,能不关押的尽量不予关押。在实体处理上有利于被告,在刑罚执行时避免对被告造成意外伤害,行刑宽缓并维护当事人及相关人员的体面。法外施仁既有程序上的,亦有实体上的。实体上表现为对被告刑罚的减免,司法者对行为人或相关人员的怜悯心及赞赏心是其法外施仁的主要心理动因,而司法者考虑案件处理结果的功利心同样会导致其法外施仁,功利心主要表现为维护统治秩序及伦理秩序。法外施仁在客观上要求立法规定较为严厉以及司法者有一定的权限,但帝王法外施仁则不受此限。赦过宥罪也是典型的仁政司法之举。赦宥有普遍赦宥与个别赦宥之别,而普遍赦宥又有大赦与特赦之别。赦宥本身又有免罚与减罚之别。赦宥在主观上有体现仁政及维护统治秩序的考量,因而对严重危及统治秩序的犯罪通常不予赦免。赦宥的深层价值有抵消立法过严之弊及保证君权高于法律的地位。疑罪施仁有疑罪从无与从轻两种,但从轻是主流。从轻的做法主要是从赎而不是降等处罚。通常情况下如果疑罪是罪有罪无之疑,则会认定有罪再给予轻罚;如果是罪轻罪重之疑,则会选择轻罪处罚。优待弱者是仁政司法的重要表现,在中国古代正统法律思想中有着浓厚的理论基础。对弱者的优待既有程序上的宽待,如对特殊囚犯关押时不用械具及免予拷打;亦有实体上的宽待,如对特殊囚犯从轻处罚或减免处罚。优待对象既有法定优待对象如老、幼、疾、妇,亦有法外优待对象如愚蠢、贫穷者。司法者对弱者的怜悯、对老者的敬重、对司法功利目标的追求以及出于教化民众的动机都是优待弱者的理由。

教化司法分为施政教化与司法教化两类。前者通过日常施政来教化民众习于礼让,从而致使纠纷不生;后者则在纠纷产生后通过教化让当事人认识到争讼之非,从而放弃争讼。教化的意义有二,在民事纠纷领域可以使当事人消除争心,在刑事领域则可使行为人知耻认罪。教化司法可以达到减轻讼累以及促进当事人关系和谐的效果。教化的方式有以罚佐教、晓以大义、自责感化、亲自示范、免罚施恩以及其他方式,实践中很多善于教化的司法者往往会综合采用不同的方式施行教化,从而收到良好的社会效果。慎刑详谳首先表现为司法者慎重受理案件,对于应当受理的案件不计利害地予以受理,同时又能够敏锐地发现假案并不予受理。其次表现为司法者慎重于案件的事实审理与谨慎选择适用的法律条文:事实审理重视证据但又不迷信证据,强调证据与情理相结合的方法发现事实真相;慎重适用法律主要表现为对案件的多重审理以及合议制度的实施。此外,强调延缓裁断案件同样具有慎重判断的意蕴。慎重执行案件也是慎刑详谳的表现之一。慎重执行案件有客观与主观两种表现:前者从实施者的角度来看虽无明确的慎刑动机,但客观上有慎刑效果,如秋冬行刑能够使得已判决未执行案件在等待期间获得更合理的处理结果;后者表现为刑罚执行前的一些必要措施,如确认受刑人身份,允许其临刑喊冤,这些做法有可能在最后关头避免冤狱被错误执行。敏速司法强调又快又好地审理案件,意在减少当事人所受讼累。敏速司法表现为在制度上法律对审理期限进行了必要的限定,在方法上强调优先考虑五听审理以及在特定条件下允许适用刑讯。敏速司法在实践中有快速司法、智慧司法、宽仁司法、察情司法及勤政司法五个特征。敏速司法在实践中的主要问题是司法过于强调"速"而忽视了"敏",由此很容易导致案件审理中出现冤狱。因此做好敏速司法与慎刑详谳的平衡是传统司法非常关注的问题。总体上看,两者的平衡有三个表现:大案重详慎,小案重敏速;初审重详慎,积案重敏速;审理重详慎,判决重敏速。司法守正要求司法者依法司法。在法律与事实没有疑问的情况下,司法者能够守正司法,抵制其他司法者法外加刑,这显然具有仁政司法的价值。在法律规定和事实定性有弹性的情况下,司法者能够探究法理与人情对案件作出公平或宽厚的判决,同样具有仁政色彩。

三

仁政司法传统的形成离不开特定的法文化基础。仁爱思想与仁政理念是仁政司法最直接的观念基础。司法者在其司法行为中善待诉讼参与人,根本原因是对行为人可能受到程序与实体上的伤害抱有同情,因而才会有法内施仁、法外施仁、赦过宥罪、疑罪施仁及优待弱者之举。而教化司法、慎刑详谳、敏速司法及司法守正同样在很大程度上是司法者基于对当事人的同情而作出的选择。

伦理本位是中国传统社会的重要理念。它对仁政司法传统的影响可以分为两个方面：当维护伦理与善待当事人可以兼容时，司法者自然会作出宽待当事人之举；当维护伦理与善待当事人产生冲突时，大多数司法者会选择维护伦理。具体而言，在案件受理过程中，司法者会优先受理维护伦理的案件；在证据采信过程中尽力避免破坏伦理；在疑难案件的事实认定环节注重维护伦理；对亲属争讼案件更偏爱调解；同时在案件判决与执行过程中强调对伦理的维护。

刑法为用是指统治者将法律只视为一种统治工具，法律在统治者的观念中缺乏神圣性。法律工具主义观念导致中国古代在立法上长期采用重刑主义。但立法重刑不可能在司法上得到全部实现，这导致中国古代法制状况中长期存在立法严酷而司法相对宽厚的现象。再则，由于法律工具主义致使刑法在司法者心目中缺少权威性，因而司法者会认为在必要时对当事人法外施仁具有正当性，从而敢于施仁。

人治观念同样是中国古代重要的治理理念。人治强调的是善人善治而非违法施暴。人治观念主张司法贵在得人，而以做一个仁者为理想的司法者不会满足于在司法过程中仅仅依法裁断。他们会以父母官心态对待诉讼，在司法实践中注重教化，强调慎刑详谳及敏速司法。而且仁者不应拘泥于僵硬的法条，应当在法律允许的范围内尽最大可能善待当事人，必要时也可以越法对当事人施仁。

以情折狱有两个表现，一是在事实认定阶段依据情理认定事实，二是在法律适用阶段依据情理对案件作出判决。前者是对依口供与证据定案的补充，后者则是对依法判决的变通。以情折狱在中国古代社会极受司法者青睐。在事实审理领域，以情折狱会使案件的事实认定更接近真实，也经常能够平反冤狱，因而具有仁政司法的色彩。在法律适用领域,以情折狱能够使司法者发现案件的特别之处从而作出更合理的判决。需要说明的是,法律适用意义上的以情折狱往往使得案件的处理结果比简单的依法判决更加宽缓,具有明显的仁政司法意蕴。

天人合一观念主张天德好生、因果报应及司法应当顺应时令。受天德好生观念影响,司法者认为自己应有好生之德,在司法实践中应当慎重刑狱,避免枉杀无辜。受因果报应观念影响,司法者因惧怕天谴以及追求善报,会努力追求正确认定案件事实并尽力宽厚处理案件。这一观念还影响了司法者与当事人的鬼神观念,司法者或主动利用或被动适用鬼神观念,往往能够获得发现真实的意外效果,从而有利于案件的正确处理。而司法应当顺应时令的观念在实践中会给一些案件的平反或从宽处理制造机会,在一定意义上也是有利于实现仁政司法之举。

四

中国仁政司法的传统与现代法治价值在很多方面可以兼容。如慎刑详谳与当代司法强调的发现真实进而实现实体正义可以兼容。司法守正在当代社会表现为司法公正及维护法治权威。善待当事人的法内施仁、法外施仁、优待弱者、疑罪施仁、赦过宥罪与当代司法中注重人权保障及有利于被告原则具有相通性。教化司法与当代和谐社会建设具有相同的价值追求。敏速司法与当代社会重视司法效率及保障人权具有共通性。

仁政司法传统的法文化基础与当代法文化在很多方面亦有许容性。仁爱思想与当代社会的人道主义名异而实同,以情折狱观念在当代司法中可以表述为综合运用有效证据认定事实及综合案情进行判决。维护家族伦理观念与当代社会提倡的促进家庭和谐、孝老爱亲观念在一定程度上可以相通。古代人治观念强调贤人治国及导民以德与当代社会的以德治国观念同样可以兼容。

仁政司法传统与当代法治理念所具有的共通性是我们能够将仁政司法传统进行改造以解决当代司法痼疾的前提。当代司法存在的问题主要有以下四个方面：一是非法刑讯经常导致冤案产生，二是刑事案件中的超期羁押具有一定的普遍性，三是司法人员违法办案屡禁不止，四是民事案件的调解及刑事案件的和解常被滥用。为了治理上述司法痼疾，可以考虑将仁政司法传统进行改造后纳入我国当下的司法制度中。具体做法有以下三种：

一是为了更充分地发挥调解制度的作用，可以借鉴中国古代的调解制度，取消当代调解制度中将调解结案率作为考核法官业绩的指标，要求法官告知当事人有是否接受调解的选择权。可以为非财产类纠纷的诉讼设置调解前置程序，同时赋予这一程序在一定期间内的法定效力。

二是为了更有利于发现真实，可以借鉴古代慎刑详谳的做法，赋予当事人及其代理律师更大的取证权及更为具体可行的质证权，以保证最大程度地发现案件事实，同时允许重大案件实行三审终审。

三是为了充分地保障人权及善待当事人，可以赋予刑事案件被告人以酌定情节请求从轻量刑的权利、疑罪案件被告人申请无罪或者轻罪判决的权利、重新设定老幼疾者量刑标准并赋予他们申请优待的权利，赋予被刑讯者及被超期羁押者要求羁押方自证未实施刑讯及未超期羁押的权利，赋予特殊案件当事人申请国家赦免的权利。

上 编

中国仁政司法传统

中国古代司法传统一直是法律史学界关注的重点,已有研究成果多聚焦于司法传统中的可道之处。概而言之,中国古代司法中的"慎刑",不仅包括"轻刑""宽刑",也包括合理的重刑;①仁道矜恤是中国古代司法的原则之一,其表现为以德司法、以情断案及慎刑恤狱;②在程序和正当性不充分,或在疑罪或可同情的情况下,中国古代司法尽量对被告予以宽宥;③传统司法并非仅仅追求公平,而是更加倾向于追求解决纠纷,恢复原有的平顺有序的社会秩序,并最终希望达致人与人之间的和谐。④可见,学界虽未提出"仁政司法"的概念并将之类型化,但上述司法传统的优秀因子无疑在本质上符合仁政司法的要求。本编在学界已有研究的基础上,凝练出"仁政司法"的概念并对其具体表现进行类型化研究,可以揭櫫中国优秀司法传统的基本品格及各种实相。类而言之,优秀司法传统的具象有法内施仁、法外施仁、赦过宥罪、疑罪施仁、优待弱者、教化司法、慎刑详谳、敏速司法、司法守正等九种做法。

---

① 孙光妍、隋丽丽:《"慎刑"新释》,《北方论丛》2008年第6期。
② 胡旭晟主编:《狱与讼:中国传统诉讼文化研究》,中国人民大学出版社2012年版,第95—97页。
③ 张中秋:《传统中国法特征新论》,《政法论坛》2015年第5期。
④ 赵晓耕:《传统司法的智慧:"求真以致公平"还是"解纷以致和谐"》,《人民法院报》2016年2月19日。

第一章　法内施仁

所谓仁政司法,是指司法者在仁政理念支配下实施的司法行为,其基本要求是在司法过程中善待诉讼参与人。司法者依法给予当事人的善待属于仁政立法效用的范围,不是仁政司法研究的对象。仁政司法中的善待主要表现为法律之内的善待和法律之外的善待。法内善待表现为司法者在善待当事人时并无法律义务,但同时也不违背法律规定,即在可以选择的司法行为中选择了有利于当事人的做法。法内善待又可称为法内施仁。法内施仁在案件审理的启动、证据运用、案件审理判决及案件执行四个阶段都有体现。

一、案件审理启动阶段法内施仁

(一)受理没有受理义务的案件

中国古代立法对于司法者是否应当受理当事人的起诉,有一定的要求。总的原则是强调司法者应当受理当事人的告诉,但也规定在特殊情况下不得受理特定案件。对于应当受理案件的要求,主要针对有管辖权的司法者而言。如当事人向没有管辖权的司法者起诉,则该司法者没有受理义务。但在司法实践中,有的司法者面对不属于自己管辖的案件,出于为当事人辩明冤枉的考虑,也会破例予以受理。隋代的

一位司法者即受理了本不应由其受理的案件,并最终查明真相。《折狱龟鉴》卷七《钩慝》载:

> 唐张元济(《新唐书》本传作"允济"),隋大业中为武阳令……元武县与其邻接,有人以牸牛依其妻家者八九年,牛孳生至十余头。及将异居,妻家不与,县司累政不能决。其人诣武阳质于元济。元济曰:"尔自有令,何至此也?"其人垂泣不止,且言所以。元济遂令左右缚牛主,以衫蒙其头,将诣妻家村中。云捕盗牛贼,召村中牛悉集,各问所从来处。妻家不知其故,恐被连及,指其所诉牛曰:"此是女婿家牛也,非我所知。"元济遂发蒙,谓妻家人曰:"此即女婿,可以归之。"妻家叩头服罪。①

本案中,张允济作为武阳县令,在面临元武县民告状时,问其"尔自有令,何至此也",表明他对自己没有受理邻县案件义务的事实有着清醒的认识。但在看到告状者"垂泣不止"并"且言所以"后,他相信了原告陈述应当为真。据此他认为若不受理该案,则当事人之冤无法伸理,遂予以受理。我们知道,隋时的法律虽有管辖方面的规定,但那只是强调官员有义务受理法律规定的属于其管辖范围内的案件,并非限制官员受理不属于其管辖范围内的案件。因此张允济不受理该案当然无可指责,但受理了也不能认为其行为非法。正因为如此,邻县县司在张允济审理成功后也只是"大惭",而不能劾其越权受理案件。这一做法在后世亦屡有发生。

---

① [宋]郑克:《折狱龟鉴》卷七,清嘉庆墨海金壶本,第102页。

唐江阴令赵和,咸通初,以折狱著声。淮阴有二农夫,比庄通家。东邻尝以庄契契于西邻,后当取赎,先送八百千。自恃密熟,不取文证,再赍余镪至,西邻遂不认。东邻诉于县,又诉于州,皆不获伸理,遂来诉于江阴。和曰:"县政甚卑,何以奉雪?"东邻泣曰:"至此不得理,则无处伸诉矣。"问:"尔果不妄否?"曰:"焉敢厚诬!"乃召捕贼之干者,赍牒淮阴。云有劫江贼,案劾已具。其同恶在某处,姓名、状貌悉以西邻指之,请桎付差去人。西邻自恃无迹,初不甚惧,至则械于廷。和厉声诘之,囚泣诉其枉。和曰:"事迹甚明,尚敢抵讳!所劫之物,藏汝庄中,皆可推验,汝具籍赀产以辩之。"因不虞东邻之越诉,乃供"折谷若干,庄客某人者;细绢若干,家机所出者;钱若干,东邻赎契者"。和复审问,乃谓之曰:"汝非劫江贼,何得隐讳东邻赎契钱八百千?"遂引其人,使之对证。于是惭惧服罪,桎回本县,检付契书,置之于法。①

本案中,赵和受理案件的做法与张允济类似。材料中言"因不虞东邻之越诉",正说明此种越诉没有法律依据,也不是经常发生之事。比较两案的受理,我们发现司法者在决定受理本不属于其管辖范围内的案件时,都相信当事人所言为真,而非通常情况下受理案件时对事实没有预判,受理及审理案件是为了查明事实。此处两案的受理在司法者的意识中并非纯粹为了查明事实,更多了一层证明其心中预判事实为真的动机在内。由此可见,他们如此选择的理由就在于他们认为自己在为有冤难伸的原告伸张正义,属典型的仁政司法之举。

---

① [宋]郑克:《折狱龟鉴》卷七,清嘉庆墨海金壶本,第103页。

（二）主动启动案件审理

中国古代案件审判的启动机制，向来有"民不告、官不理"①之说。刑名重案尚且可以因司法者发现案件线索而主动提起；对于民间争讼，通常不会主动发起审判。但有的司法者也会有例外之举，他们甚至会鼓动当事人报官。前引隋代的张允济就曾有此举：

> 张允济……尝道逢一老母种葱者，结庵守之。允济谓母曰："但归，不烦守也。若遇盗，当来告令。"老母如其言，居一宿而葱大失。母以告允济。悉召葱地十里中男女毕集，允济呼前验问，果得盗葱者。②

本案的司法者之所以会有如此作为，很显然是其不忍老母受结庵守葱之苦的善念所致。可见，本案的主动司法有强烈的仁爱情怀在内。司法者主动受理案件还表现为对前任已审结的且当事人也服判的案件自主启动再审。《清稗类钞》载：

> 东湖有某妇，事姑孝……适姑寝问安……见姑床下有男子履，大骇……为掩门而出。姑已觉之，羞见其妇，自缢而死。乡保以妇逼死其姑鸣于官，妇恐扬其姑之恶，不复置辩，遂自诬服，已按律定谳矣。新令张某莅任，过堂，见妇神气静雅，谓必非逼死其姑者，疑其有冤，再三研诘，矢口不移……令终疑之，沉思累日，县有差役某

---

① 此为今人对古代司法制度及实践的认识，依目前资料，古人并无此言。
② 《旧唐书》卷一百八十五上《张允济传》。

甲者,其妻素以凶悍著。令忽招甲云,有公事须赴某县一行。俾还家束装,速来领票。顷之,某甲到署,令忽大怒曰:"汝在家逗留,误我公事,必为汝妻所縻也。"即发签拘其妻,鞭之五百,血流浃背,收入狱中,与获罪妇同系。某甲之妻终夜诅骂,谓县令如此昏暴,何以服人。妇闻其絮聒不休,忽言曰:"天下何事不冤,即如我任此死罪,尚且隐忍不言,鞭背小事,盍稍默乎?"张乃使人潜听于户外,闻言来告,张大喜,明旦提妇与某甲之妻同至堂上,诘以昨夕所闻之言,妇不能隐。张悉心鞫问,尽得其情,平反此狱。①

本案原审中,被告已承认犯罪指控,且讯问过程中并无刑讯行为。从常理上说,被告不存在自诬的可能。但复审的司法官员认为一个神气静雅的妇人不可能作出逼死其姑的悖逆之举,故而没有轻信她的认罪口供,决定重新审理该案。本案重审的可贵之处还有另一处体现,即当司法者复审后并未发现先前的事实认定有不合逻辑之处,原本可以直接认可原审结论。但司法者因为坚信自己的怀疑,遂精心设计审理模式,最终查明事实真相,避免酿成重大冤狱。我们有充分理由认为,本案重审的启动及特殊审理方式的适用都是司法者尽力避免冤狱的理念所致。

二、证据运用环节法内施仁

(一)优先选择低成本方式认定事实

无论是从立法规定还是从司法实践来看,中国古代诉讼中案件事

---

① 徐珂编撰:《清稗类钞·狱讼》,中华书局1984年版,第1107—1108页。

实的发现及认定主要还是依据证据。司法者运用证据本身对当事人而言往往构成一种负担,此种负担即为诉讼的成本。为此,有仁政之念的司法者会尽力降低证据运行过程中的成本。实践中司法者的做法主要有以下两种。

一是通过察言观色发现案件疑点并进而发现真实。中国古代审判非常重视直觉,以察言观色为内容的五听尤受司法者重视。《周礼》首载五听之法:"以五声听狱讼,求民情。一曰辞听;二曰色听;三曰气听;四曰耳听;五曰目听。"①南北朝时,五听入律,且成为发现事实真相方式之首选。北魏《狱官令》规定:"诸察狱,先备五听之理,尽求情之意;又验诸证信,事多疑似,犹不首实者,然后加以拷掠。"②这一内容为唐宋律继承。立法中五听居首的地位也得到了司法者的认同。西魏苏绰指出:"治狱之官,精心悉意,推究事源,先之以五听,参之以证验,妙睹情状,穷鉴隐伏,使奸无所容,罪人必得。"③在实践中善用五听往往能取得良好的审理结果。《三国志》所载高柔审理窦礼被杀案即是善用五听的典范:

> 护军营士窦礼近出不还。营以为亡,表言逐捕,没其妻盈及男女为官奴婢。盈连至州府,称冤自讼,莫有省者。乃辞诣廷尉。柔问曰:"汝何以知夫不亡?"盈垂泣对曰:"夫少单特,养一老姬为母,事甚恭谨,又哀儿女,抚视不离,非是轻狡不顾室家者也。"柔重问

---

① 《周礼·秋官·小司寇》。
② 北魏时五听入法,意味着司法者在司法过程中有适用五听的义务。受《周礼》中记载的五听的影响,汉魏时期司法者在实践中运用五听的做法并不罕见。我们可以如此理解:在北魏之前,司法者运用五听听狱是其权利,用与不用都可以;而北魏以后,司法者运用五听成了义务,审判中必须要运用。
③ 《周书》卷二十三《苏绰传》。

曰:"汝夫不与人有怨仇乎?"对曰:"夫良善。与人无仇。"又曰:"汝夫不与人交钱财乎?"对曰:"尝出钱与同营士焦子文,求不得。"时子文适坐小事系狱,柔乃见子文,问所坐。言次,曰:"汝颇曾举人钱不?"子文曰:"自以单贫,初不敢举人钱物也。"柔察子文色动。遂曰:"汝昔举窦礼钱,何言不邪?"子文怪知事露,应对不次。柔曰:"汝已杀礼,便宜早服。"子文于是叩头,具首杀礼本末,埋藏处所。柔便遣吏卒,承子文辞往掘礼,即得其尸。诏书复盈母子为平民。①

本案中,司法者通过询问被害人之妻,已经怀疑焦子文可能是杀害窦礼的凶手,但司法者并没有刑讯焦子文或者大规模逮证讯问,而是采取了成本最低的色听方式并使得焦子文认罪,实现了发现事实的成本最小化。在适用五听与刑讯都合法的情况下,司法者选择五听而放弃刑讯,性质上属于法内施仁之举。

二是司法者凭借智慧及经验发现真实。依智慧与经验审理案件与五听一样具有降低诉讼成本的价值。实践中经验丰富的司法者常依此发现真实。

  (陆)云到官肃然。下不能欺,市无二价。人有见杀者,主名不立。云录其妻,而无所问,十许日,遣出。密令人随后。谓曰:"其去不出十里,当有男子候之与语,便缚来。"既而果然,问之具服。云:"与此妻通,共杀其夫。闻妻得出,欲与语,惮近县,故远相要

---

① 《三国志·魏书》卷二十四《高柔传》。以色听发现疑点的案例史不绝书。《折狱龟鉴》载:"后汉法雄,为青州刺史。每行部,录囚徒,察其颜色,多得情伪。"

候。"于是一县称其神明。①

本案中,司法者凭借丰富的办案经验推测被害人之妻与他人同谋杀害被害人,而同谋之人一定会向被害人之妻打听讯问情形,且料定他担心在附近询问民妻会被官府发现,因而在远离县衙的地方询问。因为被害人之妻被关押在官府十余日,所以真凶急于知道司法者问了哪些内容,尤其想知道司法者是否已经对他们产生怀疑,为此真凶又不可能在更远的地方等待,断定不出十里定有人相候。司法者对此算无遗漏,故而能够发现嫌疑人。本案发现嫌疑人依靠的完全是司法者的经验及智慧,不仅没有适用刑讯,连公堂讯问及证据收集与审查程序也都略去。此类发现真实之法之所以能为人们津津乐道并被载入史册,理由不仅在于它能够发现真实,还在于其发现真实的方式并非法律强制要求,而是司法者主动选择的结果,反映出司法者办案态度的主动性与积极性,且发现事实真相的成本极低,这与仁政司法的价值追求完全相符。

(二) 控制高成本取证方式的适用

仁政司法强调应努力在不害人、少害人的前提下发现真实,因而对于可能给当事人带来一定伤害的取证方式的适用就应非常慎重。立法应对此类方式的适用予以严格控制,司法实践中也应尽量做到能少适

---

① 《晋书》卷五十四《陆机附陆云传》。此类依智慧与经验审理案件的事例并非偶然,而是在司法史上经常发生的。《折狱龟鉴》载,唐贞观中,卫州版桥店主张迪妻归宁。有魏州三卫杨正等三人投店宿,五更早发。是夜,有人取其刀杀迪,却纳鞘中,正等不觉。至晓,店人追及,刀血狼藉,收禁考掠,遂自诬服。太宗疑之,差御史蒋常覆推。常至,追店人十五以上皆集,人数不足,因俱放散。独留一妪年八十余,晚乃令出,密遣狱典觇之,曰:"有人共话,即记姓名。"果有一人问妪:"使人作何推勘?"前后三日,并是此人。捕获诘问,具服与迪妻奸,杀迪,有实迹。正等乃释。本案的审理思路与陆云的审理案件思路极为相似,不排除后者是从前者审理案件的经验中得到灵感的。

用即少适用,能不适用则不予适用。

1. 控制刑讯适用

在发现真实的各种证据方式中,以刑讯来获得受讯人认罪或作证的成本最高,也常为人诟病。南宋吴雨岩曾言:"诸郡狱案,又有因追捕妄捉平人吊打致死者。呜呼,斯民何辜,而罹此吏卒之毒。且寻常被追到官人……非必皆有所犯。呜呼,见吏卒或捆或踢……继以百端苦楚……苟有仁心者,宁不为之痛心疾首。"①与一般人批评刑讯会致人自诬不同,吴雨岩批评的是刑讯平人对无辜者造成的伤害。退而言之,纵使受讯人有罪,司法者对其刑讯同样有违正当司法理念。我们知道,中国古代审判中已实施的刑讯并不能在被告后来所受刑罚中抵消。若被刑讯者确实有罪,且在刑讯后认罪,则其所受刑讯与后来实体刑罚相加肯定大于其应得之罚。罚大于罪当然属于断狱害人。按照仁政司法的理念,诉讼中理应禁绝刑讯。但古人又认为刑讯有利于发现真实。古代法谚有云:"人是苦虫,不打不成。"②"人是木雕,不打不招。"③可见在很多人心目中,刑讯有发现真实的功能。刑讯的合法化表明仁政司法理想对发现真实的诉讼目的作出了妥协。不过妥协并不意味着全面退让,立法在承认刑讯合法化的同时又对刑讯的适用进行了限制,主要表现为两个方面。

首先是限制刑讯的严厉程度。对刑讯严厉程度的限制主要表现为限制刑讯实施的方式、刑具规格及刑讯数量。汉律要求:"掠者唯得榜笞立。"《令丙》载:"棰长短有数。"④前者规定刑讯囚犯只能用木棍、竹

---

① [明]张四维:《名公书判清明集》卷一,明隆庆三年盛时选刻本,第39页。
② [清]郑小白:《金瓶梅》卷十九,旧钞本,第1511页。
③ [明]熊大木:《杨家将》,三秦出版社2012年版,第67页。
④ 《后汉书》卷四《章帝纪》。

板抽打和罚其站立的方式进行,这显然是对刑讯方式的限制。后者是对刑具规格的要求,同样有限制刑讯严厉程度的意义。《魏书·刑罚志》载:"理官鞫囚,杖限五十……乃为之制,其捶用荆,平其节,讯囚者其本大三分,杖背者二分,挞胫者一分,拷悉依令。"此处对刑讯方式、刑具规制及数量皆进行了详细规定。南朝立法规定:"立测者,以土为垛,高一尺,上圆,劣容囚两足立。鞭二十,笞三十讫,着两械及杻上垛;一上测七刻,日再上,三七日上测,七日一行鞭,凡经杖,合一百五十。"①立测虽属严厉刑讯,但亦有数量限制。唐律号称得古今之平,对刑讯严厉程度的限制最为完备。法律规定:"拷囚不得过三度,数总不得过二百,杖罪以下不得过所犯之数……每讯相去二十日。若拷过三度,及杖外以他法拷掠者,杖一百……他法拷掠,谓拷囚以法杖之外,或以绳悬缚,或用棒拷打……"②唐律限制刑讯的进步之处在于不仅有正面的数量、刑具、时间的限制,而且还有反面的限制。这样使得法律对刑讯严厉程度的限制更加完善,也更有针对性。唐律对刑讯限制制度中最能体现仁政司法精神的是"杖罪以下不得过所犯之数"。这一规定与发现真实的关系并不紧密。假如被告被控之罪只应受十杖,刑讯二十尚不至于迫使其自诬。立法之所以如此限制,是因为考虑到若杖罪刑讯过数,即使被告后来被查明确实有罪,也是刑过于罪。可见,超过所犯之数的刑讯显属不仁之举。明清时期,立法要求夹棍拶指等酷刑只能适用于重大案件正犯及干连有罪人犯。其余"别项小事"只能用笞杖刑讯。轻罪不用重刑主要是考虑到重刑远过于轻罪成立时的应受之罚,属不仁之举。其立法旨趣与唐律强调笞杖罪刑讯不得过所

---

① 《隋书》卷二十五《刑法志》。
② [唐]长孙无忌等:《唐律疏议》卷二十九,宋刊本,第646页。

犯之数的立法意旨相同。

其次是限制刑讯实施的对象。这一做法主要表现为老幼弱不拷讯制度,此一制度最早在曹魏时期即已萌芽。《三国志》载:

> (孙礼)迁冀州牧。太傅司马宣王谓礼曰:"今清河、平原争界八年,更二刺史,靡能决之;虞、芮待文王而了,宜善令分明。"礼曰:"讼者据墟墓为验,听者以先老为正,而老者不可加以榎楚。又墟墓或迁就高敞,或徙避仇雠。如今所闻,虽皋陶犹将为难。若欲使必也无讼,当以烈祖初封平原时图决之。"①

孙礼所言"老者不可加以榎楚",即对作为证人的老人不可以拷讯。联系汉代关于老年人在诉讼中的优待措施都与幼弱者并论的史实,②可以推知这一时期的幼弱亦应不受拷讯。唐律规定老幼疾及有"疮病之囚;妇人怀孕及产后未满百日"者受审时不予拷讯,理由是"矜其老小"。③ 可见不刑讯老幼弱是为了实践立法者的仁政司法理念。唐律老幼弱不拷讯的规定在宋元明清各代都受到立法重视。我们知道,仁政司法首先要求司法者怜悯诉讼参与人,而对弱者的怜悯更符合仁政精神。如果说孔子所言"仁者爱人"是表明对他人的泛爱,那么孟子所主张的"恻隐为仁"则更强调对于弱者的偏爱。在刑讯还被视为发现真实手段之时,立法禁止对老幼弱者刑讯,体现了立法者心目中发现真实追求对仁政司法理念的让步。

---

① 《三国志·魏书》卷二十四《孙礼传》。
② 如《汉书·刑法志》载景帝时令:"年八十以上,八岁以下,及孕者未乳、师、侏儒,当鞫系者,颂系之。"
③ [唐]长孙无忌等:《唐律疏议》卷四,宋刊本,第95页。

按照仁政司法理想,刑讯不应适用;按照诉讼制度,刑讯虽可以用,亦应严控。考察古代司法实践,我们发现确实存在司法者本可适用刑讯却放弃适用并最终发现真实的案件。

> 时有盗官物者,疑无难士施明。明素壮悍,收考极毒,惟死无辞。廷尉以闻。权以表能得健儿之心,诏以明付表,使自以意求其情实。表便破械沐浴,易其衣服,厚设酒食,欢以诱之。明乃首服,具列支党。表以状闻。权奇之,欲全其名,特为赦明,诛戮其党。迁表为无难右部督。①

> (钧)尝禽劫帅,不加考掠,和言诮责。劫帅稽颡乞改过,钧便命遣之。后遂为善人。②

上述两案中,前案陈表审理无难士施明,先前的司法者已适用刑讯,但被告没有认罪,按例陈表可以继续适用,但他没有继续刑讯,而是改弦更张,诱其认罪。殷钧审理劫帅,同样在可以适用刑讯的情况下放弃刑讯,通过和言诮责的方式使得被告认罪。此类案件在司法实践中广泛存在,表明古代社会不乏追求仁政司法理想的司法者。

就立法中严格适用刑讯的规定而言,实践中亦有不少刑讯的适用符合律条所体现的慎用刑讯意旨。清人蓝鼎元在审理一桩案件过程中的刑讯适用即具此种精神。乡民杜宗城之妾郭氏投水身死,仵作验郭氏有被殴之伤。司法官讯问杜宗城的幼女阿端,阿端回答郭氏因偷糖

---

① 《三国志·吴书》卷十《陈表传》。
② 《南史》卷六十《殷钧传》。

被杜宗城之妻林氏用棍殴打。官员问阿端木棍何在,阿端说在林氏房门后。吏人据阿端供词将小木棍携出,与郭氏所受伤相验符合。司法官讯问林氏,林氏不承认殴打郭氏。司法官声称要刑讯林氏,林氏神色不变;司法官遂命对其拶指并拷打二十,林氏依然不承认。杜宗城及乡长、左右邻居等都劝林氏不必诿卸。林氏遂承认阿端所言属实。① 依清代立法,刑讯必须在证佐明白且被告人不认罪时才能实施,对于命盗重案可以实施夹棍拶指等严厉刑讯。本案中郭氏投水身死,属于命案。在刑讯之前的证据要求已经达到赃仗证佐明白的程度。但嫌疑人拒不承认,司法者对其刑讯具有合法性,在时人观念中亦不违背仁政司法理念。

2. 其他取证方式的限制

除刑讯外,对其他可能给相关人员带来伤害的取证方式的适用应同样予以限制。与现代社会相比,古代科技水平较低,受此影响,实物证据有时难以发挥其应有的作用,如血液痕迹就很难发挥其确定行为人身份的作用。故而言词证据在中国古代诉讼中具有突出地位,是查明案件事实的主要依据。言词证据主要由当事人及证人提供。古代司法者不仅认识到当事人与证人对案件审理中事实认定的重要性,也认识到了对当事人与证人的广泛传唤会给社会造成消极影响,因而会谨慎适用人证方式。在取证活动中减轻对当事人与证人的不利影响亦为仁政司法之举。具体做法有以下四个方面。

第一,限制关押证人时间、控制证人到堂人数以及限制女性和儿童等证人到堂。

针对司法实践中发生的"证佐相随入狱,虽供责已具,而狱吏或以无保识,或以别州县,虑其再追不至,例皆同拘牢户,同解本州。直候结

---

① [清]蓝鼎元:《鹿洲公案·尺五棍》,群众出版社1985年版,第229页。

案,无番异方得释放。盖证佐之人多是他州商贾与村落农夫,或有老亲弱子别无他丁,必候其人营贩作业始可生活。一遭禁系动绵岁月,其家啼饥号寒,遂挤沟壑,其身或苦疾病因而瘐死,无罪陨命"的现象,南宋官员洪适如此奏请朝廷:

> 乞圣慈严下州郡,应诸县所追证左,若供责已具,限一月先与召保知在。或村落农夫,在市无人保识,即令押下本都知在;或他州县人即传押付本土,随其乡部召保施行。皆不得别为苛留,听令从便经营日食。若罪囚到州,辞情异同,或移狱别州鞫勘,必须再追证左,并委长吏取紧要人,量行点追。如或违戾,常令提刑司觉察按劾,重置于罪。提刑失察者,诸司互举之。庶使无辜之人不致久留缧绁,其家不致穷饿就死。①

在供责已具的情况下,若证人被继续关押,不仅自身受累,而且影响家庭生计。司法者若有爱民之心,理应释放对查明事实已无影响的证人。不仅已经作过证的证人不应继续关押,司法者还应尽量控制到堂证人人数,避免传唤不必要的证人到堂。

元代也有诉讼应选择传唤证人的规定。"至元二十八年,江西行省榜文内一款。今后诸人告状,受理官司披详审问,所告之事有理而实,先将被告人勾唤到官,取问对证。若已承服,不须别勾证佐;若被告人不伏,必须证佐指说,然后将紧关干连人指名勾摄。无得信从司吏一概呼唤,违者痛断。词讼不指亲属子证。"②对原告起诉,若被告承认指控,

---

① [宋]洪适:《盘洲集》卷四十一,四库全书本,第540页。
② [元]佚名:《元典章》卷五十三,元刻本,第969页。

则不须另勾证佐;被告人不服时,亦只勾摄紧关干连人,自然会减少证人到堂数量。而要求词讼不指亲属子证,主观上是为了维护伦理规范,客观上则有降低诉讼成本的效果。清代黄岩讼状格式规定:"户婚田土细事,干证不得过三名,违者不准。"①

上述控制证人作证时间及作证人数的规定,其意义并非为了更有利于发现真实,而是尽量减少对证人的伤害。明人吕坤要求对当事人提供的犯证,"不得一概发票,累苦小民"②。清人汪辉祖主张办案时,"不宜传讯差提人,非紧要宜随时省释,不宜信手牵连被告多人。何妨摘唤干证,分列自可摘芟,少唤一人,即少累一人。堂上一点朱,民间千点血。下笔时多费一刻之心,涉讼者已受无穷之惠"③。可见在前述司法者心目中,少传证人具有减少断狱害人的意蕴。

对于身份特殊证人的传追,法律亦有特殊规定。南宋绍兴年间,"大理司直李璟面对,乞申严法禁,狱事连妇女童稚,别有证佐可以结绝者,勿追。从之"④。对于女子与儿童免除到堂作证义务,原因在于司法者认为他们到堂作证所受伤害较寻常人更重,故而此举有仁政司法之意图。⑤ 此种免除妇女作证的做法在后代亦存在。清代的讼状条例规定:"告诉内以生监妇女作证,并已经结案复行翻控者,不准。"这一做法虽有将生监妇女作证权免除转化为剥夺其作证资格的意图在内,但其客观上有利于被列为证人的特殊人群则是没有疑问的。

---

① 田涛、许传玺、王宏治主编:《黄岩诉讼档案及调查报告》,法律出版社2004年版,第234页。
② [明]吕坤:《吕坤全集·实政录·听讼》,中华书局2008年版,第1102页。
③ [清]邵之棠:《皇朝经世文统编》卷九,清光绪辛丑年上海宝善斋石印,第730页。
④ [宋]李心传:《建炎以来系年要录》卷一百六十六,清史学丛书本,第4168页。
⑤ 古人有贱讼观念,认为涉讼为人所不齿。妇女比男子更重廉耻,因而不能轻涉公堂;儿童更应受到充分保护以避免涉足是非之地,否则对其成长不利。

实践中,很多司法者会控制证人数量以减少取证扰民,甚而会放弃传讯某些关键证人到堂作证。明代四川人田正春告周仕臣等人田土纠纷,列文一朋、杨贤、程谦等为干证。由于程谦因病未愈,官府只拘文一朋、杨贤两人到堂。① 清代吴宏在审理苏搏先告苏振鹏析产一案中,也没有强拘关键证人查若筱、苏可章到堂。② 虽说具体理由或为怜悯证人患病,或为虑及证人年老,但根本原因都是受少传证人即可少给民众带来讼累的观念影响。强调控制证人人数,不仅表现为司法者少传证人,他们甚至会因为当事人列证众多而不受理案件。清代判牍《樊山集》记载了樊增祥以被证牵扯十人之多而不受理案件,即是出于减轻讼累的动机。③

第二,对待质的规范亦能体现仁政司法理念的影响。

所谓待质,是指官府受理案件后,若诉讼参与人并未同时到场,为了保证先后到堂者的陈述可以质证,官府一般会将先到堂者关押以待与后到者对质,此即待质制度的内容。但官府关押先到堂者,会造成被关押者废时失业。若关押时间过长,关押场所恶劣的条件还会导致被关押者患病甚至瘐死。为了避免这一不利后果出现,立法往往要求官府对符合一定条件的待质人犯暂予保释。

清代康熙元年(1662),"诏情罪可疑者及牵连待质人员暂予保释,俟秋后再行拘禁"。雍正元年(1723)的上谕又重申了这一要求。④ 这一谕旨体现了统治者对待质者生命与健康的关注,自属仁政司法之举。

---

① 《四川地方司法档案》,载杨一凡、徐立志主编:《历代判例判牍》第三册,中国社会科学出版社2005年版,第200页。
② 郭成伟、田涛点校整理:《明清公牍秘本五种·纸上经纶》,中国政法大学出版社1999年版,第174页。
③ [清]樊增祥:《樊山集》,载沈云龙主编:《近代中国史料丛刊》第六百一十辑,台湾文海出版社1966年版,第3549—3550页。
④ 《清朝文献通考》卷二百零六《刑考十二》。咸丰年间重申了这一上谕内容(巴县档案,卷宗号:6-4-1187),可见善待诉讼参与人是清代立法的一贯追求。

在两份诏令的基础上,乾隆年间的《清律·淹禁》规定:"凡监候待质人犯,有正犯未获,将牵连余犯监候待质已过三年者,取具的保释放在外,俟缉获正犯之日,再行质审。"①嘉庆年间规定监候待质的年限为:原拟军流罪十年,徒罪五年,杖罪三年。道光年间又将免死盗犯改为军流的待质期限仿照疯病杀人酌减监禁年限之例延长为二十年。过此期限,免死盗犯重责二十板即予保释,仍俟缉获逸犯,质讯明确,再行释放。军流徒者照原拟处罚,笞杖者保释。②

将待质人犯收监是为了保证发现真相。因为如不收监,倘若待质人犯逃亡,待正犯捕获时就会无从对质,致使真相难以被发现。但如果只是为了发现真相,司法者完全可以无限期关押已获人犯,但如此做法又与仁政司法理念相违背。为了兼顾仁政司法与发现真相两种价值,又允许其待质一段时期后取保释放。可见这一制度具有平衡案件真相与仁政司法理念的意图。

第三,田土争讼中控制勘丈实施以避免扰民。

从现有资料来看,这一做法主要出现在清代。乾隆年间条例规定:

> 州县审理词讼,遇有两造俱属农民,关系丈量踏勘。如在农忙期内,准其详明上司,照例展限,至八月再行审断。若查勘水利界址等事,现涉争讼,清理稍迟,必致有妨农务者,即令各州县亲赴该处,审断速结。总不得票拘至城,或至守候病农。其余一切呈诉无妨农业之事,照常办理,不准停止。③

---

① [清]三泰:《大清律例》卷三十六,四库全书本,第1061页。
② [清]祝庆祺等编:《刑案汇览》卷五,清道光棠樾慎思堂刻本,第356、358页。
③ [清]吴芸撰,马建石、杨育棠主编:《大清律例通考校注》,中国政法大学出版社1992年版,第880页。

农业是古代中国最主要的产业,也是农民赖以生存的基础,历代统治者都以劝课农桑为己任,司法活动不误农时的要求体现了仁政司法的理念。实践中,司法者对勘丈的态度表现为两个方面。一是能不勘丈则尽量不予勘丈,而应寻求其他证据来查明事实。康熙年间黄六鸿认为:"田坟未明,不宜轻行踏勘,骚扰地方。宜令中证、亲族、地邻人等,公勘四至界址,从公处明回报。如不输服,然后亲身单骑减从,秉公踏勘。"①乾隆年间汪辉祖要求"侵占勿轻查勘"②。

二是勘丈应准时快速进行。汪辉祖认为,勘丈必须"为之速结,使造葬无稽,亦所全不少。至示勘有期,势必多人守候,尤万万不宜临期更改"③。黄六鸿也主张:"踏勘定期某日,不可临时更改,使两造多人难于伺候。"④勘丈之所以应按约定时间准时实施,是因为约定时间会有原被告及众证在场等候,若临时改期,显然会致上述人员再次费时等待,属劳民之举。

第四,尸伤检验应慎重实施。

尸伤检验是命案不可缺少的证据,立法虽然非常重视,但并未强调命案的审理必有尸伤检验,而是允许可视情免检。宋代法律规定:"诸因病死(谓非在囚禁及部送者),应验尸,而同居缌麻以上亲或异居大功以上亲,至死所而愿免者,听。若僧道有法眷,童行有本师,未死前在死所,而寺观主首保明各无他故者,亦免。其僧道虽无法眷,但有主首或

---

① [清]黄六鸿:《福惠全书》卷二十,清光绪十九年文昌会馆刻本,第439页。
② [清]张廷骧:《入幕须知五种》,载沈云龙主编:《近代中国史料丛刊》第二百六十九辑,台湾文海出版社1966年版,第189页。
③ [清]徐栋:《牧令书》卷十九《刑名下》,载《官箴书集成》第七册,黄山书社1997年影印本,第453页。
④ [清]黄六鸿:《福惠全书》卷二十《杂犯》,清光绪十九年文昌会馆刻本,第440页。

徒众保明者。准此。"①普通人正常死亡，法律允许具有特定关系的亲属可以申请免验，不仅可以避免扰民，亦可避免伤害尸亲情感。即使对于非正常死亡情况，依法应当检验，也应当优先选择伤害最小的检验方式，甚至亦可视情不验。

清人李渔认为："尸当速相而不可轻检，骸可详检而不可轻拆。拆骸蒸骨，此人命中万不得已之计。倘有一线余地，尚不可行。若使人命是真，抵偿可必。则死者受此劫磨，尚能瞑目。万一抵偿不果，枉遭此难，令彼何以甘心。故轻拆不如详检，详检不如速验，速验不如细审。果能审出真情，则无事检拆矣。"②在上述检验方法上，李渔进行了优劣排序。轻拆因毁坏被害人尸体，对尸亲情感的伤害最大；详检次之，速验又次之，细审不验更次之。对于可能给当事人带来伤害的尸伤检验主张慎重实施，与仁政司法理念相符。在特别重视死者为大、入土为安的古代社会中，此种选择的仁政意义远高于今天人们的认知。

三、案件审判环节法内施仁

（一）诉讼程序上优待当事人

诉讼程序上优待当事人可体现为以下四个方面。

首先，司法者尽量减少对当事人的拘押。我们知道，中国古代的司法体制赋予了司法官员关押当事人很大的自主权。在民事诉讼与刑事诉讼程序区分不甚严格的情况下，大部分司法者为了保障案件审理能

---

① ［宋］谢深甫：《庆元条法事类》，清钞本，第1039页。
② ［清］李渔：《慎狱刍言·论人命》，载［清］徐栋：《牧令书辑要》卷一，清同治七年江苏书局刻本，第409页。

够顺利进行,都会拘押当事人。即使已有证据不能证明当事人有罪或明知证人只是普通的证人而非污点证人,司法者也通常会关押到案件审理结束时才会释放无罪者及相关证人。但这一做法对无辜当事人及证人而言乃是法外伤害。为此,有的司法者出于善待当事人及证人的考虑,就会对可能是无辜的当事人或证人先行释放。史载北齐时一案的审理过程即能反映出司法者的此种选择:

> (北齐苏琼)行徐州事。徐州城中五级寺忽被盗铜像一百躯,有司征检四邻防宿及踪迹所疑,逮系数十人。琼一时放遣,寺僧怨诉不为推贼。琼遣僧谢曰:"但且还寺,得像自送。"尔后十日,抄贼姓名及赃处所,径收掩,悉获实验。贼徒款引。

本案中,在犯罪事实未查明之前,司法者先行释放嫌疑犯,这可以说是法内施仁之举。当然,如果司法者已经认定当事人无罪,则更会提前释放当事人。

> (琼)除南清河太守……魏双成……失牛。疑其村人魏子宾,列送至郡。一经穷问,知宾非盗,而便放之。双成云:"府君放贼去,百姓牛何处可得?"琼不理其语,密遣访获盗者。①

本案中,司法者在"一经穷问"之后,就已知嫌疑犯无罪,随即将其释放,并不理会控告者的质问。此案若是由无仁爱之心的司法者审理,尽管明知被告无罪,亦会继续关押嫌疑犯,防止在等待真犯落网期间原

---

① 《北史》卷八十六《苏琼传》。

告向上司控告，从而连累自己受到上司申斥。

其次，司法者主动告知当事人自首可以免罪的规定，从而使当事人能够及时自首并获得宽大待遇。

史载北周韩褒即有如此做法：

> （韩褒）为北雍州刺史。州带北山，多有盗贼。褒密访之，并豪右所为也。而阳不之知，厚加礼遇。谓曰："刺史起自书生，安知督盗？所赖卿等共分其忧耳。"乃悉召桀黠少年素为乡里患者，置为主帅，分其地界。有盗发而不获者，以故纵论。于是诸被署者，莫不惶惧，皆首伏，曰："前盗发者，并某等为之。"所有徒侣，皆列其姓名，或亡命隐匿者，亦悉言其所在。褒乃取盗名簿藏之，因大榜州门曰："自知行盗者，可急来首，即除其罪。尽今月不首者，显戮其身，籍没妻子，以赏先首者。"旬日之间，诸盗咸悉首尽。褒取名簿勘之，一无差异，并原其罪，许以自新。由是群盗屏息。①

尽管自首免罪系立法赋予当事人的优待，但司法者是否主动告知犯罪者可以自首却是其自主的选择。本案中，司法者大榜州门，宣言自首可以免罪，并在结果上兑现诺言，可以视为法内施仁之举，事实上也取得了群盗屏息的效果。

再次，司法者特别是帝王为了维护被告尊严，亲自审理某些特殊案件。《旧唐书·侯君集传》载：

> 承乾事发，君集被收。楚石又诣阙告其事，太宗亲临问曰："我

---

① 《北史》卷七十《韩褒传》。

不欲令刀笔吏辱公,故自鞫验耳。"君集辞穷……太宗谓君集曰:"与公长诀矣,而今而后,但见公遗像耳!"因歔欷泣下。遂斩于四达之衢,籍没其家。

本案中,侯君集被指控谋反,通常情况下应由法司审理,皇帝最终决定法司议定的结果是否实施即可。但皇帝作为最高司法者,而受审者又是功臣,因此亲审也无可厚非。其亲审的理由亦非常明确,即"不欲令刀笔吏辱公",目的在于免却被告受吏役欺凌之辱,从而维护被告的体面,自属法内施仁之举。

最后,司法者改善监狱条件,减少当事人被拘押期间的痛苦。此种做法历代皆行,如遇有仁德之行的帝王,还会特别强调这一做法。《宋史·刑法一》载:

> 开宝二年五月,帝以暑气方盛,深念缧系之苦。乃下手诏:两京诸州,令长吏督狱掾,五日一检视,洒扫狱户,洗涤杻械。贫不能自存者给饮食,病者给医药,轻系即时决遣,毋淹滞。

除了对在押犯人给予优待,司法者对应予释放的涉讼者,亦会给予物质上的帮助。南宋高宗时诏令要求:"诸鞫狱,追到干证人,无罪遣还者,每程给米一升半,钱十五文。"①干证人在宋代指与案件有关的证人,无罪干证人则是纯粹的证人。对于无罪干证人在作证后资其还家,虽非官府的法定义务,但亦不违反法律规定,且对于鼓励证人作证是有益的。

---

① 《宋史》卷二百《刑法二》。

此外，司法者还考虑到民间辞讼与刑名重案有别，因此会对民间辞讼的当事人进城打官司时的临时居所作出一些保障性安排。清代司法实践中，乡民进城打官司，必居歇家，"其酒肴饭食值贵数倍，自告状候准以及投到听审发落，动辄浃旬累月，而所饮之食之，则干证原差在事诸人而外，又有随来之子弟、探望之亲友……不下数十人。及事完，结算店帐，已累至数十金，而他费不与焉"。有仁心的司法者认为"穷民何能堪此"，于是乃设便民房以供乡人讼事入城之居。康熙时名吏黄六鸿的做法是"于县侧捐俸买空地一区，起盖平房十间，编为十号，外蔽以垣。中开一门，榜其额曰便民房。使讼至，男子居之垣内。左侧另辟一巷，起盖平房五间，编为五号，与外墙稍隔。一院而不相通。使讼至，女子居之。其灶炕釜甖盂箸之类备具。居者惟携薪米而已"①。便民房的实行能大大降低讼者的费用，其男女分隔的安排又能给当事人很大方便。对涉辞讼者而言，此可谓法内仁德之举。

（二）实体上有利于被告

实体上有利于被告主要表现为司法者在定罪与量刑时，面对案件事实与性质轻重两可的情况下选择有利于被告的事实和性质认定。从而使被告免予定罪或者获得较轻处罚。实体上有利于被告的做法有以下四种表现。

其一，行为性质的认定有利于被告。当事人的行为是否构成犯罪是司法审判首先要确认的问题。就大部分行为而言，罪与非罪界限分明。但由于立法不可能尽善尽美，因此亦有不少行为会介于有罪与无罪两可之间。此时司法者如认定被告的行为不构成犯罪，可以视为对

---

① ［清］黄六鸿：《福惠全书》卷十一《刑名·设便民房》，清光绪十九年文昌会馆刻本，第234页。

被告的法内施仁。下面两起案件的处理就体现了司法者的此种宽仁态度。

《明实录》载：

> 六年七月……淮安卫总旗因习射误中军人致死。都督府以过失杀人罪论处，上曰："习射，公事也，邂逅致死，岂宜与过失杀人同罪？"特赦勿问。①

> 十三年……湖州府长兴县民输夏税丝入京。户部择其粗且颣者，得四百三十斤，奏将罪之。上曰："小民艰苦如此，若加以罪而复征之，则民愈困矣，丝粗岂无所用哉？"命释之。②

在上述两种有争议的行为中，第一种行为介于过失与意外事件之间。在古代统治者轻公罪、重私罪的观念中，本案行为人的做法属于公罪范围，而在公罪应当从轻理念的影响下，本案的处理理应有利于被告，故而认定为意外事件更加合理。第二种行为因法律未明文规定有罪，不予定罪具有一定程度的罪刑法定意蕴。当然其直接动机是考虑到加罪"则民愈困"，此一宽厚之举显然是司法者善待民众理念所致。

其二，认定犯罪主观状态时有利于被告。古代法律规定行为人的犯罪主观状态有故意和失误两种，故意重而失误轻。但当事人在行为作出时是否有故意有时很难判断。如果司法者在不能证明当事人是故意还是失误的情况下认定为失误，亦是其仁厚之念的体现。

---

① [明]姚广孝纂修：《明实录·太祖高皇帝实录》卷八十三，钞本，第887页。
② [明]姚广孝纂修：《明实录·太祖高皇帝实录》卷一百三十二，钞本，第1254页。

《后汉书·郭躬传》载：

> 有兄弟共杀人者，而罪未有所归。帝以兄不训弟，故报兄重而减弟死。中常侍孙章宣诏，误言两报重。尚书奏章矫制，罪当腰斩。帝复召躬问之，躬对："章应罚金。"帝曰："章矫诏杀人，何谓罚金？"躬曰："法令有故、误。章传命之缪，于事为误。误者，其文则轻。"帝曰："章与囚同县，疑其故也。"躬曰："周道如砥，其直如矢。君子不逆诈。君王法天，刑不可以委曲生意。"帝曰："善。"迁躬廷尉正。

本案处理过程中，汉章帝主张可以凭借相关事实推测当事人的犯罪乃是故意。郭躬以君子不逆诈反驳，意即故意是不能推测的，只能凭证据证明。在无证据证明行为人的心理状态为故意的情况下，应当选择认定为失误。对不利于被告的犯罪故意，在证据不足时选择认定为无故意，这当然是仁厚之举；而对有利于被告的心理状态，在证据无法证明时则可以认定为有，这同样是有利于被告的仁厚之举。《元史·盖苗传》载一案例中司法者就是如此认定的：

> 至正初，用荐者知亳州……有豪强占民田为己业，民五十余人诉于苗。苗讯治之，豪民咸自引服。苗曰："尔等罪甚重，然吾观皆有改过意。"遂从轻议。

本案中，被告客观上有认罪表现，但主观上是否有悔过之意，当时并无充分证据证明，司法者仅凭观察认定为有悔过之意，并据此从轻议罪。这同样是在心理状态存在两可时作出的对被告有利的选择。

其三，认定犯罪对象有利于被告。犯罪对象的性质有时会影响对犯罪行为的定罪与对犯罪人的量刑。司法者在审判中如能敏锐地把握犯罪对象的特殊性质进而作出有利于被告的判决，这同样是施仁之举。

《折狱龟鉴》载：

> 曾公亮侍中在政府时，每得四方奏狱，必躬阅之。密州银沙发民田中，有强盗者，大理论以死。公亮独谓："此禁物也，取之虽强，与盗民家物有间，罪不应死。"下有司议，卒比劫禁物法，盗得不死。先是，金银所发多以强盗坐死，自是无死者。①

复审者发现，同类案件原审司法者未能注意犯罪对象的特殊性，将禁物视为民物，故而判处囚犯极刑。而复审者据此提出应适用特别法条文，从而作出对被告有利的从轻判决。

其四，犯罪后果计量方式的选择有利于被告。犯罪后果的轻重在很大程度上影响量刑。而犯罪后果轻重与否又与计量方式的选择有关。司法者在法律允许的计量方式中，如能够选择最有利于从轻计算危害结果的方式，这亦可算是施仁之举。

《金史》载：

> 三年十月，省臣奏："向以物重钱轻，犯赃者计钱论罪则太重。于是以银为则，每两为钱二贯。有犯通宝之赃者直以通宝论，如因军兴调发受通宝及三十本贯者，已得死刑；准以金银价才为钱四百

---

① ［宋］郑克：《折狱龟鉴》卷四，清嘉庆墨海金壶本，第56页。

有奇，则当杖，轻重悬绝如此。"遂命准犯时银价论罪。①

当时的法律规定，对财产性犯罪的计赃方式，选择以银或钱两种方式皆可。但因银贵钱轻，选择以银计赃可以导致后果较轻。司法者如此选择，同样属有利于被告之举。

四、案件执行阶段法内施仁

案件执行阶段的法内施仁表现多样，在行刑方式、行刑时间、行刑对象、已服完刑犯人的管理等方面均有表现。此类做法有的是统治者对现行刑罚过于严酷而提出限制执行措施，有的则由司法者自主决定。

（一）行刑防止意外伤害

中国古代的刑罚与刑讯都是以伤害人的身体为惩罚手段或威逼手段。但自肉刑废止以后，身体刑的目的就只限于让被害人感受到痛苦。在经历一段时间后，受过刑罚或刑讯者的身体应该能够恢复正常。刑罚或刑讯如果导致受刑人伤残，结果就与肉刑无异。汉代文景时期的刑罚改革虽有轻刑之名，但因行刑方式无限制，故而常常致受刑人死亡。有鉴于此，汉景帝时丞相刘舍、御史大夫卫绾建议规范笞刑执行方式，以避免适用刑罚对当事人造成法外伤害，这主要体现在立法对行刑工具与受刑人行刑部位作出规定，该主张为朝廷采纳，是为《箠令》。具体规定为："笞者，箠长五尺，其本大一寸。其竹也，末薄半寸，皆平其

---

① 《金史》卷四十八《食货三》。

节。当笞者笞臀。毋得更人,毕一罪乃更人。"①史料记载表明,立法者的目的在实践中得到了实现,结果受讯者"自是得全"。唐代法律对此作出更详细的规定:

> 诸杖皆削去节目,长三尺五寸。讯囚杖,大头三分二,小头二分二。常行杖,大头二分七,小头一分七。笞杖,大头二分,小头一分半。其决笞者,腿分受,决杖者,背、腿、臀分受。须数等拷讯者亦同。笞以下,愿背、腿均受者,听;即殿廷决者,皆背受。②

笞杖削其节目,可以减轻对受刑者的意外伤害。限制其规格,有利于控制笞杖的伤害结果;行刑中不得更人,乃是为了减轻行刑力度。对行刑部位的限定及规定各部位分受,意在防止因集中于一处而打残受刑人。殿廷决者之所以只允许背受,乃是因在大庭广众之下,决背能够维护被刑人的些许体面。但后来这一做法亦被禁止。《新唐书》载:

> 太宗尝览《明堂针灸图》,见人之五脏皆近背。针灸失所,则其害致死。叹曰:"夫棰者,五刑之轻;死者,人之所重。安得犯至轻之刑,而或致死。"遂诏罪人无得鞭背。③

出于维护被告体面的杖背之法在唐太宗时期被禁止,原因在于这

---

① [唐]李林甫:《唐六典》卷六,明刻本,第 92 页。
② [唐]杜佑:《通典》卷一百六十八,北宋本,第 1695 页。依《狱官令》规定,决笞者,腿臀分受,此处记载有误。
③ 《新唐书》卷五十六《刑法志》。

一做法有伤人性命之忧。唐太宗禁止鞭背的做法体现了其爱惜人命的仁爱理念。只可惜后代未能坚持,宋代时脊杖之刑还成了法定刑。

(二) 行刑宽缓以保全受刑人

行刑宽缓有多样表现,首先是刑种与行刑对象在特定条件下可以允许当事人选择。关于刑种选择表现为允许受刑人选择较轻刑罚代替重刑。汉景帝四年(前153)规定:"有犯死罪欲腐者,许之。"①尽管腐刑亦很不仁,但相对死刑而言毕竟较轻。允许当事人选择,可以视为法内施仁之举。事实上,有些受刑者也正是凭此制度才得以保全性命,从而对历史作出巨大贡献。著名史学家司马迁即是如此。行刑对象的选择表现为允许家人代亲受刑。东汉安帝永初中,尚书陈忠上言:"母子兄弟相代死,听,赦所代者。"②结果是"诏从之"。允许代亲受刑就结果而言并不显得宽厚,若按现代刑法理论还违背了罪责自负的精神。但在孝道大盛的时代背景下,孝子轻生死、重大义,允许其代亲受刑可免尊长之死,还可以满足孝子尽孝的意愿,这亦可视为法内施仁之举。

其次是行刑期限的延迟。由于中国古代法律对生效判决的执行时间并无严格规定,因此延迟行刑通常并不违法。延迟行刑的价值在于它有时可以保全被告的生命。《北齐书·崔暹传》载:

> 有囚数百,世宗尽欲诛之,每催文帐。暹故缓之,不以时进,世宗意释,竟以获免。

本案中,北魏权臣高澄欲尽诛众囚,但崔暹故意拖延,终于救下众

---

① [唐]杜佑:《通典》卷一百六十九,北宋本,第3712页。
② 《后汉书》卷四十六《陈忠传》。

囚之命。应当说明的是,本案中的数百囚犯大都罪不至死。高澄作为魏末权臣,欲杀人以立威,这一做法显然不具备正当性。崔暹身为下属官员,虽不能公然抗命,但故缓其事,亦是有效且值得赞赏之举。当然,对应死之犯,通常情况下拖延执行并不能致囚犯被释,但对死囚而言,能够多活一段时间亦可视为仁政带来的好处。明代叶子奇《草木子》载:

> (元时)天下死囚审谳已定,亦不加刑,皆老死于囹圄。自后惟秦王伯颜出,天下囚始一加刑。故七八十年中,老稚不曾睹斩戮。及见一死人头,则相惊骇。可谓胜残去杀,黎元在海涵春育中矣。①

死囚罪犯老死于狱,类似今日之无期徒刑,较死刑为轻。在极重生命的观念中,自可视为施仁之举。不仅死刑犯执行可以宽缓,对应当即时执行的笞杖刑,司法者亦会出于维护被告或其家人利益而暂缓实施。《宋史·曹彬传》曾记载一事。曹彬手下有吏犯罪,审完后"逾年而杖之"。曹彬后来如此解释这一做法:"此人新娶妇,若杖之,其舅姑必以妇为不利,而朝夕笞詈之,使不能自存。吾故缓其事,然法亦未尝屈。"本案在实体处理上并未超越法律规定,只是将处罚日期推后。这一做法可维护被告之妇的利益,自属法内施仁之举。

(三) 刑罚执行维护被告体面

中国古代刑罚除有惩罚功能外,还有羞辱功能。如按经典解释,徒刑即"奴辱之"之意。但是此种羞辱是有限度的。对于过分的羞辱手

---

① [明]叶子奇:《草木子》卷三下《杂制》,清乾隆五十一年刻本,第39页。

段,有仁爱心的司法者亦能够予以避免。《魏书·刑罚志》载:

> 高祖驭宇,留心刑法。故事,斩者皆裸形伏质。入死者绞,虽有律,未之行也。太和元年,诏曰:"刑法所以禁暴息奸,绝其命不在裸形。其参详旧典,务从宽仁。"司徒元丕等奏言:"圣心垂仁恕之惠,使受戮者免裸骸之耻。普天感德,莫不幸甚。臣等谨议,大逆及贼各弃市袒斩,盗及吏受赇各绞刑,踣诸甸师。"又诏曰:"民由化穆,非严刑所制。防之虽峻,陷者弥甚。今犯法至死,同入斩刑,去衣裸体,男女亵见。岂齐之以法,示之以礼者也。今具为之制。"

司法实践中,亦有官员为避免羞辱被告而放弃执行刑罚之例。唐代李日知为刑部尚书。有令史受敕,三日忘不行者。尚书索杖剥衣,唤令史总集,欲决之。责曰:"我欲笞汝一顿,恐天下人称你云撩得李日知嗔,吃李日知杖。你亦不是人,妻子亦不礼汝。"遂放之。① 按古人观点,刑罚的羞辱功能意在唤起被告的耻辱感,从而改过迁善。但若施行不当,则会使被告自暴自弃,不但不能迁善,反而更加沉沦。为此,有的司法者会考虑保全被告体面,以利于劝其向善。

> (辽兴宗重熙)二年,有司奏:"元年诏曰,犯重罪徒终身者,加以捶楚而又黥面,是犯一罪而具三刑,宜免黥;其职事官及宰相、节度使、世选之家子孙犯奸罪至徒者,未审黥否?"帝谕曰:"犯罪而悔过自新者,亦有可用之人,一黥其面终身为辱。朕甚悯焉。"后犯终身徒者,止刺颈。奴婢犯逃,若盗其主物,主无得擅黥其面,刺臂及

---

① [宋]李昉:《太平广记》卷一百七十六,民国影印明嘉靖谈恺刻本,第1380页。

颈者听。犯窃盗者，初刺右臂，再刺左，三刺颈之右，四刺左，至于五则处死。①

皇帝下令将刺面改为刺臂或刺颈，虽痛苦程度并无多少差别，但有利于维护被告的尊严。皇帝虽未明言维护被告体面有利于被告自新，但一个终身受辱之人确实缺乏自新的动力，这应当是皇帝所认识到的。由此可以认为，皇帝虽言其避免当事人终身受辱是出于怜悯，但实际上应当有利其自新的考虑。

此外，司法者还会采取其他措施鼓励被告自新。元时张养浩罢旧盗之人朔望参者，称"既加以刑，犹以盗目之，是绝其自新之路也"，结果"众盗感泣"。② 众盗既能感泣，其自新的结果可以预期。张养浩之举表明他认识到了维护被告体面更有利于被告自新的事实。

（四）给当事人判决书

中国古代的民事案件审理，司法官员并不像当代司法一样必须给当事人一份类似于判决书一样的文件。但若无此类文件，胜诉的当事人要求对方履行判决就缺少依据，而败诉一方当事人如欲提起上诉，又往往会被上级法司所拒。为此，有责任感的爱民之官就会主动或者应当事人请求给付当事人判决文书。南宋时期，官府审结民事案件后作出的"断由"即是类似判决文书。史料显示，有不少官员会给付当事人断由。《攻愧集》载：

> （史浚）资明而健决，两词至前，情伪立见。书判数百千言，反

---

① 《辽史》卷六十二《刑法下》。
② 《元史》卷一百七十五《张养浩传》。

覆切当。每曰:"久讼废业,实官司不决之过,惟详尽不可转移,则安居矣。"故一经予决,虽宿奸巨滑,无复异辞。及君将去,念一任所决滞讼,幸无翻诉。吾去之后,猾吏或为奸利,则贫弱必受其害,乃许其断由以备。于是请者日至,一一给之。或感泣曰:"令君为我长虑及此,真父母也。"①

史浚虽是一个良吏,但平时断案后并未给当事人断由,可见给当事人断由并非司法者的法定义务。司法官员在离任时允许从前的当事人申请断由,其目的在于防止猾吏害民。此举体现了司法官员的爱民之心,自属法内施仁之举。

---

① [宋]楼钥:《攻愧集》卷一百零五,清武英殿聚珍版丛书本,第2048页。

第二章　法外施仁

　　法外施仁是中国古代司法的一个重要特色。所谓法外施仁，是指司法者本于其宽厚待人的理念，在司法实践中突破法律规定，给予当事人宽厚处理。法外施仁既可以是程序上宽待，亦可以是实体上对相关人员从轻或免予处罚。法外施仁一词虽迟至明代才出现，①但其实践则要早得多。三代时期，定罪量刑并不严格依制定法作出，而是众官员议事以制。在此种模式下，国家已有的刑书对最终判决的作出而言应当并无严格约束力，通常只具有参考作用。② 司法判决有很大弹性。司法者纵使对案件当事人处理结果较轻，也很难说是法外施仁。到了春秋末期郑晋等国开始公布成文法以后，依法判决逐渐成为普遍要求，法外施仁即有可能发生。法外施仁的表现既有实体上的，亦有程序上的。

---

　　① 万历年间刊刻的《封神演义》第二十回载："姬伯忤君罪在不赦，感大夫垂救之恩得获生全，囚羑里，悬祈恩台大开慈隐，法外施仁，一语回天得救归国。"［明］许仲琳、李云翔编：《封神演义》，江苏古籍出版社1991年版，第163页。
　　② 西周时期伯扬父审理牧牛与其上司僕的官司。伯扬父先是斥责牧牛违背自己先前的誓言，竟敢诬告自己的上司。他勒令牧牛履行自己的誓言，到嵩地去见僕，还回五个奴隶；同时还要惩罚牧牛的违约与诬告行为。伯扬父对牧牛说："我本应鞭打你一千下，并处你黥劇之刑；经过宽宥，仍要打一千鞭，给以黜免的劇刑；最后决定赦免你，打五百鞭，罚铜三百锊。"伯扬父要求牧牛立誓，以后不许再行上诉。又警告牧牛，如果他的上司告他，仍要给他依法用刑，不再宽赦。牧牛立誓后，案件得结。本案中，伯扬父所言的本应给予的处罚即是立法规定，但对法官并无约束力，更多的是用来威慑当事人的。因而法官并无适用的义务。就当事人获得的宽厚而言，本案中牧牛的实际处罚比应得处罚要轻，但从轻处罚是建立在其履行誓言并答应不再起诉的基础上的。当时的法律是否规定败诉方服判就可以从轻处罚，因资料不足无法判断，亦即本案从宽是否属法外施仁还难以认定。

就个案而言,司法者的宽仁之念是法外施仁的主观要件,而原应适用的法律条文严厉程度、司法者拥有相应的权力、相关人员的配合则是影响法外施仁是否能实现的客观要素。

一、法外施仁的种类

(一) 程序上的法外施仁

程序上的法外施仁主要表现为司法者在诉讼参与人的关押、审判及执行过程中违反法律规定,给予诉讼参与人法外待遇。其中私放犯人暂时回家是史书记载程序上法外施仁的最常见做法。《晋书·良吏传》载:

> (曹摅)补临淄令……狱有死囚。岁夕,摅行狱,悯之,曰:"卿等不幸致此非所,如何?新岁人情所重,岂不欲暂见家邪?"众囚皆涕泣曰:"若得暂归,死无恨也。"摅悉开狱出之,克日令还。掾吏固争,咸谓不可。摅曰:"此虽小人,义不见负,自为诸君任之。"至日,相率而还,并无违者,一县叹服,号为圣君。

本案中,曹摅欲开狱出囚暂时回家,结果是"掾吏固争,咸谓不可"。这表明,私放犯人回家的做法是大多数官吏都认定的违法行为,但司法官不为所动,力排众议而法外施仁。此外,司法者程序上的法外施仁行为亦还有其他表现。《后汉书·吴祐传》载:

> (吴祐为胶东侯相)安丘男子毌丘长与母俱行市,道遇醉客辱

其母。长杀之而亡,安丘追踪于胶东得之。祐呼长谓曰:"子母见辱,人情所耻。然孝子忿必虑难,动不累亲。今若背亲逞怒,白日杀人,赦若非义,刑若不忍,将如之何?"长以械自系,曰:"国家制法,囚身犯之,明府虽加哀矜,恩无所施。"祐问长:"有妻子乎?"对曰:"有妻,未有子也。"即移安丘逮长妻,妻到,解其桎梏,使同宿狱中,妻遂怀孕。至冬尽行刑,长泣谓母曰:"负母应死,当何以报吴君乎?乃啮指而吞之,含血言曰:妻若生子,名之'吴生',言我临死吞指为誓,属儿以报吴君。"因投缳而死。

本案中,吴祐在程序上的法外施仁有两个表现:一是对死刑犯解其桎梏,汉律对犯人虽有颂系规定,但限于老幼弱残等特殊群体,毌丘长显然不符合条件;二是使犯人之妻入狱孕子,为其传后。更有甚者,有的司法者出于对囚犯的敬重,会给囚犯以超越常人的待遇。《旧五代史·唐景思传》载:

> (唐)景思部下有仆夫,言景思……欲为内应……景思曰:"使但械系送我入京。"先是景思别有纪纲王知权者,在京,闻景思被诬,乃见史宏肇曰:"唐景思赤心为国,某服事三十年。孝于父母,义于朋友,被此诬罔,何以伸陈。某请先下狱,愿公追劾景思,免至冤横。"宏肇愍之,令在狱,日与酒食。

本案中,王知权为明故主之冤,愿主动下狱为证,在道德上符合义的要求,故而获得司法者的赞赏,在狱中得到"日与酒食"的法外待遇。

（二）实体上的法外施仁

实体上的法外施仁主要表现为两个方面：一是死刑的免除，二是其他刑罚的减免。

1. 死刑的免除

死罪案件在北魏以后一般都由皇帝来作最终决定，因此，免除死罪刑罚原则上要由最高统治者来决定实施。《文献通考·刑考九》载：

> 庆历间……开封民聚童子教之。有因榎楚死者，为其父母所讼，府上具狱，当抵死。宰相以为可矜，帝曰："情虽可矜，法亦难屈，命杖脊舍之。"①

本案虽是法外施仁，但犯人毕竟属于过失，此种法外施仁还是比较慎重的。但也有些免死的法外施仁较为随意。明代一则案例中的免死施仁即是如此。

> 苏人范从文，文正公嫡裔也，洪武中为御史。忤旨，下狱论死。上阅狱案，见其姓名籍贯，遽呼问曰："若非范文正后乎？"对曰："臣仲淹十一世孙也。"上命取帛五方，御书"先天下之忧而忧，后天下之乐而乐"二语赐之，谕曰："免汝五次死。"人称上怜才，而叹文正遗泽之远也。②

---

① [元]马端临:《文献通考》卷一百七十，明冯天驭刻本，第6675页。
② [明]张岱:《快园道古》卷一《盛德部》，浙江古籍出版社1986年版，第5页。

本案中，朱元璋对犯人给出的免死理由并非出于案件本身的原因，而是犯人的十一世祖是史上有名的清正之人。更离奇的是，朱元璋还为此免其五次死，相当随意。不过由于皇帝之权凌于法上，法外施仁纵然随意，于施仁者而言似亦无可厚非。而在死刑执行权尚未集中到帝王之手的中国古代早期，亦有普通司法者会对犯罪者免其死刑。不过，普通司法者实行免死的法外之仁显然不会如此随意，都有充分的理由。《三国志·魏书·田豫传》载：

> （田豫）迁南阳太守。先时，郡人侯音反，众数千人在山中为群盗，大为郡患。前太守收其党与五百余人，表奏皆当死。豫悉见诸系囚，慰喻，开其自新之路，一时破械遣之。诸囚皆叩头，愿自效。即相告语，群贼一朝解散，郡内清静。具以状上，太祖善之。

田豫对前太守"表奏皆当死"的囚犯五百余人全部释放，是力度很大的施仁之举。但这种大力度的施仁之所以能够实现，有两个条件不可忽视：一是当时处于汉末乱世此一特定时期，二是司法者田豫与当时实际上的最高统治者曹操关系密切。可见，即使在死刑最终决定权未收归于帝王的时期，普通司法者的免死施仁亦并非常态。

2. 其他刑罚的减免

死刑之外，军流之刑亦是较重刑罚。有的司法者亦会以种种理由法外施仁，减轻对被告人的处罚力度。《明实录·嘉靖元年七月》载：

> 初，虏入陕西响水沟等堡。逮千户李杰，百户魏泰、高真纳级，

都指挥佥事刘戡下巡按御史按问。坐守备不设,当谪戍。上以杰等所部无大亡失,宥之,各夺俸三月。①

本案中,巡按御史按问李杰等人的罪名是"守备不设",依律处罚是充军刑。充军在明代是次死之刑。皇帝以"所部无大亡失"为由免其充军,不但与法司认定的罪名没有关系,而且仅以夺俸三月这样的轻罚结案,显示出皇帝法外施仁的随意性。相对而言,普通司法者实施实体上的刑罚减免就较为慎重。《隋书·赵煚传》载:

（赵煚）转冀州刺史……尝有人盗煚田中蒿者,为吏所执。煚曰:"此乃刺史不能宣风化,彼何罪也。"慰谕而遣之,令人载蒿一车以赐盗者。盗者愧恧过于重刑。

本案中,被告所犯之罪为盗赵煚田中之蒿。赵煚既是受害人,又是司法官。其不追究被告之罪并进而赐其蒿一车,有道义上的正当性,因而越法施仁的风险较小。相反,如果普通司法者随意减免刑罚,则可能会受到追究。特别是司法者仅基于一般怜悯心对普通犯罪者在实体上法外施仁,更可能会受到相关部门追责。《晋书·良吏传》载:"（王宏）擅纵五岁刑以下二十一人,为有司所劾。帝以宏累有政绩,听以赎罪论。"本案司法者的法外施仁无特殊理由。王宏被视为良吏,行事宽仁是当然要求。被告人所犯之罪当处五岁刑以下,虽属于轻罪,但司法者擅纵而无正当理由,有滥用司法权之弊。这也正

---

① ［明］张溶监修:《大明世宗肃皇帝实录》卷十六,"中央研究院"历史语言研究所校印本,第504页。

是其施仁之举受有司所劾的原因。皇帝虽以其以往政绩没有依有司所劾给予处罚,而允许其赎罪,恰也表明其擅纵他人刑罚本身是应受制裁的违法之举。

二、法外施仁的主观要件

法外施仁的主观要件是指司法者在决定法外施仁时具秉的宽仁之念。宽仁之念源于司法者此前形成的三种心理状态,即怜悯心、赞赏心、功利心。怜悯心主要针对诉讼参与人的处境,往往与犯罪行为本身无关;赞赏心主要针对诉讼参与人的行为,其中主要是犯罪行为;功利心主要针对案件的处理效果。

(一)司法者的怜悯心

从怜悯对象看,司法者的怜悯之心可分为两种:一是对被告的怜悯之心,二是对与被告人有关的人员的怜悯心。

1. 对被告的怜悯心

司法者面对被告人的凄凉处境,会生发出一种不忍对其依法惩罚的心态,此即对被告人的怜悯心。孟子所言"恻隐之心,人皆有之",话虽嫌绝对,但确实表明了恻隐之心是大多数人都具备的固有心理状况。恻隐之心源于"仁者爱人"之念,但与普通的爱人之念有别,它更多表现为对弱者的爱怜之心。司法者对被告人的怜悯心又可分为两种:一是一般怜悯心,二是特殊怜悯心。

在司法过程中,被告人身陷囹圄又衣食不继,遭受刑讯而血流涔涔,面临即将到来的刑罚而极度惶恐,还有可能担忧性命不保而绝望自弃,此种处境极易引发司法者的怜悯心。但一般怜悯心大都不会转化为宽仁之念并引发法外施仁之举。由于绝大部分案件的被告常常会引起司法者的一般怜悯心,如每一次怜悯都引起法外施仁,就会出现大规模的法外施仁现象,从而导致法律秩序的崩溃。从实践来看,司法者的一般怜悯心所引发的法外施仁案件大都表现为对重罪囚犯在程序上施仁。因为重罪囚犯会面临严厉处罚乃至死刑,较一般案件更能引起司法者的怜悯,司法者因而施仁也更容易获得其他官员的理解;而程序上施仁不会改变被告人最终受到的处罚,司法者不用承担出入人罪之责。《南史·王志传》载:

  (王志)为东阳太守。郡狱有重囚十余。冬至日,悉遣还家,过节皆返,唯一人失期。志曰:"此自太守事,主者勿忧。"明旦果至,以妇孕。吏人益叹服之。

  上述案件的囚犯并无特殊之处,司法者对其宽仁之念源于一般怜悯心。被告人皆为重囚,所施宽仁措施主要是程序上的"悉遣还家",而非从实体上给予从轻处理。需要说明的是,基于一般怜悯心实施的法外施仁,即使满足了上述两个条件,司法者依然要承担一定的风险。以前述纵囚还家的两起案件来看,曹摅纵囚时掾吏"咸谓不可",王志纵囚时则要"主者勿忧",表明此种做法的确存在风险。事实上如果被纵还家者没有按期返回,可以肯定,司法者要承担法律责任。正因如此,普通司法者难以基于一般怜悯心作出法外施仁之举,此种法外施仁不可能经常发生,只能偶一为之。

  但司法者若为帝王,其基于一般怜悯心的法外施仁就不受上述条件限制。《史记·彭越列传》载:"太仆亡走汉,告梁王与扈辄谋反。于是上使使掩梁王,梁王不觉。捕梁王,囚之洛阳。有司治反形已具,请论如法。上赦以为庶人,传处蜀青衣。"谋反罪依汉律当处夷三族之刑,但刘邦不忍处以极刑,赦其为庶人。如此大尺度的法外施仁当然不是普通司法者能够行使的。

特殊的怜悯心,即被告人有令人同情的特别之处,司法者基于此种怜悯心亦可能法外施仁。能够引起司法者特殊怜悯心的情况较为复杂,被告人生理上的老幼弱病、贫困、愚昧、不知法等情况皆属此列。

被告人具有老幼病弱等情形,本身已容易引发他人怜悯,又因犯法或者受连坐而即将受到刑事处罚,此种情形更易引发司法者的同情。《清通志·乾隆四十四年》载,乾隆帝批准对正犯连坐的幼小家属免予执行死刑,称连坐者"犯事时年仅数岁,尚在童稚无知,概予骈诛,究觉不忍……惟是此等凶孽留其喘息,已属法外之仁"①。此即因怜悯连坐对象幼小而法外施仁。

被告人的贫困亦能引起司法者的同情。《汉书·酷吏传》载,严延年为河南太守,"其治务在摧折豪强,扶助贫弱。贫弱虽陷法,曲文以出之"。贫穷之人犯法,司法者"曲文以出之",表明被告人的贫穷能够引起司法者的怜悯并法外施仁。此类做法在后代亦屡有发生。明代施凤友有盗取庵中田芋,为僧所控,遂诬僧焚其亡兄,自涉于诬。司法者认为对施凤友"本宜重惩,矜其无赖(没有生活依靠),薄杖示惩"②。本案施风有诬僧焚其亡兄,乃是重罪,司法者称本宜重惩,并非恫吓之言。但结果仅予薄杖,虽因其诬告未成,但司法者所言的"悯其贫穷"亦是重要考量。

---

① [清]官修:《皇朝通志》卷七十八,四库全书本,第1968页。
② 《棘听草》,载杨一凡、徐立志主编:《历代判例判牍》第九册,中国社会科学出版社2005年版,第201页。

被告人的愚昧也能引起司法者的同情。明代王国彦控其岳父重嫁其妻妹,犯干名犯义之罪。司法者认为"本应按律究拟,姑念愚昧,责以逐之"①,对其法外施仁。

被告人不知法而犯罪同样会成为被怜悯的理由。在中国古代社会,人们多认为官员有教化民众知法的义务。民众不知法而犯法,乃是由于官员没有尽到教化的义务。官员未尽义务却欲处罚行为人,属不教而杀。孔子称"不教而杀谓之虐",可见不教而杀在中国古代缺乏正当性。再则,不知法还表明行为人没有公然违法的意图,比知法犯法者的主观恶性较低。基于上述认识,司法者的怜悯之心较容易转化为施仁之念。明初,"中书省椽史有以铨选受贿者,按察司劾其罪当死。上曰,吏受赃卖选,见利忘法,罪固可诛。但法令初行,人未周知,姑减死杖之,若复犯则不宥也"②。宽纵不知法而犯者并非偶然。永乐年间,"市民以小称交易者,请论如违制律……上曰,官府虽有令,民固未悉知令。不令而刑之,不仁,其释之"③。以被告人不知法而赦免其罪,是力度很大的法外施仁,因而资料所见的此类法外施仁大都由帝王实施。

2. 对与被告人有关的人员的怜悯心

司法者的怜悯之心有时也会因与被告人有关的人员的悲凉处境而产生,此种怜悯心亦可能导致对被告人法外施仁。从司法实践来看,其

---

① 《棘听草》,载杨一凡、徐立志主编:《历代判例判牍》第九册,中国社会科学出版社2005年版,第279页。需要补充说明的是,本案的被告人虽构成干名犯义之罪,但因翁婿的服亲关系极疏,远不如本宗关系亲。根据明律规定,干名犯义者,关系越疏,处罚越轻。因此,本案的宽大处理首先是因为被告罪刑较轻,然后才是司法者对被告愚昧的同情。

② [明]姚广孝纂修:《明实录·太祖高皇帝实录》卷十五上,钞本,第121页。需要指出的是,中国古代法律并无宽恕不知法而犯法的传统。《周礼》虽有三宥之制,但所宽宥的皆是事实认知错误而非不知法律者。历代虽有不少官员以当事人未受教化为由而从宽处理民间争讼,但以不知法为由则较为罕见。据笔者所掌握的资料,这类情况主要发生在明代,这可能与明代开国皇帝朱元璋本人朴素的法律观念有关。

③ [明]余懋学:《仁狱类编》卷二十九,明万历三十六年直方堂刻本,第564页。

他值得怜悯者往往与被告有亲属关系。如被告得不到宽大处理,相关人员的生活可能会陷入困境。《吕氏春秋·去私》载:

> 墨者有巨子腹䵍居秦,其子杀人。秦惠王曰:"先生之年长矣,非有它子也,寡人已令吏弗诛矣。先生之以此听寡人也。"

本案中,秦王之所以下令对腹䵍之子法外施仁,并非因为其本人有值得怜悯之处,而是其父年老无他子,值得怜悯。此种做法后世屡有发生。《折狱龟鉴》卷八载:

> 任布副枢知越州,民有被酒骂其祖者。祖既诉之,已而大悔,哭于庭曰:"老无子,赖孙以为命。"布特贷出之,且上书自劾,朝廷亦不之问。①

本案中,被告被酒骂祖,依当时法律乃是死罪;从道德上看亦是严重悖德行为,因而无可怜悯之处。本案中值得怜悯的是原告,他会因官府严格司法而老无所养。司法者因为对原告产生怜悯心而对被告产生宽仁之念,进而有法外施仁之举。

(二) 司法者的赞赏心

孟子主张"仁者爱人",未对被爱者提出条件;韩非主张仁者"欣然爱人",同样未提要求。事实上,这种无差别的博爱心态只有少数圣贤才会具有。大部分司法者都非圣人,因此很难做到对每一个诉讼参与

---

① [宋]郑克:《折狱龟鉴》卷八,清嘉庆墨海金壶本,第136页。

人都"欣然爱之"。从实践来看,更多情况下司法者爱的是有可爱之处之人,即爱源于赞赏。司法者赞赏被告人及相关人员的行为,从而对被告人产生宽仁之念。

司法者赞赏之人的行为一般符合当时人们认可的主流道德观念。之所以会出现被告人虽行为违法但能获得司法者赞赏的情形,是因为古代中国的道德与法律在一定时间、一定领域存在矛盾。这一矛盾主要体现在三个方面:一是行为不合法但行为动机合乎道德;二是行为既合法也合乎道德,但依当时的法律必须受到不利对待;三是行为人在案件审理过程中的表现值得赞赏。

第一种情形是行为不合法但行为动机合乎道德。此类案件最典型的是子女为报父母之仇而杀仇人。因礼有"父仇不共戴天"之教,故而复仇杀人历来为主流道德所肯定,也自然会获得司法者的赞赏。《后汉书·张敏传》载:"建初中,有人侮辱人父者,而其子杀之,肃宗贳其死刑而降宥之,自后因以为比。"这是因父母受侮而杀人获得法外施仁之例,亦是"轻侮法"的来源。依这一法令,后来之人为父母被侮而杀人,不再违法,因而官府再予以宽大处理已非法外之仁。不过轻侮法不久即被废,因而为报父母之侮或仇而杀人还是属于非法行为。尽管如此,行为人若为报父母之侮或仇而杀人依然具有道德上的正当性,会继续获得司法者的认可。《三国志·庞淯传》载:

> 酒泉烈女庞娥亲者……禄福赵君安之女也。君安为同县李寿所杀。娥亲有男弟三人,皆欲报仇。寿深以为备。会遭灾疫,三人皆死。寿闻大喜,请会宗族,共相庆贺……娥亲……阴市名刀,挟长持短,昼夜哀酸,志在杀寿……至光和二年二月上旬,以白日清时,于都亭之前,与寿相遇。便下车扣寿马,叱之。寿惊愕,回马欲

走。娥亲奋刀砍之,并伤其马。马惊,寿挤道边沟中。娥亲寻复就地砍之,探中树兰,折所持刀。寿被创未死,娥亲因前欲取寿所佩刀杀寿。寿护刀瞋目大呼,跳梁而起。娥亲乃挺身奋手,左抵其额,右椿其喉,反覆盘旋,应手而倒。遂拔其刀以截寿头,持诣都亭,归罪有司。徐步诣狱,辞颜不变。时禄福长汉阳尹嘉不忍论娥亲,即解印绶去官,弛法纵之。娥亲曰:"仇塞身死,妾之明分也。治狱制刑,君之常典也。何敢贪生以枉官法……"守尉不敢公纵,阴语使去,以便宜自匿。娥亲抗声大言曰:"枉法逃死,非妾本心。今仇人已雪,死则妾分,乞得归法以全国体。虽复万死,于娥亲毕足,不敢贪生为明廷负也。"尉故不听所执,娥亲复言曰:"匹妇虽微,犹知宪制。杀人之罪,法所不纵。今既犯之,义无可逃。乞就刑戮,陨身朝市,肃明王法,娥亲之愿也。"辞气愈厉,面无惧色。尉知其难夺,强载还家。凉州刺史周洪、酒泉太守刘班等并共表上,称其烈义。

本案中,当事人值得赞赏之处有三:一是女子为父复仇,较一般男子复仇需要更大的决心和勇气,亦更值得肯定;二是复仇者已嫁为人妻,虽为赵家之女,但更为庞姓之妻之母,其复仇责任并非不可逃避,故而冒死复仇更值赞赏;三是复仇后不避制裁,不连累司法者。当事人行为符合道德,自然容易引起司法者的共鸣,很容易对其产生宽仁之念。

除复仇外,卑亲属其他因尽孝而犯法的行为亦能获得司法者的赞赏。《元史·铁哥传》载,时庚人有盗凿粳米者,罪当死。铁哥谏曰:"臣鞫庚人,其母病,盗粳欲食母耳,请贷之。"明初有民无路引当罪,其人以祖母病远出求医,事验,皇帝认为人情可矜,下令"勿罪"。① 上述案件

---

① [明]余懋学:《仁狱类编》卷二十九,明万历三十六年直方堂刻本,第555页。

中庾人盗凿粳米、民无路引夜行虽然违法，但其行为动机值得肯定，故而获得了司法者的宽待。

第二种情形是当事人行为合乎道德，亦不违法，此种情形下更易获得司法者的赞赏。前引《旧五代史·唐景思传》所载王知权的主动下狱为证之举，在道德上符合义的要求，故而能够获得司法者的赞赏。再则，以中国古代颇有特色的代亲受刑现象为例，如果当时的法律允许代亲受刑，则代者的行为即属于既合乎道德，亦不违反法律。此时官府赦所代者，属于法内施仁。倘若司法者将代者与被代者一同赦免，则属于法外施仁。如梁代吉翂之父被定死罪，吉翂要求代父受刑，最终结果是梁武帝将其父子二人同时免刑。此明显系法外施仁之举。①

第三种情形是当事人被审判的行为既不合法，也违背道德，在动机上亦无值得肯定之处，但由于当事人在审理过程中的表现值得赞赏，其同样可能获得法外施仁的结果。明永乐年间，有县官犯罪，本应重处，但皇帝以其"临罪能悔，可恕，故屈法以宥之"②。中国古代的法律极重教化，犯罪者能够悔罪，说明其可以被教化迁善。对其从轻处罚，有利于提升教化效果。

司法者因产生赞赏心而法外施仁，被赞赏的主要是被告人的行为或其动机，但有时司法者对被告人亲属德行的赞赏亦有可能会导致对被告的法外施仁。《南史·许昭先传》载：

> 许昭先，义兴人也。叔父肇之，坐事系狱，七年不判。子侄二十许人，昭先家最贫薄，专独料诉，无日在家。饷馈肇之，莫非珍

---

① 《梁书》卷四十七《孝行》。
② [明]余懋学：《仁狱类编》卷二十九，明万历三十六年直方堂刻本，第568页。

新,资产既尽,卖宅以充之。肇之诸子倦怠,唯昭先无有懈怠,如是七载。尚书沈演之嘉其操行,肇之事由此得释。

本案中,法外施仁非因被告人有值得肯定之处,而是因其侄操行可嘉,司法者爱屋及乌,遂宽被告之事。

(三) 司法者的功利心

当司法者面对被告人的犯罪行为时,虽不认为其值得怜悯及赞赏,但出于功利考虑,亦可能予以法外宽待。对法律秩序的追求固然是中国古代司法者的重要价值考量,但其他价值追求如统治秩序、伦理等级等,亦具有重要性。在某种程度上,这些价值还会超越法律秩序价值。为使司法行为更有利于维护上述价值,司法者有可能会突破法律规定,对当事人作出法外施仁之举。可以导致司法者法外施仁的功利心主要表现为以下三个方面。

1. 追求统治秩序稳定

中国古代专制社会中,统治秩序稳定是官府最高价值追求。为了维护这一秩序,统治者甚至可以不惜一切代价。法律本身当然具有维护统治秩序的功能,但具体到个案,如司法者认为严格司法不利于维护统治秩序,就可能法外施仁。出于维护统治秩序而法外施仁的做法,在古代经常发生。《汉书·循吏传》记载:

> 渤海左右郡岁饥,盗贼并起,二千石不能禽制。上选能治者,丞相、御史举遂可用。上以为渤海太守……遂曰:"臣闻治乱民犹治乱绳,不可急也;唯缓之,然后可治。愿丞相御史且无拘臣以文法,得一切便宜从事。"上许焉……至渤海……移书敕属县悉罢逐

捕盗贼吏。诸持锄钩田器者皆为良民，吏无得问。持兵者乃为盗贼。遂单车独行至府，郡中翕然，盗贼亦皆罢。

反逆盗贼之案是重罪，依律，只有未"侵损于人"的盗贼自首方可被免罪。由于渤海郡盗贼横行，因而并不能认定只有持兵器者才是盗贼，持锄钩田器者亦可能为盗，不过此类盗贼更可能是新参加者或是从犯。司法者对此做了简单分类，可以宽免大部分从犯（持兵的从犯则不得宽免）。司法者宽免大部分从犯，并非认为他们果真无罪，而是考虑若严格依法惩罚，一旦激起大规模民变，就会危及统治秩序。中国古代官府虽不会公开认可"法不责众"，但实际上亦承认法不责众是无法避免的现象。① 法不责众的理由并非众人犯法就不应处罚，而是不能处罚。一旦处罚，则有可能激化社会矛盾，从而引起统治秩序不稳。出于维护统治秩序的法外施仁除了针对犯罪者本人实施外，有时也可能会施于其近亲属。《三国志·魏书·高柔传》载：

宋金等在合肥亡逃。旧法：军征士亡，考竟其妻子。太祖患犹不息，更重其刑。金有母妻及二弟皆给官，主者奏尽杀之。柔启曰："士卒亡军，诚在可疾。然窃闻其中时有悔者，愚谓乃宜贷其妻子，一可使贼中不信，二可使诱其还心。正如前科，固已绝其意望，而猥复重之。柔恐自今在军之士，见一人亡逃，诛将及己，亦且相随而走，不可复得杀也。此重刑非所以止亡，乃所以益走耳。"太祖曰："善。"即止，不杀金母、弟，蒙活者甚众。

---

① 清人提及"法不责众"时称："此近科法不责众之恶习也。"［清］景清：《武场条例》卷四，清光绪二十一年刻本，第143页。

本案中，原来主者所奏尽杀宋金的母、妻、二弟的做法非常不仁，其功利性动机在于制止军士逃亡。但高柔分析后认为，严刑非但不利于制止军士逃亡，反而会加剧军士逃亡，从而导致立法目的无法实现。最终还是在同样的功利心驱动下，司法者决定法外施仁。

2. 维护家族伦理

中国古代社会是一个伦理本位的社会。对统治者而言，维护伦理秩序有利于维护其统治秩序。有子曾言："其为人也孝弟，而好犯上者，鲜矣；不好犯上而好作乱者，未之有也。"①可见，维护伦理秩序亦是司法者必须考虑的价值。如司法者认为严格执法可能破坏伦理秩序之时，在不影响统治秩序稳定的前提下，就可能法外施仁，以维护伦理秩序。从《通典》及《续通典》所载两则案例中可见维护伦理秩序对法外施仁的影响。

> 魏文帝受禅，后有大女刘朱，挝子妇酷暴，前后三妇自杀。论朱减死作尚方，因是下怨毒杀人减死之令。②

> （唐）敬宗宝历三年，京兆府有姑鞭妇致死者，奏请断以偿死。刑部尚书柳公绰议曰："尊殴卑，非斗也；且其子在，以妻而戮其母，非教也。"遂减死论。③

前案被告行为恶劣，后果严重。在"一命必有一命抵"的观念背景下，身负三条人命，其结果却是减死罚役，目的就是维护尊卑有序的伦理等级不被破坏。后案被告人的行为在后果上虽不似前案负三条人

---

① 《论语·学而》。
② [唐]杜佑：《通典》卷一百六十三，北宋本，第3576页。
③ [清]嵇璜：《续通典》卷一百零九，四库全书本，第2983页。

命,但前案被害人皆属自杀,而后案被告却是直接致被害人死亡,其危害性与前案相比乃在伯仲之间。最终对其法外施仁,理由正如柳公绰所议,乃是为了维护名教不被破坏。

3. 其他方面的功利心

其他方面的功利心不一而足,可以分为以下三种。一是司法者为了维护自身名誉,从而作出法外施仁之举。《新五代史·安重晦传》载,后唐安重晦为侍中,田令方牧马瘠而多毙,坐劾当死。重晦曰:"使天下闻以马杀人,是为贵畜而贱人。"令方因得减死。本案安重晦之所以主张免去田令方死罪,并非认为田令方罪不该死,而是认为贵畜贱人的处罚若为天下所知,则对皇帝声誉有损。这一观点为皇帝接受,免去了田令方的死罪。

二是促使犯罪者自新,亦是司法者法外施仁的理由。中国古代司法者向来认为刑罚本身就有教化功能,而轻刑的教化功能更佳。如果被告人依法应当重惩,但为了实现刑罚教化效果,促进被告人自新,司法者亦会对被告从轻处罚以达教化效果。当然,如果为了达到教化效果而随意施行轻刑,则会严重破坏基本的法律秩序。因此,可以法外施仁的案件大都是被告之罪应得的刑罚介于轻重两可之间。清雍正帝曾言:

> 朕心恶此辈之肆行不法,又深悯此辈之愚昧无知,示以自新之路。特施法外之仁,许其自首免罪。凡各省盗贼未经缉获到官者,其中为首造意及伤害人命之犯,若自行陈首,朕酌其情稍可原者,量从宽减。若被人引诱迫胁、跟随为盗之犯自行出首,则将伊应得之罪予以宽宥,俾得改除旧恶永为良民。①

---

① [清]鄂尔泰、张廷玉等:《世宗宪皇帝实录》,清乾隆间内府刻本,第2137页。

犯罪者如属主犯，倘能自首，则表明其有教化迁善的可能。犯罪者如属于胁从犯，且主动归案，则其被教化从良的可能性更高。司法者选择从宽处罚以促其自新，这一做法是非常理性的，也有较大的实现可能。

三是维护被告人生计的动机有时亦会导致司法者对被告宽大处理。如为了不误农时，司法者会对被告法外施仁。《旧唐书·唐临传》载：

> （唐临）为万泉丞，县有轻囚十数人。会春暮时雨……临召囚悉令归家耕种，与之约，令归系所。囚等皆感恩贷，至时毕集诣狱。

农业是中国古代社会经济的主体模式，不误农时是统治者施政的一个重要原则。农忙止讼的价值就在于此。农忙时，对于在押轻罪囚犯暂释，让其回乡耕种，与农忙止讼的价值相同，故而为主流观念所认可。司法者此举非但未受责难，还为史册所褒扬。

（四）综合考虑

很多时候，司法者宽仁之念的产生并非只出自一种动机，而是多种动机共同作用的结果。《后汉书·钟离意传》载：

> （钟离意）迁堂邑令。县人防广为父报仇，系狱。其母病死，广哭泣不食。意怜伤之，乃听广归家，使得殡殓。丞掾皆争，意曰："罪自我归，义不累下。"遂遣之。广敛母讫，果还入狱。意密以状闻，广竟得以减死论。

本案中，钟离意对防广法外施仁，一是因为防广为父报仇，行为值得赞赏；二是防广母病死，其哭泣不食的表现让人怜悯。赞赏其孝行，怜悯其不能殡母，在两种动机的支配下，司法者才作出"听其回家"的法外施仁之举。《新唐书·刑法志》载唐太宗李世民的纵囚还家之举同样具有多重动机。

　　（唐太宗）亲录囚徒，悯死罪者三百九十人，纵之还家。期以明年秋即刑。及期，囚皆诣朝堂，无后者。太宗嘉其诚信，悉原之。

本案中，唐太宗对死罪囚产生怜悯之心，进而作出"纵之还家"的法外施仁之举。死囚获得暂时自由却不逃逸，而是遵守约定回来赴死。宁死不违约，可谓守信之至。中国古代的正统道德五常中即有守信一端。唐太宗因赞赏众囚犯的诚信行为，遂全部予以免罪。可见，本案中先后两个阶段的法外施仁是出于怜悯与赞赏的不同动机。《宋史·张咏传》所载一案的法外施仁同样出于不同动机：

　　（张咏）知杭州，属岁歉，民多私鬻盐以自给。捕获犯者数百人，咏悉宽其罚而遣之。官属请曰："不痛绳之，恐无以禁。"咏曰："钱塘十万家，饥者八九，苟不以盐自活，一旦蜂聚为盗，为患深矣，俟秋成，当仍旧法。"

本案中，司法者对百姓因贫而犯法予以宽免，当然源于其对犯者的怜悯之心，但更重要的是担心出现犯者聚盗为患的后果，后者显然是基于功利的考虑。

中国古代提倡孝道，其中一个重要表现就是子孙代父母、祖父母受刑。此时司法者往往对两者都给予从宽处罚。北魏长孙真误杖击其妻致死,其子虑乞代父死。孝文恕其父死罪,以从远流。明洪武八年(1375),山阳民有父得罪请以身代,皇帝称当屈法以申父子之恩。① 不仅子女代父母死罪会受到宽待,妻代夫死同样可能获得法外之仁。永乐十年(1412),江浦知县周益以罪当刑,妻梅氏以益母年老无养,欲代夫死,上悯其情,特宥益。②

上述案件中,司法者法外施仁的动机有二:一是子代父、妻代夫受刑之举值得赞赏;二是法外施仁可劝导更多卑亲属代尊亲属受刑,以达到劝人行孝、行义的目的。这类法外施仁之举是赞赏心与功利心共同起作用的结果。

三、法外施仁的客观要件

司法者对被告人的宽仁之念是法外施仁发生的主观要件,但仅具备这一要件,法外施仁尚不会发生,其还需具备一定的客观条件。考察相关案例,客观条件主要表现为三个方面:一是应当适用的法条过于严厉;二是司法者具有相应的权力;三是相关人员特别是被告人接受施仁。

(一) 应当适用的法条过于严厉

司法者之所以会法外施仁,是因为觉得对被告人依法处理是不仁之举。可见,在大部分法外施仁案件中,原先应予适用的法条明显刑过于罪。立法严厉主要表现为对四类犯人科以重刑:一是受连坐者,二是

---

① [明]余懋学:《仁狱类编》卷二十九,明万历三十六年直方堂刻本,第557页。
② [明]余懋学:《仁狱类编》卷二十九,明万历三十六年直方堂刻本,第568页。

过失犯,三是非暴力犯,四是动机具有正当性的犯法者。

连坐制度导致无罪者受罚,很容易让司法者觉得立法过严,从而突破法律规定对连坐者法外施仁。在高柔复核的宋金逃亡考竟妻、子案中,主事者依旧法上奏,要求尽杀宋金母、弟、妻、子。母、弟、妻、子无辜却要被杀,立法显然过于严酷,高柔亦称其为重刑。正因为认识到连坐者无罪却要受重刑这一现象的不合理,高柔的法外施仁主张才能获得曹操的认可。前述乾隆对连坐幼童法外施仁案件中,其正常量刑为骈诛,刑罚同样显属过重。

过失犯的处罚同样过于严厉。中国古代立法过于强调简约,受其影响,立法往往对故意犯罪与过失犯罪规定相同处罚,从而造成不公平的结果。前引《文献通考·刑考九》所载宋庆历年间九岁童子殴杀人案件中,只有九岁的被告,依律却应当弃市。九岁儿童心智尚未成熟,不可能有正常的杀人故意。依律判处死刑,表明立法只考虑了犯罪危害后果,而没有考虑行为人的主观恶性。过失杀人当处弃市的刑罚显然过于严厉,故而皇帝以被告无杀心,止命罚金。可见,本案的法外施仁是立法过严与司法者的仁爱之念共同作用的结果。

非暴力的财产犯罪者要受到重罚甚至是死刑,同样是立法过严的表现。前述《元史·铁哥传》所载庾人盗凿粳米罪当死;明代洪武年间,民盗内库,法当死;①前引《明实录》所载中书省椽史铨选受贿当死。上述案件都是纯粹的财产犯罪,危害性并不严重,犯罪者依律却要判处死刑,明显是立法严苛的表现。上述案件中,司法者给予被告宽待,显然是考虑到立法过严会导致依法司法结果同样严酷,故而不得不法外施仁以避免过于不仁结果的发生。

---

① [明]余懋学:《仁狱类编》卷二十九,明万历三十六年直方堂刻本,第555页。

动机正当的犯罪者受到重刑亦是立法偏重的表现之一。前文已述,中国古代立法偏爱简约,往往连犯罪的故意与过失差别都予以忽略,而对故意犯罪的动机差别,更难在法条中体现。行为人动机的正当性在立法上很难成为从轻的理由。此时如依法定罪量刑,就会显得合法却不合理。宋代一案的依法量刑就存在这样的问题。

> 马亮尚书知潭州。属县有亡命卒剽攻,为乡村患。或谋杀之,在法当死者四人。亮谓其僚属曰:"夫能为民除害,而反坐以死,岂法意耶?"乃批其案,悉贷之。①

本案中,被告人为民除害,动机具有正当性,但县审却依法判了死罪。知州复审时认为此一判决不合理,故对其法外施仁。

需要指出的是,应当适用的法律过严是法外施仁的常见条件,但并非必要条件。在以下两种情况下,即使立法不严亦可以法外施仁:一是司法者本身具有不受限制的权力;二是司法者只在程序上法外施仁。

就前者而言,唐代一案即是如此。《文献通考·刑考九》载:

> (唐)肃宗至德二年,将军王去荣以私怨杀本县令,当死。上以其善用炮,壬辰,敕免死,以白衣于陕郡效力。中书舍人贾至不即行下,上表,以为:"去荣无状,杀本县之君……夫去荣,逆乱之人也,焉有逆于此而顺于彼,乱于富平而治于陕郡,悖于县君而不悖于大君欤!伏惟明主全其远者、大者,则祸乱不日而定矣。"上下其

---

① [宋]郑克:《折狱龟鉴》卷四,清嘉庆墨海金壶本,第54页。

事,令百官议之。太子太师韦见素等议,以为:"法者天地大典,帝王犹不敢擅杀,是臣下之权过于人主也……而去荣末技,陕郡不以之存亡;王法有无,国家乃为之轻重。此臣等所以区区愿陛下守贞观之法。"上竟舍之。①

本案中,王去荣以私怨杀人,且所杀者还是本管县令,处以死刑,难言严厉,所以众臣反对免其死罪。但皇帝拥有最高权力,故而不受限制。

就后者而言,前述曹摅、王志等纵囚还家并非因为他们所受刑罚过重。由于程序上施仁未改变被告人应受的实体处罚,在重实体、轻程序还是主流观念的时代背景下,司法者所受的压力较实体上法外施仁要小得多。

(二) 司法者具备相应权力

司法者法外施仁,本身具有违法性质,违法要承担责任,这一点司法者自然清楚。但古代社会与当代社会不同,当代社会法大于权没有争议,因此任何人不享有法外特权。但在古代社会,法律从未被视为最高权威,司法者也并非只能依法行事。关于司法者与法律适用的关系,晋代刘颂曾言:"又君臣之分,各有所司。法欲必奉,故令主者守文;理有穷塞,故使大臣释滞;事有时宜,故人主权断。"②按照这一说法,人主不受法律限制,大臣在法律有疑问时可以选择适用法律。此时因法律本身存在疑问,故而即使依适用的法律,当事人所受处罚较轻,亦与法外施仁无关。至于普通司法者,只能依法办事,无法外施仁的权

---

① [元]马端临:《文献通考》卷一百七十,明冯天驭刻本,第6661页。
② 《晋书》卷三十《刑法志》。

力。当然,这仅是刘颂心目中法律适用的理想状态,实际情况要复杂得多。

1. 人主法外施仁

人主通常指天子。天子有至高无上的权力,自然可以法外施仁。不过特定条件下,非天子亦可能具有法外施仁的特权。先秦时期,诸侯在其国内享有最高司法权,不受周天子统辖。秦汉以降,虽然从理论上说只有皇帝才拥有不受制约的司法权,但权臣执国柄时,同样享有这一权力。鉴于人主权力无限,因此,他们的法外施仁有相当大的自由度,在实体上与程序上皆可以恣意施仁。

一是实体上法外施仁。人主可以明确给予犯罪者比法律规定更轻的处罚甚至免予处罚。《凤凰台记事》载:

> 洪武中,京师有校尉与邻妇通。一晨,校瞰夫出,即入门登床。夫复归,校伏床下。妇问夫曰:"何故复回?"夫曰:"见天寒思尔冷,来添被耳。"乃加覆而去。校忽念彼爱妻至此,乃忍负之。即取佩刀杀妇而去。有卖菜翁常供蔬妇家。至是入门,见无人即出。邻人执以闻官。翁不能明,诬伏。狱成,将弃市。校出呼曰:"某人妻是我杀之,奈何要他人偿命乎!"遂白监决者,欲面奏。监者引见。校奏曰:"此妇实与臣通。其日臣闻其夫语云云,因念此妇忍负其夫。臣在床下一时义气发作,就杀之。臣不敢欺,愿赐臣死。"上叹曰:"杀一不义,生一无辜,可嘉也。"即释之。①

本案被告先奸他人之妇,复又杀之。仅因认为其杀人动机有一定

---

① 祁连休:《中国民间故事史》中卷,河北教育出版社2015年版,第710页。

的正当性,皇帝即予赦免,罔顾其行为的违法性与危害性,显然不合法意。如此法外施仁也只能由帝王实施。

实体施仁还表现为改变刑罚执行方式。《明实录》载,宣德五年(1430),宣宗审查刑部奏报死刑案件,发现有人犯重罪当处凌迟之刑,"一时不忍,将凌迟改为斩首"①。考诸史册,死罪案件的法外施仁多是由生命刑减为其他刑罚,对死刑执行方式进行改变在明清以前相当少见,明清时期因凌迟成为法定刑,凌迟改斩决的施仁遂始渐增。

二是程序上施仁。程序上施仁的表现有多种,首先表现为司法者不审理甚至不受理相关案件。《史记·淮阴侯列传》载:

> 汉六年,人有上书告楚王信反。高帝以陈平计,天子巡狩,会诸侯……(信)谒高祖于陈。上令武士缚信,载后车。信曰:"……天下已定,我固当烹!"上曰:"人告公反。"遂械系信。至洛阳,赦信罪,以为淮阴侯。

韩信被告谋反,本应查实,但刘邦并未审理该案,而是直接降韩信为侯。我们知道,这一做法不能理解为未审辄定罪。因为韩信若是被认定谋反罪成立,则当夷三族,而绝非降王为侯这样的轻罚。可见刘邦没有审理韩信谋反案,这对于韩信而言乃是法外之仁。帝王对特定人员法外施仁甚至可以不受理该案。《旧唐书·侯君集传》载:

---

① [明]张辅监修:《大明宣宗章皇帝实录》卷九十一,"中央研究院"历史语言研究所校印本,第2083页。

(贞观)十七年,张亮以太子詹事出为洛州都督,君集激怒亮曰:"何为见排?"亮曰:"是公见排,更欲谁冤!"君集曰:"我平一国,还触天子大嗔,何能抑排!"因攘袂曰:"郁郁不可活,公能反乎?当与公反耳。"亮密以闻,太宗谓亮曰:"卿与君集俱是功臣,君集独以语卿,无人闻见,若以属吏,君集必言无此。两人相证,事未可知。"遂寝其事,待君集如初。

我们知道,对于民间细故案件,中国古代司法理论强调教化为先,可以不受理或者虽受理但不审理。但刑事案件中,受"告状不受理"条文的影响,司法者很少不受理,更不可能受理却不审理。但人主权力无限,对刑事案件既可以不受理,亦可以受理却不审理,这是人主法外施仁的一个重要特征。

需要说明的是,在理论上,人主的法外施仁应当是没有阻碍的;但在实践中,人主法外施仁能否实现还要视其自身对法律秩序的敬重程度如何。如其能够克己守法,则法外施仁实现的难度较大,甚至可能无法实现;如其威福自用,则无所而不能。下面两则案件显示了此种差异。一是贞观年间侯君集谋反当死,唐太宗因侯君集于国有功,不忍置诸法,向群臣请求免其一死。群臣皆主张论罪如法,太宗遂从群臣之议。① 二是前引唐肃宗年间,皇帝不顾众臣反对,以王去荣善用炮,敕免其杀害本管县令的死罪。两案被告都是死罪,皇帝都欲免其死罪,也都遭群臣反对,两个皇帝也都是威柄在御之君。之所以结果迥异,主要在于皇帝对自身权力行使的克制程度不同。

人主能否坚持法外施仁还与案件的轻重有关。重案的法外施仁,

---

① 《旧唐书》卷六十九《侯君集传》。

人主会更多考虑法律规定及臣下意见;若是轻案,则会径自施行。《资治通鉴》载:

> 右骁卫大将军长孙顺德受人馈绢,事觉,上曰:"顺德果能有益国家,朕与之共有府库耳,何至贪冒如是乎!"犹惜其有功,不之罪,但于殿庭赐绢数十匹。大理少卿胡演曰:"顺德枉法受财,罪不可赦,奈何复赐之绢?"上曰:"彼有人性,得绢之辱,甚于受刑;如不知愧,一禽兽耳,杀之何益!"①

长孙顺德受人馈绢之事发,太宗不罪之,反而于殿庭赐绢数十匹。大理少卿胡演反对,但唐太宗并未接受胡演意见。而唐太宗欲免犯谋反罪的侯君集死罪,因大臣反对而作罢;两者结果的不同与案件罪名轻重不同有很大关系。

2. 普通司法者法外施仁

普通司法者法外施仁可以分为两种情形:一是轻罪或程序上法外施仁;二是重案实体上的法外施仁。从以下分载于《后汉书·循吏传》《宋史·薛奎传》的案例中可以看出普通司法者法外施仁的特征:

> (童恢)除不其令。吏人有犯违禁法,辄随方晓示。若吏称其职,人行善事者,皆赐以酒肴之礼以劝励之,耕织种收皆有条章。一境清静,牢狱连年无囚。

---

① [宋]司马光撰,[元]胡三省音注:《资治通鉴》卷一百九十二,鄱阳胡氏仿元刊本,第4232页。

（薛奎知益州）成都民妇讼其子不孝，诘之，乃曰："贫无以为养。"奎出俸钱与之，戒曰："如复失养，吾不贷汝矣。"其母子遂如初。

上述两案中，前案吏人犯禁，类似今天的公职人员作出违纪行为。后案虽属不孝，但仅表现为供养有缺，为不孝罪中较轻的一种，类似今天的家庭纠纷，且被告并无过错。对于情节轻微之案，司法者有较大自主权，或随方晓示，或资物而遣。由于二者并非法定处理方式，但因其违法行为较轻，司法者故而未受到上司追究，且这一做法亦取得了良好的治理效果。

普通司法者法外施仁的另一个表现是程序方面的法外施仁。《晋书·良吏传》载：

（乔智明为隆虑共二县令）部人张兑为父报仇，母老单身，有妻无子。智明悯之，停其狱。岁余，令兑将妻入狱……于狱产一男。会赦，得免。

本案中，司法者允许犯人妻入狱孕子，显然违背了法律对于死刑犯应当单独关押的规定。前引《后汉书·吴祐传》所载案件中，吴祐对死刑犯解其桎梏，亦使其妻入狱孕子，情况与此案类似。

私纵犯人回家亦是程序上法外施仁的表现之一。这一做法与其他做法相比，施仁力度更大。因为犯人可能会逃走，从而牵连司法者。不过依然有司法者不计自身安危而私放特殊囚犯回家，如钟离意私放防广。

二是重案实体上的法外施仁。重案实体上的法外施仁超出了普通司法者的权限,风险较大,因此司法者很少直接行使,一般会在事先做好准备,或事后进行补救。事前准备有三种方式。其一是事先获得授权。前述《汉书·循吏传》所载龚遂奉旨平渤海盗案即是先奏请获得便宜从事之权。若未获授权,司法者应当与最高统治者关系密切。如前引田豫在南阳法外施仁案件中,当时汉帝有名无实,曹操为实际掌权者,而豫为曹操之亲信。且时处战乱,田豫的做法可以有效消除盗患,对于曹操控制区域的安定是有益的,可谓事急从权。

其二是向上级请示。前引《后汉书·钟离意传》所载案件中,对于囚犯防广,钟离意听其归家,在程序上法外施仁。但实体上法外施仁超越了其职权,故而密以状闻,广得以减死。很显然,司法者有法外施仁之念,再奏请人主给予法外施仁,是普通司法者处理情轻刑重案件的常规路径。如司法者未如此行事,则会受到非议。前引宋代马亮径自宽免谋杀剽攻者案件,郑克评论说:"剽攻之人,于法许捕。若非名捕者,辄以谋杀之,则虑有诬枉,法所不许也。此四人者,为民除害,其事有实,其情可矜,而必诛之,非法意也。然僚属皆拘法之文,则郡将当原法之意,故亮独批其案而悉贷之。若奏听敕裁,则尤为得体也。"①在郑克看来,马亮事先不请示的做法是不够得体的。事后补救措施表现为请责,前引《折狱龟鉴》所载任布敕被酒骂其祖者之后上书自劾即属请责。

最后是以弃官等极端的方式施仁。前引《三国志·庞淯传》所载案件中,禄福长尹嘉不忍论娥亲,即解印绶去官,阴语使去。但这种做法相当罕见,毕竟司法者动辄弃官亦不符合儒家官员的为官伦理,而且还会给被告人带来很大的精神压力。该案后来还是通过刺史与郡守上奏方式获得法外施仁的结果。

---

① [宋]郑克:《折狱龟鉴》卷四,清嘉庆墨海金壶本,第54页。

（三）相关人员的配合

法外施仁能否成功实施主要取决于司法者。因为就常理而言，大部分被告人都不会拒绝法外施仁的结果，但亦有例外。如果被告人不配合，那么也会导致法外施仁无法实现。被告人不配合法外施仁有两种表现：一是不愿接受宽仁结果，情愿受到依法处置；二是不愿意接受已有的宽仁待遇，希望得到更加优待的结果。从史料记载来看，前者出现的概率更高。《史记·循吏传》载：

> 李离者，晋文公之理也。过听杀人，自拘当死。文公曰："官有贵贱，罚有轻重。下吏有过，非子之罪也。"李离曰："臣居官为长，不与吏让位；受禄为多，不与下分利。今过听杀人，傅其罪下吏，非所闻也。"辞不受令。文公曰："子则自以为有罪，寡人亦有罪邪？"李离曰："理有法，失刑则刑，失死则死。公以臣能听微决疑，故使为理。今过听杀人，罪当死。"遂不受令，伏剑而死。

从君臣对话可以看出，李离依法应受死刑，但文公欲宽之，属法外施仁。李离自杀伏法使得文公的法外施仁未能实现。前引《吕氏春秋·去私》所载腹䵍之子杀人案中，秦惠王令吏弗诛，但腹䵍以墨家之法拒绝，最终其子依然伏法。后世被告人及其家人拒绝官员法外施仁的现象较为少见，但并未绝迹。前引庞娥亲报父仇案中，司法者欲以弃官方式对其法外施仁，但庞娥亲拒绝，司法者自主的法外施仁没有成功，后来上请的法外施仁得到了被告人的受领。

也有被告人不满意施仁结果，希望获得更优待遇，但这种做法可能会引起司法者的警戒心理，从而收回已经给予的法外施仁待遇，依法给予处罚。前述汉初彭越被控谋反案中，刘邦本已赦其为庶人，这在当时属力度很大的施仁之举。但彭越并不满意，在赴蜀途中西至郑地，"逢吕后从长安来，欲之洛阳，道见彭王。彭王为吕后泣涕，自言无罪，愿处故昌邑。吕后许诺，与俱东至洛阳。吕后白上曰：'彭王壮士，今徙之蜀，此自遗患，不如遂诛之。妾谨与俱来。'于是吕后乃令其舍人告彭越复谋反。廷尉王恬开奏请族之。上乃可，遂夷越宗族，国除"。本案中，彭越如能够接受刘邦对其法外施仁的结果，也许就不会有后来的灭族之祸。

此外，判决实际执行者是否认真落实法外施仁决定也在一定程度上影响法外施仁的实施。前述明宣宗因一时不忍之念而将凌迟重犯改为斩首，但监斩官孙纯及王镇又误将斩首作为凌迟实施，致使皇帝的法外施仁之举亦未取得应有的效果。

第三章　赦过宥罪

赦宥,是指官府免除或者减轻犯罪人罪责或者刑罚的行为。行为人经过赦宥后,其受到的处罚比实际应得的处罚轻或直接免除处罚。从结果上看,行为人得到了更宽厚的待遇,因此可以将赦宥归入仁政司法的范围之内。赦宥是中国传统司法的重要特征之一,赦宥的类型及原因都具有鲜明的特色。

一、赦宥的类型

中国古代赦宥的类型林林总总,不一而足。按照不同的标准,可以进行不同的分类。

(一) 个别赦宥与普遍赦宥

以赦宥的对象为标准可以将赦宥分为个别赦宥与普遍赦宥:个别赦宥是指司法者对个别案件的当事人进行赦宥;普遍赦宥则是在一定时间和地域范围内针对不特定案件的当事人进行赦宥。

1. 个别赦宥

个别赦宥在中国古代很早即已出现。《尚书·舜典》称:"眚灾肆赦,怙终贼刑。"又称"流宥五刑"。关于"眚灾肆赦,怙终贼刑"的含义,《孔传》称:"眚,过;灾,害;肆,缓;贼,杀也。过而有害,当缓赦之。"唐代孔颖达疏称："若过误为害，原情非故者，则缓纵而赦放之。"此处所说的赦宥即个别赦宥，原因在于赦宥是有条件的，即犯罪人因"过误为害"。而只有在具体案件的审理中，司法者才能确认犯罪者是否为过误。"流宥五刑"，指用流放之法来宽宥本应被处"五刑"的人。流刑又有"五流有宅，五宅三居"①的规定，可见流刑也是分等级的，而分等级的依据就是行为人原来所犯之罪的轻重及其主观过错的程度。由此可见，流宥五刑针对的同样是个别赦宥。《尚书·吕刑》中则有"五刑之疑有赦，五罚之疑有赦，其审克之"的内容。《周礼·秋官·司刺》载："司刺掌三刺、三宥、三赦之法，以赞司寇听狱讼。一宥曰不识，再宥曰过失，三宥曰遗忘。一赦曰幼弱，再赦曰老耄，三赦曰蠢愚。"总的来看，个别赦宥强调被赦者应当具备某一方面特征：或是行为人的自身特质，如老幼等；或是行为方面的要求，如过误犯罪；或是案件事实审理结果方面的特征，如疑罪等。

2. 普遍赦宥

普遍赦宥在历史上的出现要稍晚于个别赦宥。依目前资料，可以肯定至迟在春秋时期，已经出现普遍赦宥的做法。《左传·庄公二十二年》载："春，王正月，肆大眚。诘：贾逵以文姜为有罪，故赦而后葬以说臣子也。鲁大赦国中罪过，欲令文姜之过因是得除，以葬文姜。""肆"即"赦"，意即鲁庄公赦免了全部有过错的犯罪者。虽然是普遍赦宥，但还是对犯罪行为发生时行为人的主观状态提出了要求，即犯罪行为因过失而发生，故意犯罪则不在赦免之内。接下来发生的普遍赦宥开始不再对犯罪者实施犯罪行为时的心理状态提出要求。《左传·昭公十四

---

① 意即五种流放各有处所，分别安置在四裔、九州之外、千里之外三个远近不同的地方。

年》记载:"夏,楚子使然丹简上国之兵于宗丘,且抚其民。分贫,振穷;长孤幼,养老疾,收介特;救灾患,宥孤寡,赦罪戾;诘奸慝,举淹滞;礼新,叙旧;禄勋,合亲;任良,物官。使屈罢简东国之兵于召陵,亦如之。"楚国国君让然丹与屈罢分别在宗丘与召陵推行仁政,其中就有赦罪戾之举,但并未强调赦何种罪戾。当然,上述普遍性赦宥或有犯罪行为上的要求,或有地域上的限制,在赦宥的普遍性上都略显不足。

战国后期,普遍性的赦宥经常出现。秦孝文王元年(前250),赦罪人。秦庄襄王元年(前249),大赦罪人。秦二世元年(前209)十月五日,面对反秦义军的浩大声势,宣布"大赦罪人,授兵以击之"。上述秦国的赦宥是中国历史上首次真正意义的普遍赦宥,既不限犯罪行为人与犯罪行为,亦不限地域。① 针对秦二世的赦宥行为,刘邦也依样画葫芦,通过大赦罪人以争取民心。汉二年(前205)正月,虏雍王弟章平,大赦罪人。同年,汉王败彭城。求家室,独得孝惠,六月立为太子,大赦罪人。② 汉六年(前201),刘邦下令:"兵不得休八年,万民与苦甚,今天下事毕,其赦天下殊死以下。"这是历史上第一次将刑罚轻重作为赦与不赦的标准。同年,刘邦又发布赦诏规定:"身居军九年,或未习法令,或以其故犯法。大者死刑,吾甚怜之,其赦天下。"③首次以行为人不知法令而犯法作为赦宥理由。大赦自秦汉时开始,后世亦时有发生。

个别赦宥与普遍赦宥之别除了在于赦宥对象是否特定之外,还在于个别赦宥的对象都是犯罪已发者,其中既有可能是案件审结已经处在刑罚执行期间的囚犯,亦有可能是案件正在追诉之中的犯罪嫌疑人。而普遍赦宥的对象除个别赦宥的对象之外,还有一些是犯罪已实施但

---

① 《史记》卷五《秦本纪》。
② 《史记》卷七《高祖本纪》。
③ 《汉书》卷一下《高帝本纪》。

尚未案发之犯。这是普遍赦宥对象不特定的一个体现。

（二）赦与宥

根据司法者对犯罪人施予宽大处理的程度，可以将赦宥分为赦与宥两类：前者是免除被告刑罚，后者是减轻被告刑罚。前述《尚书·舜典》载："眚灾肆赦"，"流宥五刑"。其中对因眚而犯法者，应当尽量给予赦免。此处的"眚"即过失之意，孔颖达疏称："若过误为害，原情非故者，则缓纵而赦放之。"①而对普通犯五刑之罪者，可以通过以流刑替代五刑的方式来减轻处罚。《易·解》大象称："雷雨作，解，君子以赦过宥罪。"同样表明之所以有赦与宥的区别，乃是因为行为人的表现不同。赦的对象是行为人有"过"，即过失犯罪；宥的对象是行为人有"罪"，即故意犯罪。赦与宥之别主要出现在先秦时期的个案赦宥场域。到后世大赦之时，面对大量的案件，司法者不可能一一辨别其为故意抑或过失。因此赦与宥之别固然还存在，但往往不是因为当事人主观心理状态的不同，而是直接根据罪刑轻重来决定赦宥之别，如对死罪及其他重罪实行减罪等处罚，而对流罪之下则予以赦免。前者可以视为宥，后者则应视为赦。

（三）大赦与特赦

大赦与特赦之别是在普遍赦宥内部的一种划分法。所谓大赦是指不分地域、对象、刑罚轻重等，对赦令下达之前的所有犯罪一律赦免。大赦的出现较晚。马端临认为：

> 唐虞三代之所谓赦者，或以其情可矜，或以其事可疑。以其在

---

① ［唐］孔颖达：《尚书正义》卷三，宋两浙东路茶盐司刻本，第92页。

三赦、三宥、八议之列，然后赦之。盖临时随事而为之斟酌，所谓议事以制者也。至后世乃有大赦之法，不问情之浅深、罪之轻重，凡所犯在赦前，则杀人者不死，伤人者不刑，盗贼及作奸犯科者不诘。于是遂为偏枯之物、长奸之门。今观管仲所言，及《史记》所载陶朱公救子之事，则知春秋战国之时已有大赦之法矣。①

由此可见，在春秋晚期，已有大赦之实。至秦二世初即位，大赦天下，遂有大赦之名。后世的赦免并非一定要有大赦之名才视为大赦，只要有赦天下之文，通常即为大赦。《宋史·刑法》称："凡大赦及天下，释杂犯死罪以下，甚则常赦所不原罪，皆除之。"则是从赦的地域与赦的罪名两个方面来对大赦作出定义。

特赦与大赦不同，有的在地域方面有特殊要求，通常限于一地或数地。前述春秋时期楚国的两次赦免即是由统治者授权地方官在某个特定地域实施赦免。特定地域的赦免，后代称之为曲赦。如晋代惠帝时就曾"曲赦洛阳"。②《宋史》称曲赦的范围"惟一路或一州，或别京，或畿内"③。有的则以罪刑等级决定赦免程度，如宋代的德音即是"死及流罪降等，余罪释之，间亦释流罪，所被广狭无常"。还有的则从赦的启

---

① [元]马端临：《文献通考》卷一百七十一下，明冯天驭刻本，第6714页。《史记》所载陶朱公救子之事如下：陶朱公中子在楚杀人系狱。乃令其长子赍千金遗楚王所信善者庄生，请之。庄生入见楚王，言某星宿某，独以德为可以除之。王乃使使者封三钱之库。楚人告陶朱公长男曰："王且赦。"曰："何以也。"曰："每王且赦，常封三钱之府，昨暮，王使使封之。"陶朱公长男以为赦，弟固当出。重千金虚弃庄生，以为殊无短长也。乃复见庄生，以为王且赦。庄生乃还其金。羞为所卖，复入言王曰："臣前言某星，王言欲修德报之。今臣出，道路皆言，陶之富人朱公之子杀人囚楚，其家多持金钱赂王左右，王非为楚国而赦，乃以朱公子故也。"楚王大怒，令论杀陶朱公子，明日遂下赦令。从此事的记载来看，楚王之赦无地域与犯罪类型的要求，在本质上属于大赦。
② 《晋书》卷四《惠帝纪》。
③ 《宋史》卷二百零一《刑法三》。

动程序来定其类别,如天子郊祀定赦即为郊赦。"初,太宗尝因郊礼议赦。有秦再恩者,上书愿勿赦。引诸葛亮佐刘备数十年不赦事。帝颇疑之。时赵普对曰:'凡郊祀肆眚,圣朝彝典,其仁如天。若刘备区区一方,臣所不取。'上善之,遂定赦。"再如宋时皇帝"岁自录京师系囚,畿内则遣使,往往杂犯死罪以下第降等,杖、笞释之,或徒罪亦得释。若并及诸路,则命监司录焉。"①即是因为录囚而引发的赦宥。

二、赦宥的价值追求

在中国古代社会,法律是维护统治秩序的重要手段,而赦宥则会使法律秩序受到一定程度的破坏。从逻辑上讲,赦宥是不利于维护统治秩序的。那么,是什么原因导致统治者会经常实施赦宥呢?笔者认为,施行赦宥的价值追求可从表层价值与深层价值两个层面来加以考察。

(一) 赦宥的表层价值

1. 体现仁政

前文已述,中国古代大部分时期的统治者都喜欢以施行仁政相标榜。他们认为施行仁政可获得民众的感恩戴德,从而更有利于维护朝廷的统治。对人民的宽待特别是对犯罪者的宽厚处理更是施行仁政的体现。② 历代的赦宥诏书大都能体现统治者追求仁政的意图。西汉元寿二年(前1)九月,汉平帝诏令:"夫赦令者,将与天下更始,诚欲令百

---

① 《宋史》卷二百零一《刑法三》。
② 法家主张的治国手段有刑赏二柄,但更强调重刑而轻赏。之所以会轻赏,在于赏意味着统治者要付出代价。后来的统治理念强调外儒内法,然而只强调重刑与仁政治国理念相悖,但统治者又不愿意施赏,于是能够接受的策略就是施行赦宥,因为这一做法既不会增加统治者的统治成本,又能够为其博得宽仁的名声。

姓改行洁己,全其性命也。"①皇帝诏称赦令是为了保全百姓的性命,自然也体现了皇帝的仁爱之心。宋神宗在诏书中称:"夫赦令,国之大恩,所以荡涤瑕秽,纳于自新之地。"②因为赦令可以给犯罪者自新的机会,被视为国之大恩,自然是朝廷施行仁政的表现。

2. 功利主义

赦宥表层价值的第二个方面是功利主义,即统治者通过赦宥达到维护其统治能够长久的目的。在中国古代绝大部分统治者的心目中,上天是决定一姓天下能否长久维持的根本力量。因此,帝王的行为只有顺天之意,才可以获得上天眷顾,从而使得国运长久。顺从天意的前提是了解天意。天意是什么,古人的认识还是比较一致的,最核心的是认为上天有好生之德。好生之德当然有不得滥杀无辜之意,但又不限于此,还应包括不得随意伤害万物。归结起来,上天之德可以被视作仁的德行。前述赵普称赦典"其仁如天",即是表明赦宥符合上天仁的德行对人间统治者的要求。

于是,让人间的赦令符合上天意志进而获得上天眷顾,保佑统治万世不易是赦宥功利主义的基本追求。历代统治者在效祀天地、天降祥瑞及发生灾害时多会颁布赦令,正是此种功利主义的体现。唐肃宗乾元二年(759),关中大旱,朝廷宣布大赦天下。规定死者从流,流以下赦放。流放夜郎途中的大诗人李白就是因此次赦免而获得自由。在此基础上赦宥还有一些具体的功利性追求。如历代皇帝常会因"新皇登极""立后""建储""册太子妃""公主厘降""大丧"等理由下诏施行赦宥。当然也还有其他的功利性考虑,如前述春秋时鲁国的赦宥是为了欲令

---

① [宋]徐天麟:《西汉会要》卷六十三,四库全书本,第596页。
② 《宋史》卷二百零一《刑法三》。

文姜之过得除,楚国的赦宥则是为了应对天象灾异。极端情况下还会因皇室成员身体有疾而下令赦宥。苏轼曾写过一首诗,其题为《己未十月十五日,狱中恭闻太皇太后不豫,有赦,作诗》①,诗题所言即是宋神宗为太皇太后曹氏生病而下诏施行赦宥,其功利性目标非常明确,乃希望通过赦宥能够使太皇太后身体痊愈。甚至还有帝王因为重臣生病而施行赦宥的例子。《三国志·吴书·吕蒙传》载:"会蒙疾发,权时在公安,迎置内殿。所以治护者万方,募封内有能愈蒙疾者,赐千金。时有针加,权为之惨戚。欲数见其颜色,又恐劳动。常穿壁瞻之,见小能下食则喜,顾左右言笑。不然则咄唶,夜不能寐。病中瘳,为下赦令,群臣毕贺。"孙权为使吕蒙病愈而下赦令,与前述宋神宗为使太皇太后病愈而下赦令的意旨一致。上述特殊条件下的赦令,其功利性追求亦很具体,如希望后位、储位、妃位稳固,公主出嫁后生活幸福,丧者于彼岸世界能获善果,疾者能够痊愈,等等。

既然赦宥的根本追求是维护长久统治,因此对于严重危及统治秩序的犯罪行为,从逻辑上讲是不应予以赦宥的。事实上,古代的统治者显然也认识到了这一点,并将这一原则写入法典。北周以后的历代法律都有"常赦所不原"的犯罪种类。②"常赦所不原"的犯罪类型在不同朝代中大同小异,但总体来看,包括以下两类。

一是对"十恶"等威胁到统治秩序和伦理规范根本的犯罪不予赦免。《隋书·刑法志》载:"犯十恶及故杀人狱成者,虽会赦,犹除名。"除名即从应赦名单里除去。唐律规定,犯恶逆,仍处死;反、逆及杀从父兄姊、小功尊属、造畜蛊毒,仍流;十恶、故杀人、反逆缘坐,狱成者,犹除

---

① [宋]苏轼:《东坡全集》卷二十二,明成化本,第1982页。
② 唐代中期以前称"常赦所不免"。

名;监守内奸、盗、略人、受财枉法,狱成会赦,免所居官;杀人应死,会赦移乡等都属于常赦不原之罪。《宋刑统》与此规定相类。《大明律·名例律》规定:"凡犯十恶、杀人、盗系官财物及强盗、窃盗、放火、发冢、受枉法不枉法赃、诈伪、犯奸、略人略卖、和诱人口、若奸党及谗言左使杀人、故出入人罪、若知情故纵、听行藏匿引送、说事过钱之类,一应真犯,虽会赦并不原宥。其赦书临时定罪名特免及减降从轻者不在此限。"①比较而言,明律不赦的范围较隋唐时扩大许多,对重罪原则上概不赦免,这体现了薛允升所言的明律与唐律相比具有重重轻轻的特点。

二是恶意利用赦令犯法者不赦宥。唐律规定:"诸闻知有恩赦而故犯,不得以赦原。"《宋刑统》的规定与唐律相同。《大明律·断狱律》规定:"凡闻知有恩赦而故犯罪者,加常犯一等,虽会赦,并不原宥。"②与唐律相比,其增加了"加常犯一等"处罚的规定。清律的规定与此同。我们知道,中国古代很多赦宥的颁行是有征兆可寻的,如新皇即位、册立太子等。③ 有些精明且用心不良之徒会在上述大事发生的时间前后去故意犯罪,因为犯事之后,有很大可能性会得到赦免。中国古代司法极重犯罪行为人的主观意图,春秋决狱的一个重要原则即是"志善而违于法者免,志恶而合于法者诛"④。行为人知道将有赦宥而故意犯罪,其志极恶,故而推究法律精神不能免罪,这是不免知赦故犯者的原因之一。再则,赦宥制度意在改造犯罪者,给予其自新机会。而恶意利用赦宥制度犯罪者,其主观心态既恶且狡,改过自新的可能性极低。若对其赦宥,则难以实现赦宥制度的立法目的。

---

① [明]李东阳:《明会典》卷一百二十六,四库全书本,第2455页。
② [明]刘惟谦:《大明律》卷二十八,明洪武刊本,第459页。
③ 前引楚国赦宥之前楚王令人封钱库也是征兆之一。
④ [汉]桓宽:《盐铁论》卷十,景长沙叶氏观古堂藏明刊本,第156页。

（二）赦宥的深层价值追求

1. 抵消立法过严之弊

前面研究已显示，中国古代的立法受法家重刑止刑观念的影响，历来有重刑传统。立法者明知刑罚偏重，却不愿意在制度上予以变更。因为若立法轻缓，在统治者看来不足以对潜在犯罪人形成有效的震慑。但若严格实施严刑峻法，又会造成残民过度的严厉后果，从而危及社会基本秩序。即使不足以立即导致王朝倾覆，但刑狱充溢、囹圄充斥亦会给统治者带来很大压力。因此，实践中司法者对个别案件给予宽厚处理就是消减立法过严之弊的手段之一。但统治者也深知放纵个案的宽厚处理可能会造成极大的不公平甚至带来法制秩序的崩溃。为此，个案的宽厚处理实际上受到较为严格的限制。① 有鉴于此，最高统治者通过不定期的大规模赦宥，可以有效抵消立法过严之弊。需要说明的是，有关赦宥的这一价值追求，官府从来都不会在赦书中明言，因为官府不可能公开承认立法过严却不予更化的事实。因此，将抵消立法过严作为赦宥的价值是整个统治集团的不言之秘。

2. 维护王权的超然地位

中国古代社会是一个等级森严的金字塔式社会，高居金字塔顶端的是帝王。对王权的维护是古代社会官方最重要的价值追求。古代法律对王权的维护主要表现为两个方面：一是主张王权独尊，二是强调王权高于法律。王权独尊强调王权不得被侵犯，王命不得被违背。《国语·周语上》记载樊仲山父之言："犯王命必诛，故出令不可不顺也。"意

---

① 古人强调主者审判案件时只能守文，即是从理论上不主张普通司法者有宽大处理案件的权力，而立法强调断罪皆引律令格式，则是从制度上否认普通司法者拥有宽大处理案件的权力。

在表明王权的绝对权威性。王权高于法律,表明王权可以超越法律规定而作出决定。《尚书·洪范》主张:"惟辟作福,惟辟作威,惟辟玉食。"《孔传》解释称:"言惟君得专威福,为美食。臣无有作福作威玉食。"主张只有王可以且应当大权独揽。《周礼·内史》称内史:"掌王之八枋之法,以诏王治。一曰爵,二曰禄,三曰废,四曰置,五曰杀,六曰生,七曰予,八曰夺。"此虽意在讨论内史之责,但其前提是只有王才可以享有各种重要权力。战国人范雎也说:"夫擅国之谓王,能利害之谓王,制杀生之威之谓王。"①其同样主张重要权力只能由帝王行使,他人不得擅行,即使是权贵大臣亦不例外。在古人看来,若臣下擅行此类权力,则会导致王权危殆。《韩非子》称:"人主恶自治之劳惮,使群臣辐凑之变,因传柄移藉。使杀生之机,予夺之要在大臣,如是者侵。此谓三守不完。三守不完则劫杀之征也。"②大权旁落可致帝王性命不保,可见韩非对人主专权的极端强调。《尚书》《周礼》是儒家经典,《韩非子》是法家著作,儒法两家常常"道不同不相与谋",但它们都强调王权独尊及不得旁落,可见这一观念在中国古代广为人们所接受。王权独尊及王权大于法这两种维护王权特殊地位的观念对赦宥的制度与实践产生了很大影响。一方面,无论行为人是已决犯、未决犯甚至是已犯未发之犯,也无论他们已依法受到处理或即将依法受到处理,赦令都会使上述依法处理的现实结果及可能结果无法实现,这充分体现了皇权高于法的地位。另一方面,赦令只能由皇帝颁发,其他任何机构和个人都不可以发布赦令,这表明只有皇权可以高于法律,由此维护了皇权独尊的地位。当然,皇权独尊在赦宥制度中还表现为侵犯皇权的犯罪都在常赦

---

① 《史记》卷七十九《范雎列传》。
② 《韩非子·主道》。予夺在臣是三守不完之一,另外两者为忠直日疏及人主无威。

所不原之列。不过,维护皇权的神圣性不是常赦所不原制度的唯一价值考量,诚如前文所言,后者的主要价值在于维护统治秩序的根本不被破坏。

三、赦宥存在的问题与客观意义

(一)赦宥存在的问题

对赦宥存在的问题,古人有过详细的讨论。反对赦宥的观点连绵不绝。《管子》一书载:"文有三侑,武毋一赦。惠者,多赦者也,先易而后难,久而不胜其祸;法者,先难而后易,久而不胜其福。"①这是中国古代最早反对赦宥的观点,指出了赦宥制度的长远危害性,不过并未指出赦宥有哪些具体的不足。《礼记》主张:"凡作刑罚,轻无赦,法虽轻,不赦之。为人易犯,后易犯同。"②《礼记》反对赦宥的理由是后者易犯前者被赦免之罪,这已经触及问题的要害。但《礼记》反对的是随意赦免,而非反对一切赦免。西汉匡衡提出:"大赦之后,奸邪不为衰止。今日大赦,明日犯法,相随入狱,此殆导人未得其务也。"③从前文研究得知,古人主张赦宥的一个重要理由在于赦宥可以导人自新,但匡衡认为赦宥在开罪人自新之路方面基本没有效果,这一反对赦宥的观点可谓非常有针对性。东汉王符则更加详细阐述了赦宥存在的问题。他说:

  贼良民之甚者,莫大于数赦赎。赦赎数则恶人昌而善人伤矣,

---

① 《管子·法法》。"侑"通"宥"。
② 《礼记·王制》。
③ [元]郝经:《郝氏续后汉书》卷十五,四库全书本,第291页。

何以明之哉？夫谨饬之人身不蹈非，又有为吏正直不避强御，而奸猾之党横加诬言者，皆知赦之不久故也。善人君子被侵怨而能至阙庭自明，万无数人。数人之中得省问者百不过一，既对尚书而空遣去者复十六七矣。其轻薄奸轨，既陷罪法，怨毒之家冀其辜戮以解蓄愤，而反一概悉蒙赦释。令恶人高会而夸咤，老盗服臧而过门。孝子见仇而不得讨，遭盗者睹物而不敢取，痛莫甚焉。①

总体来看，王符认为犯法者极少有良善之人，因此赦宥基本上只会使恶人得益，且使受害人冤屈难伸。这是古人反对赦宥的基本理由。唐太宗曾对侍者说："凡赦宥之恩，惟及不轨之辈。古语云：'小人之幸，君子之不幸。''一岁再赦，善人暗哑。'"②此外，赦宥还有破坏法律秩序这一不足。这一点古人论述较少，但偶尔亦有人论及。《贞观政要》载：

> 长孙皇后遇疾，渐危笃。皇太子启后曰："医药备尽，今尊体不瘳，请奏赦囚徒并度人入道，冀蒙福祐。"后曰："死生有命，非人力所加，若修福可延，吾素非为恶者；若行善无效，何福可求？赦者国之大事，佛道者，上每示存异方之教耳。常恐为理体之弊，岂以吾一妇人而乱天下法？不能依汝言。"③

长孙皇后认为施赦不可能获蒙福佑，这样的认识在相信天命的时代尤为可贵。同时她认为赦是国之大事，轻易施赦会破坏国家法度，不过她并未主张赦宥本身就是破坏法律之举。古人之所以没有提出这一

---

① 《后汉书》卷四十九《王符传》。
② ［唐］吴兢：《贞观政要》卷八，明刊本，第356页。
③ ［唐］吴兢：《贞观政要》卷八，明刊本，第359页。

观点,乃是因为赦宥系皇帝作出,而皇权大于法律在古代是一个不争的认识。

(二) 赦宥的客观意义

古人很少正面肯定赦宥的意义,但赦宥历行不废,并非仅可以用帝王权力不受约束就能完全解释的。事实上赦宥制度亦有其可取之处。反对赦宥者认为赦宥乃小人之幸,君子之不幸,是建立在好人不会犯法,因而不会受到追诉,从而不需要赦宥的这一认识基础上的。但这一认识显然是一厢情愿的观点。事实上,在刑法严厉加上司法制度理性程度不足的背景下,无辜者受罚的现象相当常见,如汉代司马迁、宋代岳飞、明代于谦等人都曾作为犯罪分子而被追求刑责。对无辜者入刑,赦宥的存在可以在客观上为其释冤。西汉时夏侯胜被劾"不道",黄霸被劾"阿纵胜,不举劾,俱下狱……胜、霸既久系,霸欲从胜受经,胜辞以罪死。霸曰:'朝闻道,夕死可矣。'胜贤其言,遂授之。系再更冬,讲论不怠。因大赦。胜出为谏大夫、给事中,霸为扬州刺史"[①]。汉代的不道罪在很多时候只表现为言论不讨皇帝喜欢,许多入罪者其实非常无辜。客观上,此时的赦宥可以对言论入罪的不当司法起到纠偏作用。前引唐代大诗人李白因永王李璘之祸而被流放,李白作为一个诗人,对政治风险无丝毫敏感性,对永王是否有反意本就无知觉,因此追究李白附逆之罪,显然是欲加之罪。后来李白因大赦被放还,此赦才是符合正义之举。

即使司法得当,被告实属有罪,但由于刑过于罪现象的普遍存在,司法结果动辄出现囹圄成市的状况,对社会经济的稳定与发展也极为

---

① 《汉书》卷七十五《夏侯胜传》。

不利。为此,适当的赦宥可以将轻罪犯人释放出来,使他们能够从事各种生产劳动,从而有利于社会经济的稳定与发展。此外,对轻罪犯人或过失犯罪者,其主观动机并不恶劣,如严格依法处理,将其与其他故意及恶性犯罪者长期关押于一处,反而可能迁善为恶。将此类人员赦免,使其及时回归社会,显然有利于他们改过自新。

第四章　疑罪施仁

　　中国古代司法极为重视真实发现，但司法者审理案件的态度再认真也不能保证每起案件的真实都能够被发现。为此在案件事实确实无法查清时依疑罪结案亦是一种可以接受的选择。疑罪结案可以避免案件审理无限期延续下去，有助于减少刑狱淹滞之弊，对涉案人员在客观上具有善待效果。疑罪在事实认定领域有罪轻罪重之疑，如杀人是谋杀还是故杀或者是斗杀、误杀、戏杀、过失杀；亦有罪有罪无之疑，如犯罪是否发生或被告人是否为真凶。对于罪轻罪重之疑，司法者可以选择从轻或从重；对于罪无罪有之疑，司法者亦可以选择从无抑或从有。但有无之疑时直接从有、轻重之疑时直接从重的做法在中国古代很难占据正统地位，疑罪从轻成为疑罪处理的基本模式，长期受到立法与司法的青睐。不过，古代的疑罪从轻并不限于罪轻罪重之疑时选择从轻，在罪有罪无之疑的情形中，司法者一样会认定有罪然后从轻处罚。可以这样认为，中国古代的疑罪处理中，对罪轻罪重之疑，基本上是从轻；而对于罪有罪无之疑，则有从无与从有兼从轻两种选择，其中后者占据主导地位。产生这种现象的原因主要是中国古代官方观念中的仁政司法理念在发挥作用。

一、疑罪从无

（一）疑罪从无的制度规范

疑罪从无在中国古代主要表现为人们观念上的存在。《左传》引《尚书》逸文称："与其杀不辜，宁失不经。"[①]意即对于疑罪，如从有处罚则可能冤杀无辜；如不处罚疑犯，则可能导致法律得不到实施。两者相比，宁可选择让法律得不到实施，这显然是罪疑从无的态度。《礼记·王制》中主张的是"疑狱，泛与众共之，众疑赦之，必察小大之比以成之"[②]。"众疑赦之"亦属于疑罪从无。《尚书·吕刑》称："五辞简孚，正于五刑，五辞简核，信有罪验，则正之于五刑。五刑不简，正于五罚，不简核，谓不应五刑，当正五罚，出金赎罪。五刑之疑有赦，五罚之疑有赦。"意即当事人犯应处五刑之罪，若证据确实，则入于五刑。如证据不确实，则入于五罚。五罚是五刑之罪有疑的做法，可以视为罪疑从轻。如果五罚本身亦可能有疑，即当事人犯罪的嫌疑程度非常低，连入于五罚的标准都达不到，则只能"有赦"，此时的五罚入赦就应是罚疑从无。可见，五罚之疑有赦应当是罪疑从无。罪疑从无的观念在汉代亦有人主张。贾谊认为："诛赏之慎焉，故与其杀不辜也，宁失于有罪也。故夫罪也者，疑则附之去已。疑罪从去，仁也。"[③]对于疑罪从无，论者将其视

[①]《左传·襄公二十六年》。

[②] 也许有的学者会认为此处的疑狱应是指法律适用之疑，并非事实认定之疑，但笔者以为此处当为事实认定之疑。因为若为法律适用之疑，则应表现为此罪还是彼罪的问题，而不是有罪或无罪的问题。因此，讨论的结果应是在可能适用的罪名中选择一个，而不是赦之。

[③] [汉]贾谊：《新书》卷九，清学海类编本，第135页。

为统治者宽厚并以仁政治国的表现。在同书的另一篇文中,贾谊引用的一则故事再次表明了这一立场:

> 梁尝有疑狱,半以为当罪,半以为不当。虽梁王亦疑。梁王曰:"陶之朱叟以布衣而富侔国,是必有奇智。"乃召朱公而问之曰:"梁有疑狱,吏半以为当罪,半以为不当,虽寡人亦疑,为吾决是,奈何?"朱公曰:"臣,鄙人也,不知当狱。然臣家有二白璧,其色相如也,其径相如。然其价一者千金,一者五百金。"王曰:"径与色泽皆相如也,一者千金,一者五百金,何也?"朱公曰:"侧而视之,其一者厚倍之,是以千金。"王曰:"善!"故狱疑则从去,赏疑则从予,梁国悦。以臣义窃观之,墙薄咫尺亟坏,缯薄咫亟裂,器薄咫亟毁,酒薄咫亟酸,夫薄而可以旷日持久者,殆未有也。故有国、蓄民、施政教者,臣窃以为,厚之而可耳!①

在故事中,贾谊表达了两层意思:一是罪疑从无是治国从厚的要求;二是这一做法会得到民众的支持,因而"梁国大悦"。这显然可以看出作者对罪疑从无的肯定态度。同是西汉人的刘向,也是罪疑从无主张的支持者。在其作品《新序·杂事》中,刘向引用了《新书》中"梁有疑狱"的故事,表达了他认同"疑则从去"的态度。② 唐代立法中,亦有体现罪疑从无精神的规定。在"拷讯不得过三度"的条文中,法律规定对有犯罪嫌疑却不首实的嫌疑犯可以实施拷讯,拷满不承认则反拷告人。嫌疑犯或告人若拷满皆不承认,则取保放之。我们知道,在此情况

---

① [汉]贾谊:《新书》卷五,清学海类编本,第86页。
② [汉]刘向:《新序》卷四,四库全书本,第54页。

下,被告人有罪无罪并未确定,告人是否诬告同样未确定,法律规定对他们取保放之,实质上相当于疑罪从无。另外在"老幼不拷讯"条款中规定,对于实施众证定罪的人,若证不足,则不合入罪。我们知道,证不足并不意味着被告人一定无罪,因此"不合入罪"同样具有罪疑从无的精神。另外,中国古代很多时期的法律都规定对于"投匿名文书告人罪"者,对被告人之罪不论。原告投匿名文书,并不一定是想诬告被告,有可能是担心被告者势大而受到报复。由此可见,匿名文书告状中的被告亦有可能有罪。立法规定对其罪不论,是为了表达对匿名告状行为的否定,但客观上对被告之罪具有疑罪从无效果。后代法律中亦有体现罪疑从无精神的规定。以清代法律为例,由于法律中无疑罪结案的一般规定,所以罪疑从无的做法不具有普遍性,但会散见于个别规定。《清律·盐法》规定:"私盐事发,止理见获人盐。如获盐不获人者,不追;获人不获盐者,不坐。"①《清律·犯奸》条规定:"非奸所捕获及指奸者,勿论。"②例文则规定,对于鸦片烟案件,"拿获见发有据者方坐"。私盐犯的见盐不见人,奸犯的非奸所捕获及鸦片烟犯的未在现场拿获,并不意味着上述犯罪就一定没有发生。立法的如此规定,同样具有罪疑从无精神。③

(二) 罪疑从无的实践

司法实践中罪疑从无案例不多见,但偶尔亦会发生。汉明帝年间袁安审理一起案件中的做法,即符合罪疑从无原则。

---

① [清]三泰:《大清律例》卷十三,四库全书本,第 429 页。
② [清]三泰:《大清律例》卷三十三,四库全书本,第 965 页。
③ 四川省档案馆、四川大学历史系编:《清代乾嘉道巴县档案选编》下,四川大学出版社 1989 年版,第 274 页。

永平十三年,楚王英谋为逆,事下郡覆考。明年,三府举安能理剧,拜楚郡太守。是时英辞所连及系者数千人。显宗怒甚,吏按之急。迫痛自诬,死者甚众。安到郡,不入府,先往按狱。理其无明验者,条上出之。府丞掾史皆叩头争,以为阿附反虏,法与同罪,不可。安曰:"如有不合,太守自当坐之,不以相及也。"遂分别具奏。帝感悟,即报许,得出者四百余家。①

本案中,袁安释放嫌疑犯的条件是"无明验者",即有罪证据不够确实充分。有罪证据不够确实充分,不意味着嫌疑犯一定无罪,由此可见这一做法符合疑罪从无要求。当然,皇帝本人如果是案件的直接受理人,则甚至可以在不审理案件的情况下就决定疑罪从无。前引唐太宗审理的张亮控告侯君集谋反案中,就以证据可能不足的理由将案件压下。唐太宗并未表示他不相信侯君集可能谋反,只是声称事未可知,可见唐太宗正是本着罪疑从无的态度而不审理侯君集谋反案的。②

总的来看,罪疑从无的实践较为罕见。笔者认为,造成这一状况的原因有二。一是古代立法很少有疑罪从无的直接规定,司法者若实行这一做法,就会经常面临于法无据的窘况,从而导致自身面临刑事追诉的风险。司法人员之所以面临风险,与古代法律追究法官责任的传统有很大关系。对于疑罪从无,司法官员可能面临的指控是不应为、失出

---

① 《后汉书》卷四十五《袁安传》。
② 唐太宗在向张亮解释不启动侯君集案件的审理原因时,称是担心张亮的单方证词恐怕不能让侯君集服罪,并没有表现出对张亮告词的怀疑。事实上,这不过是李世民的帝王心术。更合理的情形是,李世民认为,张亮诬告与侯君集口出欲反之言皆可能存在,只不过他不能当面表达对张亮控告的怀疑,否则会伤害大臣告密的积极性,从而导致皇帝难以掌握真实信息。我们假定李世民真相信张亮的告发,面对侯君集称欲谋反这样的大罪,不可能因担心证据不足就置之不理,更不可能待侯君集如故。

(属于过失)或者纵囚(属于故意)三种风险。① 因此,没有哪个司法官员会冒如此风险。尤其是反逆重案的审理,司法者更是不敢轻易从无。在上述两例罪疑从无案件中,一起是经过皇帝批准的案件,另一起是由最高统治者直接受理的案件。可以设想,当时张亮若不是向唐太宗告发,而是向其他司法人员告发,则无论受理者是谁,都不敢置之不理。二是中国古代没有现代意义上的人权观念。疑罪从无只是一种价值选择,并不是人们认识上的自然结果。对于疑罪,认定有罪或无罪都可能错误。现代法律主张罪疑从无,理由并不是认为罪疑从无比罪疑从有更符合案件的客观真相,而是出于保护人权的需要,即一个没有被证明犯罪成立的人不应受到刑罚追诉。该主张的价值在于,防止国家司法权的滥用及保护人们在现实社会生活中的安全感。但疑罪从无的上述法律价值在中国古代都不存在,中国古代的专制统治本身就是以使民恐惧为重要手段之一,因此不存在对国家权力的控制以及使民免于恐惧的法律价值追求。

中国古代实施罪疑从无主要是为了体现官府及官员的仁德。但由于大部分案件都有被害人,罪疑从无在司法者看来可能对被害人不公,因此我们看到清代立法中罪疑从无的做法限于贩私盐、和奸及鸦片烟这类没有直接被害人的案件中。在有被害人的案件中,疑罪更宜从轻,因为这既能体现司法者的宽厚,又能够对被害人施行有效的抚慰,能从兼顾被告人与被害人双方的利益角度来体现仁政。

---

① 如最终查明嫌疑人是无辜的,则司法人员应承担"不应为"的罪名。若被告人被认定有罪,则要看司法人员能否证明他确实不知被告人有罪。如能证明,则司法人员的罪名是失出;如不能证明,则是纵囚。后者的处罚较前者要重得多。如被告人所犯属反逆之罪,司法人员却对其疑罪从无,一旦被指控与被告人同谋,则可能性命不保。

二、罪疑从轻

（一）制度的规制

罪疑从轻是中国古代法律观念中关于疑罪处理的主流观点，从轻的做法大体有两种：一是免除嫌疑人的实体处罚，对其收取一笔赎金；二是在嫌疑人应判刑罚的基础上减等处罚。它在立法上的规定主要出现在先秦和唐宋两个时期。据现有资料，最迟在西周时期，罪疑从轻已在立法上得到确认，其具体做法为罪疑从罚。前引《尚书·吕刑》记载："五辞简孚，正于五刑。五刑不简，正于五罚。出金赎罪。五刑之疑有赦，五罚之疑有赦。五刑疑，各入罚，不降相因，古之制也。"

此处所言的罚即出金赎罪，与五刑相比，它无疑使犯罪嫌疑人受到的身体痛苦减轻许多，从这层意义来说可以视为从轻。而且赎金的多少也与当事人触犯罪名的轻重相关，这无疑具有一定的合理性。不过刑疑从赎有一个明显漏洞，即当事人没有能力交付赎金时该如何处置，是否执行原刑罚。如果不能免除原刑罚，则此种从轻也是有条件的，法律适用会因当事人贫富不同而出现不公平的结果。不过有一点可以肯定，当时的从轻不是降等处罚。《孔传》称"不降相因"即是此意，因为这一做法与刑罪对应的要求不符。如本应定死罪的案件，即使因证据不足不能判决死刑，也不能以宫罪惩之，因为行为人并没有犯应处宫刑的罪名。

秦汉之世，未见罪疑从轻的制度性内容。南北朝时，制度上开始承认罪疑从轻。北齐武成帝诏称："王者所用，唯在赏罚。赏贵适理，罚在得情。然理容进退，事涉疑似……自今诸应赏罚，皆赏疑从重，罚疑从轻。"①至唐律,疑罪实体处理规定又见于法典。《唐律疏议·断狱》规定:"诸疑罪,各依所犯,以赎论。"所谓"疑罪",即《疏议》所称:"谓事有疑似,处断难明。"具体说,有三种情况:一是"虚实之证等",即证明无罪之证据(虚证)与证明有罪之证据(实证)相等;二是"事涉疑似,旁无证见";三是"旁有闻证,事非疑似"。② 唐律的处理方法是依所疑之罪,准予被告人收赎。唐律关于疑罪的内容有两点可取之处:一是明确规定了疑罪的表现,首次从概念上将事实认定上的疑难案件独立出来,区别于法律适用上的疑难案件,这是一个很大的进步;二是在时隔千余年之后,再次以法典形式确认罪疑从轻的做法。前文已述,除《尚书·吕刑》外,秦汉时期虽有很多学者主张"罪疑惟轻",但并未说明该如何从轻。唐律在制度上为疑罪处理提供了可以操作的模式,具有很强的实践指导意义。当然,我们也可以看出,这一做法明显是对《吕刑》中"疑罪从赎、不降相因"做法的因袭,其固然体现了《吕刑》作为儒家经典对强调以"德礼为本"的唐律的巨大影响,但也导致《吕刑》中原有的不足在唐律中继续存在,即当犯罪嫌疑人无力交纳赎金时是否能够被释放,依然无法确认。唐律中关于疑罪的规定被《宋刑统》照搬,唐宋之间对疑罪的处理在制度上没有变化。明清时期,国家颁行的正式法典中已无关于疑罪处理的条文,因此罪疑从轻在立法上是缺乏依据的。

(二) 理论上的探讨

前文已经指出,罪疑从轻是古代社会中关于疑罪处理的主流观点。对这一做法,古人论述颇多。先秦时期,立法和实践中都承认罪疑从轻

---

① 《隋书》卷二十五《刑法志》。
② [唐]长孙无忌等:《唐律疏议》卷三十,宋刊本,第671页。

的存在,因此许多典籍对这一现象都有论述。《荀子·致士》提出"赏不欲僭,刑不欲滥"的观点。"刑不欲滥"的主张虽未明言对疑罪的处理应当从轻,但既然强调刑罚不可滥用,就表明只有确实被证明是犯了罪的人才可以处罚。而行为人虽有犯罪嫌疑,但未得到确认,就表明他可能是无辜的。在此情况下如对其处罚,就有罚及无辜的可能,而这与刑不欲滥的要求显然是相违背的。

南北朝时期,仍有不少司法者继续主张罪疑从轻。西魏官员苏绰主张:"(审理案件)唯当率至公之心,去阿枉之志,务求曲直,念尽平当。听察之理,必穷所见。然后拷讯以法,不苛不暴。有疑则从轻,未审不妄罚。"他还引用了先王之制中的"与杀无辜,宁赦有罪;与其害善,宁其利淫"来批评今之从政者的"深文巧劾,宁致善人于法,不免有罪于刑"的罪疑从有做法。①

总的来看,这一时期人们关于罪疑从轻的探讨有这样的特点:将罪疑从轻与施行仁政、从宽治国及慎重刑狱联系起来,从宏观上强调罪疑从轻的正当性与必要性。不过这些观点也有其不足之处,基本上没有从法理上探讨为何要罪疑从轻而不是坚持查明事实,特别是没有就罪疑从轻与罪疑从无、罪疑从有的关系及罪疑从轻的局限性进行论述,也没有对罪疑从轻的具体做法作出探讨。这也反映了中国古代法制理论的非专业特色。高调清谈者多,研究实际问题者少,这一不足或许成为后来罪疑从轻被放弃的理由之一。

(三) 实践中罪疑从轻的选择

汉代司法实践中有疑罪从轻的记载。史载,于定国为廷尉,"其决

---

① 《周书》卷二十三《苏绰传》。

疑平法，务在哀矜寡，罪疑从轻，加审慎之心"。结果是民自以不冤。①在其他历史时期，罪疑从轻的实践也是有的，但唐代以前因司法资料不足，这方面的个案也较少。唐代以后，司法实践中出现一些罪疑从轻的做法。笔者收集了一些相关方面的案例，现录于此并予以分析。

1. 罪之有无存疑时从有兼从轻

前文指出，在罪之有无存疑时，中国古代的疑罪处理有从无的做法，但这一做法相当罕见。从前引案件分析可知，罪疑从无除了需要皇帝批准外，还要求案件的有罪可能性相当低。袁安审理的楚王谋反案件中受牵连的行为人无明显有罪证据，唐太宗处理侯君集称欲谋反案件中只有原告一人告词。一般情况下的疑罪处理很难直接从无，通行的做法大多是从有并从轻。南宋时一则案件的处理就体现了司法者的这一选择。当时有人告吏全某有奸行，未得实据。主官胡石壁判称：

> 全久备使令，岂不熟知当职之行事。而乃首犯约束，遂致引惹生事，其虚其实，固未可知。然若使杜门在家，人不闻其姓名，不识其面目，则谤议何从而生。事必有因，乌得无罪，从轻决二十，罚俸三月。②

本案中，全某是否有奸行的事实并未查清，司法者亦认为"未可知"。但司法者还是以事出有因直接认定其有罪。不过因事实未确信，故而从轻处罚。

---

① 《汉书》卷七十一《于定国传》。
② [明]张四维：《名公书判清明集》卷十二，明隆庆三年盛时选刻本，第399页。

2. 罪轻罪重存疑时从轻

被告人的行为肯定已构成犯罪，但所犯何罪存疑。如被告所犯轻罪已得到认定，但可能还有重罪，不过因为证据不足，认定较为困难。若只认定轻罪，则又担心失出。此时司法者便会作出罪疑从轻的选择。《刑案汇览》记载清代一则案件中司法者即是选择了如此做法：

> 此案监候待质人犯毛老十，因正法之朱九九与在逃之川匪铁大五等夺犯伤差并同伙八人抢夺拒捕案内。该犯供称实止独窃两次，伙窃一次，并未随同抢劫拒捕。因铁大五等在逃未获，将该犯监候待质……现在监禁已届二十年……应令该督将毛老十即行取具的保释放。①

本案中，毛老十若被认定为抢劫拒捕，是不可能被保释的，刑部最终同意其保释，实际上是按照其所供独窃两次之罪的处理结果。其中待质二十年并非实体处罚，而是审判程序中的法定必备环节。本案的处理可以视为罪疑从轻的选择。

罪轻罪重之疑的另一种表现是对被告的心理状态不能确定。我们知道，区分犯罪类别并不仅仅看行为的客观表现，亦要考察行为人的主观状态。有时被告的同一行为，因为主观状态不同，定罪与量刑差别会很大。而主观状态认定较为困难，若出现疑问时该如何选择？从中国古代的司法实践来看，仁厚的司法者面对此种疑问时会选择从轻认定。《北史》所载一则案件的处理体现了司法者的此种思路：

---

① ［清］祝庆祺等编：《刑案汇览三编·一》，北京古籍出版社2004年版，第172页。

（宋世轨）迁廷尉少卿。洛州人聚结，欲劫河桥。吏捕按之，连诸元徒党千七百人。崔昂为廷尉，以为反，数年不断。及世轨为廷尉少卿，判其事为劫。唯杀魁首，余从坐悉舍焉。①

本案中，犯罪事实的客观表现是众人聚结，欲劫河桥。这一事实是非常清楚的，但如何对这一行为定性，是定劫还是定反，全依行为人的心理状态。行为人的心理属于故意没有疑问，问题在于故意的内容究竟是谋反还是谋劫，非常难以认定。若对行为人施行刑讯，则可能导致冤狱。崔昂从重认定为反，但证据不足，故而数年不断；而宋世轨认定为劫，属从轻认定。从轻认定的结果是只杀首犯，而谋反的结果是不分首从。这一从轻认定在客观上无疑具有仁政司法的效果。当然，这一做法也并不罕见，金代一则案例中的司法者选择了这一做法。

（金世宗时）北京民曹贵谋反。大理议廷中，谓贵等阴谋久不能发。在法，"词理不能动众，威力不足率人"，罪止论斩，石是之。又议从坐，久不能决。石曰："罪疑惟轻。"入详，奏其状，上从之。缘坐皆免死。②

本案中，从坐犯认定有罪，依当时的法律来看没有疑问，问题在于是否该判死罪。此案关键要看主犯是否有能力实行谋反（而不是有能力谋反成功）。如果谋反有发动的现实可能，则应当处死从坐犯；如果

---

① 《北史》卷二十六《宋世轨传》。
② 《金史》卷八十六《李石传》。

没有现实可能,则对主犯最重只能处斩刑,且自然不能处死从坐犯。对于犯罪实现可能性的证明,是较为困难的。在可能性存疑时,司法者选择认定谋反没有发动的现实可能性,自然属轻重之疑时选择从轻的做法。当然因为是谋反案,故而李石从轻认定的建议还须经皇帝批准,结果是皇帝同意了李石的主张。

3. 刑事责任存疑时从轻

在共同犯罪的情形下,司法者需要对犯罪主体的刑事责任作出认定。通常情况下,立法对此会作出规定。但实践情况相当复杂,有时会出现立法规定没有涉及的情形。此时司法者对当事人的刑事责任选择从轻认定,同样属于疑罪从轻。

(梁肃)改大理卿。尚辇局本把石抹阿里哥与钉校匠陈外儿共盗宫中造车银钉叶。肃以阿里哥监临,当首坐。他寺官以陈外儿为首抵死。上曰:"罪疑惟轻,各免死,徒五年,除名。"①

本案属于监守官员与直接接触官物的工匠共盗官物的案件,案件事实没有疑问,但认定谁是首犯则存疑。因法律无明文规定,认定谁为首犯既都可以,也都有疑问。在此情况下,司法者选择从轻,对两者都没有认定为首犯,故而皆获从轻处罚。

---

① 《金史》卷八十九《梁肃传》。本案若是监临官与外人共盗官物,或者是制造官物的工匠与外人共盗官物,则定监临官或工匠为首犯,皆无问题。但法律没有规定这两人共盗时该如何认定首从。

三、死罪疑罪的处理

（一）死罪疑罪处理的一般模式

疑罪处理虽有多种模式，但案件倘若涉及死罪，则官府面对疑罪时会非常纠结。疑罪从无或从有的做法都令有仁心的司法者难以接受。最让司法官员难以处理的案件是疑难命案，此类案件常与传统司法中重视生命的理念形成尖锐对立。对此类案件的处理既要保证被杀的无辜受害人能得到加害人抵命，又不得冤杀无辜。人命案件的犯罪事实有疑，放纵被告会致被害人无抵命之人，处决被告又可能冤杀无辜。这两种结果都与重视生命的精神相违背，此种两难选择长期都在折磨着古代司法官员的神经。司法实践中遇到疑难命案时，司法者很难实施罪疑从无，而更多采用从有兼从轻的做法。

> （北宋）雍熙元年，开封寡妇刘使婢诣府，诉其夫前室子王元吉毒己将死。右军巡推不得实，移左军巡掠治，元吉自诬伏。俄刘死。及府中虑囚，移司录司案问，颇得其浸诬之状，累月未决。府白于上，以其毒无显状，令免其决徒。①

---

① 《宋史》卷二百《刑法二》。此处的免其决徒，"其"当为"死"字误。清以前记录该案的材料都载"免死决徒"，且"免其决徒"不可解。该案后来又有变化。元吉妻张击登闻鼓称冤。帝召问张，尽得其状。立遣中使捕元推官吏。御史鞫问，乃刘有奸状，惭悸成疾，惧其子发觉而诬之。推官及左右军巡使等削任降秩，医工诈称被毒，刘母弟欺隐王氏财物，及推吏受赃者，并流海岛，余决罚有差。司录主吏赏缗钱赐束帛。初，元吉之系，左军巡卒系缚搒治，谓之鼠弹筝，极其惨毒。帝令以其法缚狱卒，宛转号叫求速死，及解缚，两手良久不能动。帝谓宰相曰："京邑之内，乃复冤酷如此，况四方乎？"

本案件中，王元吉是否毒杀其继母的事实存疑，有罪证据是原告刘的告词、王本人的供词，再加上不久后刘死亡的事实。无罪证据是后来刘死亡致其无法与王对质，因此告词真伪难验，再加之司录司案问时王又翻供以及无明显的中毒症状。最终的处理是认定中毒行为存在，但被告免死，决徒。本案若认定有罪，则应判被告死罪；若认定无罪，则不应决徒。之所以如此处理，乃是因为被告是否有罪存疑，从有兼从轻是司法者眼中最不坏的选择。

明清时期，立法原则上取消了疑罪处理的规定，但由于疑罪客观上无法消除，特别是对于死罪疑罪，司法实践中更多还是采取了前述从有兼从轻的做法。清代法学家薛允升比较明律与唐律优劣时指出："明律取消疑罪的规定，设有实在难明之事，即无办法。"①不过笔者考察了明代的相关文献及司法档案资料，发现明代司法实践有条件地承认了疑罪的存在并给予处理。如《明史》记载："霜降后审录重囚，实自天顺间始。至成化初，刑部尚书陆瑜等以请，命举行之。狱上，杖其情可矜疑者，免死发戍。列代奉行，人获沾法外恩矣。"②此一做法与宋时处理疑罪方法相同，都采罪疑减等之法，即将本应判死罪的嫌疑犯减等判处充军。由于立法上罪疑从轻规定的取消，司法实践中如此处理于法无据，因此史家评论对嫌疑犯而言是"法外沾恩"。不过虽属法外施仁，因为是皇帝批准的，也就具有了准立法的效果。此后，实践中有的司法官员也会以被告人所犯之罪尚存可疑为由，申请对其减轻处罚。明末广东推官颜俊彦在其判牍《盟水斋存牍》中有"矜疑"一卷，其中对原判因证

---

① [清]薛允升撰，怀效锋、李鸣点校：《唐明律合编》卷三十，法律出版社1999年版，第819页。

② 《明史》卷九十四《刑法二》。

据不足而向上司申请由重改轻的案例即有五起。① 其他判牍资料中亦有罪疑从轻的记载。《云间谳略》记载：

> 许氏与奸夫谢四谋杀亲夫王朝……王氏之论绞者,独以碎肾为加功耳……初验止云皮破,再检即称腐烂,则肾子碎否未的也。初审则三人共采,覆审坐王氏独碎。则下手果否未的也……允可矜颖,应予改杖。②

上述案例表明,在明代的司法实践中,对于疑罪案件并非"即无办法",实践中的罪疑从轻就是办法之一。清初,审判机制继承明代做法。会审有朝审、秋审等。朝审分矜疑、缓决、情实三项具题,矜疑的做法就是照例减等,这可以视为罪疑从轻的做法。但清代的主要会审是秋审,虽然从制度来说,秋审还有疑狱一类,但"疑狱不经见",后来在制度上也被废止了。

(二) 死罪疑罪处理的特殊模式

清代还有疑罪处理的特殊做法。清代例文规定："共殴案内下手应拟绞抵人犯,遇有余人监毙在狱,将正凶减等拟流。"刑部解释立法理由如下："原以余人与正凶均有致死重伤,其果因何伤而死,尚属介在疑似。余人既经监毙在狱,一命已有一命抵,应可援罪疑惟轻之义,将正凶量从宽减。若正凶伤重,余人伤轻,不得减等拟流。"③这一做法虽可

---

① ［明］颜俊彦：《盟水斋存牍》,中国政法大学出版社2002年版,第626页。
② 杨一凡、徐立志主编：《历代判例判牍》第三册,中国社会科学出版社2005年版,第459页。
③ ［清］祝庆祺等编：《续增刑案汇览》卷十五,北京古籍出版社2004年版,第472页。

以保证被害人有人抵命,也能防止司法机关错判人犯死罪,但它既未考虑毙毙的人犯本身是否应当毙命,亦未考虑其是否该为被害人抵命。①实践中,类似的做法也确实存在。

  织造海保方籍没官,以三步军守其宅。宅凡数百间,夜深风雪……就暖于邃密寝室中,篝灯共饮。沉醉以后,偶剔灯灭,三人暗中相触击,因而互殴,殴至半夜,各困踣卧。至曙,则一人死焉,其二人,一曰戴符,一曰七十五,伤亦重。鞫讯时,并云共殴至死,论抵无怨。至是夜昏黑之中……其伤之重轻,与某伤为某殴,非惟二人不能知。即起死者问之,亦断不能知也。既一命不必二抵,任官随意指一人,无不可……竟无如之何。相持月余,会戴符病死,藉以结案。②

在司法者看来,无论如何,本案的事实真相是无法查清的。在真相不可能查清的情况下,戴符病死,司法者将其视为与正凶责任难以清晰明辨的余人,用其命抵偿死者之命,实现了既没有错判人命,又使得死者之命有人相抵的效果,满足了当时官府的期望。

---

  ① 如清代合法刑讯中"邂逅致死者,勿论"的规定就体现出这样的思维。被合法刑讯致死的人未必就是该死之人,但法律公然宣称勿论,显有草菅人命之嫌。
  ② [清]纪昀撰,北原、田军等注译:《〈阅微草堂笔记〉注译》,中国华侨出版社1994年版,第511页。

第五章　优待弱者

优待弱者是中国古代仁政司法的一个重要特色。仁政是儒家的治国理念,儒家代表人物之一的孟子就认为人皆有恻隐之心,而恻隐之心在面对弱者时更易生发。受司法行为牵连的弱者与社会上的普通弱者相比,更能获得他人的同情。因此,在司法过程中优待弱者,自是仁政司法更应当关注的场域。本章要考察的内容主要是司法过程中可以获得优待的对象有哪些人、有什么样的优待方式以及效果如何。

一、司法优待的对象及理由

(一) 优待对象的范围

考察司法者对弱者的优待,我们首先要关注的是什么样的弱者才能够获得司法者的优待。从中国古代司法制度与实践来看,受到优待的弱者可以分为两大类:一类是法定优待对象,另一类是酌定优待对象。

1. 法定优待对象

法定优待对象是指立法上明令应当给予优待的诉讼当事人或其他诉讼参与人。此处的法可以是国家正式法典,亦可以是最高统治者颁布的诏令,还可以是其他具有普遍约束力的规范性文件。哪些人可以列入法定优待对象,各个时期的法律规定并不完全相同。综合考察各个时期的立法,法定优待对象主要有以下三类人。

一类是老幼者。老幼作为各种司法活动的优待对象是最无争议的。考察人的心理,概因人们普遍认为人人皆有老时,家家皆有幼子。孟子曾言:"老吾老,以及人之老;幼吾幼,以及人之幼。"①此种推己及人的情感表达极富感召力,故而立法在给予老幼以优待时基本上不会引起争议。

早在先秦时期,优待老幼就已形成制度。《周礼·秋官·司刺》载有三赦之制:"一赦曰幼弱,再赦曰老耄,三赦曰蠢愚。"幼弱,泛指年幼之人;②老耄,狭义指七八十岁以上的老人,广义指衰老之人。《周礼·秋官·司厉》载:"凡有爵者与七十者与未龀者,皆不为奴。"《礼记·曲礼上》亦载:"八十九十曰耄,七年曰悼,悼与耄,虽有罪不加刑焉。"由此可见,先秦时期司法有优待老幼的做法应当是非常可信的;至于老的年龄要求则是七十或八十岁以上,幼的年龄要求在七或八岁以下。

秦代将身高六尺作为人成年的标准,未达六尺者被视为未成年人。秦律规定:"甲小未盈六尺,有马一匹自牧之。今马为人败,食人稼一石。问当论不当?答:不当论及偿稼……女子甲为人妻,去亡,得及自出。小未盈六尺,当论不当?已官,当论;未官,不当论。"③秦代司法对于老者也有一定优待。不过因秦代以身高来确定行为人的刑事责任,而老人身高与常人无异,因此秦律对老人在司法上的优待没有表现为刑事责任的减免,而是表现为服刑时给予的宽大。如法律规定:"隶臣

---

① 《孟子·梁惠王上》。
② 幼弱虽是泛指年幼的概念,但作为一类司法优待对象,其必须有具体年龄标准。结合先秦时期其他典籍内容,可知幼弱与"未龀者""悼"的含义相同,都是指七或八岁以下的人。
③ [清]孙楷撰,杨善群校补:《秦会要》,上海古籍出版社2004年版,第473页。

妾之老及小不能自衣者,如春衣。"①隶臣妾属于老、小且不能自备衣服的,按春的标准给衣,而普通的隶臣妾则须自备衣服。此外,法律还规定:"杖城旦勿将司,其名将司者,将司之。"②意为老年的城旦不必监管;有指名必须监管的,加以监管。

汉代大部分时期对老幼犯罪皆有优待。惠帝年间优待七十岁以上、十岁以下者;景帝年间优待年八十岁以上、八岁以下者;宣帝年间优待年八十岁以上犯罪者;成帝年间优待七十岁以上、七岁以下者;平帝年间优待八十岁以上、七岁以下者;东汉光武帝年间优待八十岁以上、十岁以下犯罪者。晋律规定:"其年老小、笃癃病及女徒皆收赎。又曰:诸应收赎者,皆月入中绢一匹,老小女人半之。又曰赎死金二斤也。"③北魏时期,对于有官员身份的老者,优待年龄降低到六十岁。另外,对年满"七十以上及废疾之徒,校其元犯,以准新律。事当从坐者,听一身还乡,又令一子扶养。终命之后,乃遣归边"④。

唐律及以后历朝法律则将老幼分为"年七十以上,十五以下;八十以上,十岁以下;九十以上,七岁以下"⑤等三种情形,并予以不同程度的优待。清律规定:"凡老幼……犯罪该收赎者,若例该枷号,一体放免;应得杖罪,仍令收赎。"⑥雍正年间则规定,对于流犯年逾六十者准入养济院,给与口粮。⑦ 对于老幼疾犯罪的处罚,古代立法还尽可能扩大优待适用的年限范围。唐到清代的法律都规定:"诸犯罪时虽未老疾,而事发

---

① 睡虎地秦墓竹简整理小组编:《睡虎地秦墓竹简》,文物出版社 1978 年版,第 68 页。
② [清]孙楷撰,杨善群校补:《秦会要》,上海古籍出版社 2004 年版,第 503 页。
③ [宋]李昉:《太平御览》,宋刊本,第 9506 页。
④ 《魏书》卷七下《高祖纪下》。
⑤ [唐]长孙无忌等:《唐律疏议》卷五,宋刊本,第 94—98 页。
⑥ [清]朱轼:《大清律集解附例》卷一,清雍正三年内府刻本,第 64 页。
⑦ 《皇朝通典》卷八十七,四库全书本,第 2991 页。

时老疾者,依老疾论。若在徒年限内老疾亦如之。犯罪时幼小,事发时长大,依幼小论。"①此外,对于幼童作为证人时的处理亦体现了司法的优待。宋代法律规定:"狱事连……童稚,别有证佐可以结绝者,勿追。"②

二是妇女特别是孕妇、产妇。早在三代时期,就有"法不刑有怀任新产""法不刑有身怀任""法不刑有身"③的记载。其中"有怀任""有身怀任""有身"都指妇女怀孕,表明先秦时期怀孕和新产子的妇女不受刑罚制裁。汉初规定,妇人不预外徭,劳役刑与男子不同,执行地点在官府内部,亦可以出钱与官府雇人代役。景帝时规定,对"孕者未乳(乳,产)当鞠系者,颂系之"。平帝时规定,妇女"非身犯法……家非坐不道,诏所名捕,它皆无得系。其当验者,即验问"④。东汉光武帝下诏:"妇人从坐者,自非不道,诏所名捕,皆不得系。"⑤晋律规定:"女徒,皆收赎。"⑥北魏规定:"妇人当刑而孕,产后百日乃决。"⑦北齐律规定,妇人犯"刑(疑为徒刑)已下,颂系之"⑧。北周律规定,妇人"当笞者,听以赎论"。南朝梁律规定,妇女"应有罚者,以罚金代之……女子怀孕者,勿得决罚……颂系之"⑨。唐律规定:"妇人犯死罪怀孕,当决者,听产后一百日乃行刑。"⑩不仅执行死刑须产后百日,犯罪受拷讯同样须产后百日。唐代以后的规定与唐律基本相同。宋代则规定"狱事连妇

---

① [唐]长孙无忌等:《唐律疏议》卷五,宋刊本,第100—101页。
② [宋]李心传:《建炎以来系年要录》卷一百六十六,四库全书本,第4168页。
③ [汉]董仲舒:《春秋繁露》卷七,清乾隆抱经堂丛书本,第74页。
④ [宋]林虙:《两汉诏令》卷十二,四库全书本,第156页。
⑤ [宋]林虙:《两汉诏令》卷十三,四库全书本,第167页。
⑥ [宋]李昉:《太平御览》,宋刊本,第9506页。
⑦ 《魏书》卷一百一十一《刑罚志》。
⑧ 《隋书》卷二十五《刑法志》。
⑨ 《隋书》卷二十五《刑法志》。
⑩ [唐]长孙无忌等:《唐律疏议》卷三十,宋刊本,第665页。

女……别有证佐可以结绝者,勿追"①。与幼童待遇相同。清乾隆二十三年(1758)规定:"犯妇怀孕,律应凌迟斩决者……若初审证据已明,供认确凿者,于产后一月起限审解,其罪应凌迟处死者,产后一月期满,即按律正法。"②乾隆元年(1736)七月定"军流人犯之妻老病不能随行者,听免其同遣",又定"军流身故妻子愿回籍者,计程远近每名日给米一升"。③

三是有疾者。此处的"疾"既指身体之疾,亦指心理之疾。就心理疾病而言,《周礼》三赦之中的第三赦为赦蠢愚。蠢愚即痴呆者,类似今天的精神病人。汉代陈忠建议"狂易杀人得减重论"④,获得朝廷认可,而狂易即精神病发作者。对于身体疾病,汉景帝时诏令对于"师、侏儒,当鞫系者,颂系之;死罪欲腐者,许之"。诏令所指的"师"虽系乐师,但乐师通常由盲人充任,因此,此处的优待乃是给予盲者及侏儒,二者皆属于身体残疾者。汉成帝年间的王杖诏令规定,对于"盲、侏儒,吏勿得擅征召,狱讼毋得殴"⑤。晋律也规定,"笃癃病,收赎"⑥。梁律规定,"盲者、侏儒当械系者,并颂系之"⑦。北齐律规定,"阉痴犯法合赎",开始在制度上对精神病人给予优待。北齐律还规定,对"侏儒、笃疾、残废非犯死罪,皆颂系之"。唐律规定,对"废疾,犯流罪以下,收赎……至配所,免居作……笃疾,犯反逆、杀人应死者,上请……盗及伤人者,亦收赎"⑧。废疾笃疾之别除了因身体受伤害的程度不同外,还与精神状况

---

① [宋]李心传:《建炎以来系年要录》卷一百六十六,四库全书本,第4168页。
② [清]三泰:《大清律例》,四库全书本,第1135页。
③ 《皇朝通典》卷八十七,四库全书本,第2992页。
④ 《后汉书》卷四十六《陈忠传》。
⑤ 武威通志编委会编纂:《武威通志·艺文卷》,甘肃人民出版社2007年版,第113页。
⑥ [宋]李昉:《太平御览》,宋刊本,第9506页。
⑦ 《隋书》卷二十五《刑法志》。
⑧ [唐]长孙无忌等:《唐律疏议》卷五,宋刊本,第94—98页。

有关。精神病人中,病情较轻者被称为痴,病情较重者被称为颠狂。其中痴列入废疾,颠狂列入笃疾。至此,精神病人犯罪与其他残疾人一样获得了法定优待资格。唐僖宗乾符三年(876)敕要求:"应残疾笃疾犯徒、流罪,或是连累,即许征赎。"①《宋刑统》给予有疾者的优待一如唐律,仍将有疾者分为废疾与笃疾两类,且这一做法一直沿续至明清时期。清代例文则规定:"废疾犯罪律该收赎者,若例该枷号,一体放免。应得杖罪,仍令收赎。"②对有疾者犯罪给予更具体的优待。

2. 法外优待对象

立法上自然没有规定法外优待对象,而是由司法者在实践中自行决定。大体分为两种情形:一是犯罪者本身有可怜之处因而获得优待;二是犯罪者的亲属有令人同情之处,导致犯罪者获得优待。

犯罪者自身的可怜之处主要有以下两个方面表现。首先是犯罪者生活贫困。前引《汉书·酷吏传》所载的严延年为"河南太守,扶助贫弱。贫弱虽陷法,曲文以出之"。贫穷之人犯法,司法者"曲文以出之",这表明被告人的贫穷能够引起司法者的怜悯心并进而给予其优待。此类做法在后代亦屡有发生。《宋史·薛奎传》载,薛奎为益州知州,有妇女告其子不孝。审讯时被告称"贫无以养"。对此,薛奎拿出了自己的俸钱,交与被告为做生意的本钱。明代人施凤友盗取庵中田芋,为僧所控,遂诬僧焚其亡兄,自涉于诬。司法者认为,对其本宜重惩,但矜其无赖(没有生活依靠),于是决定薄杖示惩。③

其次是犯罪者无知或愚昧。此处的无知或愚昧不同于前文所述的

---

① [元]马端临:《文献通考》卷一百七十一上,明冯天驭刻本,第6709页。
② [清]朱轼:《大清律集解附例》,清雍正三年内府刻本,第64页。
③ 《棘听草》,载杨一凡、徐立志主编:《历代判例判牍》第九册,中国社会科学出版社2005年版,第201页。

精神病人。精神病人受优待在很多时候是法定要求,司法者在给予其优待之前应对其精神病状况进行确认。此处所言的愚蠢者,一般指没有知识或不明事理的人,司法者给其优待并不需要进行确认。《周礼》三宥中有"宥不识",按汉人解释,不识即不知道相关事务的愚者。宋神宗曾言:"虽下民无知,固宜哀矜。"①这表明,无知者被视为弱者而受人同情并获得优待有一定的观念基础。实践中,亦有司法者以此为由,对犯法者进行宽赦。明人王国彦控其岳父重嫁其妻妹,触犯干名犯义之罪。司法者认为,本应按律究拟,姑念愚昧,责以逐之。② 本案中,王国彦控其岳父,司法者虽认为后者行为构成干名犯义之罪,但因其愚昧而值得怜悯,故而给予优待。

法外优待对象的另一种情形是,犯法者本人并非值得同情的弱者,而是其亲属为令人同情的弱势者。前引《折狱龟鉴》卷八记载了宋时任布赦免被酒骂祖者之罪。对此,《折狱龟鉴》的作者郑克评价说:"孙骂祖,法当死,特贷出之,理宜自劾,此乃矜其失教而谨于用刑者也。"案中被告人为常人,不具备任何弱者特色,因而不能因为被告人自身的理由而给予其优待。但司法者念其祖父在被告受刑后无人扶养,成为弱者,遂对被告给予优待,而朝廷"不之问"的态度表明了其认为此种优待符合情理,因而予以认可。但对犯不孝大罪之人予以宽待免刑,毕竟与传统社会的孝道伦理有害,因而也不能予以肯定,故而"不之问"成了朝廷最合适的选择。

(二) 优待弱者的动因

古代司法为何会优待弱者?笔者认为可以从以下四个方面加以考

---

① 《宋史》卷二百《刑法二》。
② 《棘听草》,载杨一凡、徐立志主编:《历代判例判牍》第九册,中国社会科学出版社2005年版,第279页。

察：一是司法者的恻隐之心，二是对老者的敬重之念，三是出于对案件处理的功利考虑，四是司法教化功能的彰显。

1. 司法者的恻隐之心

司法者的恻隐之心是司法优待弱者的最重要因素。儒家主张仁爱，其中对他人不幸处境的同情是仁爱的重要表现。此种同情之念即恻隐之心。孟子认为，"恻隐之心，人皆有之"。司法活动中的当事人或证人因受诉讼牵连而失去自由甚至受到刑讯，本已属于弱者，若其再具备老小疾等弱势群体身份，则成为弱者中的弱者，比寻常弱者更易引起司法者的恻隐之心。

在记载为何要优待弱势群体的古代文献中，司法者对弱者表达同情的言辞随处可见。如汉景帝在诏书就称"鳏寡，人所哀矜也"，表达了其优待弱者的理由是同情，且此种同情并非皇帝独有，而是社会公众普遍具有的，皇帝的同情心与他们无异，故采取的同情措施亦符合普通民众的期许，因而具有正当性。汉宣帝认为，老者犯法导致他们不得"终其年命"，故而"甚怜之"，同样是出于同情，不过强调的是自己的同情。①《唐律疏议·名例律》"老幼废疾有犯"条规定，"老幼疾……至配所免居作"，理由是"矜其老小，不堪役身，故免居作"，明确表示由于立法者出于同情而对老幼疾者予以优待。明代丘濬在论及《周礼·秋官·司厉》中"凡有爵者与七十者、与未龀者，皆不为奴"的内容时称："先王之制刑，其贵贵老老幼幼，有如此者，非独不忍加之以刑辟，而亦不忍致之于卑辱，仁义兼尽矣。"②其中的不忍之心即是恻隐之心的另一

---

① 汉景帝与汉宣帝所表达的哀怜首先都源于自己的怜悯心，也都认为自己的哀怜之情与普通人相通。之所以表现出不同的具体内容，则与二者的性格差异有关。汉景帝为人相对柔弱，因此表达观点时会诉诸大众情感；而汉宣帝为人刚强，故而倾向于直抒胸臆。

② ［明］丘濬：《大学衍义补》卷一百零七，明成化刻本，第 2002 页。

种说法。普通人的不忍之心只能是不忍而已,而司法者特别是最高司法者的不忍之心则可以转化为不忍人之政。从而导致制度与实践中对弱者给予宽大处理。

2. 对老者之敬

弱势群体中的老者是一个特殊群体,他们除了因年老体衰而令人同情,还因为身处中国这样一个有着强烈敬老传统的国度而受人尊重。先秦时期的典籍在优待老者时将其与幼者及愚者并论,很明显只关注了其值得同情的一方面。汉代时儒家孝道伦理渐成社会主流观念,于是对老人在同情的基础上又多了尊敬之念。汉景帝在诏书中称:"高年长老,人所尊敬也。"①这表明统治者认为应出于尊重老者而给予其司法上的优待。在甘肃武威出土的《王杖诏令册》中的规定对汉景帝的观点进行了具体化。诏令册称:"年七十以上,人所尊敬也,非首杀伤人,毋告劾,它毋所坐。"②可见,因敬而优待老者是汉代统治阶层的共识。

3. 司法功利主义

我们知道,刑罚有两大功能:一是报应功能,即刑罚是对犯罪者的报复;二是犯罪预防功能。预防功能又可分为一般预防与特殊预防:一般预防针对社会上的普通人员,特别是有犯罪倾向的人;特殊预防针对犯罪者本人,其实现是通过刑罚制裁,消除或减少行为人继续犯罪的可能性。年老之人在受到追诉后再犯罪的可能性较正常人原本要低很多,因此具体刑罚的特殊预防功能就显得必要性不强。古人也认识到了这一问题,汉宣帝元康四年(前62)诏书就称:"朕念夫耆

---

① 《汉书》卷二十三《刑法志》。
② 武威通志编委会编纂:《武威通志·艺文卷》,甘肃人民出版社2007年版,第113页。

老之人，发齿堕落，血气既衰，亦无暴逆之心。今或罹于文法，执于囹圄，不得终其年命，朕甚怜之。自今以来，诸年八十，非诬告、杀伤人，它皆勿坐。"①诏令中称老人"血气既衰，亦无暴逆之心"，正表明皇帝认识到了老人再犯罪的可能性较低，因而可以不追究其现行之罪。但倘若老人所犯为诬告、杀伤人，则可表明其人年虽老，但犯罪之念及犯罪能力不减常人，因此追究其现行之罪仍有必要。故而对犯此类罪的老人不免其罪。

4. 司法的教化功能

中国古代社会赋予司法很强的教化功能。《尚书·大禹谟》记载了舜对皋陶之言："汝作士，明于五刑，以弼五教，期于予治。"此即是将"明于五刑"作为教化的辅助手段。《尚书·吕刑》也说："士制百姓于刑之中，以教祇德。"《宋史》称："言刑以弼教，使之畏威远罪，导以之善尔。"②孔子则认为"不教而杀谓之虐"。总而言之，在司法中体现教化是司法的应有之义，对这一内容，本书将在下文展开详细讨论。中国古代司法中的优待弱者做法也自然体现了统治者的教化意图。我们知道，中国古代正统法律思想强调以仁孝治国。因此，厚待弱者自然构成了治国理政的一个重要方面。管子的"九惠之教"包括："一曰老老，二曰慈幼，三曰恤孤，四曰养疾，五曰合独，六曰问疾，七曰通穷，八曰振困，九曰接绝。"③九教都是关爱弱者的表现。《礼记·王制》则言："孤、独、矜、寡四者，天民之穷而无告者也。皆有常饩。喑聋、跛躃、断者、侏儒、百工各以其器食之。"关注扶助困难人群是中国古代官员的重要职责。唐代规定县令的职掌在于"导扬风化，抚字黎氓，敦四人之业，崇五

---

① 《汉书》卷二十三《刑法志》。
② 《宋史》卷二百《刑法二》。
③ 《管子·入国》。

土之利,养鳏寡,恤孤贫"①。官府既有优恤弱者的责任,又有导扬风化的义务。正因如此,官府在司法中优待弱者必然具有示范效应。官府通过司法行为优待弱者,向民众传达这样的信息:对于老幼疾等弱者,哪怕是犯了罪,官府都会优待他们。作为社会上的普通成员,理当对老幼疾者予以厚待,尤其是对于家族成员中的老幼疾者,更应予以特别关怀。如果社会成员都能关爱身边的老幼疾者,那么整个社会就会变得非常和谐,从而达到天下大治的效果。

二、程序上的优待

古代司法对于弱者司法程序上的优待还是较为充分的,既体现在案件受理程序中,也体现在拘禁和取证程序上。

(一)案件受理程序方面的优待

古代司法给予弱者程序上的优待首先表现在案件受理程序方面。早在西周时期,弱者的起诉方式就可以与常人不同。普通人告状要交纳束矢或钧金,但考虑到弱者可能财力不逮,立法允许他们以特殊方式起诉。《周礼·秋官·大司寇》规定:"以肺石达穷民,凡远近茕独老幼之欲有复于上,而其长弗达者,立于肺石。三日,士听其辞,以告于上而罪其长。"而负责肺石的朝士,其职责就在于达穷民。此外,负责路鼓的太仆,其职责为"以待达穷者与遽令",即方便弱者告状。

此类制度在后代屡有实践者。北魏时期朝廷悬登闻鼓,人有穷冤

---

① [唐]李林甫:《唐六典》卷三十,明刻本,第421页。"四人"当为"四民",为避唐太宗李世民之讳而改。

则挝鼓，公车上奏其表。① 当然，后代穷民的含义与先秦时期有所不同，主要指申冤无门者，并不专指老幼疾等弱者。不过对于老幼疾妇等弱者的起诉优待措施也还是有的，主要是通过允许其家人代诉来实现。明代法律开始规定："年老及笃疾残疾之人，除告谋反、叛逆及子孙不孝，听自赴官陈告外，其余公事，许令同居亲属通知所告事理的实之人代告。诬告者，罪坐代诉之人。凡妇人除犯恶逆奸盗杀人入禁，其余杂犯，责付有服宗亲收领听候。一应婚姻田土家财等事不许出官告状，必须代告。若夫亡无子，方许出官理对；或身受损害无人为代告，许令告诉。"②这一规定之所以出台，乃是在于从唐律开始，法律一般不处罚老幼疾妇者的诬告行为，③于是社会上就出现了一些居心不良之人，让自己家中的老幼疾妇者出面来诬告他人。经事实审理后发现系诬告，官府又不能处罚老幼疾妇者，这样导致老幼疾妇者的诬告行为屡有发生，不仅严重浪费司法资源，还可能造成冤狱。因此，这一条文的最初意义也许不在于优待老幼疾妇等弱者，而是限制其告发的权利。但我们注意到，老幼疾妇者的诉权并未受到损害，因为法律不仅赋予他们使人代告普通案件的权利，对与己相关之事或重大事项，还允许他们自告，且同样不用承担诬告的风险。因此这一规定在事实上是对老幼疾妇者在起诉方面的优待。

（二）拘禁方面的优待

中国古代对于犯罪嫌疑人，在审理之前一般都会采取强制措施，控

---

① 《魏书》卷一百一十一《刑罚志》。
② ［明］刘惟谦：《大明律》，明洪武刊本，第382页。
③ 汉宣帝时规定，对于八十岁以上的老年人犯罪予以宽宥，但诬告与杀伤人不在此列。

制其人身自由。为防止他们越狱,关押在监狱的嫌疑犯一般还要戴刑具。但对于老幼弱者,则会给予优待,允许他们不戴刑具。汉景帝中元四年(前146),诏称:"长老,人所尊敬也;鳏寡,人所哀矜也。其著令:年八十以上,八岁以下,孕者未乳(乳,产),师、侏儒当鞠系者,颂系之(颂读曰容。容,宽,不桎梏)。"景帝后元三年(前141)重申了上述规定。平帝元始四年(4)明敕百僚:"妇女非身犯法及男子年八十以上、七岁以下,家非坐不道,诏所名捕,它皆无得系。其当验者,即验问。"①"即验问"意为司法者到行为人住所讯问行为人。与前述诏令相比,其增加了妇女作为拘禁的优待对象。东汉光武帝下诏说:"男子八十以上,十岁以下,及妇人从坐者,自非不道,诏所名捕,皆不得系。"②妇女从坐与非身犯法系同一回事,因此这一诏书其实是对平帝年间诏书内容的重申。南朝梁律规定:"耐罪囚八十已上,十岁已下,及孕者、盲者、侏儒当械系者,颂系之。"③北齐律则规定:"妇人犯刑(徒)已下,侏儒、笃疾、癃残非犯死罪,并颂系之。"④两者的优待对象既有相同之处,亦有不同之处。梁律中有老幼却无普通妇女,北齐律则正好相反。唐律规定:"死罪枷、杻,妇人去杻。"狱官令规定:"诸狱囚病重者,脱去枷、锁、杻。"⑤唐代法律还专门赋予临产妇女的特殊待遇。规定:"诸妇人在禁临产月者,责保听出。死罪,产后满二十日;流罪以下,满三十日……诸流移囚在途,有妇人产者,并家口给暇二十日,家女及婢给暇七日。"⑥明

---

① 两则诏令俱见《汉书·刑法志》。所谓"即验问",是指官员到妇女住所讯问,是妇女不能拘禁的配套措施。
② 《后汉书》卷一上《光武帝纪》,武英殿本,第48页。
③ 《隋书》卷二十五《刑法志》,武英殿本,第428页。
④ 《隋书》卷二十五《刑法志》,武英殿本,第432页。
⑤ [唐]长孙无忌等:《唐律疏议》卷二十九,宋刊本,第636页。
⑥ [明]郑麟趾:《高丽史》卷三十九,明景泰二年朝鲜活字本,第3457页。

代洪武元年(1368)诏令:"凡牢狱禁系囚徒,年七十以上、十五以下、废疾,散收。轻重不许混杂。"①清雍正年间规定:"流犯年逾六十者准入养济院,给与口粮。"可见,善待老者的力度较前代更大。

对弱者拘禁方面的优待除了免加刑具外,对于患病之囚给予医药亦是优待弱者的重要表现。东汉时期就规定:"徒在作部,疾病致医药,死亡厚埋葬。"②晋代《狱官令》规定:"狱屋皆当完固,厚其草蓐。家人饷馈,狱卒为温暖传致。去家远,无饷馈者,悉给廪,狱卒作食,寒者与衣,疾者给医药。"③南齐时王僧虔主张,对"治下囚病,必先刺郡,求职司与医对共诊验;远县,家人省视,然后处理"④。唐代要求"囚病,给医药"⑤,具体做法为"诸狱囚有疾病,主司陈牒,长官亲验知实,给医药救疗"⑥。宋代则在"诸路置病囚院,徒、流以上有疾者处之,余责保于外"⑦。明初《大明令》规定:"若狱囚患病,即申提牢官,验实,给药治疗。"⑧与前代法律相比,《大明令》增加了提牢官负责实施和监督病囚给医药之事。但提牢官不是医生,不能确定病情并开出药方。"即申提牢官"只是向提牢官上报,这是确认病囚的必经程序。之后由提牢官安排医生"验实,给药治疗"。具体由谁负责上报,令文中没有说明。《南京都察院志》记载:"其有病者,司狱司申知各该本道拨医看治。"⑨清代的病囚给医药制度与明代基本无别。

---

① [明]李善长:《大明令》,明镇江府丹徒县皇明制书本,第43页。
② 《后汉书》卷七《桓帝纪》。
③ [宋]李昉:《太平御览》卷六百四十三,宋刊本,第5701页。
④ 《南齐书》卷三十三《王僧虔传》。
⑤ 《新唐书》卷四十八《百官三》。
⑥ [宋]窦仪:《刑统》卷二十九,民国十年刘氏刻嘉业堂丛书本,第396页。
⑦ 《宋史》卷一百九十九《刑法一》。
⑧ [明]李善长:《大明令》,明镇江府丹徒县皇明制书本,第13页。
⑨ [明]施沛:《南京都察院志》卷八职掌一,明天启刻本,第137页。

（三）取证方面的优待

取证方面对弱者的优待主要表现为对老弱者不得实施刑讯。从目前的资料来看，至迟在汉代时已有老幼弱者犯罪不拷讯的做法。因为当时法律规定，对老幼弱及妇女犯罪，不予拘禁；如须审理，实行"即验问"制度。所谓"即验问"，是由司法者到犯罪嫌疑人处所讯问，在此种讯问方式下，刑讯很难实施。此外，对其他弱者的犯罪审理也有不得刑讯的规定。汉成帝年间的王杖诏令规定，对"盲、侏儒，吏勿得擅征召，狱讼毋得殴"①。诏令表明，对盲、侏儒的审理不得刑讯。三国时开始，有对老者不得刑讯的记载。《三国志·魏书·孙礼传》载孙礼之言，"听者以先老为正，而老者不可加以榎楚"。联系汉代时期法律在给予老幼的待遇时都是并论，我们有理由认为，在当时司法实践中对幼疾之类的当事人也不得实施刑讯。《唐律·断狱·老幼不拷讯》条规定："诸应议、请、减，若年七十以上，十五以下及废疾者，并不合拷讯，皆据众证定罪，违者以故失论。若证不足，告者不反坐。"②七十岁以上为老人，十五岁以下为幼儿；废疾的标准据唐律规定，系指瞎一目、折一肢或聋哑之类。废疾者既然不得拷讯，比其更弱的笃疾者亦不得拷讯。除了老幼疾不拷讯外，唐律还规定了其他弱势群体涉嫌犯罪不拷讯的情形。法律规定，对于"有疮病之囚；妇人怀孕及产后未满百日"者，受审讯时不得拷讯。司法理论中因出于仁厚而主张不予刑讯的对象与立法相比还要广泛。明代吕坤《刑戒》有"五不打"之说，其中"老幼病不打"符合立法规定，另外"两不打"是"衣食不继不打"与"人打我不打"：前者考虑

---

① 武威通志编委会编纂：《武威通志·艺文卷》，甘肃人民出版社2007年版，第113页。

② [唐]长孙无忌等：《唐律疏议》卷二十九，宋刊本，第642页。

被打者"如乞儿穷汉饥寒切身,打后无人将养,必死";后者则考虑到受讯者或与别人斗殴而来,或被别官已打,又打则恐打死。① 这"两不打"都体现了司法者对可能被实施刑讯的弱者的同情。

对弱者在取证方面的另一优待,表现为尽可能免其作证。宋代法律规定:"狱事连妇女、童稚,别有证佐可以结绝者,勿追。"②而对已经被拘到堂的证人,如果确实贫困,可以给予一定的费用补贴。宋代法律规定,对于"他处追到无罪干照人,若无罪合遣还而贫阙者,每程人给米一升半,钱一十五文"③。这些规定显然是对弱者在取证方面的优待。实践中亦有免去弱者作证义务的做法。前引明代四川人田正春告周仕臣等人的田土纠纷中,司法者没有强拘因病未愈的程谦到案。④ 该案系田土之争,原告列三名证人,按中国古代三人为众证的司法原则,列三名证人不仅合法,且亦合理。但证人程谦因病未愈,官府没有拘其出庭。我们知道,三人作证与两人作证的效果完全不可同日而语:三人作证一般会形成优势证据;而两人作证,倘若证人各支持一方,则会导致事实无法认定。因此,本案的每一个证人都是必要证人。不过司法者最终没有拘程谦到案,显然不是因为事实发现已无必要,而纯粹是因为证人有病未愈。因为证人生病,便不拘其到堂作证,即使面临事实可能查不清的风险,亦在所不惜。

除了对有病证人给予优待,对老年证人,司法实践中同样会给予优待。清代吴宏在审理苏搏先告苏振鹏析产一案中,两造各执一词,需要

---

① [清]陈弘谋:《从政遗规》卷上,清乾隆培远堂刻汇印本,第70页。
② [宋]李心传:《建炎以来系年要录》卷一百六十六,四库全书本,第4168页。
③ 刘琳、刁忠民、舒大刚等点校:《宋会要辑稿》,上海古籍出版社2014年版,第8436页。
④ 《四川地方司法档案》,载杨一凡、徐立志主编:《历代判例判牍》第三册,中国社会科学出版社2005年版,第200页。

证人到堂作证。而关键证人查若筊、苏可章却远在芜湖。吴宏便派人到芜湖传两人到堂,但两人年皆八十岁以上,且住所距案件审理地点非常遥远,二人最终没有到堂。① 按通常做法,官府通知证人到堂,如证人不到,可以拘其到堂。但本案的两名证人年老体弱,不宜强拘,故而官府允其不到堂作证。

三、 实体上的优待

(一) 刑罚的宽减

对弱者在量刑时给予宽减的做法在西周时已经出现。《周礼·秋官·大司寇》要求:"凡有爵者与七十者与未龀者,皆不为奴。"为奴在当时是很严厉的刑罚手段,不得为奴可以视为刑罚的减轻。战国时已有明确的对老幼犯罪者的减刑制度,《法经·减律》规定:"罪人年十五以下,罪高三减,卑一减;年六十以上,小罪情减,大罪理减。"②对年幼者犯罪的减轻幅度与罪行的轻重相联系,罪越重,减的幅度越大,以保证减刑后切实达到轻刑效果。对年老者犯罪的减刑则将减刑理由与罪之轻重相联系,重罪减刑更强调符合法理,意在保证减刑的合理性。轻罪减刑关注人情,意在顺乎民意。至于对妇女的刑罚宽待,表现为对怀孕和新产子的妇女犯罪人,不予即时处罚。三代时已有"法不刑有怀任新产"的要求,但不刑并非完全免刑,而是延迟刑罚执行,"是月不杀",目的是"听朔废刑发德"③,即通过暂停刑罚执行来彰显德政。

---

① 郭成伟、田涛点校整理:《明清公牍秘本五种·纸上经沦》,中国政法大学出版社1999年版,第174页。
② [明]董说:《七国考》卷十二,清守山阁丛书本,第167页。
③ [汉]董仲舒:《春秋繁露》卷七,清乾隆抱经堂丛书本,第74页。

对老幼犯罪者宽减刑罚的做法在汉代亦有体现。惠帝时规定："民年七十以上若不满十岁，有罪当刑者，皆完之。"①"完"即不加肉刑而代以髡剃，这与应判的肉刑相比显然轻了许多。成帝鸿嘉元年（前20）诏令："年未满七岁，贼斗杀人及犯殊死者，上请廷尉以闻，得减死。"②当然，汉代刑罚上的优待对象不限于老幼。景帝中元四年（前146）诏令："年八十以上，八岁以下，孕者未乳（乳，产）、师、侏儒，死罪欲腐者，许之。"汉代的徒刑对于妇女有特别优待。如刑期为四年的徒刑，男子为城旦，所谓"城旦"即旦起筑城；妇女则为舂，即从事舂米之役。三年期的徒刑，男为鬼薪，女为白粲：所谓"鬼薪"，即为祭祀宗庙而取薪；而"白粲"则为择米使之正白，因为祭祀用米必须纯净。二年期的徒刑，男为司寇，女为作。③可以看出，上述徒刑中，妇女所服的劳役都较男子所服之役为轻，显示出法律对于妇女服刑的优待。

北魏时也给予妇女服刑方面的优待。法律规定："妇人当刑而孕，产后百日乃决。年十四以下，降刑之半。"④其中对妇女刑罚的优待既有行刑日期的推迟，亦有刑期上的减少，而且减少的力度还非常明显。北齐律则有关于老小疾者的优待内容，法律规定："合赎者，老小阉痴并过失之属。"刑罚实施允许赎，显然也是一种实体上的优待。唐律规定："诸年七十以上，十五以下及废疾，犯流罪以下，收赎。"唐僖宗乾符三年（876）敕规定："应残疾笃疾犯徒、流罪，或是连累，即许征赎；如身犯罪，不在免限。其年十五以下者，准律文处分。"⑤因为流罪是重罪，故而有

---

① 《汉书》卷二《惠帝纪》。
② 《汉书》卷二十三《刑法志》。
③ 乔传宁、李雪灵：《汉代刑名"作如司寇"质疑》，《安徽文学》（下半月）2008年第4期。
④ 《魏书》卷一百一十一《刑罚志》。
⑤ ［元］马端临：《文献通考》卷一百七十一上，明冯天驭刻本，第6709页。

疾者自犯则不予优待。因受连坐而犯流罪，罪虽重，却不能表明对行为人的预防必要性增强，故而可以赎。宋代法律规定："老幼疾患不任科责者，流、徒罪准律收赎，杖以下并放。"①老幼疾的流、徒罪，正犯自身亦可以收赎，显然比晚唐时期敕文规定的连坐犯才可以收赎的优待更加宽厚。明代法律在原则上也规定老小废疾笃疾犯罪可以收赎。其中七十岁以上、十五岁以下及废疾者，死罪不得赎；八十岁以上、十岁以下及笃疾犯死罪，取自上裁；九十岁以上、七岁以下死罪不加刑，反逆不用此律。② 清代法律原则上继承明律做法，例文中关于优待弱者的实体性规定非常丰富。例文规定：

> 凡老幼及废疾犯罪律该收赎者，若例该枷号，一体放免。应得杖罪，仍令收赎。③

> 每年秋审人犯，其犯罪时年十五以下及现在年逾七十，经九卿拟以可矜、恩宥免减流者，俱准其收赎，朝审亦照此例行。④

> 十岁以下斗殴毙命之案，如死者长于凶犯四岁以上，准其依律声请……至十五岁以下，被长欺辱殴毙人命之案，确查死者年岁系长于凶犯四岁以上，而又理曲逞凶，或无心戏杀者，方准援照丁乞

---

① 刘琳、刁忠民、舒大刚等点校：《宋会要辑稿》，上海古籍出版社2014年版，第8513页。
② ［明］刘惟谦：《大明律》，明洪武刊本，第37页。
③ ［清］朱轼：《大清律集解附例》，清雍正三年内府刻本，第64页。此条例文系从明代例文承袭而来。
④ ［清］三泰：《大清律例》卷五，四库全书本，第167页。

三仔之例,声请恭候钦定。①

凡年七十以上、十五以下及废疾犯流罪以下者,准其收赎一次。若收赎之后复行犯罪,除因人连累过误入罪者,仍准收赎外,如系有心再犯,即各照应得罪名按律问拟。②

实践中,亦有给予弱者刑罚宽减的案例。宋庆历间,"宁州童子,年九岁,殴杀人,当弃市。帝以童孺争斗,无杀心,止命罚金入死者家"③。罚金刑与弃市刑相比,宽减力度非常大。宽减的理由表面看来是宋仁宗认为其无杀心,实际上是因为行为人过于年幼,而无杀心的判断也恰是基于其年幼而得出的。元至治元年(1321),济阳县有牧童持铁连结击野雀,误中同牧者致死,被系狱数年。答里麻说:"小儿误杀同牧者,实无杀人意,难以定罪。"罚铜遣之。④ 罚铜之刑同样远轻于常刑。本案的司法者与前案的宋仁宗一样,同样强调行为人无杀人之意,而主张的理由是小儿误杀。在行为人的主观心理状态是故意还是过失难以确定时,司法者以行为人属幼儿断定其心理状态为误,本质上是因行为人具有儿童身份而给予其宽减。

(二) 刑罚的免除

对于弱者犯罪,刑罚上的免除是实体上优待的另一种表现,就优待力度而言,比刑罚宽减要大。《礼记·曲礼上》记载:"八十九十曰耄,七

---

① [清]沈家本:《大清现行新律例》卷三,清宣统元年法律馆铅印本,第178页。
② [清]刘衡:《读律心得》卷一,清同治光绪间天壤阁丛书本,第6页。
③ [元]马端临:《文献通考》卷一百七十,明冯天驭刻本,第6675页。
④ 《元史》卷一百四十四《答里麻传》。

年曰悼,悼与耄,虽有罪不加刑焉。"有罪却不加刑,自然是刑罚免除。作为一项"矜老恤幼"的典型制度,它对后世影响极大。《周礼》规定,对于幼弱、老耄、蠢愚等人犯罪,可予以赦免。西汉宣帝元康四年(前62)诏令:"诸年八十以上,非诬告、杀伤人,它皆勿坐。"①在甘肃武威出土的《王杖诏令册》中也规定:"年七十以上,非首杀伤人,毋告劾,它毋所坐。"②东汉法律则规定,对于"年未满八岁、八十岁以上者,非手杀人,它皆不坐"。此处的"勿坐""毋所坐"与"不坐",即免刑之意。北魏律规定,对于八十岁及九十岁的老者,非杀人不坐,同样属于免刑。北周法律则规定:"妇人当笞者,听以赎论;贫者请而免之。"当笞听赎,仍然属于刑罚的减轻;而贫者经申请赎也可免去,则是典型的免刑。唐代法律规定,对于九十岁以上、七岁以下者,虽有死罪,不加刑。这同样属于刑罚免除。唐代以后的法律很少有对其他弱者犯罪不予处罚的规定,一般只对幼小犯罪才会予以免刑。清律规定:"七岁以下虽有死罪不加刑。"例文规定"七岁以下致毙人命之案,准其依律声请免罪"。这提到了对律文内容规定的具体施行方式,虽然需要申请,但申请及后来的审查只是为了确定行为人的年龄是否符合免刑条件。例文的附加规定并不改变律文对七岁以下儿童的免罪规定。死罪尚不加刑,他罪自然不受处罚。如例文规定,教令七岁小儿殴打父母者,坐教令者以殴凡人之罪。③例文之所以没有规定将教令者定为教令他人殴打父母之罪,就是考虑到本犯不构成殴打父母之罪,因而从犯亦不得比照此罪定罪名。由此可见,七岁以下小儿即使殴打父母也是不受处罚的。殴打父

---

① 《汉书》卷八《宣帝纪》。
② 武威通志编委会编纂:《武威通志·艺文卷》,甘肃人民出版社2007年版,第113页。
③ [清]三泰:《大清律例》卷五,四库全书本,第167页。

母是重罪,既然犯此种重罪都不受处罚,其他罪自然更不用承担责任。实践中的做法亦表明这一规定得到了执行。嘉庆十七年(1812),六岁的哈尔呢都用刀戳伤九岁玛勒塔玛勒,后者身死。刑部同意地方将该犯依律申请免罪,恭候钦定。① 与宋元时期相比,清代的七岁以下之人犯罪免责具有法定性,因而对幼儿的优待幅度也更大。

(三) 刑罚执行的优待

因资料所限,有关先秦时期对弱者刑罚执行的优待措施,目前尚难展开讨论。汉代妇女因犯罪被处徒刑后,其徒刑可以通过每月出三百钱雇他人代服,此被称为"顾山"或"女徒顾山"。之所以称之为"顾山"或"雇山",是因为雇他人所服之役为上山伐薪。这一做法类似于赎刑,是对妇女在刑罚执行方面的优待。汉代之所以基本没有对老幼犯罪在刑罚执行上的优待,一个重要原因是老幼获得的优待是在刑罚判决阶段。由于符合条件的老幼罪犯大部分被免罪,因而就很难发生刑罚执行中的优待。

北魏时规定,对"七十以上及废疾之徒,事当从坐者,听一身还乡。又令一子扶养,终命之后,乃遣归边"②。此处"听一身还乡"即是对年老及废疾之徒刑罚执行上的优待,此种优待一直持续至其生命终了之时。不仅如此,此种优待还惠及其子一人,该子可以在家扶养其父直至其命终,然后才遣归边。沈家本认为,这是后世犯罪存留养亲之制的源头。③ 这一做法本身就意味着北魏时对老者刑罚执行的优待制度具有可操作性,体现了立法者的仁政理念。否则若只是单纯地给年老者免

---

① [清]祝庆祺:《刑案汇览》卷四,清道光棠樾慎思堂刻本,第253页。
② 《魏书》卷七下《高祖纪下》。
③ [清]沈家本:《历代刑法考》卷三,民国刻沈寄簃先生遗书本,第783页。

劳役,让其归家自养,无异于任其自灭,显然达不到善待老者的目的。南朝梁律规定:"老小于律令当得鞭杖罚者,皆半之。其应得法鞭、杖者,以熟靼鞭,小杖。过五十者,稍行之。将吏已上及女人应有罚者,以罚金代之……诏鞭杖在京师者,皆于云龙门行。女子怀孕者,勿得决罚。"①对于老小、妇女尤其是孕妇,在刑罚执行上更是给予特别优待。

《唐律·名例·老幼废疾有犯》条规定,"老幼疾至配所,免居作",理由是"矜其老小,不堪役身,故免居作"。本来徒刑犯人到配所应当服役(居作)是刑罚执行的应有之义,但法律规定免其居作,理由乃是矜其为老小,这是典型的仁政司法。清代乾隆元年(1736)七月定"军流人犯之妻老病不能随行者,听免其同遣",又定"军流身故,妻子愿回籍者,计程远近每名日给米一升"②。清代前期法律要求流犯之妻与流犯同发,而其子则可以自己要求同发,但对于应当同发的军流犯之妻属老病者亦予宽待;即使犯人之妻无病,但如果犯人本身亡故,妻与子愿意回乡者,国家则不仅不反对,还会给予物质上的支持。可见,立法规定的宽厚措施相当细致。

---

① 《隋书》卷二十五《刑法志》。
② 《皇朝通典》卷八十七,四库全书本,第2932页。

第六章　教化司法

所谓教化司法,是指将教化与司法结合起来的社会治理行为。教化司法是中国古代司法的重要特色,也是社会治理的重要特色。在儒家观念中,教化是司法的前提,其目的之一在于消弭争讼。关于教化的具体作用,古人从正反两个方面展开过论述。首先是正面论述,《礼记·经解》认为:"故礼之教化也微,其止邪也于未形,使人日徙善远罪而不自知也。是以先王隆之也。"从这段论述可以看出,古人认为教化可以使人迁善远罪,这显然对司法争讼有预防功能。古人对教化的反面论述表现为讨论司法中若不先行教化就直接依法决罚的后果。孔子就曾说过:"不教而杀谓之虐,不戒视成谓之暴。"[①]荀子也主张:"不教而诛,则刑繁而邪不胜。"[②]孔子认为不教而杀属不仁之举,从道德上对不教而杀作出否定评价;荀子则从功利角度否定不施教化而直接实施刑罚的价值。虽视角不同,但结论都是否定不教而诛,是从反面对教化价值的昭示。

一、教化的类型

教化弭讼就其教化对象及阶段来看,可分为两种:一是施政教化,

---

① 《论语·尧曰》。
② 《荀子·富国》。

二是司法教化。

（一）施政教化

施政教化是指官员在施政过程中实施教化，教化的对象是普通民众。民众在受到教化后道德水平提高，争利心减弱，进而导致诉讼与犯罪行为减少。因施政教化发生在民事争端及刑事案件发生之前，因此又可称为事前教化。事前教化对应的是古人讨论的教化的正面价值。在古人心目中，有德行的统治者会通过教化民众使社会达到刑清讼止的状态。施政教化的最高境界是统治者的风过草偃之效。如史册所载周文王"笃仁、敬老、慈少"，故而其统治区域内"耕者皆让畔，民俗皆让长"。次一等的施政教化则为制定道德行为规范，并通过具有仪式感的行为使民众认同这一行为规范并主动遵守。如周成王时"兴正礼乐，而民和睦"，周康王"宣告以文武之业以申之"，故成康时"天下安宁，刑错四十余年不用"。① 这些良好社会治理效果的取得都离不开教化之功。除了最高统治者可以施行教化迁民，具备爱民精神的官员也会施行教化民众的措施并取得良好的社会效果。史册对此类善于教化的个案多有记载：

> （孙叔敖）为楚相，施教导民，上下和合，世俗盛美，政缓禁止，吏无奸邪，盗贼不起。②

> 颖川太守霸，宣布诏令，百姓乡化。孝子弟弟，贞妇顺孙，日以众多。田者让畔，道不拾遗，养视鳏寡，赡助贫穷。狱或八年亡

---

① 《史记》卷四《周本纪》。
② 《史记》卷一百一十九《循吏列传》。

(无)重罪囚,吏民乡于教化,兴于行谊,可谓贤人君子矣。①

施政教化的意义在于通过教化将诉讼与犯罪消弭于萌芽状态。在先秦时期的世卿世禄统治模式中,由于治理者长期在同一地方施政,所以官长长期的模范行为或者对礼仪的长期倡导,能够使民众生活在春风化雨的环境中,向善远恶而不自知,故而可以取得理想的社会治理效果。但在秦以后,中国实行郡县制,地方官能否有效实行施政教化,与其任期长短有很大关系。前述汉代黄霸在颍川任职八年,就官员在同一地方的任期而言,已属相当长久。因而此种施政教化的结果过于理想,不能期望其成为社会治理的常态。②

(二) 司法教化

司法教化是指争讼发生后,司法者对案件当事人施行教化以化解争讼。司法教化是在争议事实发生后司法者针对具体的案件当事人实施的教化,因此又称为事后教化。司法教化可以分为直接教化与间接教化两种类型。

1. 直接教化

直接教化是指司法者通过言传身教的方式使得当事人领会司法者的意旨,接受司法者的观点,从而作出符合司法者期望的行为。《后汉书·循吏传》载:

---

① 《汉书》卷八十九《循吏传》。
② 当然,也有官员在很短的任期内即取得良好的施政教化效果。如后汉仇览"年四十,县召补吏,选为蒲亭长。劝人生业,为制科令,至于果菜为限,鸡豕有数。农事既毕,乃令子弟群居,还就黉学。其剽轻游恣者,皆役以田桑,严责科罚。躬助丧事,赈恤穷寡。期年称大化"。(《后汉书·循吏列传》)但本事例中仇览仅为亭长,治理范围较小,施行教化易出效果,不宜简单推及郡县一级。

(仇)览初到亭。人有陈元者,独与母居。而母诣览告元不孝。览惊曰:"吾近日过舍,庐落整顿,耕耘以时。此非恶人,当是教化未及至耳。母守寡养孤,苦身投老,奈何肆忿于一朝,欲致子以不义乎?"母闻感悔,涕泣而去。览乃亲到元家,与其母子饮。因为陈人伦孝行,譬以祸福之言。元卒成孝子。

本案中,司法者凭借自己先前对当事人生活的观察,认为其应为可教化之人。遂亲至被告之家,对之晓之以理,动之以情。被告受其教化,德行有升,最后成为孝子,司法者教化目的达到。

2. 间接教化

间接教化是指司法者在司法过程中并没有专门对被告人实施教化,而是将教化行为寓于刑罚执行过程中。众所周知,在中国传统社会,人们通常认为刑罚本身就具有教化功能。《尚书·大禹谟》载舜对皋陶之言:"汝作士,明于五刑,以弼五教;期于予治。"《抱朴子·外篇》认为:"仁者养物之器,刑者惩非之具,我欲利之而彼欲害之,加仁无悛,非刑不止。刑为仁佐,于是可知也。"①这意味着刑罚与教化是互补关系,都是治理的手段,两者并不冲突,但两者也并不等同。教化居于主导地位,刑罚处于辅助地位。虽然刑罚都有一定的教化功能,不过刑罚的教化功能在不同的刑罚中表现不同,较轻刑罚具有更明显的教化色彩。《尚书·舜典》载:"象以典刑,流宥五刑,鞭作官刑,扑作教刑。"这表明扑刑的主要功能就在于教化。为此,司法实践中官员对被告实施轻刑时经常会明确表示此种做法乃是为了体现教化意图。

清代桐城人李乔在与阮心一争山的诉讼中伪造印契,事发后知府

---

① [晋]葛洪:《抱朴子·外篇》,平津馆本,第58页。

徐士林认为李乔"本应详革,置诸重典,姑从宽传谕教官,当堂扑责,儆其顽胆,予以自新"①。本案中,李乔伪造印契,自然也就伪造了印章。李乔伪造证据的不法行为已经查实,按清律律文应处杖一百、流三千里之刑。按《会典事例》的规定,还应革去生员称号。徐士林说的"本应详革,置诸重典"即是此意。但结果是从宽让"教官扑责",实际处罚的严厉程度与法律规定的对于伪造印契罪的处罚相比,判若云泥。司法者此举充分实现了儒家经典对"扑作教刑"的定位。

当然,司法者对违法者的教化还可体现为直接免除刑罚实施。清代安徽怀宁县人黎宰衡与汪琦争坟,黎宰衡外甥邵傅作为首证到堂作出伪证,但因迫于舅命,且后来能够直言,结果司法者"宽以教之"。②我们知道,清律中并没有伪证罪可以免予处罚的其他条件,除非当事人是在不知情的情况下作证或者有正当理由。但本案中,邵傅为黎宰衡作伪证,显然系知情,而且其动机也是为了偏袒一方当事人,与律后注中的"有所偏徇"相符,但居然因为迫于舅命及能够直言而免除处罚。而免除处罚的理由正如司法者所言是为了"宽以教之",即司法者认为从宽处罚有利于对行为人实施教化。有时候,为达教化目的,对被告人的轻罪行为,司法者不但不罚,甚至还可以施赏。前引《资治通鉴》所载长孙顺德受贿案中,面对长孙顺德所犯的受财枉法之罪,唐太宗非但不予追究,反而施以奖赏。在司法官员的质疑之下,皇帝解释了对其施赏的理由,即并非因为被告的行为值得奖赏,而是意图通过施赏唤起其羞耻之心,从而有利于教化其改过。后来长孙顺德在泽州刺史任上能够

---

① [清]徐士林撰,陈全伦、毕可娟、吕晓东主编:《徐公谳词》,齐鲁书社2001年版,第593页。
② [清]徐士林撰,陈全伦、毕可娟、吕晓东主编:《徐公谳词》,齐鲁书社2001年版,第185页。

由先前的"侈放自如"到"折节为官",可见此处的施赏教化应是取得了一定的效果。

二、教化的目的与意义

(一)教化的目的

1. 消除争心

中国传统观念认为,社会治理应以和谐为追求目标。《礼记·大学》主张:"所谓平天下在治其国者,上老老而民兴孝,上长长而民兴弟,上恤孤而民不倍。是以君子有絜矩之道也。"治国效果中的上下同心以及老老长长、兴孝兴悌是人际关系和谐的表现,达到这一目标乃是士人最大的追求,而人有争心则是社会和谐之敌。

人的争心缘何而起?荀子认为:"人生而有欲;欲而不得,则不能无求;求而无度量分界,则不能不争,争则乱,乱则穷。"①这表明人的欲望及利益无边界是争心的产生原因。《文子》载:"饥马在厩,漠然无声。投刍其旁,争心乃生。"②此说明对利益的追逐是人们产生争心的原因。争的结果是乱,乱的结果是穷,故而争是有害的。既然争是有害的,所以应当止争。

对于如何止争,法家认为由于人的欲望不能消除,故而只能铲除争心产生的另一个土壤,即利益没有边界。因此要为利益划定边界,而划定边界的依据在法家眼中就是法律。故法家认为法律的作用就是定分止争,其中定分是划定边界,是手段;止争是消除争端产生的土壤,是目

---

① 《荀子·礼论》。
② 《文子·上德》。

的。但儒家认为,法家的法律公开化非但不能止争,反而会致民有争心。子产在郑国铸刑鼎,晋国叔向在给子产的信中说:"昔先王议事以制,不为刑辟,惧民之有争心也。"①而欲消除民之争心,就须考虑争心产生之因。按荀子所言,争心最初源于欲,由欲到求,由求到争。不过欲和求是不能消除的,而从求到争的条件是无度量分界。因此欲消除争心,就应让社会有度量分界。在儒家眼中,这样的度量分界则是礼。同法家一样,儒家也认为消除人们争心不能从消除欲求入手,而应从让人们接受礼入手。人如果在内心接受礼的秩序,就消除了争心,也就消弭了诉讼产生的基础。故《礼记·经解》称:"故礼之教化也微,其止邪也于未形。"意即礼教可以将诉讼消弭于未形成之前。前引施政教化过程中的"民俗让长""田者让畔",皆是争心消除的表现。在诉讼发生后,司法教化如实施得当,亦可使当事人消除已经产生的争心,从而放弃争讼。实践中,司法者如果善用礼义教化民众,往往能取得消除当事人争心的效果。

2. 知耻认罪

我们知道,在中国古代的刑案审理中,嫌疑犯认罪口供对有罪事实的认定至关重要。但揆诸人性,嫌疑犯通常不会轻易认罪;司法者若施行刑讯又有迫人自诬及伤及无辜的风险。为此,司法者若能通过教化使嫌疑犯主动认罪,则能够达到既可发现真实,又可免施刑讯的效果。而且此种主动供述的犯罪事实比刑讯获得的有罪事实更可信,故历来为司法者推崇。司法者教化嫌疑犯知耻认罪的理论基础是儒家的性善论。孟子认为:"恻隐之心,人皆有之;羞恶之心,人皆有之;恭敬之心,人皆有之;是非之心,人皆有之。恻隐之心,仁也;羞恶之心,义也;恭敬

---

① 《左传·昭公六年》。

之心,礼也;是非之心,智也。仁义礼智,非由外铄我也,我固有之也。"①而行为人之所以会犯罪,是因为其羞恶之心与是非之心没有开启,不知犯罪之非,不觉犯罪之耻,因而犯了罪以后又会狡供而不认罪。司法者通过教化使其明白过错并坦然认罪。司法者如果教化得法,可以收到良好的效果。元代官员周自强就是这方面代表。

> (周自强)性度宽厚,不为刻深。民有以争讼诉于庭者,一见即能知其曲直,然未遽加以刑责。必取经典中语,反覆开譬之,令其诵读讲解。若能悔悟首实,则原其罪;若迷谬怙恶不悛,然后绳之以法不少贷。民畏且爱,狱讼顿息。②

这是司法官能够教化犯罪者主动认罪的抽象记载。教化嫌疑犯认罪的个案亦有不少记载。前述《三国志》与《南史》记载的陈表与殷钧审理施明与劫帅案件中,前者对施明以酒食相诱,后者对劫帅以和言诮责,两名嫌疑犯即供认不讳。限于史料,我们无法知晓司法者教化的具体内容,但可以想见应当是以道义仁爱责让嫌疑犯。前案中的嫌疑犯施明在拷讯极毒的情况下都"惟死无辞",却在"欢以诱之"后首服,仅就该案而言,教化之效远甚刑讯拷逼。

(二)教化的意义

1. 减轻讼累

讼累指诉讼的成本,是中国古代司法中的一个重要概念。它既表

---

① 《孟子·告子上》。
② 《元史》卷一百九十二《良吏二》。

现为当事人因打官司而花费人力财力，进而影响劳作生计；也表现为涉讼者则可能受到刑讯及被关押后的淹滞之苦。作为体现统治者仁爱思想的教化，无论是施政教化还是司法教化，都具有减轻讼累的效果。施政教化如能取得良好效果，当事人就不会涉讼或犯罪，自然也就不会因为涉讼而产生讼累，同样不会因犯罪而受到追究并受到拘禁刑讯或刑罚之苦。而当诉讼发生后，司法教化如实施得当，在民间细故争讼中就可以劝导当事人放弃争讼，从而极大地减轻讼累；在刑事案件审理中则可以促使有罪当事人主动认罪，从而避免刑讯的实施及减少当事人被拘禁之苦。被告人还可能因为具有较好的认罪服法态度而获得从宽处理，如前文所引的两名刑事案件主犯都是因主动认罪而获得宽大处理。这些都是有利于减轻讼累之举。当然，古人所言的讼累是站在当事人角度考虑的，其实，从司法者角度看，无论是施政教化还是司法教化，如能取得效果，也都有减轻司法成本的价值。如细故案件当事人主动息讼或刑名重案的有罪者主动认罪，都可以减轻司法者审理案件的成本。从这一层意义上说，教化司法同样有利于减轻讼累。

2. 增进和谐

诉讼的一个基本功能是解决当事人之间的纠纷。若仅就解决纠纷而言，查明事实并在此基础上作出判决亦可以达到。但是对官府作出的判决，当事人未必会在内心认可。如此，则可能会上诉不止；或虽不上诉，但当事人之间的关系会因一方当事人官司败诉而更加恶化，矛盾进一步加深，从而破坏社会和谐。社会和谐恰是中国古代社会治理追求的一个重要目标。与普通的通过审理判决解决纠纷的方式相比，教化弭讼在促进社会和谐方面显然更具优势。就施政教化而言，教化如果有效，则可将诉讼消除于未发生状态，其对实现社会和谐的价值自不待言。载诸史册的"民俗让长""盗贼不起""狱讼顿息"甚至"刑措四十余年不用",给我们展示了一幅令人神往的和谐社会图景。教化为何能够增进社会和谐?是因为它的功能不同于审判。审判只能让人们消除争讼行为(有时连这一目标也难以实现),而教化则能够消除人们的争心,从而在根本上消除人们的争讼行为。施政教化可使人们争心不起,司法教化则可以让人们自行消除已起的争心。人们虽无争行但争心不息,社会获得的只是表面和谐,这种和谐会因为情势变化被随时打破,因而具有暂时性。而争心不起或争心消除则可使社会达到实质上的和谐,此种和谐具有长久性。史册所载案件的结果可以昭示教化与审判的效果之别。宋代一案的处理结果可以看出教化对消除个案诉讼产生根源的治理效果。

(王罕)知潭州。民有与其族人争产者,辨而复诉,前后十余年。罕一日悉召立庭下,谓曰:"诸家皆里富人,无乃厌追逮之苦?今无状子寒饥不能以自存,况析产之券有不明,以故久不决。人能少资之,令其远去,后复何患乎?"皆泣听罕命,于是迁所诉者于旁州,狱讼为之衰止。①

本案之所以辨而复讼,正是因为以前的审判没有能够消除原告的争心,而原告的争心源于其生存困难导致的有欲及先前的析产之券存在不明。而王罕的教化使被告认识到先前行为之非,甘愿出资于原告,使其争心消除,从而迁去别州。表面来看,弭讼是因为争者远去,实质乃是族人出资后对方争心消除,从而取得远较审判更加理想的效果。

---

① [宋]郑克:《折狱龟鉴》卷八,清嘉庆墨海金壶本,第131页。

三、教化的方式

关于教化的方式,法律并无明文规定。实践中司法者因时因人设教,各展其法。总结起来,大体有以下六种,即以罚弼教、晓以大义、自责感化、以身为范、免罚施惠、情境感化。对上述方式,大多数司法者会择一而用,也有司法者会综合运用上述方式的几种。

(一) 以罚弼教

前文已述,在儒家看来,刑罚特别是轻刑本身就有教化职能。对于当事人不明大义的争讼,有的司法者会选择以惩罚的方式来达到教化的目的。孔子作为儒家开创者,奉行无讼是求,声称"听讼,吾犹人也,必也使无讼乎"①。而欲达无讼目的,自然应当注重教化弭讼。《荀子·宥坐》记载孔子审理一起父子争讼案件的过程:"孔子为鲁司寇,有父子讼者,孔子拘之,三月不别。其父请止,孔子舍之。"对于父子相讼这种极度违背伦理之事,孔子可能觉得与其讲道理都显多余,因此干脆拘而不审,以示惩罚。惩罚使得当事人认识到了自己行为的错误,故而其父请止。争心消除,教化效果良好。当然,也有司法者在以罚弼教的同时,还对当事人甚至相关人员直接进行言词教化。

> 颜真卿为抚州刺史。邑人有杨志坚者,嗜学而居贫,乡人未之知也。其妻以资给不充,索书求离。志坚以诗送之曰:"当年立志早从师,今日翻成鬓有丝。落托自知求事晚,蹉跎甘道出身迟。金

---

① 《论语·颜渊》。

钗任意撩新发,鸾镜从他别画眉。此去便同行路客,相逢即是下山时。"其妻持诗,诣州公牒,以求别适。真卿判其牒曰:"杨志坚早亲儒教,颇负诗名。心虽慕于高科,身未沾于寸禄。愚妻睹其未遇,曾不少留。靡追冀缺之妻,赞成好事;专学买臣之妇,厌弃良人。污辱乡间,伤败风教。若无惩诫,孰遏浮嚣?妻可笞二十,任自改嫁。杨志坚秀才,饷粟帛,仍署随军。"四远闻之,无不悦服。自是江表妇人,无敢弃其夫者。①

本案中,杨志坚之妻诉求离婚,杨志坚同意。唐代法律有和离制度,杨妻求离于法有据,本不应受罚。司法者在判令任其改嫁的同时对其笞二十,其意不在于教化当事人本人,而在于教化其他有弃夫之念的妇女。因此本案的教化虽与司法判决共生,但其价值却不限于司法教化,还有施政教化的意蕴在内。事实上,自该案结果在江表传播开来之后,"江表妇人,无敢弃其夫者",达到了司法者期望的教化效果。司法实践中还有一种特殊的以罚弼教模式,即罚教分离模式:

(明姚凤)为衢州府同知,民余十三者与邻争山场,系狱累年不决,凤谕之曰:"官拷掠尔无完肤,山场孰与身重。"十三叩头泣谢,让所争与邻。②

与前引两案不同,本案中当事人所受的惩罚即拷掠,不是司法者有意实施的教化行为,而是前任司法者的无意为之。但现任司法者巧借

---

① [宋]李昉:《太平广记》卷四百九十五,民国影印明嘉靖谈恺刻本,第3788页。
② [明]余懋学:《仁狱类编》卷一,明万历三十六年直方堂刻本,第68页。

其力,对当事人施行教化,亦取得了当事人弃争的效果。

以罚弼教作为一种教化模式,在达到教化直接目的方面可以取得良好效果。但由于教化同时伴有惩罚,我们很难判断当事人放弃争端究竟是因为认识到了争讼之非还是因为畏惧惩罚。若是后者,则此类教化与法家主张的以刑止刑具有同一意旨,然而很难达到真正消除争心的目的,亦很难实现教化促进社会和谐的功能。

(二) 晓以大义

当事人之间发生争讼,是因为产生了争心,而争心的产生是因为有欲望及无度量界限。儒家的礼就是这样的度量界限,只不过受教育水平不足的影响,普通民众很难完全有机会了解礼这样的度量界限。[①] 为此,司法者在实践中对当事人进行度量界限的教化,就是消除争心的重要方式之一。当事人若认可司法者的观点,就会按度量界限的要求放弃争心,从而消除争讼。北魏时期裴安祖任州主簿,"有兄弟争财,诣州相讼。安祖召其兄弟,以礼义责让之。此人兄弟,明日相率谢罪。州内钦服之"[②]。所谓礼义责让,无非教化他们应认识到自己所求的度量边界,让他们知道超越度量边界争财是不义之举,从而接受这样的度量界限,争心自然消除。

当事人争讼,在官员看来大都是耽于小利而昧于大义之举。司法者以礼义责让,可使当事人明礼义而耻于争利,从而放弃争讼。与前面的以罚弼教相比,晓以大义式的教化能让当事人明确利益的度量边界,

---

[①] 法家认为,法律也是这样的度量界限。不过古代立法都以规定义务为特色,因而对于权利或利益边界并无专门规定,因此在实践中,确定当事人利益的边界主要还是靠礼的规定。与法不同的是,礼虽也规定义务边界,但这种边界同时又有权利边界的特色。比如周时诸侯可享六佾之舞,意味他不得八佾舞于庭,但舞六佾于庭则是其权利。

[②] 《北史》卷三十八《裴安祖传》。

从而在内心自觉放弃争心。《梁书·陆襄传》载：

> （陆襄为鄱阳内史）有彭、李二家，先因忿争，遂相诬告。襄引入内室，不加责诮，但和言解喻之。二人感恩，深自悔咎。乃为设酒食令其尽欢，酒罢同载而还，因相亲厚。人又歌曰："陆君政，无怨家。斗既罢，仇共车。"在政六年，郡中大治。

本案中，当事人在司法者教化后表现出感恩、悔咎等心态，而且后来争端双方能"同载而还""相亲厚"，不仅争心消除，还能相处和谐。尤为可贵的是，这样的教化结果具有极佳的榜样效应，使得郡中大宁，其教化效果较以罚弼教显然更优。

（三）自责感化

古代的司法官同时也是行政官，做好民之父母官在他们的理念中是当仁不让之事。在司法者的观念中，平时的施政就已经履行了教化人民的职责。理想的社会状态是在官员施政教化后就应刑清讼止，倘若后来还是发生了诉讼，逻辑上则似可解释为司法者先前未尽到教化责任。故曾子说："上失其道，民散久矣。"[①]司法者教化效果不佳，在他们自己看来有两方面原因。一是自身德行不够，未能感化民众。如禹承尧舜之后，就自以为德衰，因而才有泣囚之举。二是司法者失职，未能尽到教化责任。无论是哪一种，问题都出在司法者身上，而不是出在民众身上。既然如此，面对当事人提起的争讼，司法者产生自责心态就是一种合乎逻辑的结果。实践中，司法者的这种自责态度及其采取的

---

① 《论语·子张》。

做法也会收到感化当事人自省的效果。《后汉书·吴祐传》载：

> 祐政惟仁简，以身率物。民有争诉者，辄闭阁自责。然后断其讼，以道譬之。或身到闾里，重相和解。自是之后，争隙省息，吏人怀而不欺。

司法者遇到民有相争，则闭阁自责。虽有自省因素，但有暗讽讼者之效，讼者因羞惭而易受教化。司法者在此基础上再晓之以大义，当事人更易接受。当然，也有司法者只凭借自责就可以让当事人惭愧而息讼：

> （许荆）尝行春到耒阳县。人有蒋均者，兄弟争财，互相言讼。荆对之叹曰："吾荷国重任，而教化不行，咎在太守。"乃顾使吏上书陈状，乞诣廷尉。均兄弟感悔，各求受罪。①

本案中，司法者无一言责让当事人，也未给当事人晓以大义，只是自责且欲请上司处分自己，当事人即感悔，争财之讼自息。此种单纯以自责感化来教化的方式若想取得效果，其前提有二。一是当事人并非完全不知大义，只是一时利欲熏心。司法者自责之言行，对当事人而言如醍醐灌顶，能够唤起他们心中的礼义廉耻之念，从而消除争心。二是当事人关系特殊。对当事人而言，因此种特殊关系的存在，导致在常人眼中其所争之利极小而所坏之义极大，故而当事人易受触动而悔愧。

---

① 《后汉书》卷七十六《循吏传》。

（四）以身为范

中国古代司法者特别重视自身示范的教化作用。早在商朝末年，周文王的施政教化就是通过身体力行而感化民众。到了春秋时期，人们对上位者的自身示范作用有了更加理性的认识。《论语·子路》载孔子言："其身正，不令而行；其身不正，虽令不从。"《论语·颜渊》所载孔子答季康子问政时语："政者，正也。子帅以正，孰敢不正？"如果"上失其道"，再努力给百姓讲道理，要求百姓守道，亦是不可得，结果只能是"民散久矣"。前述施政者的教化都是身体力行，笃行仁义，则民众自然被化。为此，古代司法者中亦有人选择亲自示范的方式对当事人进行司法教化：

> （北魏）房景伯为清河太守，有民母讼子不孝。景伯母崔氏曰："民未知礼，何足深责？"召其母，与之对榻共食，使其子侍立堂下，观景伯供食。未旬日，悔过求还，崔曰："此虽面惭，其心未也，且置之。"凡二旬余，其子叩头出血，母涕泣乞还，然后听之，卒以孝闻。①

本案中，司法者的示范教化是由其母要求实施的。司法者母子配合，对讼者母子进行身教，被教化者极为自愧感佩，乃至于叩头出血，涕泣乞还，足见当事人反思兴讼之非的深刻，教化取得了极佳效果。本次示范教化不仅极好地解决了既有纠纷，更重要的是重新塑造了当事人的品格，使一个曾被其母讼为不孝的儿子最后以孝闻于乡里。可见，教化对于消除特定纠纷而言，具有一劳永逸的效果。

---

① ［明］冯梦龙：《智囊补》卷二十五，明积秀堂刻本，第778页。

（五）免罚施惠

前文已述，刑罚中的轻罚本身就具有教化功能。有的司法者沿着这一思路走得更远，对犯轻罪的被告非但不罚，反施以赏，以图激发被告的羞耻感，从而达到教化其向善的效果。这一做法，不仅贵为帝王的唐太宗可以实施，普通官员也有施行者：

> （于义）迁安武太守……有郡民张善安、王叔儿争财相讼。义曰："太守德薄不胜任之所致，非其罪也。"于是取家财，倍与二人，喻而遣去。善安等各怀耻愧，移贯他州。于是风教大洽。①

本案中，司法者的施惠之举对个案而言不仅能够消除纠纷，还使得两位当事人各怀耻愧并移贯他州，就社会效果而言亦达到了风教大洽的局面。当然，在免罚施惠的教化方式中，司法者还会辅以其他方式。如本案中司法者就先行自责感化。亦有相当一部分司法者在施惠的同时对当事人晓以大义：

> （宋王质）知荆南，有媪诉其妇薄于养，妇言："舅亡姑嫁，既穷而归。且奉事无不谨。"质曰："姑虽不良，独不顾夫耶？"因取家人衣以衣媪，又给以廪粟，使归养之。皆感泣而去。②

本案中，原告过错多，而被告过错少。但原告身为尊长，难以责让。

---

① 《隋书》卷三十九《于义传》。
② [宋]郑克：《折狱龟鉴》卷八，清嘉庆墨海金壶本，第135页。

单纯责让被告又无法消除当事人因基本欲望不能满足而产生的争心，故而司法者先以如何处理姑、夫、己三者关系的大义教化被告，再施惠于当事人，这一做法得到当事人双方的认可，取得了原被告"皆感泣而去"的教化效果。

（六）情境感化

教化本无定法，应用之妙，全在司法者心思所及。上述五种方式是司法者常用之法，此外亦有司法者别出心裁，自创教化方式，往往也能取得出奇制胜的效果。试举两例：

> 杭州府前为宣化桥……宣化桥宋时俗称懊来桥，至今仍之。谓好讼者与作恶而被刑者至此皆有悔心也。①

> 杜时禧……康熙己酉举人，授江南宁国县知县。爱民无讼，特建省气楼一所，延僧住持，凡涉讼者必令寓焉，为僧劝释者半。②

上述教化方式虽在形式上异于前述数种，但路径上并无差异。州桥取名"宣化"，意在提醒官员应当向民众宣教王化，使民众守法而致无讼。宣化桥俗名"懊来桥"，则是站在民众的角度，意在提醒当事人违法兴讼之非，促其猛醒，有提醒当事人重义轻利、守法安生的意蕴。此处的"懊来"一词，虽是俗语，恐怕亦是官员有意引导所致。至于省气楼中的僧人劝释，亦不过是对当事人进行言教，其辞无非凡利皆空，何况小

---

① ［明］田汝成：《西湖游览志》卷十三，四库全书本，第238页。绍兴府前的来仪桥亦俗称懊来桥，可见此种弭讼方式具有一定程度的普遍性。
② ［清］许应鑅修，［清］谢煌纂：《光绪抚州府志》卷五十四，清光绪二年刊本，第1781页。

利,当事人为争小利而兴讼乃无益之举;且今日弃争,看似吃亏,但果报循环,他日必有福报等语。当然,对当事人而言,僧人本身与世无争的特殊身份还具有身教效果。

(七)综合运用

上述六种方式,司法者既可选择适用,亦可综合运用。如运用得当,亦可取得良好效果。《汉书·韩延寿传》载:

> (延寿)行县至高陵,民有昆弟相与讼田自言。延寿大伤之,曰:"幸得备位,为郡表率,不能宣明教化,至令民有骨肉争讼,既伤风化,重使贤长吏、啬夫、三老、孝弟受其耻,咎在冯翊,当先退。"是日,移病不听事,因入卧传舍,闭阁思过。一县莫知所为,令、丞、啬夫、三老亦皆自系待罪。于是讼者宗族传相责让。此两昆弟深自悔,皆自髡肉袒谢,愿以田相移,终死不敢复争。延寿大喜,开阁延见,内酒肉与相对饮食。厉勉,以意告乡部,有以表劝悔过从善之民。延寿乃起听事,劳谢令、丞以下,引见尉荐。郡中歙然,莫不传相敕厉,不敢犯。延寿恩信周遍二十四县,莫复以辞讼自言者。推其至诚,吏民不忍欺绐。

本案中,司法者面对兄弟讼田,先是自责,然后再闭门思过,其他官员亦效仿其做法,自系待罪。当事人宗族成员受其感化,对兴讼者传相责让。讼者自悔谢罪并进而声称永不敢争。司法者再与其相对饮食,可谓施惠;复又厉勉之并以意告乡部,可谓晓以大义。在这种综合施教模式下,社会秩序达到了"莫复以辞讼自言"的无讼效果。

第七章　慎刑详谳

刑罚是施加于犯罪者的一种处罚。没有刑罚，国家不可能有效控制犯罪。对此古人很早就取得共识。《礼记·乐记》称："故礼以道其志，乐以和其声，政以一其行，刑以防其奸。礼乐刑政，其极一也，所以同民心而出治道也。"认为刑与礼乐政一样，都具有"同民心而出治道"的目标，也都是不可缺少的社会治理方式。荀子则认为："杀人者死，伤人者刑，是百王之所同也。"①强调刑罚具有共通性。商鞅亦认为："夫刑者，所以禁邪也；而赏者，所以助禁也。"②这一观点强调刑罚相比于赏所具有的主导作用，突出了刑罚的地位。

但是在实践中，刑罚如果运用不当，同样会对民众造成伤害，这种伤害有时甚至会超过犯罪行为对民众造成的伤害。我们知道，统治者的施政教化如果运用适宜，则可以在一定程度上减少违法犯罪，但不可能杜绝犯罪现象。为此，当违法犯罪行为实际已经发生时，司法者能够认真审理案件，慎重实施刑罚，这也是对民众负责任的表现，可以视为符合仁政要求的爱民之举。

对《尚书·吕刑》中的"哀敬折狱"一词，《孔传》释称："当怜下人之犯法，敬断狱之害人。"怜下人之犯法而不是怨恨下人之犯法，当然是司法者具有仁者之心的体现。司法者有了仁心，自然就会担心错断案件

---

① 《荀子·正论》。
② 《商君书·算地》。

而害人。要防止断狱害人,甚至可能是伤害无辜,司法者应当慎重断狱。可见,敬于狱事是仁爱理念在司法领域的应然要求,而敬于狱事的主要表现即为详细审理案件。

对此问题,古人很早就已给予关注。《尚书·康诰》提出"敬明乃罚","敬"即认真对待之意,"明"即案件事实认定与法律适用明白无误。司法者只有都做到这两点,才可以实施刑罚。《礼记·王制》载:"刑者,侀也;侀者,成也。一成而不可变,故君子尽心焉。"因为认识到了判决一旦执行便不可更改,故司法者应认真审理案件,慎重作出判决。后人强调应当慎重刑罚的观点接连不断。慎刑详谳在案件的受理、事实审理、判决作出及刑罚执行的各个阶段皆有体现。

一、慎重案件受理

慎刑首先表现为司法者对案件受理的慎重,做到不能轻易受理或不受理案件。鉴于当事人告状是绝大多数案件受理的前提,因此,慎重案件受理先从控制当事人告状开始。《周礼·秋官·大司寇》规定:"以两造禁民讼,入束矢于朝,然后听之;以两剂禁民狱,入钧金,三日乃致于朝,然后听之。"明代丘濬释称:"既受三十斤之金,又延三日之久,取其所甚爱,使民因惜物以致思;不即听而待三日,使民因迟滞而自省。"[1]慎重案件受理,其目的有二:一是保证应当受理的案件能够得到受理,即应理尽理;二是不应当受理的案件不得受理,即应拒尽拒。

---

① [明]丘濬:《大学衍义补》卷一百零六,明成化刻本,第1984页。

(一) 应受理案件都能得到受理

原告到官府告状,若确有冤情,而官员不用心审核,随意拒绝受理,则会导致当事人有冤无处申,自然不符合仁者司法应有的仁政爱民之旨。孔子曾言:"君子之于人也,有其语也,无不听者。况于听狱乎?必尽其辞矣。"①在孔子所处的时代,司法官无疑是被视为君子的。司法官对于普通人讲话都应当认真倾听,更何况是当事人的告状之词,更应让当事人充分陈述其主张。孔子从司法者自身应当关爱民众的角度强调受理案件的必要性。后世尽职的官员也都主张积极受理应当受理的案件。汉代陈寔为太丘长,吏虑有讼者,白欲禁之。陈寔曰:"讼以求直,禁之理将何申?其勿有所拘。"②陈寔从为当事人申理的角度强调受理案件的意义,受理案件的理由与孔子的观点有所不同,但殊途同归,都强调案件应予受理的重要性。

从制度上看,古代中国在各个朝代都有保障民众有冤得申的规定。如周代虽有两造并至及束矢钧金制度限制民人告状,看似会导致民众虽确有冤屈却惧而不敢诉,但这应当只是限制大案受理的条件。朱熹认为:"这个须是大切要底事,古人如平常事,又别有所在,如剂石之类。"③也就是说,民众果真有冤,且非重大案件,则可以上剂石喊冤,并无须支付费用。事实上,束矢钧金制度仅在《周礼》中有记载,后代再无民人告状收费制度。相反,保障告状得以受理的制度却越来越完善。一般性制度如立法中"告状不受理"的规定,通过规定司法官不受理案

---

① [清]王闿运:《尚书大传补注》卷五,清光绪刻民国十二年汇印王湘绮先生全集本,第60页。
② 《后汉书》卷六十二《陈寔传》。
③ [宋]朱鉴:《朱文公易说》卷四,元刻本,第163页。此处"剂石"当为"肺石"。

件的责任来引导司法官及时受理案件。至于特殊告状方式的越诉乃至直诉,也都有法律保障。如周时"建路鼓于大寝之门外,而掌其政,以待达穷者与遽令,闻鼓声,则速逆御仆与御庶子"①,从而申达于周天子。西晋时太保卫瓘被楚王司王玮矫诏杀害。后司马玮亦被杀,但还有漏网凶犯。太保主簿刘繇等执黄幡,挝登闻鼓,上书要求惩处帮凶荣晦,结果是诏可其请。② 此一事例表明西晋时不仅存在挝登闻鼓的直诉制度,而且其在实践中确实发挥过应有的作用。北魏道武帝时,令于宫阙左悬登闻鼓,人有穷冤则挝鼓,公车上奏其表。③ 直诉还有诣阙上书、邀车驾等制度。汉代就已有诣阙上书制度。《汉官仪》载:"公车司马掌殿司马门,夜徼宫中,天下上事及阙下所征召皆总领之,令秩六百石。"④史料表明,这一制度在实践中是有效运行的,如文帝时期的刑罚改革就是由民间女子缇萦诣阙上书引发的。至于邀车驾直诉,汉代亦有实例。《后汉书》载一案例:

> 范升尝为出妇所告,坐系狱,(杨)政乃肉袒以箭贯耳,抱升子潜伏道傍候车驾,而持章叩头,大言曰:"范升三娶,唯有一子,今适三岁,孤之可哀。"武骑虎贲惧惊乘舆,举弓射之。犹不肯去,旄头又以戟叉政,伤胸,政犹不退。哀泣辞请,有感帝心。诏曰乞杨生师,即尺一出升,政由是显名。⑤

本案中,杨政为范升申冤,采取的方式就是候车驾。他尽管受到伤

---

① 《周礼·夏官·太仆》。
② 《晋书》卷三十六《卫瓘传》。
③ 《魏书》卷一百一十一《刑罚志》。
④ [宋]徐天麟:《西汉会要》卷三十一,四库全书本,第377页。
⑤ 《后汉书》七十九上《儒林传》。

害,但最终感动皇帝,使得范升冤屈得申。到了唐代,上述直诉方式都被编入法典。唐律规定:"诸邀车驾及挝登闻鼓若上表,以身事自理诉而不实者,杖八十……即故增减情状有所隐避诈妄者,从上书诈不以实论。"①

依法律规定,在上述直诉行为中,只要没有不实情节,直诉人就不受法律处罚。至于越诉,法律虽规定越诉及受理者要予以笞四十的处罚,但从条文来看,仍有两点有利于民众告状。一是越诉本身的处罚条件。并非当事人只要越诉,就要受到处罚。实际情况是当事人越诉,只有官府受理后,官员及越诉的当事人才会受到处罚;若官府不受理,则当事人并不会单独受到处罚。由此可见,当事人越诉的风险并不大,即使因越诉受到较轻的责罚,案件却可以获得受理。二是越诉有例外情形。律文规定,当事人只有本应经县却越向州府省之类,才构成越诉。如当事人先经县,但县里不受理或者当事人认为县审不公,当事人再向州府省告状,就不构成越诉。可见国家立法虽有越诉的规定存在,但其实并没有在很大程度上影响当事人的告状。②在司法实践中,官员依法积极受理案件的事例不胜枚举。有的司法官员甚至会冒着案件侦破不了而被处罚的风险受理案件。宋代大理寺丞王璪就曾受理过如下案件:

> 王璪为越州剡县尉时,尝出,见尸覆水中,治之。或曰:"岁饥,人多死,未必有他故也。治之宁免捕贼之罚耶?"卒使捕盗。居数

---

① [唐]长孙无忌等:《唐律疏议》卷二十四,宋刊本,第582页。
② 唐律越诉条规定:"其越诉及官司受者,各笞四十。若有司不受,即诉者亦无罪。若应合为受,谓非越诉依令听理者,即为受推,抑而不受者,笞五十。"[唐]长孙无忌等:《唐律疏议》卷二十四,宋刊本,第527页。

月,州已批罚,果得杀人者。①

面对可能有犯罪发生的死人事实,因为没有原告,加之岁饥这一特殊背景,司法者若本着省事原则,尽可不闻不问。但司法者出于爱民之念,还是主动启动案件侦查。虽然司法者因受理案件却又不能在一定时间内侦破而受到了州里处罚,但最终案件还是得以侦破。此亦可见司法者当初的受理决定是正确的。本案司法者在决定受理案件时对可能受到的处罚风险是有清醒认识的,但他还是受理了案件,可见其对待案件受理抱有非常负责的态度。也有的司法者面对其他司法者不受理的案件,如认为原告可能有冤情,同样会主动受理。宋代王罕就受理过这样的案件:

> 王罕知潭州时……有老妪病狂,数邀知州诉事,言无伦理。知州却之,则悖骂……但命邀者屏逐之。罕至,妪复出。左右欲逐之,罕命引归厅事。召使前,徐问。妪虽言杂乱无次,亦有可晓者。乃本为人嫡妻,无子,其妾有子,夫死,为妾所逐,家赀为妾尽据之。屡诉于官不得直,因忿恚发狂。罕为直其事,以家赀还之。②

王罕受理了前任不受理的案件,史料虽未明言是何原因,但原告作为一个病狂老妪却能数邀知州诉事,王罕从心里相信其可能是冤枉的,

---

① [宋]郑克:《折狱龟鉴》卷二,清嘉庆墨海金壶本,第28页。
② [宋]司马光:《涑水记闻》,清学海类编本,第154页。普通司法者担心案件受理后却不能查清事实,会导致麻烦。而具有仁爱理念的司法者不考虑受理案件对自己的利与害,只考虑为民申冤。本案中王罕能够受理这样的案件,符合史书对他"独以仁恕为之"的评价。

从而受理其告状并最终为其申冤。①

（二）防止诉讼累民

当事人向官府告状，并非都是因法律肯定的利益受到侵犯，有时可能是为获得不当利益；或者当事人即使有利益之争，但利益过小，为此兴讼的成本可能远高于其诉讼收益。此类诉讼可以视为不必要诉讼。以仁政为追求目标的司法者，理应控制这些不必要的诉讼以减轻讼累。为此在制度上为告状设定一定门槛，以将不必要的诉讼挡在公堂之外，其动机同前述受理当事人告状一样，都是司法者的爱民之念。中国古代立法上限制案件受理的主要措施为农忙止讼制度。东汉章帝时期发布诏令："比年牛多疾疫，垦田减少，谷价颇贵，人以流亡。方春东作，宜及时务。二千石勉劝农桑，弘致劳来。群公庶尹，各推精诚，专急人事。罪非殊死，须立秋案验。"②春夏不受理死罪以下案件，其意义在于避免狱讼之事耽误农时。后代律法中的农忙止讼条文当出于此。唐玄宗时

---

① 中国古代的司法官员在面对当事人告状时，如果难以判断当事人所言真伪，就可能会从当事人的诉讼态度来考察其主张的真伪。如果发现当事人就同一事实反复告陈，则倾向于对其作出告陈可信的判断。《折狱龟鉴补》记载了这样一则案例，情节如下。绍兴某翁，有三子，而并娶妇，先后皆死。女赘婿于家。翁复纳一妾，未逾年生子，翁遂弃世。家无男丁，丧事唯婿指挥。举殡日，适与邻村丧家同，鼓吹仪仗各争道，至于交斗，停丧路侧。斗罢而葬，其俗然也。既葬，女控于官，谓抱中儿非翁出。长妇闻之怒，诣官自诉谓实系翁子，如不信，请启棺滴血。官责状，长妇甘诬抵罪。验之不入，长妇系狱，次女、三妇相继控宪控京，皆系狱。适某公在浙按审，就便查办，调集卷宗，熟思无策。谓非翁子，而儿妇三人凿凿指认，且甘罪迭控，自系真情；谓是翁子，而屡次滴血不入。不解所由。闻某幕以折狱名，卑礼厚币聘之来。幕思之数日，忽拍案曰："得之矣。"因请某公先滴女为验。某公顿悟，召女谓曰："尔弟非翁出，尔非翁出乎，盍先试汝？"女色变，滴之亦不入。公怒，严鞫之，女不能禁，泣曰："此事悉由婿。"逮婿，一讯而服。盖于举殡时，故与邻村同日而路旁争斗，乘乱易棺。老谋深算，人情所不能及也，为按律治罪，而释妇。（[清]胡文炳：《折狱龟鉴补》卷一，清光绪四年兰石斋刻本，第77页）本案中，由于铁证如山，被告的主张被否定，因而长妇、次妇、三妇皆系狱。但某公正是从三妇系狱而不悔，亦要呈控的行为中判断其主张应当为真。

② 《后汉书》卷三《章帝纪》。

发布"计勿使遗类令御史检察差科诏",内称"关中田苗,令正成熟,若不收刈,便恐飘零,缘顿差科,时日尚远。宜令并功收拾,不得妄有科唤,致妨农业。仍令左右御史,检察奏闻"。① 不得妄有科唤,显然包括了普通的民事诉讼。这一规定对五代、两宋影响深远。《宋刑统·户婚律》"臣等参详"条规定:"所有论竞田宅、婚姻、债负之类,取十月一日以后,许官司受理,至(次年)正月三十日住接词状,三月三十日以前断遣须毕。如未毕,俱停滞。刑狱事由闻奏。如是交相侵夺及诸般词讼,但不干田农人户者,所在官司随时受理断遣,不拘上件月日之限。"②在清代,《大清律例》"告状不受理"条规定:"每年自四月初日至七月三十日,时正农忙。一切民词,除谋反、叛逆、盗贼、人命及贪赃坏法等重情,并奸牙铺户骗劫客货,查有确据者,俱照常受理外。其一应户婚、田土等细事,一概不准受理,自八月初一以后方许听断。若农忙期内受理细事者,该督抚指名题参。"③此外,不受理因年代久远及证据不足而致事实难以查清的案件。《宋刑统》记载了两则不受理证据不足及远年案件的规定:

> 唐天宝六载五月二十四日敕节文:百官、百姓身亡殁后,称是别宅异居男女及妻妾等,府县多有前件诉讼。身在纵不同居,亦合收编本籍。既别居无籍,即明非子息。及加推案,皆有端由。或其母先因奸私,或素是出妻弃妾。苟祈侥幸,利彼资财,遂使真伪难分,官吏惑听。其百官、百姓身亡之后,称是在外别生男女及妻妾,先不入户籍者一切禁断。辄经府县陈诉,不须为理。仍量事科决,

---

① [清]董诰辑:《全唐文》卷二十七,清嘉庆内府刻本,第842页。
② [宋]窦仪:《刑统》卷十三,民国十年刘氏刻嘉业堂丛书本,第172页。
③ [清]朱轼:《大清律集解附例》卷二十二,清雍正三年内府刻本,第642页。

勒还本居。①

（宋太祖）建隆三年十二月五日敕节文……一应田土、屋舍有连接交加者,当时不曾论理。伺候家长及见证亡殁,子孙幼弱之际,便将难明契书扰乱别县,空烦刑狱,证验终难者,请准唐长庆二年八月十五日敕:"经二十年以上不论。"即不在论理之限。②

除了正面规定不得受理案件的情形外,古代法律还通过严惩诬告罪来控制诉讼数量。关于诬告的法律规定,早在周时已经出现。《周礼·秋官·士师》载士师"掌士之八成……八曰为邦诬"。何为邦诬,汉儒郑玄注称:"诬罔君臣,使事失实。"③周代法律虽有诬告的规定,但受资料所限,我们无法知道周代的诬告应当受何种处罚。秦代法律虽然奖励告奸,但对于诬告也有相应的处罚性规定。秦代法律将告状不实分为两类,其中并非故意的告状不实称为告不审,其处罚是"以所辟罪罪之"④。而故意(端)告状不实被称为"诬人"。现有资料虽不能表明诬人依法当受何罚,但显然会重于告状不审的处罚,即不会低于反坐的处罚。《睡虎地秦墓竹简·法律答问》载:"当黥城旦而以完城旦诬人,何论？当黥劓。"⑤即应判处黥城旦的人,又以完城旦的罪名诬告他人；地方司法机关请示诬告者应如何论处？廷尉答复称应判处黥劓。本案

---

① [宋]窦仪:《刑统》卷十二,民国十年刘氏刻嘉业堂丛书本,第164页。
② [宋]窦仪:《刑统》卷十三,民国十年刘氏刻嘉业堂丛书本,第171页。
③ [汉]郑玄:《周礼注疏》卷三十五,清嘉庆二十年南昌府学重刊宋本十三经注疏本,第817页。
④ 睡虎地秦墓竹简整理小组编:《睡虎地秦墓竹简》,文物出版社1978年版,第193页。
⑤ 睡虎地秦墓竹简整理小组编:《睡虎地秦墓竹简》,文物出版社1978年版,第203页。

被告犯两个罪：第一个罪名不知，但刑罚是黥城旦，主刑为黥；第二个罪是诬人罪，被其所诬之罪的刑罚为完城旦。完城旦的主刑是完，完低于黥。如按告不审以其罪罪之，则其刑罚应是完，完与先前的黥数罪并罚，应是黥完为城旦。但犯人实际处罚是黥劓，意味着其诬人之罪所受刑为劓刑，远重于被其所诬之罪的完刑。可见诬人之罪在秦代的刑罚重于其所诬之罪的刑罚，类似于后世的加等反坐，比告不审的反坐要严厉得多。

汉律有诬罔、教人诬告等罪名。汉宣帝时规定，对八十岁以上的老年人犯罪予以宽宥，但诬告与杀伤人不在列。可见，当时的诬告罪与杀伤人罪一样是重罪。不仅诬告行为要受处罚，教唆他人诬告行为同样要受严厉处罚。汉宣帝时长沙剌王刘建德教人诬告内史犯弃市罪，结果被朝廷处以"削八县，罢中尉官"之罚。① 三国时魏文帝黄初五年（224）诏令："敢妄相告，以其罪罪之。"②与前述秦律中以所辟罪罪之的精神相通。西晋官员张斐在《律注》中称："诬告谋反者反坐。"③这里首次出现了诬告反坐的表述。北魏律规定："诸告事不实，以其罪罪之。"④《唐律·斗讼》诬告反坐条要求："诸诬告人者，各反坐。"⑤诬告反坐原则至此正式确立。其后各朝都基本实行诬告反坐之律。明清法律更加重至诬告加二等反坐。与秦代法律相同之处在于，明清法律也明确将告事不实分为两种：诬告为故意行为，而告状失实不视为诬告。但与秦律不同的是，秦代是告状失实反坐，而明清法律是诬告才予以反坐，只不过是加等反坐。告状失实不实行反坐，其处理原则视情节与后

---

① 《汉书》卷五十三《景十三王传》。
② 《三国志·魏书》卷二《文帝纪》。
③ 《晋书》卷三十《刑法志》。
④ 《魏书》卷六十《韩麒麟传》。
⑤ [唐]长孙无忌等：《唐律疏议》卷二十三，宋刊本，第504页。

果轻重而定：后果严重的按"不应为重"处罚，后果较轻的则按"不应为轻"处罚；前者是杖八十，后者杖四十。

对于诬告的防范除立法中的惩罚手段外，在实践中，有的司法者会在当事人告状时认真审查所告事实，以便发现是否存在诬告可能。如发现有诬告存在，则拒绝受理案件并对诬告者给予相应处罚。《折狱龟鉴补》记载了如下两则案例：

> 余初莅武城，下车之日，有以讨欠被殴喊禀者。余登堂验之，无伤。索其券，弗得。当于原禀判云："告债无据，告殴无伤，不准。"杖之。时幕客未来，由余自判，吏人相谓如老吏。
>
> 未几日有以被伤喊禀者，余下堂亲验之。曰："是自划伤也。人见有刃来必避让，则顶上伤痕必错落，焉有平列如川字者乎。且自刃伤，下手处重而其末轻，而尔伤轻重乃适相肖也。"杖之。役人相谓如老件作。夫新官到任，人皆尝试之，稍有弗当，则人侮弄之矣，况余初任者乎。①

上述两则案件中，前一则原告的主张缺少证据支持，司法者认为原告显然系诬告，故而不准，且杖责原告。后一则案件的原告虽有伤口为证，但司法官员凭借丰富的生活经验发现当事人的主张有不实之处。对于无证据及伪造证据的告状行为，司法者给予同样的惩处，使两场诉讼消弭于无形。两案中，前者的诬告罪名为伤人欠债，后者只是伤人，但伤情不重，故而反坐也应只是杖刑。本案的处理结果可以视作依法实施。

---

① ［清］胡文炳：《折狱龟鉴补》卷六，清光绪四年兰石斋刻本，第507页。

此外,在实践中司法者还会以当事人之间有亲属关系为理由不受理案件,其意义在于防止当事人因争讼而破坏原本应当很亲密的关系。清代黄岩诉讼档案记载的两份批词就体现了这一情况:

> 汪贤铨呈为背据烹吞,叩求讯断事……现今得分之屋,被二弟占住……粘分据私据各一纸……黄岩县正堂……王批:着邀房族理处,毋讼,粘据发还。

> 胡凤山呈为恃强吞噬迫求究追事……族人胡恩松……向监撮借去英洋五十三元……昧良不恤……黄岩县正堂……欧阳批:进出货洋既有账簿可凭,又有王汝春等理算可证。着再自行清理,毋庸肇讼。①

上述两案中,原告在起诉时提供了充分的证据,但案件仍然没有获得受理。一个很重要的原因就是当事人或为兄弟,或为族人,司法者认为受理他们的案件会加剧其矛盾,不利于维护家族和谐。司法者不受理此类案件的动机已在本书前一章论述过,此处不再展开。不过司法者拒绝受理还有另外的理由,即恰是因为当事人之间的亲密关系以及争议事实有明据可证,因而调解成功的概率很高,故而选择不受理诉讼以促使当事人通过调处解决纠纷。不过与前述司法者主动调处以及在调处过程中进行教化不同,此处的司法官既未亲自调处,亦未进行教化。此种变化反映出司法者心目中民间纠纷解决思路的变化:在

---

① 上述两份批词分别见田涛、许传玺、王宏治主编:《黄岩诉讼档案及调查报告》,法律出版社 2004 年版,第 259、277 页。

古代社会早期,司法者主要想通过教化将纠纷化解于无形,而到明清时期,司法者对教化当事人消除争心已经信心不足,而是只满足于解决纠纷即可。这既反映出作为儒家知识分子的官员对所谓人心不古的认同,也体现出他们面对越来越多争讼时有心无力之下的无奈选择。

为此司法者拒绝受理民间争讼就未必仅限于有亲属关系的当事人,有的司法者对于普通的民间细故争讼一样会采取能拒则拒的态度。明代赵豫为松江知府,"患民俗多讼。讼者至,辄好言谕之曰:'明日来。'众皆笑之。有'松江太守明日来'之谣。及讼者逾宿忿渐平,或被劝阻,多止不讼。始与豫同守郡者,苏州况钟,常州莫愚,吉水陈本深,温州何文渊,杭州马仪,西安罗以礼,建昌陈鼎,并皭皭著名绩,豫尤以恺悌称"①。一个对诉讼采取能拒则拒的官员被时人以恺悌称许,可见不受理、少受理民事诉讼是当时官场的风尚。

总的来看,中国古代对诉讼受理的态度是较为矛盾的。这种心态正如明代吕坤所言:"禁讼则民有抑郁之情,任讼则民有拘系之苦。"②而立法与司法实践中对案件受理态度的审慎正是此种心态的体现。

二、慎重案件的审理与判决

(一)慎重案件的事实审理

无论何时,发现真实都是案件审理最重要的目标。受慎刑之念的影响,中国古代法律特别强调发现真实。战国时墨子主张"赏当贤,罚

---

① 《明史》卷二百八十一《循吏传》。
② [明]吕坤:《实政录》卷三,明万历二十六年赵文炳刻本,第215页。

当暴,不杀不辜,不失有罪"①。依墨子的观点,不辜不杀,有罪必罚。此观点的前提则是事实必须查清,否则很难避免有罪不罚或者无罪受罚情况的出现。诸葛亮主张"无恶不惩,无善不显"②,同样要求事实必须查清。西魏苏绰主张:"治狱之官,精心悉意,推究事源。先之以五听,参之以证验,妙睹情状,穷鉴隐伏,使奸无所容,罪人必得。然后随事加刑,轻重皆当。"③做到罪人必得,即做到了有罪者不能逃脱法网,无辜者不会受罚,也就意味着事实必须查清。南朝谢庄指出:"自今入重之囚,县考正毕。以事言郡,并送囚身,委二千石亲临核辩。必收声吞爨,然后就戮。若二千石不能决,乃度廷尉。神州统外,移之刺史。刺史有疑,亦归台狱。必令死者不怨,生者无恨。"④对重罪案件,欲要做到死者无怨,生者无恨,同样要求犯罪事实认定没有错误。唐代官员考核体系规定了四善二十七最的标准,其中关于司法者的要求是"推鞫得情,处断平允,为法官之最"⑤。"得情"即发现事实真相,也就是说,司法者必须能够发现案件真实,才能被称为优秀法官。南宋时郑克要求:"若罪状未定者,虑有冤诬,理当考核,岂可取快一时耶?君子于此宜尽心焉。"⑥郑克认为,尽心发现真实是司法者的道义责任。为了保证真实得以发现,古代中国形成了综合定案的传统。综合定案有两个方面要求:一是就认定事实的证据而言,司法者应在综合各种证据的基础上认定事实;二是证据及依证据认定的事实应当符合情理。

---

① 《墨子》卷三《尚同中》。
② 《三国志·蜀书》卷五《诸葛亮传》。
③ 《周书》卷二十三《苏绰传》。
④ 《宋书》卷八十五《谢庄传》。
⑤ 《新唐书》卷四十六《百官志》。
⑥ [宋]郑克:《折狱龟鉴》卷八,清嘉庆墨海金壶本,第124页。

1. 综合各种证据定案

古代中国的司法者很早就强调定案证据应具有综合性。①《尚书·吕刑》要求案件审理时应当"两造俱备""罔不中听狱之两辞",表明一方当事人的单独供述不能作为定案证据。② 此外,还要求定罪应"简孚有众",即认定被告有罪要求众人的证词应当一致。古代的司法实践亦非常重视综合定案。

《居延汉简》记载一起案件的审理过程如下。安定里霍不职等五人就□敞被刺伤一案作证,不职等辞曰:"敞实剑庭自刺伤,皆证,所置辞审"。本案中□敞所受剑伤究竟系自伤还是他伤是案件争议焦点,官府在听取了五名证人相同的证言后,作出了□敞所受剑伤为自伤的认定。③ 在没有被告人招认的情况下,若依证人证言认定被告有罪,则应达到众证一致的程度。

《唐律·断狱·八议请减老小》条规定:"诸应议、请、减、若年七十以上、十五以下及废疾者,并不合拷讯,皆据众证定罪。"④所谓"众证定罪",须三人以上明证其事,且证明犯罪成立的人数要多于否认犯罪成立人数。不仅依人证查明事实需要众证一致,依实物证据定罪同样应遵循综合定罪原则。

张家山汉简《奏谳书》记载一则案件的事实认定过程:一女婢被人刺伤,凶手未明,但凶器尚留在被害人后背。官府侦缉到嫌疑人,将刀

---

① 之所以强调综合定案,是因为古代司法者认识到证据易伪且较难识别,若仅凭单个证据定案,极易导致事实认定错误。
② 如果只有一方供述该如何?《尚书·吕刑》提出应当"明清于单辞",即应当努力查清单方供述的真伪,但并未提出如何才能保证单辞得以明清。因而从程序上讲,笔者还是认为单辞不能作为定案依据。
③ 谢桂华、李均明、朱国炤:《居延汉简释文合校》上,文物出版社1987年版,第4页。
④ [唐]长孙无忌等:《唐律疏议》卷二十九,宋刊本,第642页。

插入其所佩刀鞘中,恰好合适;而且刀环破损之处亦与刀鞘破损处相符。嫌疑人遂招认有罪。① 本案中的实物证据有刀与刀鞘,两者比对一致。痕迹证据则有两个实物的破损之处,同样比对一致。随着立法对综合定案原则愈加重视,定案证据在类型上亦越来越完备。

《大明律·处决叛军》条规定:"若有军人谋叛,守御官捕获到官,显迹证佐明白,鞫问招承。行移都指挥使司,委官审问无冤。随即依律处治。"②对叛军案件的有罪认定,立法强调证据与招认相结合方可定罪,其中证据还需要实物证据即显迹与言词证据即证佐都具备,可见立法对证据综合性的强调。后逐渐演化为普通案件亦强调证据、供词与招认三者相结合方可定罪。

清乾隆五年(1740)律《诬告》条例文规定:"承审官于听断时,如供证已确,纵有一、二人不到,非系紧要犯证,即据现在人犯成招,不得借端稽延。"③此一规定表明,供、证、印据都为定案所必须,虽未明文规定供证与印据必须一致,但倘若三者有不一致之处,自然不能认为供证已确。可见这一规定间接要求现有的主要证据必须一致才可认定犯罪成立。

乾隆九年(1744)奏准的《断罪不当》条例文规定:"凡州县审解案件,如供招已符,罪名或有未协,该上司不必将人犯发回,止用檄驳。"④"供招已符"从字面看,似乎仅指供证与招认相符,实际上还包括供证、招认与印据的相符。我们知道,审理案件无非就是查清事实与适用法

---

① 《张家山汉简奏谳书》,载杨一凡、徐立志主编:《历代判例判牍》第一册,中国社会科学出版社2005年版,第69—71页。
② [明]刘惟谦:《大明律》卷一,明洪武刊本,第54页。
③ [清]三泰:《大清律例》卷三十,四库全书本,第896页。
④ [清]吴芸撰,马建石、杨育棠主编:《大清律例通考校注》,中国政法大学出版社1992年版,第1118页。

律。例文所称罪名或有未协,表明法律适用还存在疑问。当上司复审案件时,发现原审法律适用虽有疑问,却不将人犯发回,意味着对原审事实认定已经认可。否则就应将人犯发回原审,要求补充相应的供词与证据。而原审事实认定之所以能够得到上司认可,就是因为已经达到供招一致的程度。

至此,中国古代法律已明白无误地宣示了有罪证据必须一致是认定犯罪事实成立的必要条件。

2. 认定事实应当符合情理

综合定案除了强调证据应当一致之外,还要求证据及依证据认定的事实应当符合情理。这一观念在古代中国很早即已形成。唐宋律中"赃状露验、理不可疑,虽不承引,即据状断之"的规定体现了无招认时认定有罪应达到证据充分明白、符合情理的要求。司法理论亦有如此主张。陆贽则提出了情与迹兼用的事实认定模式。他说:

> 夫听讼辨谗,贵于明恕。明者,在辨之以迹;恕者,在求之以情。迹可责而情可矜,圣王惧疑似之陷非辜,不之责也。情可责而迹可宥,圣王惧逆诈之滥无罪,不之责也。①

文中的"迹可责而情可矜",指的是从证据上看被告像是有罪,但从情理上看被告不像有罪。比如偶然经过犯罪现场并留下足迹的无辜者。"情可责而迹可宥"是指从情理上看被告可能有罪,但又无明显有罪证据,甚至有无罪证据。比如嫌疑人与被害人有仇,但却无犯罪证据或者有不在场的证据。单纯依据情或者迹认定嫌疑人有罪都可能出

---

① [唐]陆贽:《陆宣公文集》卷一,清同治五年福州正谊书局左氏书本,第29页。

错,故而认定有罪须情迹兼用。

南宋郑克则更重视情理对事实与证据的判断作用,他认为:"盖赃或非真,证或非实,唯以情理察之,然后不致枉滥。"①宋以后"据状断之"规定虽不复存在,但情理的作用依然受到重视。《元曲章》主张:"其告指不明,无证验可据者,先须以理推寻,不得辄加拷掠。"②《大明令》要求:"凡鞫问罪囚,必须依法详情推理,毋得非法苦楚。"③清代的司法者亦非常重视情理对事实发现的作用,从普通司法者到最高统治者都表达过审理案件应当重视情理的观点。王又槐认为:"供词须近情理,若非情理,再要推问开导,使之吐露真情。切不可装点情节,以致不成信谳。然间有主脑已得,而犯证执定觉,辗转支吾,情形不合者,则又当削正而开导之。必欲令犯人供证归于一律,始免驳诘。"④

实践中,司法者亦非常重视情理的作用。乾隆帝在批示湖北英山知县倪存谟所审案件的谕旨中称:"杜得正如果拉奸伊媳,必系无人之处,僧人广明何由在旁,此乃情理之显而易见不必悉心详究而始知情者。"⑤县审结论因不合情理而受到皇帝的批驳。

在强调证据及其认定的事实与情理相符时,情理的判断作用主要从证据与事实不合情理的角度来体现。这是因为有经验的司法者认识到这样一个常识:符合情理的主张未必为真,很多时候虚假事实同样符

---

① [宋]郑克:《折狱龟鉴》卷二,清嘉庆墨海金壶本,第19页。
② [元]佚名:《元典章》卷四十,元刻本,第748页。
③ [明]李善长:《大明令》,明镇江府丹徒县皇明制书本,第35页。
④ [清]王又槐:《刑钱必览》卷一,载杨一凡主编:《历代珍稀司法文献》第三册,社会科学文献出版社2012年版,第1217页。
⑤ 《皇朝通典》卷八十四,四库全书本,第2829页。该案情节如下:僧人广明与杜如意妻通奸,为杜如意父杜得正擒获。广明杀死杜得正,杜如意控县。广明诬称"杜如意撞遇杜得正与其妻有奸,持斧欲斫。广明见其手软,接斧连斫致毙",并引杜妻为证。倪存谟不识真伪,严刑杜如意致其诬服。

合情理。宋代一则案件中,司法者以行为人的行为符合情理而察情入罪就存在这样的问题:

> 姚仲孙龙学为许州司理参军时,民有被盗杀者。其妻言:"里胥常责贿于夫,不与而怨之,此必盗也。"乃捕系狱,将傅以死。而仲孙疑之,知州王嗣宗曰:"若保非盗耶?"然亦不敢遽决。后数日,果得真盗。①

本案中,知州以被害人之妻所言事实为依据,认为里胥杀民是符合情理的。但这一事实认定并不正确,如非参军姚仲孙反对如此认定,就可能酿成一起冤狱。可见,司法者原则上不能以犯罪行为符合情理就认定事实成立。但不合情理的事实基本可以认定为假,故而司法者可以基于被认定的犯罪事实不合情理质疑其真实性。明代一案的司法者就是如此发现并平反冤狱的:

> 单县有田作者,其妇饷之。食毕,死。翁故曰:"妇意也。"陈于官,不胜箠楚,遂诬服。自是天久不雨。许襄毅公时官山东,曰:"狱其有冤乎?"乃亲历其地,出狱囚编审之。至饷妇,乃曰:"夫妇相守,人之至愿;鸩毒杀人,计之至密者也。焉有自饷于田而鸩之者哉?"遂询其所馈饮食,所经道路。妇曰:"鱼汤米饭,度自荆林,无他异也。"公乃买鱼作饭,投荆花于中,试之狗彘,无不死者。妇冤遂白。②

---

① [宋]郑克:《折狱龟鉴》卷一,清嘉庆墨海金壶本,第6页。
② [明]冯梦龙:《智囊补》卷九,明积秀堂刻本,第323页。

本案中，司法者以被告人自饷于田鸠毒其夫的事实不合情理，否定了先前司法者对其作出的有罪认定，进而重新调查被害人死因，最终查明真相，为被告人成功洗冤。

不仅案件事实不合情理应当重新调查，有罪认定的证据若不合情理，同样应当予以调查。我们知道，尽管中国古代司法很重视情理对事实的判断作用，但这并非事实认定的主流模式。依证据（含口供）认定事实仍然是定罪的主要模式。不过在依证据认定事实的模式中，若证据不可信，则有罪事实亦自然不可信。由于证据本身也是一个事实，与案件事实并无质的差别，因此察情判断证据的模式与判断争议事实的模式也是一样的。清代名幕汪辉祖就曾通过察情来判断证据的真伪。

  余……馆平湖令刘君冰斋署……邑有回籍逃军曰盛大者以纠匪抢夺被获，讯为劫案正盗……且已起有蓝布棉被经事主认确矣。当晚属冰斋覆勘，余从堂后听之……顾供出犯口，熟滑如背书。然且首伙八人，无一语参差者，心窃之。次晚复属冰斋故为增减案情，隔别再讯。则或认，或不认，八人者各各歧异。至有号呼诉枉者……令库书典税书依事主所认布被颜色新旧借购二十余条。余私为记别，杂以事主原认之被属冰斋当堂给认，竟懵无辨识。于是提犯研鞠，佥不承认。细诘其故，盖盛大到官之初，自意逃军犯抢，更无生理，故讯及劫案，信口妄承。而其徒皆附和之。①

本案被告盛大及其徒属的口供是证明其犯罪事实成立的重要证

---

① ［清］汪辉祖：《续佐治药言·草供未可全信》，清乾隆五十四年双节堂刻本，第7页。

据。汪辉祖在听审过程中发现众人口供过于一致,认为这一现象违背常理,遂怀疑口供可能不实。尽管清代在司法制度上要求各种证据能够印证一致,但过于一致反而可疑。汪辉祖之所以认为众供过于一致不合常理,是基于对常人认识和记忆局限性的认知。对于共同参与的犯罪行为,即使众人都如实陈述,也很难完全一致。因为每个人作出陈述需要经过三个环节,即认知、记忆和描述,而这三个环节都与人的主观因素密不可分。尽管客观事实是相同的,但每个参与者的认知、记忆与描述能力各不相同,因此最后的陈述有差异乃是必然的结果。完全一致不是自然结果,只能是混供或串供所致。

强调证据及依证据认定的事实应当符合情理,极少有例外,很难见到司法者明知证据及事实不合情理还强行作出有罪认定的案例。司法实践中,违背情理的有罪认定是存在的,不过此种情形的出现有两种原因。第一种原因是有些有罪事实违背情理的程度较轻,因而导致有的司法者认为其违背情理而显得不可信,其他司法者则认为理有例外:行为人被指控的犯罪事实虽然表面上看不合情理,但因有确实证据证明,特别是得到被告人承认,故而司法者认为此种属于理有例外的情况,因而其犯罪事实可以认定。此时如果认定其犯罪成立的司法者有决定权,则不合理的犯罪事实亦可以认定。汉代一案中的事实认定就出现了这种情况:

> 东海有孝妇,少寡,亡子,养姑甚谨。姑欲嫁之,终不肯。姑谓邻人曰:"孝妇事我勤苦,哀其亡子守寡。我老,久累丁壮,奈何?"其后,姑自经死。姑女告吏:"妇杀我母。"吏捕孝妇。孝妇辞不杀姑,吏验治,孝妇自诬服。具狱上府,于公以为此妇养姑十余年,以孝闻,必不杀也。太守不听,于公争之,弗能得。乃抱其具狱,哭于

府上,因辞疾去。太守竟论杀孝妇。①

本案中,于公以孝妇养姑十余年为基础事实,认为其杀姑不合情理。但此种违背情理并非特别严重,因为杀人可能事起突发。太守不认为此事属严重违背情理之事,再加之孝妇在先前的县审时已经自认有罪,因此认为孝妇杀姑之事可以认定。由于太守有死罪认定与判决执行的决定权,因此最终酿成冤案。第二种原因是司法者虽然认识到了证据与事实不合情理,但因为出于故意制造冤狱的动机而强行认定,②因而不能视之为事实应当符合情理的例外。

(二) 慎重作出判决

与重视案件审理一样,中国古代司法理论也极为重视案件判决。《尚书·吕刑》要求司法者在作出判决时如没有明确的对应法条,应当做到"上下比罪,无僭乱辞,勿用不行,惟察惟法,其审克之"。唐代则对官员提出了应当处断平允的要求。③ 为了保证判决能够达到平允的要求,中国古代确立了多次审理、重罪众议及延缓判决原则。

1. 多次审理原则

这一原则既适用于已结案件,亦适用于未结案件;既适用于普通案件,亦适用于死罪案件。既有复审机关主动复审,亦有因原审机关请示

---

① 《汉书》卷七十一《于定国传》。
② 在岳飞被诬谋反案中,审理者认定岳飞在解除兵权之后指使张宪等人谋反。但从情理上看,岳飞在拥有一支战斗力很强的部队且谋反机会更好时没有谋反,反而在兵权被解除后才决定谋反,显然是不合情理的。事实上在西汉时期,有人告发周勃谋反,文帝下令审理。薄太后就批评文帝说,周勃当初掌握兵权时不谋反,怎么会在困居小县时却要谋反。文帝无法反驳,接受了薄太后的观点,周勃谋反事实没有被认定。岳飞案与周勃案极为相似,但宋高宗与秦桧下决心要酿成冤狱,故而明知事实认定不合情理,亦强以不充分的证据来认定岳飞的谋反罪成立。(见《宋史·岳飞传》与《史记·绛侯世家》)
③ [唐]李林甫:《唐六典》卷二,明刻本,第40页。

而复审;既有常规案件的复审,也有疑难案件的复审。

一是已结案依法再审。对于已经审结的案件,依法自动全部进入重审程序。已结案依法再审是再审机关的主动行为。早在先秦时期,就有已结案再审的制度性规定。《礼记·王制》要求"成狱辞,史以狱成告于正,正听之。正以狱成告于大司寇,大司寇听之棘木之下。大司寇以狱之成告于王,王命三公参听之"。已由"史"审结的案件,要报告给"正","正"审完发现没有问题,再将审结的案件报由大司寇,大司寇审完后再报给王,王命三公共同审理。这是古代中国多次审理制度的滥觞。秦代亦有已结案再审制度,如李斯被控谋反一案,在赵高审结上报后,秦二世即派人复讯。不过李斯一案是诏狱,普通已结案是否自动重审,依目前资料尚难判断。汉代是否有复审制度,虽无直接证据,但后人多认为存在这一做法。《史记·酷吏列传》载张汤审鼠一案有"传爰书"之语,张晏释称:"传,考证验也。爰书,自证不如此言,反受其罪,讯考三日复问之,知与前辞同不也。"韦昭则称:"爰,换也。古者重刑,嫌有爱恶,故移换狱书,使他官考实之,故曰'传爰书'也。"①张晏是三国时魏人,韦昭为吴人,两人去汉未远,对《史记》的解释可信度较高。二人都认为在案件初审结束后应进行复审,可见,汉代有已结案复审的做法是学界的共识。到北魏时,死刑案件在地方审结后,进入自动再审阶段。法律规定:"当死者,部案奏闻,以死不可复生,惧监官不能平,狱成皆呈,帝亲临问,无异辞怨言乃绝之。诸州国之大辟,皆先谳报乃施行。"②隋律规定:"诸州死罪,不得便决,悉移大理案复。事尽,然后上

---

① [汉]司马迁撰,[宋]裴骃集解,[唐]司马贞补:《史记》卷一百二十二,武英殿本,第2034页。

② 《魏书》卷一百一十一《刑罚志》。

省奏裁。"①将北魏时期的皇帝再审死刑改为大理寺再审,不过最终决定权仍由皇帝行使,死刑复核更加制度化。此后直至清代,死刑案件一直实行自动再审制度。就普通案件而言,五代始创录问制度,徒以上案件审结后,须由未参加审讯的官员再次提审案犯,核实案情。此亦属已结案自动再审。明代规定,对于徒流以上案件,由刑部审结后,须经大理寺复核。清代创制审转制度:除笞杖刑案件由州县审理完即可执行外,徒刑案件由州县初审拟判,依次经府、司、督抚逐级复核无异后才可执行;流及军遣案件则还须在此基础上加上刑部复核后方可执行。

二是已结案偶然再审。此类案件的再审亦由上级审判者主动实施,但就已结案而言,并无必然性。录囚即属此种情形。录囚又称虑囚,指各级官吏定期或不定期巡视监狱,对在押犯进行审录,以防止冤狱被执行的制度。先秦时就有司法官吏每年仲春之月省囹圄的记载。②西汉时州刺史定期行部所属郡国,省察治状。按规定,刺史的职能有六,即六条问事,其中第三条为"二千石不恤疑狱,风厉杀人;怒则任刑,喜则任赏;烦扰苛暴,剥戮黎元,为百姓所疾;山崩石裂,妖祥讹言"③。既然要监察郡守审理狱讼的问题,刺史必须有权审理郡守审理过的案件,可见录囚是刺史的重要职能。《汉书·何武传》载:"何武为刺史,行部录囚徒,有所举以属郡。"《后汉书·百官志》载:"诸州常以八月巡行所部郡国,录囚徒。"这表明刺史录囚制度在两汉时一直存在。此外,郡守对所属县审理的案件亦有录囚职能。《汉书·隽不疑传》称京兆尹隽

---

① 《隋书》卷二十五《刑法志》。
② 虽然按郑玄等人的解释,"省"意为减,即减少监狱的关押人员,并无审理的直接含义。但我们知道,司法者不可能随便将被关押之人放出,因此"省"的前提应为审,即审后发现罪轻或无罪者才可以释放。
③ 《汉书》卷十九上《百官公卿表上》颜师古注引《汉官典职仪》。

不疑"每行县录囚徒还,其母辄问不疑:'有所平反,活几何人?'"可见,郡守录囚是确实存在的。① 除监察官员及地方上级对下级所审案件的录囚外,东汉以降,皇帝亦会亲自录囚。《后汉书·寒朗传》载:"车驾(汉明帝)自幸洛阳狱录囚徒,理出千余人。"《晋书·武帝纪》载:"(泰始)四年……十二月……帝临听讼观,录廷尉洛阳狱囚,亲平决焉。"《旧唐书·高宗本纪》载:高宗乾封二年(667)正月,"避正殿,减膳,亲录囚徒"②。录囚对于皇帝而言属偶然行为,对当职官员而言固然有制度性要求,但具体到每一起案件无疑属偶然再审。宋元以后,因依法再审成为主流,录囚制度及其实践渐趋式微。除录囚以外,已结案偶然再审还表现为后任司法者对前任已审结未执行案件的再审。这一做法虽无制度依据,但实践中间或出现。前引《清稗类钞》所载的继任者张某再审前任已审结的东湖某妇逼死其姑冤狱就属于此种情形。③

三是当事人不服引起再审。普通案件的当事人若对审判不服,可提起上诉。秦简称"以乞鞫及为人乞鞫者,狱已断乃听,且未断犹听也?狱断乃听之"④。汉律亦规定:"狱结竟,呼囚鞫,语罪状,囚若称枉欲乞鞫者,许之也。"⑤即在原审结束才可以提起上诉,符合多次审理的精神。上诉再审做法后世历行不废,且渐次制度化,总的要求是逐级上诉。⑥

---

① 京兆尹相当于京师所在郡的郡守。
② 皇帝复审有时确实可以发现原审存在的问题。如前述《折狱龟鉴》所载的贞观中卫州版桥店主张逖被杀案中,魏州三卫杨正等三人拷讯苦痛而自诬,就因为"上疑之差御史蒋常覆推"。最终发现真凶为张逖之妻及其奸夫。
③ [清]徐珂编著:《清稗类钞·狱讼》,中华书局1984年版,第1108页。
④ 睡虎地秦墓竹简整理小组编:《睡虎地秦墓竹简》,文物出版社1978年版,第200页。
⑤ 《史记·夏侯婴传》索引案晋灼语。因晋灼为晋人,疑此处乃是以晋制释汉制。
⑥ 《唐六典》卷六《刑部郎中员外郎条》规定:凡有冤滞不申欲诉理者,先由本司、本贯,或路远而踬碍者,随近官司断决之。即不伏,当请给"不理状",至尚书省左右丞为申详之;又不伏,复给"不理状",经三司陈诉;又不伏者,上表。受表者又不达,听挝登闻鼓。若茕、独、老幼、不能自申者,乃立肺石之下。

但为防止官官相卫,亦在一定程度上允许向皇帝直诉。此外,当事人对事实认定不服,纵然未提起上诉,通常也会引起再审。汉律规定:"死罪及除名,罪证明白,考掠已至,而抵隐不服者,处当列上。"①案件已经罪证明白,只因嫌疑犯不服,就须上报,从而引起再审。宋时还设立了与录问制度并行的翻异别勘制度。对于录问过程中当事人翻供,则须另行组织审判机构审理。明清时法律特别倚重认罪口供,若无败诉方口供,一般不得认定有罪。通常视为案件未结,自然也不能进入审转程序。对于地方审结并有权执行的案件,当事人同样可以逐级上控到中央司法机关。

四是疑难案件的处理。疑难案件的再审主要由疑案请示所致。疑狱上请始于汉代。汉高帝七年(前200)诏称:"自今以来,县道官狱疑者,各谳所属二千石官,二千石官以其罪名当报之;所不能决者,皆移廷尉,廷尉亦当报之;廷尉所不能决,谨具为奏,傅所当比律令以闻。"这表明对于疑罪,皇帝以外的各级司法者都没有判决权。景帝中元五年(前145)诏称:"诸狱疑,虽文致于法而于人心不厌者,辄谳之。"后元元年(前143)又下诏称:"狱,重事也。人有愚智,官有上下,狱疑者谳,有令谳者,已报谳而后不当,谳者不为失。"②景帝年间的两份诏书依然不承认疑罪可以结案,且重申了疑罪上请的理由及鼓励性措施。唐宋时,法律承认疑罪可以结案。明时,疑罪的实体处理规定被取消,疑罪上请再次入法。成化十四年(1478)诏称:"如有招情未明,拟罪不当,称冤不肯服辩者,俱驳回再问……情真无词者复奏处决,如遇囚翻异称冤有词……果有可矜可疑或应合再与勘问,通行备由奏请定夺。"弘治七年

---

① 《陈书》卷三十三《儒林传》。
② 上述三份诏书的内容皆见于《汉书·刑法志》。

(1494)又"命三法司锦衣卫堂上官,凡捕获强盗绑赴御前引奏者,仍在午门前会问明白,追赃拟罪如律,备由具奏,奉有钦依,刑科覆奏,随即处决。中间果有情可矜疑者,明白上请定夺,或有冤枉亦与辩明"①。清初也存在上请制度。顺治八年(1651)诏称:"各察监犯……其有情罪可矜疑者,请旨定夺。"②疑难案件请示再审或请旨定夺,其意在减少此类案件判决的错误。

2. 众议制度及实践

通过众议审判大狱及疑狱是中国古代司法慎重判决的另一个表现。《周礼·司刺》要求作出最终判决前应当做到三刺,即一曰讯群臣,二曰讯群吏,三曰讯万民。前述《王制》所载大司寇以狱成报于王,王命三公参听之,应当与《周礼》所言"讯群臣"对应。当然,案件能够上达天听,必是大案。此外,《礼记·王制》要求:"疑狱,泛与众共之,众疑赦之。"可见疑罪的审理亦同样强调众议。汉代对大案审理有杂议制度,杂议亦称杂治、杂按或杂拷。至于杂议组织的成员构成,并无一定之规,而是由皇帝临时差派参加者组成。汉哀帝时审理东平王刘云狱,就是由廷尉、丞相长史、御史中丞及五二千石杂治。而后来审理丞相王嘉,则是令将军以下与五二千石杂治。③ 唐代规定,"凡国之大狱,三司详决"④。"凡决死刑,皆于中书门下详复。"⑤这表明,大案与死刑案件在唐代的审理都有众议制度。实践也表明,唐代的死罪众议制度得到了较好的遵守。

---

① [明]李东阳:《明会典》卷一百三十六,四库全书本,第2644页。
② 《皇朝通典》卷八十七,四库全书本,第2983页。
③ 《汉书》卷八十六《王嘉传》。
④ 《旧唐书》卷四十三《职官二》。
⑤ [唐]李林甫:《唐六典》卷六,明刻本,第98页。

（戴胄为大理少卿）长孙无忌被召，不解佩刀入东上阁，尚书右仆射封德彝论："监门校尉不觉，罪当死；无忌赎。"胄曰："校尉与无忌罪均。臣子于尊极不称误，法著：御汤剂、饮食、舟船，虽误皆死。陛下录无忌功，原之可也；若罚无忌，杀校尉，不可谓刑。"帝曰："法为天下公，朕安可阿亲戚。"诏覆议。德彝固执，帝将可，胄曰："不然，校尉缘无忌以致罪，法当轻。若皆误，不得独死。"由是与校尉皆免。①

本案中，校尉作为一名普通吏员被判死罪，先是由大理寺少卿与尚书右仆射议刑，因意见不一，皇帝遂诏令复议。可见，大案众议制度没有沦为具文。

宋元以后，众议制度更加完善。宋代为慎重司法，继承了五代时形成的差官录问制度。对于徒刑以上的案件，审结以后，必须由未参加过审讯的其他官员再审一次。② 但宋代没有简单继承这一制度，而是有所改变。五代录问是由上级委判官一人进行，而宋代录问则由"长史、通判、幕职官"共同参加。宋代的这一制度被称为"聚录"。录问由独录到聚录的变化，其意义在于普通案件的复核亦开始采用众议制度，可见宋代司法对于案件审判重视程度更强。宋人自己对此种集众录问制度亦予以特别关注，分析其存在的问题并提出改善之道。南宋孝宗乾道四年（1168），就有臣僚上奏称："民命莫重于大辟，方锻炼时，何可尽察。独在聚录之际，官吏聚于一堂，引囚而读，示之死生之分，决于顷刻。而

---

① 《新唐书》卷九十九《戴胄传》。
② 《周礼·秋官·小司寇》载："小司寇听万民之狱讼，附于刑，用情讯之。"意即小司寇对于已经审结的案件，在适用刑罚之前，再用情讯问一次。录问制度的历史渊源概在于此。

狱吏惮于平反,摘纸疾读,离绝其文,嘈囋其语,故为不可晓之音。造次而毕,呼囚书字,茫然引去,指日听刑。人命所干,轻忽若此。臣请于聚录时,委长吏点无干碍吏人,先附囚口占责状一通,覆视狱案。果无差殊,然后亦点无干碍吏人,依句宣读。务要详明,令囚通晓,庶几无辜者无憾,冤枉者获伸。"①明清时的朝审、九卿圆审,特别是清代号称秋谳大典的秋审,更是将众议制度的功能发挥到极致。这些制度的客观效果远非一言能尽,但它们至少在设计者的心目中是有利于对疑案与重案作出慎重判决的。

3. 延缓判决制度

中国古代亦很早就强调审理案件特别是复杂大案要详审缓断。《易·中孚·象》称:"泽上有风,中孚;君子以议狱缓死。"此要求对于死刑案件,司法者不要急于作出判决。《尚书·康诰》载:"要囚,服念五六日,至于旬时,丕蔽要囚。"《孔传》释称:"要囚,谓察其要辞以断狱。既得其辞,服膺思念五六日,至于十日,至于三月,乃大断之。言必反覆思念,重刑之至也。"②这表明对于重大案件,司法者在作出判决之前应反覆思量一定时间,以保证判决更慎重。《周礼·秋官·小司寇》要求:"听万民之狱讼,至于旬乃弊之。"郑玄释称:"过十日乃断之。"③之所以要求司法者应延缓作出判决,明人丘濬认为这是司法者担心嫌犯虽表面认罪但内心不服,是用法谨之又谨的表现。④ 强调缓断,是为了尽量少犯错误。先秦时的这一主张在后世亦为统治者认可。唐太宗曾批评死刑三复奏制度不够慎重,说:"决囚虽三覆奏,而顷刻之间,何暇思虑?

---

① [明]丘濬:《大学衍义补》卷一百零八,清文渊阁四库全书本,第1007页。
② [汉]孔安国传,[唐]陆德明音义:《尚书》卷八,相台岳氏家塾本,第108页。
③ [汉]郑玄:《周礼》卷三十五,明覆元岳氏刻本,第379页。
④ [明]丘濬:《大学衍义补》卷一百零六,清文渊阁四库全书本,第979页。

自今宜二日五覆奏……诸州死罪三覆奏。"①不仅对刑名重案应当延缓作出生效判决,对民事案件的审判,司法者同样强调应当详审缓断。清人袁守定主张审理词讼以"去弥释躁、从容详细"为本。作为态度从容的表现之一就是在案件审理陷入僵局时,司法者能够不急不躁,重新审理。袁守定认为,案件"不能得者,当缓之。令且散去,俟再推鞫,切勿遽断,遽断则误矣"。清人吕文清也说:"凡事怕待,待者详处之谓。盖详处之则思虑自出,必无不中也。"②可见,案件应当宽缓作出判决是优秀司法者的共识。

三、慎重案件的执行

生效判决作出后,案件就进入执行阶段,这是阻却冤狱最终酿成的最后一个环节。特别是死刑案件,一旦执行了错误判决,则再无纠正机会。慎刑司法在这一环节自应有所体现。古代的慎重执行判决有两个方面表现:一是客观方面,二是主观方面。

客观方面是指判决的延缓执行不是出于司法者主动的慎刑考虑,而是其他原因导致案件执行客观上具有慎刑效果。客观方面主要表现为秋冬行刑及相关的禁杀日、断屠月等行刑日期制度。这些制度的立法理由并不主要在于慎重案件执行以避免冤狱,而是受到天人合一观念及其他宗教观念影响。但被告人的死刑执行日期推迟,客观上为案件纠错提供了时机,事实上具有慎刑效果。前引西汉时夏侯胜与黄霸

---

① 《新唐书》卷五十六《刑法志》。
② [清]徐栋辑:《牧令书》卷十七,载《官箴书集成》第七册,黄山书社1997年影印本,第382页。

一案的执行过程即是如此。夏侯胜因主张汉武帝无功于百姓,不应立庙,从而得罪汉宣帝,依律被定为不道罪。不道罪为死罪,但因为秋季已过,故而不能行刑。尔后遇到大赦,得以免死。尽管最终决定夏侯胜生死的不是季节原因,而是皇帝的旨意,但倘若在行刑期内,皇帝受臣下蛊惑,在愤怒之下直接处死夏侯胜亦无不可。因此,秋冬行刑制度在客观上有助于本案的平反。此外,秋冬行刑制度在实践中还能给司法者留下施行仁政措施的机会。如《后汉书·吴祐传》载吴祐审理毌丘长杀人案时,认为毌丘长有可悯之处。又知其无子,遂通知其妻前来狱中,毌妻因而受孕。而司法者之所以能够给行为人这一机会,恰是因为毌丘长须在狱中等待冬尽行刑。①

慎重案件执行在主观上的表现是,案件执行制度中的一些措施有助于司法者发现案件判决及执行的错误。宋代大理寺丞石邦哲曾上疏称:

> 伏睹《绍兴令》,决大辟皆于市。先给酒食,听亲戚辞诀,示以犯状。不得窒塞口耳,蒙蔽面目,及喧呼奔逼。而有司不以举行,视为文具。无辜之民,至是强置之法。如近年抚州狱案已成,陈四闲合断放,陈四合依军法;又如泉州狱案已成,陈翁进合决配,陈进哥合决重杖。姓名略同而罪犯迥别。临决遣之日,乃误以陈四闲为陈四,以陈翁进为陈进哥,皆已配而事方发。倘使不窒塞蒙蔽其面目口耳,而举行给酒辞诀之令,是二人者,岂不能呼冤以警官吏

---

① 西汉时秋冬皆可行刑,但东汉行刑只限于秋季和初冬,冬季的第二、三个月因被认为阳气萌生,故而也不得行刑。不过本案的实践表明,地方官在不违背秋冬行刑的基本原则下,在具体的行刑日期选择上有很大的自主权。

之失哉！欲望申严法禁，否则以违制论。①

疏中所称在案件执行阶段给酒食及听亲戚辞诀的做法可谓慎刑之举，至少它可以预防行刑对象出现错误。实践中司法者违反法律规定，不仅不给酒食，反而窒塞口耳，蒙蔽面目，这易于导致行刑对象错误。如果司法者遵守法律规定，就有可能把握住最后的机会以纠正案件的错误执行。清末一案的司法执行即具此效果。光绪七年（1881）七月八日，河南巡抚涂宗瀛接上谕："准刑部咨复……奉旨，胡体安处斩。"涂宗瀛遂督按察使豫山、开封知府王兆兰及属员亲提监犯"胡体安"验明正身。但"胡体安"临刑前沿路大呼冤枉，称本人为"邓州王树汶，非胡体安。若辈许我不死，今乃戮我乎"②。按清代法律规定，凡处决人犯，"有临刑呼冤之犯，仍应奏明，重加详勘，果有覆盆之冤，必立为申雪"③。开封知府王兆兰上禀按察使豫山和巡抚涂宗瀛，将王树汶重新收监。最终查明胡体安买通王树汶顶罪并许以不死之事，从而避免了一起冤狱的酿成。

---

① ［清］沈家本：《历代刑法考》律令卷六，民国刻沈寄簃先生遗书本，第865页。
② ［清］郝玉麟修：《清稗类钞》外交类，商务印书馆印行本，第1502页。
③ ［清］托津等修：《钦定大清会典事例》卷八百四十三，清嘉庆二十五年武英殿刻本，第6850页。

第八章　敏速司法

淹滞是中国古代司法的一个顽疾，为克服这一顽疾，古人提出了敏速司法作为应对手段。敏速司法的具体含义是什么？如何才能做到敏速司法？怎样处理敏速司法与慎刑详谳及司法滥纵的关系？对上述问题的考察将有助于我们汲取中国古代司法的智慧，为当今的司法实践提供借鉴。

一、敏速司法的含义及价值

（一）敏速司法的含义

"敏速"一词在中国很早即已出现。《晋书·车胤传》载："（车胤）及长，风姿美劭，机悟敏速，甚有乡曲之誉。"北宋欧阳修的《归田录》卷一称："李庶几文思敏速。"可见，"速"的字义没有疑问。推究"敏"的含义，《说文》称："敏，疾也。"依此看来，"敏"与"速"属于同义反复，皆指做事快捷。但笔者认为，"敏速"的含义不应如此简单。上述文献中，"敏速"一词一是与机悟相连，一是与文思相连，可见"敏速"不单纯是做事或为文快捷，还应有为文出色之意。《归田录》还提到士子"以敏速相夸"①，更表明"敏速"与才华有关。因为单纯文章写得快并不值得相

---

① ［宋］欧阳修：《归田录》卷一，明稗海本，第22页。

夸,只有文章写得又快又好才可夸耀。事实上,文学史上的七步成诗,八叉成文,赞赏的不仅仅是速度,还有才华,且速度源于才华。由此可见,"敏速"是用来描述才华过人者为文做事又快又好的现象。

明代余懋学所撰《仁狱类编》一书将他视为仁狱的案件分类,"敏速"即是一类。他说:"凡事都因忙后错了,盖敏速者,当事之断也;详审者,先事之周也。此又可以相有而不可以相无者也。"①可见余懋学认为敏速主要指断狱,但从"敏速"一卷收集的案例来看,敏速不仅针对断狱,在很多时候也针对审案,且无论是审案还是断狱,都有迅速无误的特点。笔者使用"敏速司法"一词,意在纠正余懋学将敏速仅限于断狱之不足,而将审案亦包括进来。笔者认为,中国古代的敏速司法是指司法者凭借卓越的个人能力,快速无误地审断案件。

中国古代很早就已重视敏速司法。《易·旅》卦词载:"君子以明慎用刑,而不留狱。"断狱无误且不留狱即为敏速司法的另一种说法。《论语·颜渊》载孔子赞子路之言:"片言可以折狱者,其由也与?"赞赏子路用短短几句话就可以折狱,显示了孔子对敏速司法的肯定。《礼记·月令》则要求在"季秋之月,乃趣狱刑,毋留有罪",即对于有罪犯人应当及时执行判决,不得长期关押。虽然这一要求是考虑到秋冬杀气已至的影响,但要求迅速执行判决符合敏速司法的要求。人们不必担心这一做法会导致冤狱,因为其要求执行的是有罪之人,而非疑罪之人。《管子·五铺》提出善政的标准:"故善为政者,田畴垦而国邑实,朝廷闲而官府治,公法行而私曲止,仓廪食而囹圄空。"我们知道,与现代监狱不同的是,中国古代监狱主要关押未决犯或已判决待执行的犯人。判决已执行犯人一般都到特定场所服役,或被执行死刑或其他身体刑。古

---

① [明]余懋学:《仁狱类编》卷十七,明万历三十六年直方堂刻本,第434页。

人对囹圄空虚的追求通常有高低两个层次：高层次追求如前文教化司法所讨论的，官员通过施政教化，导致社会没有犯罪，因此监狱没有犯人；低层次追求是纵使有犯人，由于司法者能够迅速审决，故而很少有囚犯被关押在监狱之中。因此，古代中国对狱空的追求无疑包含了追求敏速司法的成分在内。

（二）司法为何要重视敏速

司法是解决纠纷的活动。解决纠纷既要发现真实，还要准确适用法律。司法事务非常复杂，而越是复杂的事务就越容易出错。想要不出错或少出错，司法者不仅要具备严谨、勤勉、耐心的工作作风，付出长时间艰辛的劳作，而且需要遵守复杂严密的司法程序。可以这样认为，正确司法本身与敏速存在天然的紧张关系。中国古代亦很早就强调，审理案件特别是复杂大案时要详审缓断。前引《尚书·康诰》称："要囚，服念五六日，至于旬时，丕蔽要囚。"就是要求大案的审理需要长时间的思虑，这样才能少犯错误。但为何中国古代社会又如此强调敏速司法呢？透过下面这则史料，我们也许可以看出端倪。《宋史·刑法二》载：

> 是时，州县残忍。拘锁者竟无限日，不支口食，淹滞囚系，死而后已。又以己私摧折手足，拘锁尉砦。亦有豪强赂吏，罗织平民而囚杀之。甚至户婚词讼，亦皆收禁。有饮食不充，饥饿而死者；有无力请求，吏卒凌虐而死者；有为两词赂遗，苦楚而死者。惧其发觉，先以病申，名曰"监医"，实则已死；名曰"病死"，实则杀之。

上述材料是对宋代监狱法制状况的描述。我们知道，宋代法制水平在中国古代还算是比较高的。纵使如此,狱政状况都相当糟糕,可以想见,其他时代的狱政不会明显好于宋代。明代吕坤的《实政录》记载了明代监狱的状况:

> 近日有司疏于治狱。有狱卒要索不遂凌虐致死者,有仇家买求狱卒设计致死者,有伙盗通同狱卒致死首犯以灭口者,有狱霸放债逼凶、满监尽其驱使、专利坑贫因而致死者,有无钱通贿断其供给、有病不报、待其垂死而递病呈或死后而补病呈者。①

由此可见,中国古代的狱政在大部分时期是比较恶劣的。狱政糟糕意味着未决犯人在监狱会受到极大的折磨,被折磨致死现象亦屡有发生。鉴于中国古代法律并无判决前关押日期可以在判决后刑罚中相抵的制度,因此,犯人在判决前关押及受到的折磨是典刑的法外处罚。如果被告人无罪,则属罚及无辜。对被告人受到法外处罚及无辜被罚,古代一些有见识的帝王也认为其缺乏正当性。后周太祖郭威曾言:"以罪当刑者,惟彼自召,法不可移;非理受苦者,为上不明,安得无虑。"②但在人权观念尚未形成的时代,立法者不可能提出根治这一问题的办法,实践中司法者就只能通过尽量减少关押当事人的数量和时间来减少对被关押者的法外伤害。而欲减少关押人数及时间,就需要司法过程在尽快短的时间内完成,此即敏速司法受到青睐的原因。

余懋学也解释了司法为何要敏速,他说:"夫见钝者迂于事,识迟者缓于几。迂故多不断之刑,缓故多积滞之狱。无论议刑之当否何如,即

---

① [明]吕坤:《实政录》,明万历二十六年赵文炳刻本,第376—377页。
② 《旧五代史》卷一百四十七《刑法志》。

此不断积滞之余,民冤苦者,盖什百矣……谚云:一升米了官司,夫官诚立断,一升焉足矣,何烦多米也。"①可见,敏速司法是为了减少涉讼者的冤苦,这也是古代司法官员的常识。清代亦有学者指出:

> 令之不善莫如雍滞狱词。每见小民之讼有数年不断者,民失其业而冤莫能伸,或家已倾而讼未了。夫公道自在人心,曲直不难立断。阅月逾时,徒使胥役需索耳。或谓狙诈之民,早为决断,彼必奔控上司,益繁案牍。迁延时日,彼忿争之意气自消。此直不通之论。断狱患己之不廉不明耳,断一事而无冤则无情之词自靖。彼又安能翻案哉?若以迁延时日阴为释忿之计,犹壅川蓄毒,奸民之利而良民之害也。故以决讼之迟速卜令之贤,十得八九。②

论者分析了司法拖延的危害,也讨论了部分官员拖延司法的动机并对其进行反驳,提出了应以敏速司法判断官员贤与不肖的观点,显示了论者对敏速司法的高度认同。

二、敏速司法的制度规范

(一)案件办理期限的规定

由于古人很早就认识到了敏速司法的重要性,因此在制度方面也很早就作出了相关规定。《周礼·秋官·士师》载:"凡士之治有期日。国中一旬,郊二旬,野三旬,都三月,邦国期。期内之治听,期外不听。"

---

① [明]余懋学:《仁狱类编》卷十七,明万历三十六年直方堂刻本,第434页。
② [清]余元遴撰:《席言》卷四《理讼》。江西省图书馆藏。

当然《周礼》针对的是案件受理期限。当事人在案件发生后的一定期限内应当起诉,超出期限则不予受理。不过既然人们已经认识到案件受理都应当有期限,那么,案件审理的期限要求也很快会提出。毕竟,案件受理期限是对当事人所提的要求,而案件审理期限则是针对司法者所提的要求。对于官员的要求理当高于对百姓的要求。事实上,先秦时期已有材料表明有人提出了司法官员应当迅速结案的要求。前引《礼记·月令》中的"毋留有罪",即是迅速结案的要求。不过司法者若未能做到这一点,又当如何?对此,《礼记》没有交代,但秦律提出了应对之道。《秦律十八种·司空》载:"所弗问而久繫(系)之,大啬夫、丞及官啬夫有罪。"①该记载表明,秦代不单有及时审结案件的要求,还规定了未及时审结案件的法律责任,比《礼记》中的要求更进一步。但是秦代的规定也有不足:一是官员不审理案件且长期关押犯人才有罪,如果官员审理了但未能查清事实导致长期关押犯人,就不能认定官员有罪;二是没有明确规定长久关押的标准是什么。

汉代立法有疑难案件处理的规定。高帝七年(前200)制诏御史:"狱之疑者,吏或不敢决,有罪者久而不论,无罪者久系不决。自今以来,县道官狱疑者,各谳所属二千石官。二千石官以其罪名当报;所不能决者,皆移廷尉。廷尉亦当报之。廷尉所不能决,谨具为奏,傅所当比律令以闻。"②这一诏书是针对疑狱的特殊规定,要旨在于疑狱不得久拖不决,具有敏速司法精神。从逻辑上看,疑狱尚且不得久系,普通案件的审断更应敏速。可见汉代也非常强调敏速司法。

唐代立法正式规定了审限制度。宪宗时规定:"刑部大理,决断罪

---

① 睡虎地秦墓竹简整理小组编:《睡虎地秦墓竹简》,文物出版社1978年版,第84页。
② 《汉书》卷二十三《刑法志》。

囚,过为淹迟,是长奸幸。自今已后,大理寺检断,不得过二十日。刑部覆下,不得过十日。如刑部覆有异同,寺司重加,不得过十五日。省司量覆,不得过七日。如有牒外州府节目及于京城内勘,本推即日以报,牒到后计日数。被勘司却报,不得过五日。仍令刑部具遣牒及报牒月日,牒报都省及分察使,各准敕文勾举纠访。"①宋代继承了唐以来的审限制度,规定:"凡大理寺决天下案牍,大事限二十五日,中事二十日,小事十日。审刑院详覆,大事十五日,中事十日,小事五日。"②单就时限长短而言,宋代比唐代更严格。但宋代司法非常强调发现真实,审判制度复杂而详备,录问、翻异别勘、鞫谳分司即为代表。物极必反,这也导致了宋代案件审理期限拉长,从而出现较为严重的淹滞现象。元朝虽未如唐宋规定明确审限,但亦强调不得拖延审理。《元史·刑法志》载:"府州司县应受理而不受理,虽受理而听断偏屈,或迁延不决者,随轻重而罪罚之。"将断案迁延作为一种罪行加以处罚。明代法律规定:"凡狱囚情犯已完,监察御史、提刑按察司审录无冤,别无追勘事理,应断决者,限三日内断决;应起发者,限一十日内起发。若限外不断决不起发者,当该官吏三日笞二十,每三日加一等,罪止杖六十。因而淹禁致死者,若囚该死罪,杖六十;流罪,杖八十;徒罪,杖一百;杖罪以下,杖六十、徒一年。"③与唐宋法律不同的是,明清法律开始规定案件审结以后的处理期限问题。这一规定更加理性,因为单纯强调案件的审理期限,在案情比较复杂的情况下,司法者有可能忙中出错,产生冤狱。而在案件审结后,拖延处理已无实际意义,因此强调迅速执行更有利于减少淹滞,又不会增加事实认定错误的风险。

---

① 《旧唐书》卷五十《刑法志》。
② 《宋史》卷一百九十九《刑法一》。
③ [明]李东阳:《明会典》卷一百四十一,四库全书本,第2709页。

除了为司法行为设定期限外,有时统治者还会鼓励官员敏速司法,对于能及时处理案件者给予奖赏。五代时周世宗曾对侍臣说:"天下所奏狱讼,多追引证,甚致淹延有及百余日而未决者。其中有徒党反告者、劫主陈诉者及妄遭牵引者,虑狱吏作幸迟留,致生人休废活业。朕每念此,弥切疚怀。此后宜条贯所在藩郡,令选明干僚吏,当其诉讼。如狱不滞留,人无枉挠,明具闻奏,量与甄奖。"①周世宗对于能够办案迅速又无错误的司法者予以奖赏,意在为其他司法者树立榜样,劝导司法者尽可能敏速司法。

(二) 案件审理方式的选择

在案件审理方式的选择上,古代法律确立了一套有利于敏速司法的制度。中国古代审判重视直觉,以察言观色为方式的五听尤受重视。《周礼》载五听之法:"一曰辞听;二曰色听;三曰气听;四曰耳听;五曰目听。"郑玄注称,辞听是"观其出言,不直则烦";色听是"察其颜色,不直则赧";气听是"观其气息,不直则喘";耳听是"观其聆听,不直则惑";目听是"观其眸子视,不直则眊然"。② 南北朝时,五听入律,并成为发现真实方式的首选。北魏《狱官令》规定:"诸察狱,先备五听之理,尽求情之意;又验诸证信,事多疑似,犹不首实者,然后加以拷掠。"③这一内容为唐宋法律继承。五听居首的地位亦得到司法者的认同。西魏苏绰要求:"治狱之官……先之以五听,参之以证验,妙睹情状,穷鉴隐伏。"④五听对敏速司法的意义在于其成本很小,便于实施。五听若运用得当,进可以迅速发现案件真实,退亦可以为案件确定侦查方向。而在

---

① 《旧五代史》卷一百四十七《刑法志》。
② [汉]郑玄:《周礼》卷三十五,明覆元岳氏刻本,第380页。
③ 《魏书》卷一百一十一《刑罚志》。
④ 《周书》卷二十三《苏绰传》。

通过五听确定嫌疑犯后,若疑犯不认罪,则可通过刑讯来迫使其认罪。总的来看,中国古代法律规定的审理方式中,以五听始,续之以证验,再以刑讯终。而且就验诸证信而言,很重要的一个方面即是审讯证人,而审讯证人亦可以通过五听与刑讯方式来实施。可见五听与刑讯在中国古代审判制度中占有相当重要的地位,而这两种审判方式都可以快速完成。五听与刑讯在司法者心目中是有利于敏速司法之举。

除了重视五听与刑讯等审讯方式外,中国古代司法还强调案件审理应重视关键证据,而对次要证据则可以舍弃。《五代会要·刑法杂录》载后唐天成元年(926)诏令:"每捉到正贼,但见赃验,便行正断,不得更追关联祗证人宿食去处。"①不再追关联证人可以缩短案件审理时间,从而实现敏速司法。宋律要求:"诸县推鞫强盗而赃已满,或别有轻罪,各不碍检断者,先次结解,余赃从后追。"②之所以允许余赃从后追,是因为在赃已满的情况下,余赃对于案件的实体处理已无影响,此时若继续关押犯人不予断案,则会影响当事人及证人等多人生计,乃无益有害之举。先结案后再追余赃并不影响赃物的追回,符合敏速司法精神。元代司法强调控制出庭证人的数量。《元典章》载:"今后诸人告状,受理官司,披详审问。所告之事有理而实,先将被告人勾唤到官,取问对证。若已承服,不须别勾证佐。若是被告人不服,必须证佐指说。然后将紧关干连人,指名勾摄。"③对于原告起诉,若被告承认指控,则不须另勾证佐,其目的在于提高司法效率。类似规定在清代亦存在。康熙年间,朝廷采纳御史陆祚蕃建议,规定:"凡解土贼,就近会同该道,略节成

---

① [宋]王溥:《五代会要》卷十,清乾隆武英殿聚珍版丛书本,第183页。
② 马泓波点校:《宋会要辑稿·刑法上》,河南大学出版社2011年版,第378页。
③ [元]佚名:《元典章》卷五十三,元刻本,第969页。当然元代的这一做法并不常见。当事人认罪便不勾证佐,倘若认罪者系被他人买通顶罪,则审判就起不到发现真实的作用。这一做法过于强调效率而忽略了司法发现真实这一主要目标。

招。其无章京处所,该州县亦必由该道略节报部。果系无干扳诬者。即与放释,不必解部。"①土贼就地审理及审明无涉者不必解部,显然有敏速司法的考虑。前引清乾隆五年(1740)律《诬告》条例文中对于"供证已确,印据见在"的案件,若非系紧要犯证不到场,亦可定案的规定,同样有提高司法效率的考虑。

三、敏速司法的实践及特征

(一)快速司法

敏速司法的首要特征是快速司法,这是敏速司法的应有之义。古代司法实践中快速审理案件的记载较为常见。其中既有个案快速司法的记载,亦有众案快速司法的记录。我们先看个案快速司法的记载:

> (滕元发)知开封府。民王颖有金为邻妇所隐,阅数尹不获直。颖愤而致伛,扶杖诉于庭。元发一问得实,反其金。②

> (王恽)为平阳路总管府判官。初,绛之太平县民有陈氏者杀其兄,行赂缓狱。蔓引逮系者三百余人,至五年不决。朝廷委恽鞫之,一讯即得其实,乃尽出所逮系者。③

---

① [清]陆祚蕃著:《请复差恤刑之官疏》,载[清]贺长龄编:《皇朝经世文编》卷六十,清道光刻本,第4657页。
② 《宋史》卷三百三十二《滕元发传》。
③ 《元史》卷一百六十七《王恽传》。

（明胡世宁）为南刑部主事时。西宁侯家讼,更九司十三道,讼者老且贫矣,公一阅得其情,即日决断。①

上述三起案件在经历最后的快速处理之前,都经历了迁延日久的审理。史书未交代为何最后审理的司法者能够快速结案,但从已有信息可以看出,司法者并未重新收集证据,而是只靠讯问原当事人及证人或查看原卷宗即能够发现真实。依此看来,案件之所以久审不决,与前数任司法者的审案能力或者态度是有关系的。从上述记载我们可以看出,快速司法若要实现,贵在有异于普通官员的司法者。

众案的快速司法在史书上的记载更多,也更早。众案快速司法的记载有两个特点：一是案件数量众多,基本上以百千计；二是断案速度快,不管积案多到何种程度或者迁延人数有多少,案件处理都会在很短时间内完成。试举数例：

陈矫,东汉时迁魏郡太守。时系囚千数,至有历年……悉自览罪状,一时论决。

宋王襄知开封府……讼者株蔓千余人,缧系满狱。襄昼夜决遣,四旬俱尽。

（元成遵）迁中书右司郎中。时刑部狱按久而不决者积数百。遵与其僚分阅之,共议其轻重,各当其罪,未几,无遗事。

---

① ［明］余懋学：《仁狱类编》卷十七,明万历三十六年直方堂刻本,第444页。

（明张淳）授永康知县……日夜阅案牍。讼者数千人,剖决如流。①

上述众案的快速司法中,提到的积案从案件数量上有"数百",从涉案人员数量上有"千数""千余""数千",而审断案件的时间有"一时""四旬""未几""如流"。这些文字表述虽有抽象意味,但确实可见记述者认为案件审理是达到敏速效果的。更重要的是,如此快速处理案件却未有断狱有疑的记载,有的还明确记载各当其罪。可见,这些被视为敏速司法榜样的案件审理不仅符合快的要求,还符合准的要求,与笔者理解的敏速司法应当具有快而准的要求是一致的。

（二）智慧司法

敏速司法的前提是敏,建立在机敏基础上的快审速判才会少犯错误。验诸古代敏速司法的案例,大都能见到司法者智慧的作用。司法者的智慧有多种表现。首先,司法者善用五听判断事实。前引《三国志》记载的高柔审理焦子文杀害窦礼案,能够充分体现司法者善用五听所体现出来的智慧。该案审理过程中,司法者先察受讯者焦子文的面色,见其色动,遂怀疑受讯者可能作谎。直接诘问,被告应对不次,司法者据此发现真实。可见该案司法者先是运用了色听,复用辞听,最终发现真实。需要说明的是,该案的司法者并不是简单地适用五听,而是在适用五听之前做了充分准备。司法者先时面对被害人窦礼之妻盈的垂泣应对,已初步判断盈所述窦礼不会逃亡之事为真。这其实也属于五听听狱,只不过史料没有明言。在此基础上,司法者寻问被害人是否与

---

① 上述事例中前两则见《仁狱类编·敏速》,第435、436页,后两则分别见《元史》与《明史》本传。

他人有怨仇和钱财之交。之所以如此问,是因为司法者相信被害人既然不逃跑,基本可以认定其被他人所害。而杀人无非三个原因,即财杀、情杀、仇杀。营士被情杀的可能性极低,故而司法者主要关注财杀与仇杀。既与他人无仇,便只有财杀一种可能。询问结果是被害人曾出钱与嫌疑人。因此,司法者在询问嫌疑人之前,对事实已然心中有数,知道嫌疑人会在面对何种提问时内心可能受到触动,故而在作出提问时仔细观察嫌疑人表情,才能见其色动。由此可见,司法者适用五听断狱且欲达效果,并非简单察言观色即可。该案司法者适用五听时准备充分,思路清晰,逻辑严密,充分展现了司法者的过人智慧。

其次,司法者凭借经验也能快速发现真实,其效果不亚于五听。《折狱龟鉴》载一案例可见经验的作用:

> 唐怀州河内县董行成,善察盗。有人从河阳长店盗一驴并囊袋,天欲晓,至怀州。行成市中见之,叱曰:"彼贼住!"盗下驴即承伏。少顷,驴主寻踪至。或问何以知之?曰:"此驴行急而汗,非长行也;见人即引驴远过,怯也。是故知其为盗也。"①

本案中,董行成之所以能够迅速判断盗者身份,依靠的完全是其丰富的司法经验,不仅不用刑讯,连公堂讯问及证据收集与审查程序也都略去。宋代也有司法者凭借丰富办案经验发现真实进而为无辜者洗冤的案件。《折狱龟鉴》载:

> (程琳)知开封府。会禁中大火,延两宫。宦者治狱,得缝人火

---

① [宋]郑克:《折狱龟鉴》卷七,清嘉庆墨海金壶本,第109页。

斗,已诬服。而下府,命公具案狱。公立辨其非。禁中不得入,乃命工图火所经。而后官人多而居隘,其炷灶近版壁,岁久,燥而焚。曰:"此岂一日火哉!"乃建言:"此殆天灾也,不宜以罪人。"上为缓其狱,卒无死者。①

本案前经宦者治狱,已凭火斗使缝人诬服。但程琳图火所经,最终发现火灾并非人为。其中图火所经的做法为先前宦者审理时未用,而程琳具有丰富的办案经验,运用之妙,让真实立现。此类发现真实之法之所以能载入史册,理由除了它能发现真实之外,更重要的是能很快发现真实,且发现真实的方式是凭借经验而非刑讯,避免了刑讯方式可能导致的事实认定错误。可见,能够快速发现真实符合敏速司法的精神。

最后,司法者凭借谲术进行审理,同样具有快速发现真实的效果。《折狱龟鉴》载:

前汉时,临淮有一人,持匹缣到市卖之。道遇雨,披覆。后一人至,求共庇荫。雨霁当别,因相争斗,各云我缣,诣府自言。太守薛宣核实良久,莫肯首服。宣曰:"缣直数百钱,何足纷纭,自致县官。"呼骑吏中断缣,人各与半,使追听之。后人曰:"太守之恩。"缣主乃称冤不已。宣知其状,诘之服罪。②

本案中,司法者断缣各半乃是诈术,使当事人误以为案件已经审结,从而放松警惕,于无意中透露真相。司法者暗中派人追听,从而发

---

① [宋]郑克:《折狱龟鉴》卷二,清嘉庆墨海金壶本,第24页。
② [宋]郑克:《折狱龟鉴》卷六,清嘉庆墨海金壶本,第93页。

现真实。本案若按正常程序审理，司法者应当调取双方证人前来作证。但诚如司法者所言，本案诉讼标的仅值数百钱，若追证到堂，在古时交通不便的状况下，证人作证的成本都会高于缗的价值，故而司法者如此选择是理性的。这也体现了司法者在权衡诉讼价值时应当考虑的要素：诉讼标的价值越低的，就越应重视诉讼效率；而诉讼标的越高的，则越应重视真实发现。

（三）宽仁司法

敏速司法本身具有减少淹滞的效果，因此在客观上符合仁政要求。不过本书在此讨论的不是其客观上的宽仁结果，而是司法者主观具有的宽仁之念及其对敏速司法的影响。受宽仁之念影响的结果不仅表现为司法的敏速，还表现为对当事人处理的从宽。宽仁司法在众案与个案的办理过程中均有体现。我们先看众案中的宽仁司法对敏速司法的影响：

> 郎茂，周时除卫国令。时有系囚二百，茂亲自究审数日，释免者百馀人。历年辞讼，不诣州省。①

> （唐狄仁杰）稍迁大理丞，岁中断久狱万七千人，时称平恕。②

上述两则事例中，史料虽未明言有从轻或从无之类的宽仁处理，但前案中郎茂数日审囚二百，释免者过半。若说被释者全部已被查清无罪，恐亦不易。应当有很大一部分案件是有罪证据不足，司法者按疑罪从轻或从无原则将其释放。而前任司法者纠结于事实不清，长期关押

---

① ［明］余懋学：《仁狱类编》卷十七，明万历三十六年直方堂刻本，第435页。
② 《新唐书》卷一百一十五《狄仁杰传》。

囚犯候审，故使案件迁延日久。由此可见，宽仁司法在客观上有助于实现敏速司法。后一事例中狄仁杰一年断狱一万七千人，也是相当迅速。如果要求每起案件的事实都能查清，同样不易。况且史料明载时人对狄仁杰断案的评价为"平恕"，说明狄仁杰在办案中秉持了宽仁之念，而能够快速断案与其平恕的心态有很大关系。

就个案而言，宽仁对敏速的影响主要表现为司法者面对两可事实时遵循了有利被告原则，从而可以不追究嫌疑人的责任。前引《后汉书》所载郭躬奉诏议中常侍孙章误传诏书之罪，面对无证据证明当事人实施行为时的心理态度是故意还是过失时，选择认定为过失，并援引了这一原则的儒家经典依据，既说服了汉明帝，也快速断决了案件。这一做法对于被告孙章显然是有利的，同当代刑事司法主张的有利于被告原则有异曲同工之妙。

敏速司法的理想状态是实现快速司法时还能保证案件事实认定无误，法律适用正确，但这一理想状态并不容易实现。此时司法者的选择就很重要。面对疑难案件长期关押候审者显有淹滞之弊，严刑逼供则不仅残害当事人，更可能造成冤狱。此时司法者以宽仁为原则，疑罪从轻，虽然也可能造成事实认定错误，放过有罪者，但宽仁导致的事实认定错误是重罪办成轻罪、有罪办成无罪的错误，而刑讯导致的错误则更可能是轻罪办成重罪或无罪办成有罪的错误。相比较而言，前者的结果是放纵犯人，受到伤害的是被害人；而后者的结果是伤害无辜，不仅无辜者受害，被害人同样因真凶不获而致冤不得伸。故而宽仁致误的危害性小于刑讯致误的危害性。因此宽仁的敏速司法在价值上高于刑讯方式的敏速司法。事实上，通过宽仁处理行为人来实现敏速司法，不仅是司法实践的选择，有时也是立法上的要求。后周郭威就曾诏令："朕思缧绁之人，以罪当刑者，惟彼自召，法不可移。非理受苦者，为上不明，安得无虑。钦恤之道，夙宵靡宁。应诸道州府见系罪人，宜令官吏疾速推鞫，据轻断遣，不得淹滞。"①可见敏速司法与宽仁司法能够兼容在一定程度上已为统治者认可。

（四）察情司法

司法者欲要快速司法且又能取得良好效果，除了做到智慧与宽仁司法外，还应当对人情伦理非常了解，这样所断案件才能合乎天理人情，从而易为当事人遵行。《折狱龟鉴》所载一则案件的审理可见司法者对人情伦理的运用之妙：

> 后汉钟离意，为会稽北部督邮。有乌程男子孙常，与弟并分居，各得田四十顷，并死。岁饥，常稍以米粟给并妻子，辄追计直作券，没取其田。并儿长大，讼常。掾史皆言："并儿遭饿，赖常升合，长大成人，而更争讼，非顺逊也。"意独议曰："常身为伯父，当抚孤弱，而稍以升合，券取其田，怀挟奸诈，贪利忘义。请夺其田，畀并妻子。"众议为允。②

本案中，掾史所言乃是据寻常伦理断案，即尊既养卑，卑不得讼尊。但钟离意认为尊长抚育卑幼本是其应尽义务，尊者不该以此为由贪取卑幼之财。钟离意的认识比掾史的认识更符合世俗人情，因此依据这一认识所作出的判决更能获得人们的认可。还有的司法者能够准确把握当事人的诉讼心理，从而作出精妙判决，迅速解决纠纷。《宋史·张齐贤传》载一案件的审理思路如下：

---

① 《旧五代史》卷一百四十七《刑法志》。
② ［宋］郑克：《折狱龟鉴》卷八，清嘉庆墨海金壶本，第124页。

（张齐贤为同中书门下平章事）时戚里有分财不均者，更相讼，又入宫自诉。齐贤曰："是非台府所能决，臣请自治。"上俞之。齐贤坐相府，召讼者问曰："汝非以彼所分财多，汝所分少乎？"曰："然。"命具款。乃召两吏，令甲家入乙舍，乙家入甲舍，货财无得动，分书则交易之。明日奏闻，上大悦曰："朕固知非君莫能定者。"

本案若按常规审理，司法者须一一验对各家之产，若真如此将费时费力，且最终认定的事实亦未必能使双方满意。司法者发现，既然双方互讼，表明他们都认为自己分到的财产较少，对方分得多，于是出奇制胜，让争者互换宅舍及舍中财产，双方皆无话可说。本案之所以能够迅速解决纠纷，就在于司法者敏锐地发现双方互讼对方多分财产这一主张，从而作出相应的判决。熟知人情伦理不仅使案件的判决更加合理，亦可以使案件的事实认定更接近真实。《折狱龟鉴》载汉代何武所审案件就体现了司法者对证据证明意义的独特理解：

沛县有富家翁，赀二千万。一男才数岁，失母，别无亲属；一女不贤。翁病困，思念恐其争财，儿必不全。遂呼族人为遗书，悉以财属女。但余一剑，云儿十五付之。后亦不与。儿诣郡诉，太守何武因录女及婿，省其手书。顾谓掾史曰："女既强梁，婿复贪鄙。畏贼害其儿，又计小儿正得此财不能全获，故且付女与婿，实寄之耳。夫剑，所以决断。限年十五，力足以自居。度此女婿不还其剑，当闻州县。或能明证，得以伸理。此凡庸何思虑深远如是哉！"悉夺其财与儿。曰："弊女恶婿温饱十年，亦已幸矣。"闻者叹服。①

---

① ［宋］郑克：《折狱龟鉴》卷八，清嘉庆墨海金壶本，第123页。

本案的事实认定单纯从证据来看,是有利于富翁之婿的。按证据而断,儿只能得到一把剑。但司法者熟悉人情伦理,断定证据反映的内容并非已逝者的真实想法。舍遗书依情理而断,反而更符合当初立遗嘱人的真实想法。此外,司法者熟悉人情伦理,也更容易走入当事人的内心世界,从而易于教化当事人承认自己的犯罪事实。下面案例的审理体现了司法者准确把握当事人心理对案件审理结果的影响:

> 陶节夫为广州录事参军。杨元寇暴山谷间,捕系狱。屡越以逸,且不承为盗,既累年。后付节夫,诘以数语,元既吐服。将适市,与诸囚诀曰:"陶公长者,虽死可无恨。"①

本案中,司法者诘以数语,犯人即供认不讳。审理过程看似简单,事实上应当是司法者所言内容深为当事人内心信服,故而能使当事人认罪伏法。而司法者只有熟悉人情伦理,其所言内容才能获得当事人的共鸣。本书第六章论及的教化司法案例中,司法者能够教化成功,亦都与官员熟悉人情伦理相关。

(五) 勤政司法

勤政司法即司法者在案件审理中勤于事务。中国古代一直有强调官员应当勤政的传统。早在商代,商王盘庚就要求官员"无戏怠,各恭尔事,齐乃位"②。周公则主张"君子所,其无逸"③。《诗经》也要求官吏"夙夜匪懈,虔共尔位"④。秦律则要求官员对百姓应当"审知民能,

---

① [明]余懋学:《仁狱类编》卷十七,明万历三十六年直方堂刻本,第438页。
② 《尚书·盘庚》。
③ 《尚书·无逸》。
④ 《诗经·大雅·韩奕》。

善度民力,劳以率之"①,并将"偷惰疾事"者视为恶吏。② 西晋泰始四年(268),晋武帝司马炎颁布五条诏书于郡国,提出为官应当达到的要求。具体内容为:"一曰正身,二曰勤百姓,三曰抚孤寡,四曰敦本息末,五曰去人事。"③勤百姓排到了第二位。唐代的官员考核标准规定:"凡考课之法,有四善:一曰德义有闻,二曰清慎明著,三曰公平可称,四曰恪勤匪懈。"④其中"恪勤匪懈"即是对官员应当勤政的要求。宋真宗时定州县三课法,"公勤廉干惠及民者为上,干事而无廉誉、清白而无治身者为次,畏懦贪猥为下"⑤。勤的要求排到了仅次于公的地位。明清时期官吏考核的标准是四格八法,格以"守才年政"为标准,虽无明确的勤的要求,但四格中"政"的考核以政绩结果论,如果官员不勤,也很难取得好的治理政绩。在实践中朝廷还是非常重视官员的勤政表现的,雍正就曾赞李卫为"国之伟器",并亲书"公勤廉干"匾额颁赐于他。由此可见,勤政在明清时期同样是官员的基本要求。

司法活动比普通的行政活动需要投入更多的精力,因而对司法者特别是欲实现敏速司法的官员有着更高的勤政要求。从材料记载来看,司法者的勤政首先表现为亲自审理案件,不假手于人。如陈矫审理案件时"自览罪状",郎茂则是"亲自究审数日",不辞劳苦;滕元发一问得实,王恽也是一讯即得其实;胡世宁一阅得其情。元代成遵虽与僚属分阅卷宗,但议罪时却是共议,未尽托于人。其次是连续审理案件。司法者亲自审理案件是非常辛苦之事,普通司法者一般很难亲自连续审

---

① [清]孙楷撰,杨善群校补:《秦会要》,上海古籍出版社2004年版,第276页。
② 夏利亚:《睡虎地秦简文字集释》,上海交通大学出版社2019年版,第77页。
③ 《晋书》卷三《武帝纪》。
④ 《新唐书》卷四十六《百官一》。
⑤ 《宋史》卷一百六十《选举六》。

理案件。但上述司法者大多能够做到不畏劳苦，连续审理，从而达到不留狱的效果。如王襄审理案件时"昼夜决遣"，张淳则是"日夜阅案牍"。事实上，面对大量的疑难案件，司法者欲快速司法且不因快而出错，不勤政是不可能实现目的的。

四、敏速司法存在的问题及应对

（一）敏速司法存在的问题

前文指出，司法的性质要求其应当详慎。详慎一般表现为更加复杂的司法程序及更长的案件审理时间，而敏速司法要求司法者快速办理案件或者省略某些程序。在办案时间缩短的同时势必会影响案件办理的质量，对此古代的司法者已经有所认识。北魏时，有大臣对折狱"经年不断"的现象提出批评，献文帝说："狱滞虽非治体，不犹愈乎仓卒而滥也。夫人幽苦则思善，故囹圄与福堂同居。朕欲其改悔，而加以轻恕耳。"由是囚系虽淹滞，而刑罚多得其所。① 献文帝之所以宁可容忍狱滞也要反对办案仓卒，就是因为认识到仓促司法可能带来的刑滥，可见敏速司法有增加错案风险的不足。特别是当司法者不顾案件具体情形，片面追求快速时，审断产生错误几乎难以避免，这一风险古人早有论及。宋真宗年间卫尉卿慎从吉言：

> 准淳化三年敕，诸州所奏狱空，须是司理院州司倚郭县俱无系囚。又准后敕，诸路自今狱空更不降诏奖谕，奏至，委刑部以逐处

---

① 《魏书》卷一百一十一《刑罚志》。

旬奏禁状点勘不谬，即具以闻。伏见提点刑狱司所奏狱空，本司比对多不应旧敕，外州妄觊奖饰，沽市虚名。近者邠沧二州勘鞫大辟囚，枉诖数人，裁一夕即行斩决。伏见前代京师决狱尚五覆奏，盖欲谨重大辟，岂宜一日之内便决死刑。朝廷比务审详，恐有冤滥，非有求于急速。其间州府不体朝廷，邀为己功，但务狱空，必无所益。欲望依准前诏，不行奖谕。其诸州府军监以公事多少分为三等：第一等公事多处五日，其次十日，其次二十日，并须州司理院、倚郭县全无禁囚及责保寄店之类，方为狱空。委提点刑狱司据等第数目，勘验诣实，书为印历。①

慎从吉所言表达了对追求敏速司法可能导致冤滥的担忧。实践表明，这种担忧并非杞人忧天。下引案件足见片面追求敏速司法之弊：

> 宣、歙间有强盗，夜杀一行旅，弃尸道上，携其首去。将晓，一人继至，而践其血，亟走避之。寻被追捕系狱，半年不决。有司切欲得首结案，乃严督里胥，遍行搜索。会一丐者病卧窑中，即斩以应命。囚亦久厌考掠，遂伏诛。后半年，强盗别败于仪真。狱成，验所斩首，乃瘗于歙县界。彼里胥之滥杀，与平民之枉死，皆缘有司急于得首以结案也。然则追责赃证，可不审谨乎？②

前文所述，敏速司法的关键在于得人，即司法者既要有办案智慧，还要勤于事务。敏速司法虽表现为速，但关键在于敏。如果司法者面

---

① [宋]李焘：《续资治通鉴长编》卷七十二，四库全书本，第1955页。
② [宋]郑克：《折狱龟鉴》卷二，清嘉庆墨海金壶本，第18页。

对积案，一味求速，而不在敏字上下功夫，则属于片面追求敏速司法。本案中，司法者因案件半年不决，故而急欲结案，但其既未亲自详审案件，又无出奇制胜之术，只是一味将压力传递。里胥迫于压力，斩无辜以应命。可见，冤狱的产生与片面追求敏速司法有直接关系。

（二）敏速司法与慎刑详谳的平衡

慎刑详谳是应对敏速司法不足的最佳方案，但强调慎刑详谳又可能会导致淹滞现象，而敏速司法正是应对淹滞的主要手段。因此，慎刑详谳与敏速司法二者不可偏废。古代司法理论也希望两者能够兼顾，前引《周易》所载"君子以明慎用刑，不留狱"正是此种心态的体现。但由于敏速与详慎内在的冲突性，因此，简单要求两者兼顾并无实际意义，重要的是要让司法者知道何时应该更强调慎刑详谳，何时应该更重视敏速司法。对此问题，中国古代虽无成熟系统的理论探讨，但从司法制度与实践中，我们还是可以看出古代立法者与司法者具有普遍性的选择，这主要表现在以下三个方面。

1. 大案重详慎而小案重敏速

司法实践中，司法者审理大案时更重详慎，审理小案时更重敏速。之所以会出现这样的选择，在于司法者对司法成本的考虑。追求详慎可能带来淹滞，追求敏速可能导致审断错误。大案若审断错误，对社会的伤害较小案要大得多，因此为了避免较大伤害，宁可选择因详慎导致的淹滞。小案审断错误危害较小，长期审理导致淹滞的危害性都可能大过事实认定错误给当事人带来的伤害，如对一个可能判处杖五十之刑的嫌疑犯，为详慎用刑而将其关押达数年之久，对嫌疑人的伤害肯定大于其被冤枉的伤害。大案重详慎而小案重敏速，在立法中亦有体现。前文所引的古代审限制度中，大案的审限都比小案要长。此外大案的审判程序也更复杂,如死刑复奏制度、审转制度等,其目的都在于避免案件事实认定错误。而对于小案,事实真相重要性较低,淹滞负面效果凸显,强调敏速可以使当事人免除淹滞之苦。《礼记·月令》载:"(孟夏之月)断薄刑,决小罪,出轻系。"中国古代本就有秋冬决狱的传统,普通罪人之断刑须待孟秋之月。小罪犯人之所以不让其等至秋冬,原因在于夏季炎热,淹禁之苦更甚于他时。此时决断可免狱滞之苦,哪怕一定程度上放弃慎刑亦在所不惜。实践中类似做法亦不罕见。前引宋开宝二年(969),宋太祖以暑气方盛,下手诏要求"轻系即时决遣,毋淹滞"①,明确要求轻罪即时决遣,可知司法者对敏速的重视超过慎刑。实践中有的司法者甚至忽略事实真相,凭借朴素的推理径行对争议事实作出认定。前引南宋时官员胡石壁在未得实据的情况下,以"事出有因"为由判定吏全某有奸行,并从轻处罚。司法者之所以如此判断,是因为他认为不值得花费精力去查清事实。倘若是命盗重案,则不可以如此处理。

2. 初审重详慎而积案重敏速

中国古代司法理论具有一个重要观点,即"狱贵初情"。这一观点由宋代宋若谷首先提出,时人刘安世记载如下:

> 每有系狱者,一行若干人,即时分牢异处,亲往遍问。私置一簿子,随所通语,毕记之。列各人姓名其后,行间相去可三寸许。以初问讯所得语,列疏姓名左方。其后结正,无能出初语者。②

---

① 《宋史》卷一百九十九《刑法一》。
② [宋]马永卿编,[明]王崇庆解:《元城语录解·行录附》,上海古籍出版社2003年四库全书版,第863册,第398页。

立法上也很早就重视在案件发生之初详慎审理案件。唐律对现场勘查要求"长官以下,并亲自检勘,若不即勘检者,杖六十"①。对审讯则应"先察其情,审其辞理,反覆案状,参验是非"。司法者主张在案件初发时,无论是对物证还是对人证都应当详慎审理。这一做法的意义在于可以把握住案发之初当事人未做充分准备的时机,尽可能多地收集真实资料,以免关键证据被当事人毁灭,从而失去发现真实的良机。

至于案件审理拖延日久,成了积案,该收集的证据也已基本收集完毕,很难有新的证据材料出现。此时对案件审理就不应过于强调详细收集证据,而是要发挥司法者依据现有证据发现真实的能力,这一能力正是敏速司法所必须的。我们看到,史料所载的敏速案件中,大都不是发生在案发之初,而是在历经数审之后。后来的司法者发现真实也都不是凭借新的证据材料,而是对当事人或原有证人"一讯得实"或对旧材料"一阅得情"。由此可见,对于积案,司法者的机敏更有发挥空间。

3. 审理重详慎而判决重敏速

敏速司法的价值在于减轻淹滞。淹滞又称淹禁,主要表现为涉讼人员被长期关押并受苦。先秦时期,案件审理阶段很少关押当事人。②被关押的主要是被认定有罪但尚未执行之人。前引《礼记·月令》要求"季秋之月,乃趣狱刑,毋留有罪",即是要求对已被判有罪之人快速执行。可见这一时期的敏速司法主要针对已判决而未执行的人员。但战国秦汉以后,随着法家主张当道,司法过程中开始关押未决之人。在当事人及证人被关押后,司法者如不能快速审理,则属于淹禁。秦律将"久系弗问"视为司法之弊,说明此时的敏速司法追求已经扩展到判决

---

① [唐]长孙无忌等:《唐律疏议》卷二十九,宋刊本,第647页。
② 《周礼》称"古者取囚要辞,皆对坐",表明当事人在审判过程中身体自由不受限制。

前的事实审理阶段。此后,敏速司法一直既针对事实审理,又针对判决与执行。但事实审理强调敏速会导致案件审理错误,特别是宋代以后,事实审理程序愈发详备,此时强调敏速虽更有必要,但也会加剧敏速与详慎的矛盾。因此到了明代以后,法律开始将敏速的重心转移至判决与执行阶段。前引明代法律规定的针对"狱囚情犯已完、审录无冤、别无追勘事理"等案件办理期限的情形,即案件事实认定已无问题,此时强调敏速主要针对判决和执行。而余懋学则明确地将详慎与事实审理、敏速与案件判决对接起来。尽管他的观点与其引用的案例并不相符,但与当时的法律精神显然是一致的。

第九章　司法守正

　　司法守正，是指司法者在司法时坚持公正原则，对案件进行审理与判决。司法守正有两种表现：一是当法律对于案件的审理与判决有明确的规定，且当事人的行为与该规定能够直接对应时，司法者在案件审判过程中严格依照法律规定的程序审理案件，并依法对当事人作出判决，即是守正；二是当法律规定与当事人的行为无法一一对应时，司法者或探究法意，或原情司法，最终使得判决更加合理。就前者而言，中国古代法律对于案件审判的程序虽然不如现代法律那样强调程序正义，但基本要求还是有的，如案件受理的要求、刑讯适用的条件、刑罚执行的规则等。至于实体上依法判决的要求，则在大部分时代的法律中都有明文规定。如唐律要求："诸断罪，皆须具引律令格式正文。违者，笞三十。若数事共条，止引所犯罪者，听。"①《清会典》要求："如法以决罚，据供以定案，凡出入增减，则别其故者失者论之。"②但中国古代社会从来就不是一个严格的法治社会。权大于法、有法不依的现象也在很长的时期内广泛存在，司法官员违法司法亦屡有发生，其中法外加刑就是重要表现之一。对于部分司法者的法外加刑之举，如相关司法者能够予以抵制，坚持依法司法，则该行为就具有仁政司法的价值。就后者而言，在法律适用存在争议的

---

① ［唐］长孙无忌等：《唐律疏议》卷三十，宋刊本，第653页。
② ［清］允祹：《钦定大清会典》卷五十五，四库全书本，第1059页。

情况下,司法者能够在不违反法律明确规定的前提下,作出更加合理的并且对当事人较为有利的判决,这既可以保护当事人的正当利益,也符合仁政司法的要求。①

一、坚持依法处理案件

(一) 抵制压力依法处理

1. 实体上依法处理

中国古代是一个权大于法的社会,特别是最高统治者拥有不受限制的权力,对于案件处理经常任性而不任法。而人在率性而为时往往更容易作出残忍之举而不是宽厚之举,因此最高统治者在作出任性决定时大多会违法加重对被告人的处罚。此时负责具体审判的官员若能够抵制最高统治者的任性而为,坚持依法办事,则在客观上符合对被告的仁政司法要求。汉代犯跸案的审理即具此特征:

(张)释之为廷尉。顷之,上行出中渭桥,有一人从桥下走出,乘舆马惊。于是使骑捕,属之廷尉。释之治问。曰:"县人来,闻跸,匿桥下。久之,以为行已过,即出,见乘舆车骑,即走耳。"廷尉奏当,一人犯跸,当罚金。文帝怒曰:"此人亲惊吾马,吾马赖柔和。令他马,固不败伤我乎? 而廷尉乃当之罚金!"释之曰:"法者,天子所与天下公共也。今法如此而更重之,是法不信于民也。且方其时,上使立诛之则已。今既下廷尉,廷尉,天下之平也,一倾而天下

---

① 在没有具体被害人的案件中,司法者的此种选择更有价值。

用法皆为轻重,民安所措其手足? 唯陛下察之。"良久,上曰:"廷尉当是也。"①

本案中,嫌疑人的行为依法当判罚金,但文帝要求重判,虽未明言当判何种刑罚,但从张释之所言"上使立诛之则已",可见皇帝是希望判其死刑的。本当罚金,却欲处死,属典型的法外加刑。后张释之坚持依法判决罚金,使被告免于一死。虽是依法判决,但对于被告而言,此举在客观上具有宽厚效果。

本案是最高统治者干预司法,欲使轻罪重判。还有的案件是司法者欲使无罪判有罪。隋文帝开皇年间赵绰迁大理少卿。刑部侍郎辛亶尝衣绯裈,俗云利官。上以为厌蛊,将斩之。绰曰:"据法不当死,臣不敢奉诏。"②本案中,辛亶曾穿红裤子,赵绰认为其据法不当死。辛亶的行为是否构成其他轻罪呢? 笔者认为不是。如果当时的法律规定这一做法构成更轻之罪,而皇帝认为其犯了死罪,赵绰就应声明其应得之罪,而不是仅仅声称其据法不当死。因为在另外一起案件中,当皇帝欲将轻罪者处死时,赵绰就坚称其只当受杖刑。③ 而本案中没有言及被告应受之刑,故而可知被告本来无罪。无罪却欲处死,可见当时隋文帝滥刑之甚。本案中,赵绰没有坚持辛亶无罪,而只是坚持其不当死,也是因为他深知隋文帝并非一个性格温和善于纳谏的皇帝,因此在坚持依法处理方面做了一定的妥协,其目的在于先保住辛亶的性命。事实上,隋文帝后来不仅免了辛亶死罪,也没有给予其他处罚。④

---

① 《史记》卷一百零二《张释之传》。
② 《隋书》卷六十二《赵绰传》。
③ 《隋书》卷六十二载:"时上禁行恶钱,有二人在市以恶钱易好者,武候执以闻,上悉令斩之。绰进谏曰:'此人坐当杖,杀之非法。'"
④ 《资治通鉴》记载,辛亶后改任太常寺少卿。

除了最高统治者会违法干预司法外,上级司法官员对下级司法者的判决亦可能不予认可。此时如下级官员认为自己依法判决没有错误,亦会坚持依法司法。

> 蒲谨密郎中为万州南浦令,尝摄幕官。时廷尉驳州狱失出死罪。谨密以为:"法者,天下共守。今罪于法不当死,不争则不可。"州将曰:"可与廷尉争耶?"谨密愈执不夺。及诏下他司议,而卒得不入死,州将始愧服。①

本案中,州审认为被告不应死罪,廷尉(宋代指大理寺)认为州里的断法为失出,即被告应当判处死罪。但蒲谨密认为廷尉的观点于法不合,坚持依法处理。由于廷尉是州的上司,因此,蒲谨密的主张不可能直接生效。后来皇帝下诏令其他法司讨论,最终支持了蒲谨密的观点。

2. 程序上依法处理

中国古代司法向来有重实体、轻程序的传统,特别是对案件事实的判定先入为主的官员更容易忽略诉讼程序,而要求直接通过逮捕拷讯的方式进行审问,获得其心目中预想的结果。当最高统治者介入案件审理时,尤其如此:

> 魏高柔为廷尉。时猎法甚峻,宜阳典农刘龟窃于禁内射兔,其功曹张京诣校事言之。帝匿京名,收龟付狱。柔表请告者名,帝大怒曰:"刘龟当死,乃敢猎吾禁地。送龟廷尉,便当考掠,何复请告者主名,吾岂妄收龟耶?"柔曰:"廷尉,天下之平也。安得以至尊喜

---

① [宋]郑克:《折狱龟鉴》卷四,清嘉庆墨海金壶本,第59页。

怒而毁法乎?"重复为奏,辞指深切。帝意寤,乃下京名。即还讯,各当其罪。①

因为当时法律有"诬告,反考告人"的规定,而要确定原告是否诬告,让原告与被告对质是必要的审讯手段。不仅如此,两造俱备的审理模式一直受传统司法重视。魏明帝不允许司法官审问原告,只要求拷问被告,显然不符合法定程序,也不利于案件真相的查明,极易酿成冤狱,可以视为治狱不仁的表现。高柔坚持依法定程序审理案件,最终查明事实,作出合理判决,没有让被告陷入自证其罪的境地,对被告而言可谓施仁之举。

3. 抵制压力依法办案的效果

司法者抵制压力依法办案的前提是有人欲法外加刑,而其中的最大可能就是最高统治者,因为只有最高统治者才具有不受法律约束的权力。也正是因为最高统治者的权力无限,当司法者面对最高统治者要求法外加刑的主张时,如果坚持依法办事,不仅难度较大,而且还具有一定的风险。此种风险小到丢官罢职,大到失去生命。张释之遇到汉文帝这样的仁厚之君,抗争的风险相对较小。如遇到严残之君,则风险较大。还是以前引赵绰抵制隋文帝欲杀辛亶一案为例。赵绰进谏后,"上怒甚,命左仆射高颎将绰杀之。至朝堂,解衣当斩。上使人谓绰曰:'竟如何?'对曰:'执法一心,不敢惜死。'上拂衣入,良久乃释之"②。本案中,赵绰因坚持护法而命悬一线,可见抵制最高统治者的法外施暴风险之大。当然,赵绰还算比较幸运,其他人未必都能逃过法外之诛。

---

① [宋]郑克:《折狱龟鉴》卷四,清嘉庆墨海金壶本,第50页。
② 《隋书》卷六十二《赵绰传》。

隋文帝晚年用法益峻,御史于元日不劾武官衣剑之不齐者,帝曰:"尔为御史,纵舍自由。"命杀之。谏议大夫毛思祖谏,又杀之。① 如果说于元日被杀固然是皇帝滥用刑罚的结果,但自身亦有过错;那么毛思祖被杀则完全由于其维护法律的劝谏行为。可见抵制皇帝法外加刑的风险之高。对于抵制压力依法办案的风险,抵制者并非没有感觉到,还以汉文帝时一案为例。

> 有人盗高庙坐前玉环,捕得,文帝怒,下廷尉治。释之案律盗宗庙服御物者为奏,奏当弃市。上大怒曰:"人之无道,乃盗先帝庙器,吾属廷尉者,欲致族之,而君以法奏之,非吾所以共承宗庙意也。"释之免冠顿首谢曰:"法如是足也。且罪等,然以逆顺为差。今盗宗庙器而族之,有如万分之一。假令愚民取长陵一抔土,陛下何以加其法乎?"久之,文帝与太后言之,乃许廷尉当。②

本案被告盗玉环依法应弃市,立法上已经是刑过于罪。皇帝犹嫌不足,欲加刑灭其族。廷尉依法判决,本无过错,却要向皇帝"免冠顿首谢罪",可见其对依法判决风险有清醒的认识。唯其如此,对最高统治者法外加刑做法的抵制才更显可贵。司法者对不法的抵制表面上看是为了维护法律的权威,实质上还有他们内心对仁政司法信念的坚守。正因为如此,守正者才有勇气对皇帝的任性提出异议。若无对仁政信念的执着,司法者不可能作出如此冒险的选择。所谓"仁者必有勇"③,

---

① [宋]司马光撰,[元]胡三省音注:《资治通鉴》卷一百七十八,鄱阳胡氏仿元刊本,第3392页。
② 《史记》卷一百零二《张释之传》。汉文帝乃史上有名的有道之君,其两次的任性司法都有强烈的重刑色彩。可见笔者前文所言的任性司法多惨酷之言不虚。
③ 《论语·宪问》。

正是此种情形的体现。

但我们对官员抵制皇帝任性要求而坚持依法办案的现实不可赋予过多美好的想象,有两个因素限制了此种做法的效果。一是抵制最高统治者的法外加刑相当不易,其最终成功与否并不取决于法律规定,而取决于皇帝的自我克制。在皇权无限制的背景下,此种抵制其实并无制度依据。诚如张释之所言"据法不当死,臣不敢奉诏",他不能直接指明最高统治者的行为违法,而只能强调自己有职责依法办事,甚至还承认自己的抵制行为有罪。这样的抵制对最高统治者不要说没有法律上的约束力,甚至连道德上的约束力亦不足。二是由于抵制风险太大,因此真正敢于拼死抵制的司法者终究是少数,这一现象不可能成为限制最高统治者滥用刑罚的主要手段。

除抵制最高统治者外,司法者有时还要抵制上司的不合法决定。这一做法的风险相对较小,但也并非可以忽略不计。前文已述,中国古代的案件办理中有宁重勿轻的传统。[①] 如上司的做法符合这一传统,而下级欲依法办事,他就可能面临宽纵被告的指控,从而丢官罢职,甚至陷己入罪。由此看来,抵制上司的不当意见,坚持依法判决的案例出现的比例也不会很高。

(二) 议罪时强调依法办案

依法处理案件的第二种情形是官员奉命讨论案件,对于已经作出的不合法判决,主张依法判决。南朝宋时一案即是如此。

---

① 古代办案中宁重勿轻的表现在史书中随处可见,此不多述。需要说明的是这一传统的形成原因,即司法者认为将案件重办,可显示其无包庇被告之嫌,而从轻办理则会面临此种指控。

刘毅镇姑孰,版为行参军。毅尝出行,而鄢陵县史陈满射鸟,箭误中直帅,虽不伤人,处法弃市。(何)承天议曰:"狱贵情断,疑则从轻。昔惊汉文帝乘舆马者,张释之劾以犯跸,罪止罚金。何者?明其无心于惊马也。故不以乘舆之重,加以异制。今满意在射鸟,非有心于中人。按律:'过误伤人,三岁刑。'况不伤乎,微罚可也。"①

本案先前拟判的弃市刑显然过重,于法不合。何承天援引律文过误伤人当处轻罪的规定,指出行为人的过误行为没有造成伤害,理当处以更轻刑罚,而不是加重处以死刑。虽不是直接援引法条,但这一援引适用在逻辑上是没有问题的。后世唐律中的"举重以明轻"与此相符。司法者议罪时主张依法办事,因其议罪行为是奉命行事,通常不会与更高级别官员官点相左,因此风险较小。

(三) 独立审判时依法办案

实践中亦有不少官员在独立审判时能够依法办案,对当事人作出相对宽厚的处罚。此处的独立办案有两种情形:一是司法者是案件初审的承办人;二是司法者复审下级呈报的已结案件。在这两种情况下,司法者作出判决不用担心受到别人的干预,因此可以视为自主办案。在第一种情况下司法者受到的干预较少,但也不是完全没有阻碍。由于古代刑事案件的办理实行告劾制,首先告发的人可能会有诬告行为,此种做法自然构成了司法者依法办案的阻碍。此时司法者没有轻信告者的主张,而是努力发现真实,这就可视为依法办案。北宋时一案的审

---

① 《宋书》卷六十四《何承天传》。此处称"县史",而《折狱龟鉴》称"县吏",后者误。

理即是如此。

> 司马宣驾部为华州司理参军时，有骁骑卒十余，犯罪谋亡去。监押捕获，遂诬以共图不轨，欲置之死，以希功赏。宣据实鞫之，皆止杖罪。①

本案中，监押作为原告，为图奖赏而将被告之罪诬轻为重。审理者司马宣依职权审理案件，没有简单地轻信诬告之词，滥用刑讯以迫使被告认罪，而是据实鞫之，从而发现真相，如实定为杖罪。于被告而言，此亦属宽仁之举。

第二种情况遇到的阻碍更大。因为事先已经存在一个重刑判决，复审者却欲查明事实然后予以改判。虽说其有权如此行事，但若平反不实，同样有一定的风险。如司法者不虑及个人风险，而是依法查明事实作出判决，为被告申理冤枉，则同样符合仁政司法精神。《旧唐书·崔仁师传》载：

> 时青州有逆谋事发。州县追捕反党，俘囚满狱。诏仁师按覆其事。仁师至州，悉去枷械，仍与饮食汤沐以宽慰之。唯坐其魁首十余人，余皆原免。及奏报，诏使将往决之。大理少卿孙伏伽谓仁师曰："此狱徒侣极众，而足下雪免者多，人皆好生，谁肯让死？今既临命，恐未甘心，深为足下忧也。"仁师曰："尝闻理狱之体，必务仁恕。故称杀人刖足，亦皆有礼。岂有求身之安，知枉不为申理？若以一介暗短，但易得十囚之命，亦所愿也。"伏伽惭而退。及敕使

---

① ［宋］郑克：《折狱龟鉴》卷三，清嘉庆墨海金壶本，第46页。

至青州更讯,诸囚咸曰:"崔公仁恕,事无枉滥,请伏罪。"皆无异辞。

本案没有涉及具体法条,但司法者所断案件获得了被告人给予的"事无枉滥"评价,可见其断狱的过程与结果应当是符合法律要求的。明代亦有一则案件在复核中,复核官员指出了原审中法律适用的错误,从而避免了将被告轻罪重判的结果:

> 有孙銮者,案称以柳棍殴人,越二十三日死,当伏诛。公(尹直)曰:"律言,以他物伤保辜止二十日,今越限且三日,何可坐。"俱得免。①

本案中,复审者强调应严格依照法律规定,对有利于被告的事实与法条皆应适用,从而合法地减轻被告之责。

二、强调原法意司法与原情司法

司法守正的第二个表现是原法意司法与原情司法。由于中国古代大部分时期都强调立法应当简约,结果导致过于简单的法律往往未能将法律的立法动机描述清楚,而只是规定了罪状(有的只有罪名)及处理结果。由于罪状本身的规定也相当简单,因此当实践中出现的犯罪事实在表面上符合罪状,而依法处理又显得过重时,有责任感的司法者就会探究立法原意或考察案件的具体细节来作出更合理的判决,此即

---

① [明]焦竑辑:《国朝献征录》卷十四,明万历四十四年徐象橒曼山馆刻本,第881页。

原法意或原情司法。原法意与原情是同一个问题的两面,侧重点不同,但两者在同一案件中缺一不可。

（一）原法意司法

法意是立法者在制定某一条文时预想达到的目的,这一目的对于司法者如何选择适用的法条有重要的指导作用。实践中,司法者探究法意以作出判决往往能够使当事人获得一定程度的宽待。《汉书》记载的一则议罪案件的议论内容中就出现了依法意的说法:

> 廷尉直（失其姓）以为:"……《春秋》之义,原心定罪。原况以父见谤发忿怒,无它大恶。加诋欺,辑小过,成大辟,陷死刑,违明诏,恐非法意,不可施行。圣王不以怒增刑。明当以贼伤人不直,况与谋者皆爵减完为城旦。"上以问公卿议臣。丞相孔光、大司空师丹以中丞议是,自将军以下至博士、议郎皆是廷尉。况竟减罪一等,徙敦煌。①

本案基本案情如下:薛况因认为申咸毁谤其父薛宣不供养行丧服,指使杨明伤害申咸。御史中丞众（失其姓）等人认为薛况应处死刑,廷尉直以为重判有违法意,而他所认为的法意就是行为人主观动机恶性不大,因此不当重判。这一观点获得了大部分人的认可,最终亦为皇帝采信,可见当时依法意断案有一定的社会基础。汉代的依法意断案在一定程度上受到春秋决狱的影响。后世的依法意断案则会表现探究立法本意的做法,这也更符合依法意司法的应有之义。

---

① 《汉书》卷八十三《薛宣传》。

桂阳人黄钦生,父没已久。诈服衰麻,言迎父丧。府曹先依律诈取父母卒,弃市。(殷)仲堪乃曰:"律诈取父母,宁依殴詈法弃市,原此之旨,当以二亲生存而横言死没,情事悖逆,忍所不当,故同于殴(同殴)詈之科,正以大辟之刑。今钦生……诈服丧,以此为大妄尔。比之于父存言亡,相殊远矣。"遂活之。①

本案的法条内容是诈办父母丧事者当处弃市。条文过于简单,没有说明这一条文的立法依据是什么。司法者认为依该条应予重惩的并非诈办父母丧事这一行为本身,而是父母俱在却称父母已死这样的悖逆行为。但案中当事人父已久没,故而诈称亲丧并不悖逆,因此不符合立法从严惩罚的情形,免其死罪更合法意。此类案件还有很多。东晋还有一案也属于此种情况:

义熙五年,吴兴武康县民王延祖为劫,父睦以告官。新制,凡劫身斩刑,家人弃市。睦既自告,于法有疑。时叔度为尚书,议曰:"设法止奸,本于情理,非谓一人为劫,阖门应刑。所以罪及同产,欲开其相告,以出为恶之身。睦父子之至,容可悉共逃亡。而割其天属,还相缚送。螫毒在手,解腕求全,于情可愍,理亦宜宥。使凶人不容于家,逃刑无所,乃大绝根源也。睦既纠送,则余人无应复告,并全之。"②

本案中,何叔度在议罪时解释连坐刑的立法动机,认为其目的并非

---

① 《晋书》卷八十四《殷仲堪传》。
② 《宋书》卷六十六《何尚之传》。

在于将犯者家属全部处刑,而是通过这一条文迫使连坐范围内的人互相监督,在某一人犯罪时其他人能够告发,从而使官府更容易查明并惩治犯罪。在这样的立法动机下,当事人犯死罪,其父告发,就已经达到了立法追求的目标,自不应再对其他亲属连坐处罚。唐代亦有司法者在审理中通过解释立法含义来作出判决的案例。

> 推事使顾仲琰奏称,韩纯孝(《新唐书》称韩纪孝)受逆贼徐敬业伪官,同反,其身先死,家口合缘坐。奉勅,依曹断,家口籍没。有功议,按贼盗律,谋反者处斩,在为身存。身亡即无斩法。缘坐元因处斩,无斩岂合相缘。缘者是缘罪人,因者为因他犯,犯非己犯。例是因缘,所缘之人先亡,所因之罪合减。合减止于徒坐,徒坐频会鸿恩。今日却断没官,未知据何条例。若情状难舍,敕遣戮尸。除非此途,理绝言象。伏惟逆人独孤敬同、柳明肃之辈身先殒没,不许推寻。未敢比附敕文,但欲见其成例。勘当尚犹不许,家口宁容没官。申覆,依有功所议断放。此后援例皆免没官者,三数百家。①

本案与前两案不同,前两案所原法意是立法者当初就考虑到的,司法者只是将其予以说明。本案司法者没有探究立法动机,而只是就文字进行细究,可谓法律解释中的文义解释。据其探究文字所得出的含义可能并非立法者的原意,更大的可能是立法者根本就没有想到这一点。按前面研究,连坐刑的立法动机在于鼓励告发,因此正犯是否在事实上受到刑罚制裁并不重要,只要其亲属没有履行监督与告发责任就

---

① [唐]杜佑:《通典》卷一百六十九,北宋本,第3704—3705页。

应连坐。本案中,徐有功的论述有轻微强词夺理之意味,并不符合原法意司法的精神。但由于连坐本身乃是恶法,司法者能利用文字解释使得恶法得不到实施,在客观上具有进步意义,因此受到史家肯定,自然也符合仁政司法的要求。

(二) 原情司法

原法意司法如欲取得仁政司法的效果离不开案情的特殊性。可以这样认为,原法意司法的同时也是原情司法,差别只在于司法者的论述重点不同:论述重点在立法规定的则属原法意司法,论述重点在案情特殊性的则属于原情司法。宋代一案即能体现两者的关系。

> 胡向少卿初为袁州司理参军。有人窃食,而主者击杀之。郡论以死。向争之曰:"法当杖。"郡将不听。至请于朝,乃如向议。①

本案中,胡向之所以主张应当对击杀者处以杖刑,乃是因为击者为主者,主者本就有保护被窃食物的责任。而被击者乃窃贼,且击者虽有伤害故意,但并不能证明其有杀人故意。前述内容是本案的特殊案情,与一般的击伤他人致死有别。事实上,本案完整的思路还应包括探究立法动机,即立法之所以规定击伤他人之死当抵,乃是以此警告行为人不得无视他人生命与健康,随意伤害人命。而本案中,主者有护食之职责,击贼乃是其履职行为,并非以伤害他人为意,更无伤其性命的动机,因此这一做法并不符合立法规定的情形,依法意当然不能处以死刑。而司法者之所以没有分析法意,是因为此类法意

---

① [宋]郑克:《折狱龟鉴》卷四,清嘉庆墨海金壶本,第57页。

不言自明,并不需要专门解释,司法者只要将案情的特殊性说明即可。宋代还有一则案件的司法者也只说明了情理的特殊性而未解释立法动机。

> (荣諲)改京东转运使,莱阳产银砂,民有私采者。事露,安抚使欲论以劫盗。諲曰:"山泽之利,人得有之,所盗者岂民财耶,贷免甚众。"①

本案的司法者只说明了私采对象的特殊性,即与民财不同,因此不可论以劫盗,其隐含的立法前提是法律规定的劫盗对象是民财。其实宋代立法并无这一规定,但司法者这一解释是合理的,因为私采矿产的危害性远低于劫盗民财。司法者之所以同样选择了从情理着手而不是从法意入手,是因为法意在本案中缺少论争余地。我们知道,对于财产犯罪,其关注的重点是行为人的行为、动机及对象的数额,而犯罪对象的差异与犯罪行为的差异并不对应,因此在立法上很难成为判断罪行轻重的因素。因此本案司法者选择不从法意入手,而直接从情理入手,其论述更有说服力。

三、 宽厚与公平司法

(一) 宽厚司法

宽厚司法系指司法者持宽厚心态,尽量本着有利于被告的原则

---

① 《宋史》卷三百三十三《荣諲传》。

处理案件。在不违反法律规定的前提下对当事人作出宽厚处理,也是司法守正的一种表现。宽猛相济本来就是儒家的治国主张,而宽在正常状况下更受青睐。唐代一案的处理即是司法者此种心态的体现。

(齐瀚)以拔萃调蒲州司法参军。有父子连坐论死者。瀚曰:"条落则本枯,奈何俱死?"议贷其父,太守不听,固争,卒原。①

本案具体案情不详,不知父子连坐究竟是否都该处以死罪。议者亦未从法意与案情角度来主张减轻,而只是从案件的处理结果为据来主张宽厚,具有典型的仁政司法特征,但是否属守正司法则有争议。不过从本案父子是连坐问死,而不是各别论罪时父子俱应处死来看,后来的处理结果从实体上看是符合正义原则的。下面这则案例则表明司法者的宽厚更符合守正之义。

(范如圭授)武安军节度推官。始至,帅将斩人。如圭白其误,帅为已署不易也。如圭正色曰:"节下奈何重易一字而轻数人之命?"帅矍然从之。②

本案中,节度使面对错误,决定以已署为由不欲更改,显然属于法外施暴。范如圭主张重视人命,其中自然有宽厚理念在起作用,但更重要的是这一做法符合法律精神。

---

① 《新唐书》卷一百二十八《齐瀚传》。
② 《宋史》卷三百八十一《范如圭传》。

（二）公平司法

追求公平是法律精神的基本要求。实践中，司法者追求公平守正司法的表现有二。一是由于立法本身的不公平，司法者在司法过程中对立法质疑，然后建议按更公平的原则来处理案件。《晋书·刑法志》载：

> 毌丘俭之诛。其子甸妻荀氏应坐死……所生女芝，为颍川太守刘子元妻，亦坐死，以怀妊系狱。荀氏辞诣司隶校尉何曾乞恩，求没为官婢以赎芝命，曾哀之，使主簿程咸上议曰："夫司寇作典……父母有罪，追刑已出之女；夫党见诛，又有随姓之戮。一人之身，内外受辟。今女既嫁，则为异姓之妻；如或产育，则为他族之母，此为元恶之所忽。戮无辜之所重，于防则不足惩奸乱之源，于情则伤孝子之心。男不得罪于他族，而女独婴戮于二门，非所以哀矜女弱，蠲明法制之本分也。臣以为在室之女，从父母之诛；既醮之妇，从夫家之罚。宜改旧科，以为永制。"于是有诏改定律令。

按照当时的立法，男子只会因本宗之人犯罪而连坐，不会受妻族连坐；而女子则要受本宗和夫两家连坐。程咸认为这样的规定对妇女显然不公平，这一观点也得到了最高统治者的认可。最终，不仅个案处理符合了公平原则，而且还纠正了原来立法上的不公平之处。

二是立法本身并无不公平之处。对于一起涉及人数众多的案件，司法者如依法决罚，单就每个人的处理结果分别考察，则无问题；但如果综合考察，就会显失公平。司法者如果能综合全案，从公平角度来决定案件的处理结果,就会更符合司法守正要求。前引唐戴胄为大理少卿时议长孙无忌不解佩刀入东上阁案,就主张:"校尉缘无忌以致罪,法当轻。若皆误,不得独死。"该案按原先法律规定,长孙无忌与校尉都应判处死罪,但皇帝免了长孙无忌之罪,而未免校尉之罪。从逻辑上看,皇帝免谁的罪是其权力范围内的事,法律并未规定赦免同案犯中一人之罪,其他人之罪就须同时免去。因此,单独看本案的处理结果无可厚非,但结合起来看就明显不公平。戴胄追求司法公平,在客观上带来宽厚处理校尉的结果,亦符合司法守正的要求。

中 编

中国仁政司法传统的法文化基础

司法传统的形成离不开传统法文化的熏陶。对于影响司法传统的法文化基础，学术界很早就给予关注。如有学者认为，重个体道德自律的法文化在司法上表现为要求司法者断狱时不因权贵干涉而曲法，不因己之喜怒而妄断；①儒家的自新思想是支持赦宥制度的主要理由；②"仁爱""哀矜""明刑""中罚"等法律话语是古代中国听审折狱的核心概念；③政治统治中的仁显著表现在君主的恩赦行为上；④中国古代的和合精神体现在诉讼中就表现无讼与息讼。⑤ 综而观之，学界虽然探讨了优秀司法传统的法文化基础，但对法文化基础的分析还较为零散，尚未得以体系化。仁政司法传统作为优秀司法传统的集中体现，必然有其相应的法文化基础。综合来看，中国古代的仁政理念、伦理本位观念、法律工具观、人治思想、以情折狱观念及天人合一观念，构成仁政司法传统的法文化基础。

---

① 陈景良、张中秋：《试论中国传统法文化在现代法制中的意义》，《江苏社会科学》1992年第4期。
② 霍存福：《汉语言的法文化透视——以成语与熟语为中心》，《吉林大学社会科学学报》2001年第6期。
③ 徐忠明：《读律与哀矜：清代中国听审的核心概念》，《吉林大学社会科学学报》2012年第1期。
④ 〔英〕马若斐：《传统中国法的精神》，陈煜译，中国政法大学出版社2013年版，第104页。
⑤ 胡平仁：《中国传统诉讼艺术的特殊魅力》，《求索》2017年第11期。

第十章 仁政理念

所谓仁政理念,意指统治者认为治国应当施行仁政的理念。仁政理念是引导司法者施行仁政司法最主要的动力,而司法者的仁政理念源于他们的仁爱思想。为此,考察中国古代仁爱思想的内容及其源头就是研究仁政理念的前提条件,对释明仁政司法的整体文化基础亦具有追本溯源的意义。

一、仁爱思想

(一) 仁爱思想的内容

依目前所见史料,"仁"的概念最早出现在西周初期。《尚书·金縢》记载周公祷神辞中有"予仁若考"的表述。虽然史料中没有解释仁的含义,但周公声称自己"仁若考",《孔传》解释"仁若考"为"仁能顺父",意即周公比武王姬发更合适侍奉祖宗,因此可以肯定此处的"仁"指的是一种利于他人的美好品德或性格。《诗经·郑风·叔于田》称赞叔段"岂无居人,不如叔也,洵美且仁"。郑笺解释:"洵,信也,言叔信美好而又仁。"① 《诗经·齐风·卢令》载"卢令令,其人美且仁",后世学者

---

① [汉]毛亨传,[汉]郑玄笺:《毛诗》卷七,相台岳氏家塾本,第61页。

认为这是赞美"人君能有美德,尽其仁爱,百姓欣而奉之"①。这两首诗在提及"仁"时都与"美"并称,可见仁是与美、信一样的良好品性。

春秋时期,人们开始对仁的含义作出界定。《国语·晋语一》载骊姬所闻之语:"为仁与为国不同。为仁者,爱亲之谓仁;为国者,利国之谓仁。"此处关于仁的含义从主体与表现两个方面进行阐释。就主体而言,普通人的仁指爱亲,即爱自己的父母及其他亲人;而国君的仁则表现为施行对其国有利之政。爱其父母亲人并不比爱其他人更重要,即"长民者无亲,众以为亲"。普通人的仁是一种自然情感的表达,而国君的仁则为理性的选择,但国君的理性选择也是其爱亲自然情感的延伸。《国语·晋语二》记载申生拒绝逃亡时之语:"仁不怨君,智不重困,勇不逃死。若罪不释,去而必重。去而罪重,不智。逃死而怨君,不仁。有罪不死,无勇。去而厚怨,恶不可重,死不可避,吾将伏以俟命。"此处申生对仁的含义做了缩小解释,即"仁不怨君"。申生作为晋太子,其君父为同一人。申生因骊姬之谗而受父之责,无辜受冤。此时主张仁不怨君,可见其仁源于对君父之爱,属前述爱亲为仁表现之一种。《左传·襄公七年》载晋国穆子之言:"恤民为德,正直为正,正曲为直,参和为仁。如是,则神听之,介福降之,立之,不亦可乎。"意即德、正、直三者合一为仁,可见仁者应当具有恤民、正直、正曲三个方面品性。此处对仁的含义做了广义解释。

春秋晚期,孔子及其弟子对仁做了系统阐释。按照《论语》的记载,仁有以下三方面的含义。

一是仁者爱人。这一观念是在"爱亲"为仁的基础上将爱的对象作

---

① [清]段玉裁:《毛诗故训传定本》卷八,嘉庆刻本,第72页。

了拓展。樊迟问仁时,孔子答曰:"爱人。"①爱人是一种情感,但孔子不满足于仁只是一种情感,还提出仁者应有所作为。子贡曰:"如有博施于民而能济众,何如?可谓仁乎?"子曰:"何事于仁,必也圣乎!尧、舜其犹病诸!夫仁者,己欲立而立人,己欲达而达人。能近取譬,可谓仁之方也已。"②这段话的逻辑是这样的:因为仁者爱人应如爱己,故要推己及人;推己则应做到己所欲亦应满足人之所欲,反之则是己所不欲勿施于人。由此可见,推己及人,为他人谋立达是仁者爱人的自然延伸。

二是克己复礼为仁。《论语·颜渊》载:"颜渊问仁。子曰:'克己复礼为仁。一日克己复礼,天下归仁焉。为仁由己,而由人乎哉?'颜渊曰:'请问其目。'子曰:'非礼勿视,非礼勿听,非礼勿言,非礼勿动。'颜渊曰:'回虽不敏,请事斯语矣。'"在我看来,仁者爱人中的推己及人与克己复礼为仁相比,后者的境界更高。因为前者有我,后者无我。笔者认为,这并非孔子的观点发生了改变,而应是孔子对于布衣之仁本身就有两个层次的要求。我们知道,在孔子心目中,颜回的德行是相当完美的,樊迟远不能与其相比,子贡与其相比亦有不少差距。故而孔子对樊迟及子贡所言仁的要求乃是对一个普通人的要求,而对颜回的要求则是对君子的要求。我们可以这样理解,作为一个普通人,只要他能做到爱人以及为他人谋利就可以视为仁;而对于君子,则还要克制自己的行为并使其符合礼的要求,这才可以称得上是仁。

三是能行"恭、宽、信、敏、惠"于天下者为仁。"子张问仁于孔子。孔子曰:'能行五者于天下为仁矣。''请问之。'曰:'恭、宽、信、敏、惠。恭则不侮,宽则得众,信则人任焉,敏则有功,惠则足以使人。'"③与前

---

① 《论语·颜渊》。
② 《论语·雍也》。
③ 《论语·阳货》。

两者不同,此处施仁的主体已非寻常百姓,而是天子诸侯等统治集团重要成员。他们施政时若能做到恭、宽、信、敏、惠五个方面要求,则可算是仁。①

仁的三种含义虽然有别,但亦有共通之处。仁者爱人的基础是爱亲,而爱亲又表现为孝悌。故有子曰:"其为人也孝弟,而好犯上者,鲜矣;不好犯上而好作乱者,未之有也。君子务本,本立而道生;孝弟也者,其为仁之本与!"②而孝道亲亲本身又是礼的核心。至于能行"恭、宽、信、敏、惠"五者于天下,就其实质而言乃是天子诸侯施政爱民的表现,其本质依然是仁者爱人。

仁的思想被后来的儒家知识分子继承并加以发展。孟子继承了孔子的主张,亦称"仁者爱人",又言"恻隐之心,仁也"。③ 恻隐之心可以视为仁的一种具体表现。因为存在爱人这一基础,才会对所爱之人的痛苦产生恻隐之心。《礼记·经解》言"上下相亲,谓之仁",亦是仁者爱人在官员与民众这一特定关系上的表现。董仲舒认为:"仁之法在爱人,不在爱我……人不被其爱,虽厚自爱,不予为仁。昔者晋灵公杀膳宰以淑饮食,弹大夫以娱其意,非不厚自爱也,然而不得为淑人者,不爱人也。质于爱民,以下至于鸟兽昆虫莫不爱,不爱奚足谓仁?"④即仁者不表现为爱自己,而是爱他人;不仅要爱普通民众,而且要扩展到鸟兽

---

① 孔子对子张所言仁的要求,充分体现了孔子因材施教的教育特色。子张是孔门弟子中极具政治追求的学生。依当时的官员产生机制,子张当然不可能成为天子诸侯,即使成为卿大夫,似乎也不可能。儒家弟子欲实现其政治理想,主要途径是成为大夫的家臣。在礼崩乐坏以至于礼乐征伐自诸侯出乃自卿大夫出的时代,这些家臣可以通过影响诸侯和卿大夫的行为从而实现自己的政治理想。故而孔子对其所言的仁的内容主要针对治国及平天下的要求。
② 《论语·学而》。
③ 《孟子·告子上》。
④ [汉]董仲舒:《春秋繁露》卷八,清乾隆抱经堂丛书本,第95页。

昆虫,已有近代社会的博爱之意。《说文》称:"仁者,人也,人之行也,仁者亲也,仁者兼爱。故于文,人二为仁。"①所谓"人二为仁",是指仁只能存在于两人以上的人际关系中,因此与他人无关的自爱非仁。总的而言,在儒家思想中,仁主要是指对他人的爱,尽管这种爱因被爱者与施爱者的关系亲疏而有差别,但仁与爱相关是没有疑问的。仁的核心是爱这一观点不仅为儒家所宗,其他流派也基本认可。《韩非子·解老》说:"仁者,谓其中心欣然爱人也。其喜人之有福,而恶人之有祸也。生心之所不能已也,非求其报也。故曰,上仁为之而无以为也。"韩非强调了仁在内容上的与人为善及产生过程的自然生发。《墨子·经上》说:"仁,体爱也……体,若二之一,尺之端也。"可见体爱有爱他之意,同样表明自爱非仁之意。由此可见,强调仁者为"爱人"而非"自爱"之意的观点是先秦知识界的共识。

(二)仁的源头与实现

仁就其本质而言是一种爱的情感,但此种情感应如何获得,先秦各家却有不同的观点。

依前述韩非所言,仁者为欣然爱人,此种情感是自发产生的,自发到了主体无法抑制的程度。问题在于人际之爱的情况相当复杂,从爱的主体与对象来看,可以分为四种情形:一是个别人爱个别人,二是个别人爱所有人,三是所有人爱个别人,四是所有人爱所有人。上述情形中,只有第四种情形才表明仁爱是人的本性使然,第二种情形只能算一部分人具有仁的品性,第一种与第三种情形只能算是有条件的仁,谈不上欣然爱人。可见韩非虽认为仁系人之本性,却未回答是否所有人皆

---

① [南唐]徐锴,[清]祁寯藻:《说文系传》卷三十三,小学汇函本,第315页。

有此本性。

《孟子·告子上》载:"恻隐之心,人皆有之;羞恶之心,人皆有之;恭敬之心,人皆有之;是非之心,人皆有之。恻隐之心,仁也;羞恶之心,义也;恭敬之心,礼也;是非之心,智也。仁义礼智非由外铄我也,我固有之也。"与韩非不同,孟子明确主张作为仁之发端的恻隐之心是人自身固有的,而非从外在习得,而且是所有人皆有之的。①

此外,还有学者探讨了人们为何要有仁爱情感的外在因素。《汉书·刑法志》说:"夫人宵天地之貌,怀五常之性,聪明精粹,有生之最灵者也。爪牙不足以供耆欲。趋走不足以避利害。无毛羽以御寒暑,必将役物以为养。任智而不恃力,此其所以为贵也。故不仁爱则不能群,不能群则不胜物,不胜物则养不足。群而不足,争心将作。上圣卓然先行敬让博爱之德者,众心悦而从之。从之成群,是为君矣;归而往之,是为王矣。"因为人须群聚方能胜物,而只有仁爱才能群聚。从这层意义上来看,仁似乎并非人自发产生的情感,而是理性的选择。

虽然仁作为一种爱人的情感,韩非与孟子都认为系人自然具秉的,但有了此种情感,是否就算是仁人?显然不是。因为即便从孟子的"恻隐之心,人皆有之"来说,他亦不可能认为所有人皆是仁人。一个人由有仁爱之心到成为仁人还需要一个过程,需要通过努力才能做到。《论语·雍也》记载宰我问曰:"仁者,虽告之曰,'井有仁焉',其从之也?"子曰:"何为其然也?君子可逝也,不可陷也;可欺也,不可罔也。"孔子认为,君子可以为求仁而赴死,但不可被陷害与欺骗,可间接表明仁的实现需要主体去追求是没有疑问的。孟子曾言:"万物皆备于我矣。反

---

① 《孟子·公孙丑上》载有"恻隐之心,仁之端也"。

身而诚,乐莫大焉。强恕而行,求仁莫近焉。"①仁需要求,可见不能自发形成。此外,按孔子所言的克己复礼为仁,即复礼需要克己,可见仁也不是自然产生的。至于其所言的能行"恭、宽、信、敏、惠"五者于天下者为仁,从逻辑上讲就不是寻常人能够自发产生的一种能力。

综合上述观点,我们认为,作为仁之基础的爱他人,主流观点视之为人的自然情感,但却不会自然导致仁的结果,需要人们努力去实现。比如一个人见到他人落水,虽有恻隐之心,但担心救人会弄湿自己的衣服,从而不去施救,这显然不能视为仁。而仁的其他内容如"克己复礼"及行"恭、宽、信、敏、惠"于天下,则更需要行为人作出相当程度的努力才能实现。

二、仁政思想

仁的本义是爱人,且此种爱具有推而广之的品格,即由爱父母逐渐推广到爱其他亲人再到爱所认识之人乃至天下人。《孟子·梁惠王上》所言"老吾老,以及人之老;幼吾幼,以及人之幼",即是此种仁爱的推广。主张仁爱应推广的不仅是儒家,墨家也持同样的主张。墨子认为:"仁者之为天下度也,辟之,无以异乎孝子之为亲度也。"②孟子强调仁爱的推广,墨子则在推广的基础上强调仁爱无差。但现实中一个普通的仁人其实没有机会将这种爱推广到天下,在安土重迁的社会,爱人能及于邻里乡党就已相当不易。实际上,在君为民主的时代,一个人能够做得多少人之主,即是其仁爱对象之所及。

---

① 《孟子·尽心上》。
② 《墨子·节用下》。

一个人能够在其统治区域内将仁爱思想化为具体的惠民措施并泽及其民,即为仁政。孟子是最早提出仁政概念的人,《孟子·梁惠王上》有"王如施仁政于民"的表述。仁政按其受惠对象可分为一般仁政与特殊仁政。与此相应的是,仁政思想亦可分为一般仁政思想与特殊仁政思想。

(一) 一般仁政思想

一般仁政指的是君主的仁政措施惠及其国内所有人。《管子·五辅》提出统治者之德应有六兴,其中前四项分别为:"厚其生",包括"辟田畴,利坛宅,修树艺,劝士民,勉稼穑,修墙屋";"输之以财",包括"发伏利,输滞积,修道途,便关市,慎将宿";"遗之以利",包括"导水潦,利陂沟,决潘渚,溃泥滞,通郁闭,慎津梁";"宽其政",包括"薄征敛,轻征赋,弛刑罚,赦罪戾,宥小过"。《管子·小匡》又称爱民之道应"公修公族,家修家族。使相连以事,相及以禄,则民相亲矣。放旧罪,修旧宗,立无后,则民殖矣。省刑罚,薄赋敛,则民富矣。乡建贤士,使教于国,则民有礼矣。出令不改,则民正矣。此爱民之道也"。《管子·小问》也称:"凡牧民者,必知其疾,而忧之以德,勿惧以罪,勿止以力。慎此四者,足以治民也。"此则是从宏观上论述应如何实施仁政。

《孟子·梁惠王上》也提出"省刑罚,薄税敛,深耕易耨。壮者以暇日,修其孝悌忠信。入以事其父兄,出以事其长上"。对于仁政措施的诸多表现,究竟以何为首要?对此,《管子》与《孟子》给出了相同的答案。《管子》六兴中的第一即是"厚其生",而"厚其生"首在"辟田畴",即明确民众的土地边界。孟子也持同样观点。《孟子·滕文公上》载:"夫仁政,必自经界始。经界不正,井地不均,谷禄不平;是故暴君污吏必慢其经界。经界既正,分田制禄,可坐而定也。"从某种意义上说,孟子的观点似乎表明他已经认识到了经界意味着确定民众土地产权的边界,而民众土地边界的确定亦是其土地所有权的保证。民众土地边界确定后,可以避免土地的无序兼并。近代中国的资产阶级民主革命以"平均地权"为民生革命纲领,可谓深得孟子思想的真谛。此外如"薄赋敛"等一系列措施,其目的亦旨在改善民众的经济状况。

另外,省刑罚亦是仁政的主要内容。既然国家不能以刑罚为主要治民工具,那么,治民之责很自然地就应由教化承担。《孟子·滕文公上》主张"设为庠序学校以教之;庠者养也,校者教也,序者射也;夏曰校,殷曰序,周曰庠。学则三代共之,皆所以明人伦也。人伦明于上,小民亲于下"。三代学校名称虽异,但其旨都在养老教幼。《孟子·尽心上》说:"仁言不如仁声之入人深也,善政不如善教之得民也。善政,民畏之;善教,民爱之。善政得民财,善教得民心。"对统治者而言,得民心显然比得民财更佳,可见教化是仁政的最高境界。当然统治者欲施仁政,特别是教化仁政,前提是治国者须为仁人。之所以强调治国者须为仁者,因为民众是以治国者为榜样的。治国者仁,则民众效其仁;治国者不仁,民众则会效其不仁。故《孟子·离娄上》言:"惟仁者宜在高位。不仁而在高位,是播其恶于众也。"播其恶于众即遗患于民众之意,从反面强调了仁者在高位的必然性。

(二) 特殊仁政思想

特殊仁政主要是针对特殊主体的仁政措施,此处的特殊主体主要是弱势群体。之所以要强调对弱势群体的特别关心,有两个原因:一是从施仁者的本心出发,更容易对弱者产生爱心。孟子曾说过恻隐为仁,董仲舒亦提出"恻怛爱人",可见,相对于普通人而言,人们对弱势群体更易产生爱心,此种爱心主要表现为同情、怜悯。二是就治国效果而言。从理论上讲,治国的目的应在于谋民众之福祉,而弱势群体比正常人更难获得幸福,因而需要得到统治者更多的关注。

弱势群体总体上可分为三大类:一是身体上的弱者,如老幼妇及身有疾残者;二是精神上的弱势者,如鳏寡孤独及遭遇祸丧者;三是经济上的弱势者,如贫困无依者。上述三类人在很多时候又是重叠的,如孤老而多病且贫者。弱势群体若未得到特殊关注,生活则会较常人更痛苦,对于社会和谐会产生不利影响,弱者更可能因生活绝望而犯法。因此,理性的统治者应当对弱势者给予更多的关照。

对于弱者施仁政比对普通人施仁政在中国古代更受官府重视。在仁政概念尚未出现之前,对弱势群体应当善待的观念及其实践即已出现。《国语·鲁语下》载孔子之言:"先王制土,籍田以力,而砥其远迩;赋田以入,而量其有无;任力以夫,而议其老幼,于是乎有鳏、寡、孤、疾。"意即在征收土地税赋役时,对于鳏、寡、孤、疾、老幼等弱势群体是要给予特殊对待的,具体做法如韦昭所解,即除弱势群体之力役。此处孔子所言的先王制度当是周公时的制度。《管子》提出了应当善待弱势群体的要求,前述"德之六兴"中的第五是"匡其急",即"养长老,慈幼孤,恤鳏寡,问疾病,吊祸丧",可以视为对于身体和精神上弱势群体的仁政。"六兴"中的第六项是"振其穷",即"衣冻寒,食饥渴,匡贫窭,振罢露,资乏绝"①,主要对经济上的弱势群体施行仁政。《管子·入国》还提出针对弱势群体施仁政的"九惠之教,一曰老老,二曰慈幼,三曰恤孤,四曰养疾,五曰合独,六曰问疾,七曰通穷,八曰振困,九曰接绝",其给予特别关照的对象都是弱势群体。《礼记·王制》载:"少而无父者谓

---

① 《管子·五辅》。

之孤,老而无子者谓之独,老而无妻者谓之矜(同鳏),老而无夫者谓之寡。此四者,天民之穷而无告者也,皆有常饩。喑、聋、跛躃、断者、侏儒、百工、各以其器食之。""常饩"即数额固定的粮食,表明国家对弱者的生存提供了基本保障。《周礼·秋官·大司寇》则要求:"凡有爵者与七十者、与未龀者,皆不为奴。"此则是对老幼在刑罚执行上给予优待。

孟子提出仁政观念以后,人们对于弱势群体应当施以特殊仁政的观念相沿不改。《荀子·王制》也称:"五疾,上收而养之,材而事之;官施而衣食之,兼覆无遗。夫是之谓天德,是王者之政也。"五疾即五种残疾,唐杨倞注称:"五疾:喑、聋、跛躄、断者、侏儒。"①对五疾者的量才使用,就其目的而言乃是使其有所养。董仲舒主张统治者应该"内爱百姓,问疾吊丧";官员应为民"供设饮食,候视疾,所以致养"。董仲舒还将五行观念与对弱者施仁政结合起来,提出"木用事,则行柔惠……存幼孤,矜寡独……土用事,则养长老,存幼孤,矜寡独……金用事……存长老"②。这一理论赋予对弱者施仁政以自然法上的正当性。南朝梁武帝诏称:"凡民有单老孤稚不能自存,主者郡县咸加收养,赡给衣食,每令周足,以终其身。又于京师置孤独园,孤幼有归,华发不匮。若终年命,厚加料理。"③梁武帝以崇佛自矜,其优待弱者自有实际措施。京师孤独园的设置当是效仿佛教中的给孤独园。这也应当是有史可考的中国古代社会最早设置的专门针对老弱之人的赡养机构,对后世影响甚远。《旧唐书·职官志》载唐代县令应当"敦四人(应为四民,避唐太宗李世民讳而改)之业,崇五土(东西南北中五方之

---

① [唐]杨倞注,[清]卢文弨等校:《荀子》卷五,嘉善谢氏本,第101—102页。
② [汉]董仲舒:《春秋繁露》卷十三,清乾隆抱经堂丛书本,第150页。
③ 《梁书》卷三《武帝下》。

土)之利,养鳏寡,恤孤穷,审察冤屈,躬亲狱讼,务知百姓之疾苦"。可见优待弱者成了地方官的重要职责。《宋刑统》准《唐令·户令》载:"诸鳏寡孤独贫穷老疾不能自存者,令近亲收养;若无近亲,付乡里安恤。"①此一规定可见优待弱者不仅是官府的职责,也是乡里的责任。开元二十二年(734),"断京城乞儿,悉令病坊收管,官以本钱收利给之"②,可见唐代已有专门机构来收容乞儿,这是对弱势群体施仁政的制度化表现。

宋代继承了唐代对"鳏寡孤独不能自存者"的安抚制度。北宋时设立安济坊收容贫病无依无靠者,又设居养院收容"鳏寡孤独贫困不能自存者,月给口粮,病者给医药"③。此外,还在京师设东西南北福田院,收容老幼废疾者。④ 南宋理宗时在临安设慈幼局,收养被遗弃婴儿和残疾儿童,并雇乳母喂养,同时允许无子女者领养。皇帝还诏令其他诸路亦仿效临安设立慈幼局。⑤ 据现有资料显示,慈幼局是世界上最早设立的官办孤儿院。宋代对官办专门收养机构的运行有较为完整的制度规范,设施也相当完善。元代设置养济院,其职能与宋代居养院相同。明代承袭宋元,也设置专门的收养救助机构如养济院、安乐营、育婴所、惠民药局等。法律规定:"凡鳏寡孤独及笃废之人,贫穷无亲属依倚,不能

---

① [宋]窦仪:《刑统》卷十二,民国十年刘氏刻嘉业堂丛书本,第158页。
② [宋]王溥:《唐会要》卷四十九,清武英殿聚珍版丛书本,第1143页。
③ 《宋史》卷十九《徽宗一》载:"辛未,置安济坊养民之贫病者,仍令诸郡县并置。京师置居养院,以处鳏寡孤独,仍以户绝财产给养。"
④ 《宋史》卷一百七十八《食货上六》载:"京师旧置东西福田院,以廪老疾孤穷丐者,其后给钱粟者,才二十四人。英宗命增置南北福田院,并东西各广官舍,日廪三百人。岁出内藏钱五百万。给其费。后易以泗州施利钱。增为八百万。又诏州县长吏遇大雨雪翳僵舍钱三日,岁毋过九日。著为令。"福田院名称的选择显然也是受到佛教因果报应论的影响。
⑤ 《宋史》卷四十三《理宗三》载:"命临安府创慈幼局,收养道路遗弃初生婴儿,仍置药局疗贫民疾病。"

自存。所在官司应收养而不收养者,杖六十。若应给衣粮而官吏克减者,以监守自盗论。"①这是中国古代国家首次以法典形式规定了国家应对弱者给予特殊关照。

上述善待弱势群体的措施表明,在儒家仁政观念的指引下,中国古代社会对于弱势群体的抚恤具有一以贯之的特征。这一观念势必会对司法实践产生一定的影响,可以说,古代司法者优待弱者的传统正是这一观念在司法领域的延伸所致。

三、仁政司法思想

中国古代的国家治理体系中,司法占有相当大的比重。中国古代地方官的主要职能只有两个——审断狱讼与征收赋税,两者合称为刑钱。有人认为,"与其说中国古代是行政兼理司法,不如说是司法兼理行政"②。既如此,中国古代的仁政在很大程度上就与司法相关。笔者认为,将仁政理念贯彻到司法活动中,即为仁政司法。《管子·五辅》所言治国之德的"六兴"中就有"弛刑罚,赦罪戾,宥小过"的内容。《管子·小匡》亦要求"放旧罪,省刑罚"。《管子·小问》也称"凡牧民者,勿惧以罪",即不通过司法恐怖来治国。《孟子》也提出"省刑罚"的主张。由上述记载可知,仁政司法是仁政治国的重要组成部分。践行仁政司法,应当做到哪些方面的要求?笔者认为仁政司法的要求有三。首先,依据仁爱与仁政思想,仁的本意是爱他人,爱人就要善待他人。因此,司法实践中善待诉讼参与人,就是仁政司法的应有之义。其次,

---

① [明]刘惟谦:《大明律》卷四,明洪武刊本,第134页。
② 刘选、王振亚编著:《中国法制史话》,湖北人民出版社2000年版,第83页。

仁政理念中教化民众乃是治民的主要手段。这一观念对司法实践的影响就表现为司法者应对当事人进行教化,既包括教化当事人承认违法犯罪事实,又包括教化当事人舍利取义、放弃争讼,还包括教化当事人改过自新成为符合官方道德要求的人。最后,与普通仁政不同的是,仁政司法不能简单地施惠于当事人。因为诉讼双方的利益常常是对立的,司法者简单施惠于一方,往往会对另一方造成伤害。为此,仁政司法还应重视案件事实的发现,只有在发现真实基础上的施惠与教化才是公正的。当然,强调发现真实更多地体现在刑事诉讼领域,民间细故案件真实发现的必要性相对较弱。因为民间细故所争的主要是财产利益,而财产利益在重义轻利的传统社会观念中本身就被视为无关紧要的。

基于以上分析,笔者认为,仁政司法的核心理念主要由同情善待理念、明慎用刑理念及教化无讼理念三个部分构成。至于司法应当维护伦理、顺应天理、符合人情则可视为仁政司法理念的拓展,它们与仁政司法的核心理念存在着相互依存又相互制约的关系。下面将就仁政司法的三种核心理念展开讨论,至于仁政司法的外围理念则在接下来的章节中加以讨论。

(一) 同情与善待理念

中国古代的司法过程在程序上刑民基本不分。因此一旦涉讼,当事人及证人就可能身陷囹圄。在司法者看来他们就是值得同情的对象,而这种同情之心即为孟子所言的恻隐为仁。汉代刘向在《说苑·君道》中记载:"禹出,见罪人,下车问而泣之。左右曰:'夫罪人不顺道,故使然焉,君王何为痛之至于此也?'禹曰:'尧舜之民,皆以尧、舜之心为心。今寡人为君也,百姓各自以其心为心。'书曰,百姓有罪,在予一人。"① 禹因囚犯罪而泣,固然有自责自己教化无方的愧悔,同时也有对犯罪者身陷刑罚的同情。只不过作为一个以尧舜为榜样的帝王,表达愧悔之心乃是其理性的选择,而对犯罪者身受刑罚的悲悯则是其油然而生的情感。② 司法者对当事人产生了同情心,就会由同情心进而产生不忍对罪人加罚之心。故而孔安国注《尚书》时称:"五流有宅者,谓不忍加刑,则流放之。"③ 此种同情罪人之心是奉行仁政理念司法者的基本情感素养。《旧唐书·刘祥道传》载其"迁刑部尚书,每覆大狱,必歔欷累叹。奏决之日,为之再不食"。明代周忱"尝阅一死狱,欲活之无路,形于忧叹"④。这些司法者的表现都是源于其对犯人的同情,同情导致的结果是司法会善待当事人。《尚书》记载的"五流有宅"即是对立法上给予犯人的善待。考察古代的司法制度与实践,我们发现司法者善待当事人的表现有以下六个方面:

一是司法者尽力为犯罪嫌疑人寻找无罪或罪轻的事实与证据。特别是死刑审判中,于必死案件中找到可以免死的理由,是仁政司法者孜孜以求之事。孔子称:"古之听讼者,恶其意不恶其人,求所以生之;不得其所以生乃刑之。君必与众共焉。爱民而重弃之也。"⑤ 前述周忱审理案件时对于欲活无路之囚犯形于忧叹,但仍未放弃为囚犯求活之心,乃"使吏抱成案读之,至数万言,背手立听。至一处,忽点首喜曰:'幸有此,可生!'遂出其人"。古代刑法思想中虽无明确的有利于被告观念,

---

① [汉]刘向:《说苑》卷一,明刊本,第9页。
② 禹之所以没有对左右声称其泣囚还有对囚犯悲悯之意,是出于教化左右之意。作为帝王,让左右知道他会怜悯犯人并无实际意义;而让左右知道他有愧悔之心,则可以借机教育左右如何做一个称职官员。
③ [汉]孔安国传,[唐]陆德明音义:《尚书》卷一,相台岳氏家塾本,第20页。
④ [明]焦竑:《玉堂丛语》卷二,明万历四十六年徐象枟曼山馆刻本,第65页。
⑤ [宋]宋咸:《孔丛子》卷二,明万历子汇本,第12页。

但周忱的做法显然与这一理念暗合。

二是主张疑罪处理应当从无或从轻。《夏书》称:"与其杀不辜,宁失不经。"《尚书·吕刑》亦称:"五刑之疑有赦,五罚之疑有赦。"《礼记·王制》主张:"疑狱,泛与众共之,众疑赦之。"唐代立法中规定的疑罪从赎也是一种宽待。至于实践中疑罪处理从轻的做法,本书已经作出考察,此处不再赘述。

三是对弱势群体的特殊对待。在司法过程中,若涉及弱势群体,自然也应特殊对待。孔子曾言:"古之听讼者,察贫穷哀孤独及鳏寡老弱不肖而无告者,虽得其情,必哀矜之。刑者不可生,断者不可属。若老而刑之谓之悖,弱而刑之谓之克……老弱不受刑,先王之道也。"①《周礼》记载的"赦幼弱、赦老耄、赦蠢愚"的三赦之制,《礼记》记载的"悼与耄,虽有罪不加刑"的做法都是对弱势群体的善待。秦汉以后,无论是立法还是司法实践都有善待弱者的内容与做法。

四是在法律范围内尽量善待当事人。前述三种情形都属于法定范围内善待当事人,但也都属于特殊情况。此外,司法者还应在整个司法过程中尽可能地善待当事人。如尽量采用对当事人伤害程度较轻的证据方式来发现真实,对于被关押的人员予以善待,给其衣粮,为其治病等,具体内容不再详述。总的而言,这些善待之举就其源头而言乃是出于司法者对当事人的仁爱理念而作出的选择。

五是在特定情况下超越法律规定善待当事人,即法外施仁。由于中国古代立法条文本身存在着刑罪不均衡的不足,依法定罪量刑会出现轻罪处重刑的情况。此时,司法者会认为依法量刑对当事人而言乃是不仁之举,与司法者的仁爱理念冲突。因此,司法判决突破法律规

---

① [宋]宋咸:《孔丛子》卷二,明万历子汇本,第12页。

定,给予当事人应得的轻刑,在司法者看来才符合仁爱理念。可见,特定情况下的法外施仁亦是厚待当事人的表现。

六是在特定情况下坚持依法处理亦是善待当事人的表现。我们知道,中国古代是一个权大于法的社会。当事人的某些犯罪行为依律应当判处轻刑,但最高统治者及某些位高权重的官员有可能会超越法律规定加重对当事人的处罚。此时如司法者能够坚持依法处理,其结果相对于其他人员的违法重刑而言就是善待当事人的表现。中国古代一些循吏或良吏的守正司法之所以能够获得史家肯定,不仅在于其坚持依法办案,更重要的是当事人因为其依法办案而获得较轻的处理结果;而那些坚持依法对被告人处以重刑的人很难被视为循吏或良吏。《折狱龟鉴补》记载了清代一则案件的审理情形及时人对该案的评价,从中可见人们心目中良吏的标准。该案情节如下:王毂任山东德州知州时,有二童子,一年十二岁,一年十三岁,在塾中戏相鸡奸。此事为人所见,两家父兄羞愤互讼。毂竟问实。依当时法律规定,凡奸十二岁以下,无论男女皆论死;奸十二岁以上仅科奸罪。于是十二岁童子以薄责发回。十三岁者论如律,瘐死狱中。后数年,十二岁者已及冠,出赴试,为十三岁之父兄所控阻。以为彼尝受污于其子,其子已问罪如律,彼何得复玷胶庠。十二岁者羞不自容,竟自戕死。当时就有人认为,其实两家童子当时皆知识初开,不必果有其事。两家父兄迫于人言嘲笑,愤而具控,亦不乐官之证实也。如果当官者以两儿嬉戏,验讯无据,呼其父兄自行领回训责,不算纵法,而所全不已多乎。大抵是因为王毂之天性刻薄如此。时孙星衍先生为德州粮道,与王毂为同僚,目击其事,甚为不平。后闻山阳赈案事发,王毂坐斩。孙先生感慨说,像王毂这样的人,虽无此事死亦晚矣。① 此事中，王毂审理案件可谓依法审判，但造成了惨酷结果，因而并未被视为良吏或循吏，而是被认为天性刻薄，得到了"死亦晚矣"的评价。王毂在世人眼中的形象正表明，单纯地依律办案特别是依酷律办案者，并不能被视为良吏。

（二）明慎用刑理念

明慎用刑的概念出于《易经》。《易·旅》载："君子以明慎用刑，而不留狱。"明慎用刑有两个方面含义：一是明，即案件事实清楚，适用法律明确；二是慎，即慎重发现真实与慎重适用法律。明是结果，慎是达到明应当具有的态度。仁政司法不能简单施惠，特别是在当事人双方利益冲突之时，简单施惠有可能造成适得其反的效果。在回答曾子问听狱之术时，孔子说："其大法也，三焉。治必以宽，宽之之术归于察，察之之术归于义。是故听而不宽是乱也。宽而不察是慢也。察而不中义是私也，私则民怨。故善听者，听不越辞，辞不越情，情不越义。"② 可见，宽须在察的基础上施行，否则就是慢，即滥用宽仁之意。滥用宽仁会被民众认为是司法者的私念在起作用，因而易引起民怨。故而司法首先要努力发现真实，认真选择合适的法律条文，在此基础上方可以施惠于民。之所以明慎用刑，其实依然是仁者爱人的司法观在起作用。《尚书·吕刑》要求"哀敬折狱"，《孔传》解释："当怜下人之犯法，敬断狱之害人。"正是因为同情被告人与被害人，司法者必须认真对待案件的审理与判决，避免因事实认定不清及法律适用错误导致当事人受到不必

---

① ［清］胡文炳：《折狱龟鉴补》卷三，清光绪四年兰石斋刻本，第255页。山阳赈案情节如下：清廷派候补官员李毓昌查处山阳知县王伸汉私吞赈灾银之事。王伸汉试图贿赂李毓昌不成，遂谋杀李毓昌。淮安府知府王毂收受王伸汉贿赂，包庇其犯罪行为，清廷调查后东窗事发。

② ［宋］宋咸：《孔丛子》卷二，明万历子汇本，第12页。

要的伤害。

明慎用刑理念在古代被人们反复提及。《尚书·舜典》称:"钦哉钦哉,惟刑之恤哉。"《孔传》释称:"舜陈典刑之义,敕天下使敬之,忧欲得中,恤,忧也。"①舜担心刑法适用不当,认为刑罚实施要特别慎重,慎重要达到的目标是刑罚适用要得中,即与当事人所犯之罪相比,施加其身的刑罚不轻亦不重。《尚书·康诰》载:"敬明乃罚!"谓用刑应当审慎,强调明为用刑前提。同一篇又称"克明德慎罚",将慎刑提高到与统治者德行相提并论的地位。《礼记·王制》载:"刑者,侀也;侀者,成也。一成而不可变,故君子尽心焉。"论者阐释了慎刑的理由,即因为刑罚一旦实施后,其造成的伤害结果无法改变,因此决定实施刑罚的司法者应当竭尽其诚,以保证刑罚适用不出错。《史记·孝文本纪》载缇萦之语:"妾伤夫死者不可复生,刑者不可复属。虽复欲改过自新,其道无由也。"此与《礼记》"一成而不可变"具有同一意旨。《汉书·平帝纪》则从反面指出未能慎刑的表现及危害,称"往者有司多举奏赦前事,累增罪过,诛陷亡(无)辜。殆非重信慎刑,洒心自新之意也"。这与缇萦的观点是一致的,即司法者不慎刑则不利于犯人自新。《元史·张懋传》称张懋能够"慎刑平政,处之以公……民之流亡与远郡之来归者数千家,相率为生祠以祀之"。可见,慎刑的司法者能够获得民众的拥戴,引得民众来投,这在古代是社会治理取得成功的主要表现。以后历代统治者也多有要求慎刑的诏令。

至于如何才能做到慎刑,首先,司法者应有爱民之念。前引《孔传》已表明司法者只有"怜下人犯法",才可以"敬断狱害人"。《尚书》所称明德慎罚,明德与慎罚互为因果:司法者有了爱民之德,就会慎罚;同时

---

① [汉]孔安国传,[唐]陆德明音义:《尚书》卷一,相台岳氏家塾本,第18页。

慎罚又会彰显司法者的爱民之德。其次，司法者审理案件时尽可能保证各方当事人都到堂，证人数量尽可能充分。《尚书·吕刑》要求"两造俱备"，"简孚有众"，即审理案件时应当要求原告与被告都到官府接受审理，案件最终认定被告有罪要与众人的证词一致。对于疑难案件，还应当经过多层审理及集众官审理。《礼记·王制》要求："成狱辞，史以狱成告于正，正听之。正以狱成告于大司寇，大司寇听之棘木之下。大司寇以狱之成告于王，王命三公参听之。三公以狱之成告于王，王三又，然后制刑。"《后汉书·明帝纪》则主张"详刑慎罚，明察单辞"，指出在当事人双方不能都到场的情况下，若听一方之言则更应明察，其实还是强调双方当事人应当都到场。朱熹则指出："狱讼，面前分晓事易看。其情伪难通，或旁无佐证，各执两说，系人性命处，须吃紧思量，犹恐有误也。"①朱熹从案情易伪、折狱易误的角度来要求司法者应当保持审慎态度。此外，中国古代司法者还总结出慎重刑狱的多种经验，如虚衷研讯，即司法官对案件事实保持态度中立，不袒一方，对事实不存预判；以情折狱，即司法者要结合证据与情理来认定事实与适用法律；狱贵初情，即司法者应尽量在犯罪初发时及时收集证据并尽可能依据较早获得的证据材料来认定事实。此外，对于疑难案件，虽然最终处理可以从无或从轻，但人们观念上更强调最终处理之前应努力发现真实。其中上请制度即是慎刑的典型方式。疑狱上请始于汉代。高帝七年诏令："狱疑者，各谳所属二千石官，二千石官以其罪名当报之；所不能决者，皆移廷尉，廷尉亦当报之；廷尉所不能决，谨具为奏，傅所当比律令以闻。"②这表明对于疑罪，虽然最终决定权属于皇帝，但其他各级官员必

---

① ［宋］黎靖德：《朱子语类》卷一百一十，明成化九年陈炜刻本，第2190页。
② 《汉书》卷二十三《刑法志》。

须尽心审理,委实无法决断时才可以向上请示。即使下级司法机关审理时没有发现案件有疑点,上级也不可以轻易认可下级的审理结果,仍要尽到复查责任。明成化十四年(1478)诏称:"如有招情未明,拟罪不当,称冤不肯服者,俱驳回再问。"①可见,历代统治者对审理疑罪案件时应努力发现真实的观念都是认同的。

(三) 教化无讼理念

司法中的仁政理念表现为司法者应善待涉讼人员,故而减轻诉讼给涉讼人员带来的讼累即是仁政司法的应有之义。讼累既表现为当事人因打官司而花费了人力财力,进而影响生计;也表现为涉讼者可能受到刑讯及被关押后的淹滞之苦。减轻讼累最有力的手段是减少诉讼,而减少诉讼最有效的手段是通过教化使当事人放弃争讼,此即教化无讼。教化无讼的目的在于避免当事人涉讼或受刑讯拘系之苦,有利于减省讼累。司法者青睐教化弭讼,还有深层动机。当事人兴讼争利,官府若依法审判,通常情况下总有一方会获胜,这一点司法者非常清楚。对胜诉方而言,胜诉意味着官府支持其争利行为,相当于暗示当事人争利具有正当性。这会导致民风浇薄,民以争利为荣,从而引发更多诉讼,致生更多讼累。作为爱民之父母官,对此不能不予以防范。为此,教化自然成为具秉仁政理念的司法者在审理民间争讼案件时的首选。

司法中的教化无讼理念表现为两个方面。一是司法者作为牧民之官,平日里应注重教化,使民众喜让厌争,从而能达到刑清讼简的结果。古代司法者认为,只要官府教化有方,民众就能以争讼为耻,

---

① [明]李东阳:《明会典》卷一百三十七,四库全书本,第2644页。

故而很少发生争讼。《史记·周本纪》载:"西伯阴行善,诸侯皆来决平。于是虞芮之人有狱不能决,乃如周。入界,耕者皆让畔,民俗皆让长。虞芮之人未见西伯,皆惭,相谓曰:'吾所争,周人所耻,何往为,只取辱耳。'遂还俱让而去。"相反,若民间发生争讼或犯罪行为,则司法者多认为与自己的德行不够有关,会深觉痛心并引咎自责,前引禹下车泣囚之事即是此种现象的体现。禹之所以认为"今寡人为君也,百姓各自以其心为心"①,不是因为禹统治时期的百姓不如尧舜时的百姓能够自觉守法,而是因为禹自己的教化效果不彰,而教化效果不彰则与教化者的德行不足有关。这也回答了司法者为何对犯罪者不应憎恨,而应有怜悯之心,理由是犯罪的发生是司法者未尽教化之责或自身德行不足。

二是司法者面对诉讼时应尽可能对当事人实施教化,不先行教化则不能实施处罚。《荀子·宥坐》载:

孔子为鲁司寇。有父子讼者,孔子拘之,三月不别。其父请止,孔子舍之。季孙闻之不说,曰:"是老也欺予,语予曰:为国家必以孝。今杀一人以戮不孝,又舍之。"冉子以告。孔子慨然叹曰:"呜呼!上失之,下杀之,其可乎!不教其民而听其狱,杀不辜也。三军大败,不可斩也;狱犴不治,不可刑也。罪不在民故也。嫚令谨诛,贼也;今生也有时,敛也无时,暴也;不教而责成功,虐也。已此三者,然后刑可即也。《书》曰:'义刑义杀,勿庸以即,予维曰未有顺事。'言先教也。"

---

① [汉]刘向:《说苑》卷一,明刊本,第9页。

孔子认为，不教而诛谓之杀不辜，故而应当先教而后刑。后世持相同理念的司法者大有人在。清代官员那彦成在奏议中就称："伏思该番等犬羊成性，冥顽不灵。若不教而诛，殊非所以仰体皇上好生之德。"①这与孔子的观点一脉相承。

---

① [清]那彦成:《那文毅公奏议》卷五十六,清道光十四年刻本,第3166页。

第十一章　伦理本位

伦理是人与人相处的各种道德规范,是道德的外在表现。家族是以血缘关系为基础而形成的社会组织。家族伦理即为在家族中人与人相处的各种道德规范准则。中国传统社会是一个国本位与家本位并存的二元本位社会,因此传统社会调整国与家的规则也是二元的,即国有国法,家有家规。中国传统社会又是一个家国同构的社会,因此家规国法的精神又是相通的,这导致中国传统法具有强烈的伦理色彩。传统伦理中对社会影响最大也最重要的部分为家族伦理,因此对于家族伦理秩序的维护自然就成了传统法的重要任务之一。

关于家族伦理对传统法律制度及实践的影响,学界许多先贤已做过大量卓有成效的研究。其中最具代表性的作品当数法制史大家瞿同祖先生的扛鼎之作《中国法律与中国社会》,该书首篇即为家族,次为婚姻。① 在书中,瞿先生着力探讨了家族伦理对于法律适用的巨大影响。除家族伦理外,传统社会人际关系的其他伦理同样对司法产生影响。古人也很早就主张司法应充分考虑伦理关系。《礼记·王制》载:"凡听五刑之讼,必原父子之亲、立君臣之义以权之;意论轻重之序、慎测浅深之量以别之;悉其聪明、致其忠爱以尽之。"瞿同祖先生《中国法律与中国社会》的第三、四篇讨论阶级。在瞿同祖先生的观念中,所谓阶级是

---

① 瞿同祖:《中国法律与中国社会》,中华书局2003年版。

指社会等级,而等级之间的关系同样是伦理关系的重要内容。法律适用不仅受到家族伦理的影响,同样也受到社会等级伦理的影响。就仁与伦理的关系而言,尊重伦理秩序本身也是仁的表现。前文研究已表明,仁的含义就有克己复礼,而作为礼之核心的亲亲尊尊是传统伦理的集中表现。中国传统仁政司法的特征在很大程度上被打上维护伦理的烙印。

一、 维护伦理与仁政司法的关系

仁政司法的基本特征是司法者宽厚待人。在司法中,维护伦理与宽厚待人的关系可以从两个方面考察:一是在宽厚待人的同时做到维护伦理;二是若宽厚待人必然使伦理关系受到破坏,宽厚待人就会被放弃,甚至还可能对当事人施以更加严厉的处罚。

(一) 伦理与宽惠统一的情形

伦理与宽惠相统一的情形首先出现在立法中。晋代以降,法律规定对有亲属关系之人相犯依服制定罪。对于亲属成员之间的伤害犯罪中,以尊犯卑者,关系越近处罚越轻。财产案件中无论是尊犯卑还是卑犯尊,关系越近处罚越轻,此即做到了维护伦理与宽厚司法的统一。实践中,司法者如发现依法处理案件会违背伦理,特别是违背孝道伦理,就可能弃法不用,会为了维护伦理而宽待被告。《史记·循吏传》载:

石奢者,楚昭王相也。坚直廉正,无所阿避。行县,道有杀人者,相追之,乃其父也。纵其父而还自系焉。使人言之王曰:"杀人者,臣之父也。夫以父立政,不孝也;废法纵罪,非忠也;臣罪当死。"王曰:"追而不及,不当伏罪,子其治事矣。"石奢曰:"不私其父,非孝子也;不奉主法,非忠臣也。王赦其罪,上惠也;伏诛而死,臣职也。"遂不受令,自刎而死。

本案中,石奢之父杀人,石奢作为司法者,若依法处置,则违背孝道,故而宽厚待之,可以说此举做到了宽厚待人与维护伦理的统一。但石奢宽纵其父违背了国家法律,亦对被害人不公,故而选择了以自杀的方式承担责任。这种两难的选择是相当纠结的。不过伦理与宽惠相统一的判决未必皆要违背法律。

汉景帝时,廷尉上囚防年继母陈论("论"字疑为衍字)杀防年父,防年因杀陈。依律杀母以大逆论。帝疑之。武帝时年十二,为太子,在旁。帝遂问之,太子答曰:"夫'继母如母',明不及母,缘父之故,比之于母。今继母无状,手杀其父,则下手之日,母恩绝矣。宜与杀人者同,不宜与大逆论。"从之。①

本案中,防年杀其继母,若按杀母论则是大逆重罪。但武帝认为从伦理上看,继母杀父后,其与防年的母子关系已绝,由此对防年作出宽厚处理,此判同时又维护了生父重于继母这样的伦理关系,亦与法意不悖。此种出于维护伦理而宽待被告甚至资助被告的做法后世亦常发生。前引宋代王质审理某媪诉其妇薄于养之案,被告以原告已嫁而归的事实为其薄养行为辩解,但司法者认为媳当养姑乃是基本伦理;但若

----

① [唐]杜佑:《通典》卷一百六十六,北宋本,第3636页。除《通典》《汉书疏证》外,他书皆无"论"字。

严厉惩罚儿媳,则使姑更无所养,因而在与其讲明义理后,资物以助其养姑。此举做到了宽惠待民与维护伦理的统一,可视为仁政爱民的表现。

(二) 伦理与宽惠矛盾时的选择

伦理与宽惠冲突的情形同样首先出现在晋代立法的服制定罪制度中。在人身伤害类的亲属相犯案中,以卑犯尊者,两者关系越近,对卑者的处罚越重。此一规定可见维护伦理原则与宽厚司法之间的紧张关系。由于立法规定再加之实践中案件的特殊性,司法者并非总能做到宽惠待人与维护伦理的统一。当两者出现冲突之时,司法者大多会为了维护伦理而依法从严处置当事人。宋代一案司法者的选择即是如此。

> 贾黯侍读判流内铨时。益州推官乘泽,在蜀三年,不知其父死。及代还,铨吏不为领文书,始去发丧。既除服,且求磨勘。黯言:"泽与父不通问者三年,借非匿丧,是岂为孝乎?"卒使坐废田里。按:黯议泽罪,若深文者。盖以名教不可不严,是春秋"诛意"之义也。①

本案中,被告人之错乃是过失,主事者议其罪时之所以深文而不施仁,乃是为了维护礼教。可见当伦理与宽厚冲突时,有的主事者会优先考虑维护伦理。《折狱龟鉴》的作者虽认为贾黯的做法有深文的意味,但仍然表示其有维护名教即伦理的价值。可见这一做法虽不宽厚,却依然能够获得相当数量官员的认可。但深文做法稍显刻薄,与仁政精

---

① [宋]郑克:《折狱龟鉴》卷四,清嘉庆墨海金壶本,第59页。

神相违。更有甚者,有的司法者为维护官场下级应当忠于上级的等级伦理,竟然会法外施暴。

> (阳城)出为道州刺史……前刺史有赃罪。观察使方推鞫之,吏有幸于前刺史者,拾其不法事以告,自为功。城立杖杀之。①

本案中,吏的行为虽不厚道,但纵使无功,亦不违法。司法者滥用职权,将其杖杀,草菅人命,与仁政司法明显冲突。这也表明在某些司法者的心目中,仁政司法的对象只能是道德上的高尚者,而普通人特别是他们眼中违背伦理的小人是没有资格成为仁政司法的宽待对象的,甚至连成为公正司法对象的资格都不具备。② 这反映出中国古代部分司法者的观念中具有非常强烈的司法道德化色彩。这种观念对于仁政司法而言是一柄双刃剑:犯法者行为符合道德时,较易获得司法者的宽待;反之,则非但得不到宽待,还有可能面临法外加刑的结果。

二、 案件审理过程对伦理的维护

(一) 案件受理中维护伦理

在案件受理过程中,司法者对于破坏伦理之案往往给予比寻常案件更多的关注。如两类案件同时发生,司法者通常会优先受理破坏伦

---

① 《旧唐书》卷一百九十二《阳城传》。
② 后汉陈仲弓为太丘长时,吏有诈称母病求假,事觉收之,令吏杀焉。主簿请付狱考众奸,仲弓曰:"欺君不忠,病母不孝,不忠不孝,其罪莫大,考求众奸,岂复过此。"陈寔认为人犯大罪则无宽待必要,显然与先秦时期儒家主张的"附从轻,赦从重"的观点相冲突,是司法不仁的表现。[南北朝]刘义庆:《世说新语》卷上之下,明袁氏嘉趣堂刊本,第55页。

理的案件。汉代一案受理过程中司法者的态度即是如此。

  陈仲弓为太丘长,有劫贼杀财主,主者捕之。未至发所,道闻民有在草不起子者,回车往治之。主簿曰:"贼大,宜先按讨。"仲弓曰:"盗杀财主,何如骨肉相残!"①

按常人思维,盗贼杀财主乃是重案,而民妇杀新生儿则常被视为民间细故。但按照伦理观念,盗贼杀人乃是常态,虽必须惩罚却并不令人意外;而骨肉相残严重违背伦理,亦破坏了社会基本秩序,因此司法者才予以优先受理。案件受理中维护伦理还表现为若司法者认为审理某类案件会加剧对伦理的破坏,则亦有可能不受理该类案件。

  (刘惔)迁丹阳尹……时百姓颇有讼官长者,诸郡往往有相举正。惔叹曰:"夫居下讪上,此弊道也。古之善政,司契而已。岂不以其敦本正源,镇静流末乎!君虽不君,下安可以失礼。若此风不革,百姓将往而不反。"遂寝而不问。②

本案中,司法者面对百姓讼官长之类的违背等级伦理的行为,认为其乃弊道。如果再予以受理,则会加剧这一背伦行为的负面影响。为了维护民不得讼官这样的礼,故而对案件不予受理。

(二) 证据运用有利于维护伦理

维护伦理不仅体现在案件受理阶段,在案件审理阶段的证据运用

---

① [南北朝]刘义庆:《世说新语》卷上之下,明袁氏嘉趣堂刊本,第55页。
② 《晋书》卷七十五《刘惔传》。

过程中,同样体现了对伦理的维护。这一做法主要体现在证据取得与证据采信两个方面。

1. 取证不破坏伦理

取证不破坏伦理在中国古代首先表现为法律承认民众对于亲属犯罪的拒绝作证权,这一观念源于孔子。孔子主张"父为子隐,子为父隐,直在其中矣"①,成为后世亲亲相隐思想的源头。汉宣帝地节四年(前66)下诏称:"父子之亲,夫妇之道,天性也。虽有祸患,犹蒙死而存之。诚爱结于心,仁厚之至也,岂能违之哉?自今子首匿父母、妻匿夫、孙匿大父母,皆勿坐。其父母匿子,夫匿妻,大父母匿孙,罪殊死,皆上请廷尉以闻。"②此即为亲亲得相首匿制度。但诏令对卑亲属为尊亲属容隐与尊亲属为卑亲属隐的行为作出区别规定:对前者一概不追究责任,对后者如未触犯死罪,也不追究责任。如因隐瞒而导致"罪殊死"时则需要"上请廷尉以闻"。有了这一规定,司法者便不能通过强制手段获得相关证据,从而使亲情伦理得到维护。

到了东晋时,有允许考子证父或鞭父母问子所在的诏令。这一取证行为同样有破坏伦理之害。故(卫)展以为恐伤正教,并奏除之。③这是对亲亲相隐制度的重申。南北朝时的法律也规定有容隐制度。刘宋时,侍中蔡廓建议"鞠狱不宜令子孙下辞",以为"亏教伤情,莫此为大",结果是"帝从其议"。④ 到了唐代,亲属相隐的范围有所扩大。《唐律·同居相为隐》条规定:"诸同居,若大功以上亲及外祖父母外孙,若孙之妇、夫之兄弟及兄弟妻有罪相为隐,部曲奴婢为主隐,皆勿论。即

---

① 《论语·子路》。
② 《汉书·宣帝纪》。
③ 《晋书》卷三十六《卫瓘传》。
④ 《宋书》卷五十七《蔡廓传》。

漏露其事及擿语消息亦不坐,其小功以下相隐,减凡人三等,若犯谋叛以上者不用此律。"①法律之所以赋予嫌疑犯亲属拒绝作证的权利,就是为了维护证人与嫌疑人之间的亲属及主奴关系。

司法实践中对于一些可能会破坏伦理的取证方法,实施时须非常慎重。以发冢取证为例,在清代判牍《徐公谳词》记载的"葛行德冒祖争山案"中,原告葛行德与被告程正迪皆称同一块田上的两冢为自家祖冢:被告称两冢葬夫妇二人,原告则称葬母女三人。这一争议事实仅凭地面勘丈是无法查清的,因此县令不能委决,遂令两造具结,详请挖验。后来知府没有批准申请,挖验遂未实施。② 从这一案件的取证过程可以看出,司法实践中对于发冢勘验相当谨慎。因为从制度上看,司法者决定发冢勘验时并不以当事人的申请为前提。本案司法者为了避免发冢可能带来的麻烦,而要求当事人申请,以杜绝将来被当事人告状的可能。同时司法者还向上司申请发冢,上司最终没有批准。我们当然可以将两级司法者的意图解释为是为了避免承担风险,但不得不承认的是,破坏伦理确实是悬在司法者头上的达摩克利斯之剑。不仅发冢如此,对于其他可能破坏伦理的取证行为,司法者亦同样慎重。《智囊》所载明代一则案例可以看出司法者的慎重态度。

> 吉安州富豪娶妇。有盗乘人冗杂,入妇室,潜伏床下,伺夜行窃。不意明烛达旦者三夕,饥甚奔出,执以闻官。盗曰:"吾非盗也,医也。妇有癖疾,令我相随,常为用药耳。"宰诘问再三,盗言妇家事甚详,盖潜伏时所闻枕席语也。宰信之,逮妇供证,富家恳免,

---

① [清]薛允升:《唐明律合编》卷六,民国退耕堂徐氏刊本,第80页。
② [清]徐士林撰,陈全伦、毕可娟、吕晓东主编:《徐公谳词》,齐鲁书社2001年版,第205页。

不从。谋之老吏,吏白宰曰:"彼妇初归,不论胜负,辱莫大焉。盗潜入突出,必不识妇,若以他妇出对,盗若执之,可见其诬矣。"宰曰:"善。"选一妓,盛服舁至。盗呼曰:"汝邀我治病,乃执我为盗耶?"宰大笑,盗遂伏罪。①

司法者没有调取最关键证人新妇出庭作证,就是考虑了新妇作证对于家族伦理有害。本案中老吏观点与富家的观念一致,可知在诉讼中维护伦理是当时人们的共识。

2. 证据采信有利于维护伦理

在中国古代的司法实践中,因为家族伦理规范存在而使得某些特定的证据方法成为诉讼中常用的证据,这方面最典型的是族谱。古代民事诉讼中关于身份诉讼及坟山诉讼中都常以族谱为证据。清代名吏徐士林的《徐公谳词》记载:桐城监生江图与檀姓共争一坟为己姓祖茔,檀姓有县志为证;而江氏没有提供证据。徐士林认为:

夫六皖小户,率有家谱。江氏宦裔,某祖葬某山,岂无谱记可以质证?托诸空言,其谁信之?②

正因为依据伦理规范,一般的家族都有族谱存在,且祖葬何山又都应在谱中记载,当作为"宦裔"的江氏称其祖葬某山时却无谱可证,因此其主张得不到官府支持。本案的事实认定思路除了能让争讼者无话可辩,从而消除个案争议外,还会产生如下影响:民众会更重视族谱撰修,

---

① [明]冯梦龙:《智囊补》察智部卷十,明积秀堂刻本,第355页。
② [清]徐士林撰,陈全伦、毕可娟、吕晓东主编:《徐公谳词》,齐鲁书社2001年版,第188页。

并将祖葬何处载入族谱。这对于维护家族伦理显然是有益的。

（三）疑难案件的事实认定有利于维护伦理

伦理规范不仅影响证据的运用，也影响疑难案件的处理。对于某些案件，若事实确实无法查清，那么，司法者在决定如何处理事实时就会考虑伦理的价值。清代纪昀在《阅微草堂笔记》中记载：

> 吴生冠贤为安定令时……闻有幼女幼男，皆十六七岁，并呼冤于舆前。幼男曰："此我童养之妇。父母亡，欲弃我别嫁。"幼女曰："我故其胞妹。父母亡，欲占我为妻。"问其姓，犹能记，问其乡里，则父母皆流丐，朝朝转徙，已不记为何处人矣。问同丐者，则曰："是到此甫数日，即父母并亡，未知其始末，但闻其以兄妹称。"然小家童养媳，与夫亦例称兄妹，无以别也。有老吏请曰："是事如捉影捕风，杳无实证，又不可以刑求。断合断离，皆难保不误。然断离而误，不过误破婚姻，其失小；断合而误，则误乱人伦，其失大矣。盍断离乎？"推研再四，无可处分，竟从老吏之言。①

传统伦理关于婚姻缔结的限制条件主张同姓不婚，而同宗乃至兄妹成婚更是伦理大忌。本案中，老吏主张对无法认定当事人身份的婚姻作出断离的决定，其目的就是使家族伦理免遭破坏。

（四）亲属争讼多调解

维护具有尊卑关系人员之间的等级界限是伦理的基本要求，但不

---

① ［清］纪昀撰，北原、田军等注译：《〈阅微草堂笔记〉注译》，中国华侨出版社1994年版，第510页。

限于此。对具有亲属关系的成员而言，维护他们之间的和谐同样重要。为此，对亲属争讼，司法者通常不是采用查明事实适用法律的模式，而是多采用教化调解模式，达到既解决纠纷，又不激化亲属之间矛盾的效果。《北史·循吏传》载：

> （苏琼）除南清河太守……乙普明兄弟争田，积年不断，各相援据，乃至百人。琼召普明兄弟对众人谕之曰："天下难得者兄弟，易求者田地，假令得地，失兄弟心如何？"因而下泪……分异十年，遂还同住。

对有亲属关系的当事人争讼施行教化调处模式，其仁政司法的效果有二：一是当事人息讼可免讼累之苦；二是有利于维护亲属和睦，做到了善待当事人与维护伦理的有机统一，具有双重仁政司法的效果。

三、案件判决与执行有利于维护伦理

（一）案件判决有利于维护伦理

对当事人的不法行为进行判决，伦理关系是重要的考虑要素。若当事人行为虽然不法，但其动机符合伦理要求，则司法官员通常对其会作出宽厚判决，甚而法外施仁。前述汉宣帝地节四年（前66）的诏书开始规范亲属犯罪相为容隐制度。对亲属之间因相隐犯罪而致生的新的犯罪行为，司法者之所以主张宽厚处理，是因为认为当事人违法相隐本身就是有仁厚之心的体现。既如此，司法者自不应严惩当事人的仁厚行为，而应以仁厚回报仁厚，宽待亲属之间的相隐行为。可见在正统司法观念中,维护伦理与仁厚本身就具有统一性,这也是对维护伦理行为给予仁厚处理的基本理论依据。除相隐行为值得宽待外,当事人其他体现孝道伦理的犯罪行为同样值得司法者宽待。北宋时期司法者对一案的处理就体现了维护伦理的态度。

都下赵倚,年十二,随母嫁里中田生。田生勇于力,母每遭毒手,积六年。倚每见母被凌辱,即劝母去,母终无意。一日倚病,母遭叱詈。倚病中愤郁,因力遣母出买药。时田生尚寝。倚乃阖户持刀杀田生,连十余下,以力弱不能中要害,而田亦宛转血中。邻人排闼入。倚曰:"吾母以身归田生,执爨具饭,乳子浣衣,勤劳旦夕,而未尝得田生一善言。为人子者,得不痛心,恨吾病甚不能力断其首。"即以刀付逻卒,束手就执。既行犹回视诸人,曰:"好视吾母。"行人皆视之泣下。典狱者原其孝,亦为奏谳。上哀其诚,止罪杖。①

赵倚杀其继父,其原因乃是为了维护生母。从情感上讲,一个人对生父母的情感肯定比对继父母的情感要深得多,因此本案赵倚杀其继父乃是其自然情感的体现。一个人的行为出于其自然情感,古人称之为诚。如果这种行为又符合儒家伦理的要求,则更是一种值得肯定的行为,故而"上哀其诚",即皇帝同情其为尽孝而杀人的做法,因而予以法外施仁。当然,如当事人行为违背伦理,司法者自然不会予以宽厚处理,此时维护伦理的价值追求显然压过了对宽厚的追求。

---

① [明]余懋学:《仁狱类编》卷三,明万历三十六年直方堂刻本,第109页。

(孔)深之(原名孔渊之,避唐高祖李渊讳而改)大明中为尚书比部郎,时安陆应城县人张江陵,与妻吴共骂母黄令死,黄忿恨自经死。已值赦。律:"子贼杀伤殴父母,枭首;骂詈,弃市。谋杀夫之父母,亦弃市;会赦,免刑补冶。"江陵骂母,母以自裁,重于伤殴。若同杀科,则疑重;用伤殴及詈科,则疑轻。制惟有打母遇赦犹枭首,无詈母致死会赦之科。深之议曰:"夫题里逆心,而仁者不入。名且恶之,况乃人事!故殴伤咒诅,法所不容;詈之致尽,则理无可宥。罚有从轻,盖疑失善。求之文旨,非此之谓。江陵虽遇赦恩,故合枭首。妇本以义,爱非天属。黄之所恨,情不在吴,原死补冶,有允正法。"诏如深之议,吴免弃市。①

　　本案中,张江陵骂母致死,其违背伦理的行为在司法者看来难以容忍,故而在法律适用有疑问时从重适用。笔者前文指出,在一般疑罪案件的处理中,如出现可轻可重之疑,仁政司法的正常要求是从轻,但本案则是例外。之所以有如此例外,是因为司法者认为本案从重处理更有利于维护伦理。

(二) 案件执行有利于维护伦理

　　案件执行过程中,也存在着伦理维护问题。司法者为了避免伦理价值被破坏,同样会选择有利于维护伦理的执行要求。南朝宋时的一则案件表明,议者主张刑罚法执行应能够有利于维护伦理。

　　　　元嘉七年,会稽剡县民黄初妻赵打息(媳)载妻王死亡,遇赦。

---

① 《南史》卷二十七《孔靖传》。

王有父母及息男称、息女叶。依法徙赵二千里外。(傅)隆议之曰：原夫礼律之兴,盖本之自然,求之情理。非从天堕,非从地出也。父子至亲,分形同气。称之于载,即载之于赵。虽云三世,为体犹一。未有能分之者也。称虽创巨痛深,固无仇祖之义。若称可以杀赵,赵当何以处载。将父子孙祖互相残戮,惧非先王明罚,咎繇立法之本旨也。向使石厚之子、日磾之孙,砥锋挺锷,不与二祖同戴天日。则石碏秺侯何得流名百代,以为美谈者哉。旧令云:杀人父母徙之二千里外。不施父子孙祖明矣。赵当避王期功千里外耳。令亦云:凡流徙者,同籍亲近欲相随者,听之。此又大通情体。因亲以教爱者也。赵既流移,载为人子何得不从。载从而称不行,岂名教所许,如此称、赵竟不可分。赵虽内愧终身,称当沈痛没齿,孙祖之义自不得永绝,事理固然也。从之。①

本案中,被告赵氏因打杀子媳被处罚,后遇赦应流二千里。如此判决的理由乃是她杀人父母,故而应避二千里。但议者认为其中所谓的"人"本是其孙,而按伦理规范,孙不得就父母被害向祖父母复仇,因此流二千里亦无必要,故而改为流千里。流千里不是为了避其孙,而是为了避媳的其他亲属。同时立法规定流放者的亲属可以要求相随,但这只是亲属的权利而非义务,而议者将其义务化,显然是其心目中的伦理观念在起作用。

---

① 《宋书》卷五十五《傅隆传》。该案的集议表明,当时认同傅隆观点者有相当数量,参与议案的刘义庆也认为孙无仇祖之义。

第十二章 刑罚为用

刑罚为用与德礼为本相对,是指在人们观念中,法律本身没有独立价值,只是实现其他价值的工具。① 在中国古代社会,刑罚为政教之用,可见法律被视为治国平天下的工具。《管子·七臣七主》认为:"法者,所以兴功惧暴也;律者,所以定分止争也;令者,所以令人知事也。法律政令者,吏民规矩绳墨也。"无论是为了惧暴、止争还是令人知事,其本质都在于维护统治秩序,与规矩绳墨一样都只是统治者治国的工具。《文子·上义》更是直接指出:"法制礼乐者,治之具也,非所以为治也。"虽说文子认为法与礼都是工具,但这只是道家的观点,而在儒家观念中,礼的地位远高于法。在法律儒家化完成的历史进程中,礼与德逐步取得了本的地位,但法的工具地位却一直没有改变。法律工具观形塑了中国古代法律的两个重要特征:一是法律权威性不足,二是立法上采用重刑主义。

一、法律权威性不足

(一) 法律的起源与法律权威

法律权威性不足首先表现在人们对法律来源的认识上。古代中国

---

① 中国古代语境中的刑法与当今刑法概念有较大差异,古代的刑法可以对应今天的法律。刑法被视为工具,是指法律整体被视为工具,并非仅指刑法本身。

人关于法律来源的认识可以从法的终极来源及现实来源两个角度加以考察。

1. 关于法终极来源的观点

中国上古时期人们关于法的终极来源观点与古代其他地区并无本质区别,都认为法律源自神意。《尚书·皋陶谟》载:"天叙有典,敕我五典五惇哉!天秩有礼,自我五礼有庸哉!同寅协恭和衷哉!天命有德,五服五章哉!天讨有罪,五刑五用哉!"关于神意是如何转变为法律的,古人认为是通过圣人来沟通上天,从而将天意转化为法律。如关于《洪范》的来源,箕子曾言:"我闻在昔,鲧堙洪水,汩陈其五行。帝乃震怒,不畀洪范九畴,彝伦攸斁。鲧则殛死,禹乃嗣兴,天乃锡禹洪范九畴,彝伦攸叙。"①在此过程中,禹作为圣人,天将《洪范》赐于他,成为人间法律。《汉书·刑法志》称:"圣人因天秩而制五礼,因天讨而作五刑。"即是指禹以天赐之洪范为依据制定五礼五刑的神法人间化过程。《魏书·刑罚志》亦称:"德刑之设,著自神道。圣人处天地之间,率神祇之意……是以明法令,立刑赏。"同样认可圣人则天意而立法的法律产生过程。关于人间法律的这一终极源头与传递模式,中国上古时期与古代西方并无质的区别。禹传《洪范》与摩西传《十戒》亦无根本不同。

当然,关于法律的终极来源还有一种观点,即圣人本身就是法律的创制者,无须传播他人意志。《荀子·性恶》称:"古者圣人以人之性恶,以为偏险而不正,悖乱而不治。故为之立君上之势以临之,明礼义以化之,起法正以治之,重刑罚以禁之。使天下皆出于治、合于善也。"分析这一观点,其中圣人身份值得细思。圣人既能立君上,又可以明礼义,

---

① 《尚书·洪范》。

与前述观点"圣人则天之意"的圣人似有不同。前述圣人最有可能的就是人间帝王本人或帝王身边的重臣,但绝无可能是立帝王之人。因此我们有理由认为,此处的圣人就是神明本身而非与神明沟通之人。从这层意义上说,法律应当源于神的直接授予。

2. 关于实在法来源的观点

实在法从何而来,中国古代人们有以下三种观点。一是刑起于兵说。《国语·鲁语上》说:"大刑用甲兵,其次用斧钺;中刑用刀锯,其次用钻笮;薄刑用鞭扑。"问题在于刑何时起于兵?《汉书·刑法志》称:"所繇来者,上矣。自黄帝有涿鹿之战以定火灾,颛顼有共工之陈以定水害。唐虞之际,至治之极。犹流共工、放欢兜、窜三苗、殛鲧,然后天下服。夏有甘扈之誓,殷周以兵定天下矣。"表明从黄帝至周时完成由兵向刑的转化。二是刑罚由苗民创制。《尚书·吕刑》载:"苗民弗用灵,制以刑,惟作五虐之刑曰法。"当然这只是人们关于上古时期实在法来源的认识。到三代时期,人们认为各个朝代法律就是由各个朝代的最高统治者所制定。如《左传·昭公六年》称:"夏有乱政,而作《禹刑》;商有乱政,而作《汤刑》;周有乱政,而作《九刑》。"但事实上这些法律不可能是最高统治者本人制定的,而是由其臣下制定并以最高统治者之名命名而已。再到后来,最高统治者的名号也不再为律名所用,如周代的法律就依其内容称为《九刑》。① 《唐律疏议》则将汉晋法律的创造者之名授予萧何与贾充。② 韩非对此总结为:"法者,宪令着于官府,刑罚必于民心,赏存乎慎法,而罚加乎奸令者也。"③总的而言,法律是由官府制定的,已经不再有神秘色彩。

---

① 正刑五种,"墨、劓、剕、宫、大辟";辅助刑四种,"赎、鞭、扑、流"。共九刑。
② 《尚书·吕刑》有"伯夷降典,折民惟刑"的记载,《唐律疏议》则有"萧贾遗文"之语。
③ 《韩非子·定法》。

将中国古代法律起源观点与古代西方相应观点进行比较,我们发现两者在法律的终极来源及传递方面都极为相似,但两者亦有很大差异。古代西方法律的终极来源与现实来源具有统一性,如被赋予神圣色彩的《摩西十戒》既是上帝意志,也是可以直接对人类活动产生约束力的规范。而中国古代存在着终极来源与现实来源的分野:终极来源的法律只有一部《洪范》,而《洪范》后来也没有演化为司法中可以依据的准则;现实来源的法律则没有被赋予神圣色彩。我们知道,中国古代一直声称最高统治者的权力源自天,历代最高统治者无论是称后、称王还是称帝,都自称天子,君权神授是官府长期宣扬的观点。即使周人认为"皇天无亲,惟德是辅"①,但有德者依然须通过上天的认可才能获得统治权。但是现实的法律在中国古人观念中缺少与王权一样的神圣性,自然也缺少与王权一样的权威性。

(二) 德本刑用观念

法律作为治国的手段,究竟处于何种地位。对于一种制度或手段的地位,我们不能单就该制度或手段本身来考察,而应将其与其他治国手段进行比较,方能有一个较为准确的认识。中国古代可以与法律进行比较的治国手段主要有两种:一种是德礼,另一种是赏。前一种比较是儒家的视角,后一种比较则是法家的视角。

关于德礼与刑罚的关系,中国古人的认识是有变化的。三代之时,强调德礼与刑罚都是治国手段。东汉陈宠认为《尚书·吕刑》的精神是"礼之所去,刑之所取,失礼则入刑,相为表里者也"②。前引《尚书》中的"天秩有礼,天命有德,天讨有罪",都是强调德礼与刑罚作为治国手

---

① 《尚书·蔡仲之命》。
② 《后汉书》卷四十六《陈宠传》。

段的互补性，并未明言孰轻孰重、谁主谁次。但是刑只针对有罪者，而德礼则针对常人。在一个正常时代，常人肯定远多于罪人，因此这一分类已隐含了德礼重于刑罚的意蕴。

　　春秋时期，儒家开始将德刑分出主次。孔子曾言："道之以政齐之以刑，民免而无耻；道之以德齐之以礼，有耻且格。"①此言指出了将法律作为治国手段的局限性，即法虽能禁人为恶，但不能导人向善。他还主张："为政以德，譬如北辰，居其所而众星共之。"②为此，德礼就成了治国的唯一核心，刑退到了次要地位。唐律制定者更是主张"德礼为政教之本，刑罚为政教之用"③。清人纪昀亦认为："刑为盛世所不能废，而亦盛世所不尚。"④不过在唐以后，刑罚的作用在部分人心目中也曾重新受到重视。朱熹就对教化与刑罚的关系修正了德主刑辅的观点。他说："如何说圣人专意只在教化，刑非所急？圣人固以教化为急。若有犯者，须以此刑治之，岂得置而不用。"⑤另外，他还对宽猛相济的传统司法思想提出修正，主张"以严为本，以宽济之"⑥，表明刑罚在其心目中已不再是不得已而用之的次要手段，而是治国之根本。朱元璋提出"明礼以导民，定律以绳顽"的观点，并自称仿古为治，⑦此显系从"明刑弼教"观念承袭而来。但他主张重刑弼教，刑罚已不只是教化的辅助手段，而且就是教化本身。可见在朱元璋心目中，德刑应当并重而非德主刑辅。不过总的来看，德主刑辅观念作为一个整体态势在中国古代自

---

　　① 《论语·为政》。
　　② 《论语·为政》。
　　③ ［唐］长孙无忌：《唐律疏议》卷一，宋刊本，第1页。
　　④ 《四库全书·政法类·法令之属按语》，载［清］沈家本：《寄簃文存》卷八，民国刻沈寄簃先生遗书本，第239页。
　　⑤ ［宋］黎靖德编：《朱子语类》卷七十八，明成化九年陈炜刻本，第1622页。
　　⑥ ［宋］黎靖德编：《朱子语类》卷一百零八，明成化九年陈炜刻本，第2170页。
　　⑦ ［明］舒化辑：《大明律附例》序，明嘉靖刻本，第1页。

汉以后没有根本变化。

法家基本上否定德礼的治国意义,而是将刑赏视为治国二柄。在刑与赏的关系上,主张重刑轻赏。商鞅主张:"治国刑多而赏少,故王者刑九而赏一,削国赏九而刑一。"①法家以刑为主的观点除了在秦代因主张"事皆决于法"而成为主流观念外,在中国古代历史上其他时期都没有取得正统地位。在先秦及汉以后,主流观点都认可德礼才是治国之本。这是中国古代社会绝大部分时期对法律作为维护秩序工具的一种基本认识。

(三) 刑罚世轻世重

法律地位的不彰除缺乏神圣性及被视为次要治国手段外,还在于法律适用缺乏稳定性。中国古代既将法律视为治国手段,那么这种手段如何规范及如何适用就应与国情密切关联。从立法角度而言,儒家经典《尚书·吕刑》主张:"轻重诸罚有权,刑罚世轻世重。"《孔传》称世轻世重为"随世轻重"。所谓随世轻重即《周礼·秋官·大司寇》所载的"一曰刑新国用轻典,二曰刑平国用中典,三曰刑乱国用重典"。后世立法实践中因势立法的现象相当常见。有时在同一个帝王统治期内,立法也会有变化。如隋炀帝杨广刚继位时,"以高祖禁网深刻,又敕修律令,除十恶之条。时升称皆小,旧二倍其赎,铜亦加二倍为差。杖百则三十斤矣。徒一年者六十斤,每等加三十斤为差,三年则一百八十斤矣。流无异等,赎二百四十斤。二死同赎三百六十斤。其实不异开皇旧制"。但晚年鉴于国家秩序不稳,他弃《大业律》不用,"乃更立严刑。敕天下窃盗已上罪无轻重,不待闻奏皆斩。百姓转相群聚,攻剽城邑,

---

① 《商君书·开塞》。

诛罚不能禁。帝以盗贼不息,乃益肆淫刑。九年又诏为盗者籍没其家"①。而明太祖朱元璋在位期间,制定《大明律》却不予适用,而是准备留给后世君王适用。理由是《大明律》乃治世之典,而他所治乃是乱世,故常法外用刑,《大诰》得以肆行。②

刑罚的轻重不仅因世势而异,还存在着名重实轻之别。即立法上重刑,而实际上执行时则应有条件地选择轻刑。朱元璋在解释《大明律》条文不注宽恤之令时说:"顾愚民无知,若于本条下即注宽恤之令,必易而犯法,故以广大好生之意,总列《名例律》中。善用法者,会其意可也。"③此可为立法严司法宽之证。刑罚轻重差异还体现在司法实践中。司法者可以根据需要选择轻还是重,此即著名的宽猛相济之论。《左传·昭公二十年》载孔子之言:"政宽则民慢,慢则纠之以猛;猛则民残,残则施之以宽。宽以济猛,猛以济宽,政是以和。"即根据民慢与民残的不同状况决定法律适用是宽还是猛。刑罚世轻世重是刑法工具观导致的必然结果,而其存在又进一步损害了刑法的权威。

二、立法重刑主义

在中国古代统治者的观念中,法律作为维护统治秩序的工具,其核心职能是预防犯罪。由于认知能力的局限性,先秦时期的法家认为重刑更有利于预防犯罪,故而实行重刑治国能够达到刑以止刑的目的。

---

① 《隋书》卷二十五《刑法志》。
② [清]龙文彬:《明会要》卷六十四,清光绪十三年永怀堂刻本,第1139页。
③ 《明史》卷九十三《刑法一》。

商鞅主张:"立君之道,莫广于胜法;胜法之务,莫急于去奸;去奸之本,莫深于严刑。故王者以赏禁,以刑劝,求过不求善,借刑以去刑。"①法家的重刑治国主张随着秦王朝的灭亡在形式上退出了历史舞台,但这一观念如百足之虫,死而不僵。出现这一现象的原因有三:一是由于法律继承性的存在。中国古代历代皆行秦政制,因此秦代重刑思想对后世的影响难以完全消除。二是法自君出的传统,使得法律的品格在很大程度上系于君主一人。若君主仁厚,则法律就可能宽厚,如唐律;若君主刻薄,则立法就可能严苛,如汉武帝、明太祖所立之法。三是儒家法律思想本身就有重刑基因。儒家主张三国三典,其中"刑乱国用重典"观念极易导致立法峻严。立法严苛表现为以下四个方面。

(一) 重刑轻罪

重刑轻罪是法家刑以止刑主张的自然结果。立法者认为民人因惧严刑而不敢犯轻罪,轻罪都不敢犯,重罪自然更不会犯。历史上体现重刑轻罪观念的立法非常普遍。汉武帝时"作沉命法,曰:'群盗起不发觉,发觉而弗捕满品者,二千石以下至小吏,主者皆死'"②。不能发觉盗贼及捕盗不满品,罪竟至死,显然过重。刑罚过重的现象古人在当时就已认识到。南朝宋时王弘上疏称:"主守偷五匹,常偷四十匹,并死,太重。请加主守至十匹,常偷至五十匹。"③立法严酷自然会影响司法,从而导致司法严厉。下面一案即是重刑影响司法的典型。

(西晋时)奴听教加诬周龙烧草,廷尉遂奏族龙一门八口并命。

---

① 《商君书·开塞》。
② 《汉书》卷九十《酷吏传》。
③ [唐]杜佑:《通典》卷一百六十四,北宋本,第3590页。

会龙狱翻,然后得免。考之情理,准之前训,所处实重。①

本案中,被告所犯的罪行即使属实,亦不过过失焚烧山陵之草,死刑已是过重,灭族纯属暴政。当然,如果刑罚一直很严厉,人皆知晓法律严而能知避,以至于实践中违法较少,那么严刑的负面影响亦还有限。问题在于中国古代存在着刑罚世轻世重现象,统治者会在长期施行宽刑的基础上突然实施严刑,而民众没有起码的心理预期,因而常常陷于峻法而不能自拔。北魏时期就曾出现过此种情形:

> 乃峻刑法,每以军令从事。民乘宽政,多以违令得罪,死者以万计。于是国落骚骇。平文承业,绥集离散。昭成建国二年,当死者,听其家献金马以赎。犯大逆者,亲族男女无少长皆斩。男女不以礼交,皆死。民相杀者,听与死家牛马四十九头及送葬器物以平之……太安四年……士民多因酒致酗讼……帝恶其如此,故一切禁之,酿、沽、饮皆斩。②

民众因长期受宽刑法制影响,故而易于犯法。而统治者突然改弦更张,大量民众因轻罪而受到重刑,显然属残民之举。当然,这还属于立法改变的情形,更有甚者,在立法未变的情况下,最高统治者仅以个人好恶就加重刑罚力度,更易使民众受害。隋文帝统治时因奖励揭发盗贼,遂发生无赖之徒故遗物于富家子弟,候其拾取则擒以送官而获取其赏的现象。隋文帝非但不反省自己的奖励政策,反而加

---

① 《晋书》卷三十《刑法志》。
② 《魏书》卷一百一十一《刑罚志》。

重对盗罪的处罚。

> 帝知之,乃命盗一钱已上皆弃市。行旅皆晏起晚宿,天下懔懔焉。此后又定制,行署取一钱已上,闻见不告言者,坐至死。自此四人共盗一榱桷,三人同窃一瓜,事发即时行决。①

如此随意地重刑轻罪,无疑是极度残民之举,是法家重刑轻罪理论在实践中的极端表现。重刑轻罪还有一个表现,即因为立法简单而导致司法实践中的严厉。这一现象单从立法看来并无不妥,但因立法追求简单,未能考虑犯罪情形的多样形态,面对不同的犯罪情形,司法者只能适用同样的法律,从而出现重刑轻罪的结果。

> (穆宗长庆)二年四月,刑部员外郎孙革奏:"准京兆府申,云阳力人张莅欠羽林官骑康宪钱米,宪征理之。莅乘醉拉宪,气息将绝。宪男买得年十四,将救其父,以莅角抵力人,不敢挥解,遂持木锸击之首,见血,后二日致死者。准律,父为人所殴,子往救,击其人折伤,减凡斗三等;至死者,依常律。则买得合当死刑。伏以律令者用防凶暴,孝行者以开教化。今买得救父难是性孝,非暴;击张莅是心切,非凶。以髫卝之岁,正父子之亲,若非圣化所加,童子安能及此?《王制》称五刑之理,必原父子之亲;《春秋》之义,原心定罪;《周书》所训,诸罚有权。今买得生被皇风,幼符至孝,哀矜之宥,伏在圣慈。职当谳刑,合申善恶。谨先具事由陈奏,伏冀下中书门下商量。"敕旨:"康买得尚在童年,能知子道,

---

① 《隋书》卷二十五《刑法志》。

虽杀人当死,而为父可哀。若从沈命之科,恐失原情之义,宜付法司,减死罪一等处分。"①

本案原应适用的法律规定为救父而殴杀行凶者致死依常律,即应予抵命。这一规定只是为了体现杀人偿命这一朴素的正义观,没有考察杀人者动机的可悯性、目的的无故意伤害性与行为发生时情境的紧迫性,亦未考虑杀人者的未成年特征。对于具有正当防卫性质的杀人未考虑其特殊性,统一定为死刑,属于立法过于简单而导致的重刑轻罪。

(二) 株连无辜

立法严厉的第二个表现是株连无辜。当事人并未实施犯罪行为,但因与犯罪者有某种关系而受牵连入罪。株连无辜是重刑轻罪的延续。统治者面对其认为是极重的犯罪者,认为处死刑亦不足蔽其罪,遂株连其亲属乃至邻里。此意在于加重被告人的痛苦程度,以阻碍其实施法律特别禁止的犯罪,有强烈的预防犯罪动机。连坐刑起源甚早,夏、商时期皆可能有之。《尚书》中的《汤誓》与《甘誓》都有"予则孥戮汝"的记载。《孔传》称:"孥,子也。非但止汝身,辱及汝子,言耻累也。"《尚书·盘庚》中有:"不吉不迪,颠越不恭,暂遇奸宄,我乃劓殄灭之,无遗育,无俾易种于兹新邑。""劓殄灭之"是典型的连坐制度。周时行仁政,"父子兄弟,罪不相及"②,似是无连坐之制。至秦文公二十年(前746),初有三族罪。武公三年(前695),诛三父等而夷三族,以其杀

---

① 《旧唐书》卷五十《刑法志》。
② 《左传·昭公二十年》引《尚书·康诰》佚文。

出子。后商君相秦,令民为什伍,而相牧司连坐,①将连坐由家族扩展到邻里。汉承秦制,文帝前元三年(前177)废收孥相坐律令,其后,新垣平谋为逆,复行三族之诛。② 后代立法无论轻重与否,灭族之类的连坐刑始终保留。自唐以后,连坐范围还继续扩大。如唐时谋反连坐处死者限于十六岁以上之父子。而明律则不问年岁,不限于父子,祖孙叔侄亦在其中,故称灭九族,远广于三族之诛。方孝孺一案连坐致死者有八百七十三人之多,以致后人称其为十族之诛。③

(三) 刑罚残酷

立法严厉的第三个表现是刑罚残酷。早在尧舜时期,传说中的三苗制刑就开始实行"五虐"之刑,包括"截人耳鼻,椓阴黥面"等。④ 夏代以"大辟、膑辟、宫辟、劓、墨"为五刑,周代以"墨、劓、宫、刖、杀"为五刑,这些都是伤残人的身体直至把人处死的酷刑。经春秋、战国、秦到汉初,刑罚的名目略有变化,如大辟的执行方式又分为车裂、凿颠、腰斩等,但大体不出五刑的范围。一些被统治者认为是逆天之罪的刑罚更加严厉,如汉律规定:"当三族者,皆先黥,劓,斩左右止(趾),笞杀之,枭其首,菹其骨肉于市。其诽谤詈诅者,又先断舌。"⑤故谓之具五刑。彭越、韩信之属皆受此诛。

汉文帝十三年(前167)下诏废除肉刑,以后的死刑仍然使用车裂、枭首等,直到清末都保留着枭首、凌迟之刑。死刑之外,各代都通用笞、杖、鞭、枷等刑罚,已经废除的宫、劓、刖等肉刑在后世又不断被恢复使

---

① 《史记》卷六十八《商君列传》。
② 《汉书》卷二十三《刑法志》。
③ [明]尹守衡:《皇明史窃》卷七十九,明崇祯刻本,第564页。
④ 《尚书·吕刑》。
⑤ 《汉书》卷二十三《刑法志》。

用。有些法律中规定的较轻的刑罚如流放、充军、苦役等，看似不属酷刑的范围，但笞杖、黥面或钛趾等肉刑常常为其附加刑。明清时期的充军与发遣不仅远至蛮荒，且还终生服刑，重者甚至子孙亦要永远服刑。可见，这类轻刑同样具有刑罚严厉的特征。

（四）罪名繁多

罪名繁多是刑法严厉的又一个表现。《尚书大传》称"夏刑三千条"，东汉郑玄注称："夏刑，大辟二百，膑辟三百，宫辟五百，劓、墨各千。"①《孝经·五刑》记载孔子之言："五刑之属三千，而罪莫大于不孝。"《周礼·秋官·司刑》记载："司刑掌五刑之法，以丽万民之罪，墨罪五百，劓罪五百，宫罪五百，刖罪五百，杀罪五百。"总共有两千五百条。可见三代时期罪名纵然没有三千条，数量也应相当可观。秦代则是"诸事皆有法式"，从积极方面看可以视为法律完备，从消极方面讲则是刑网太密。汉初虽短暂适用三章之法，但很快发现三章罪名太少而"不足御奸"，于是连续立法，遂致"禁网浸密。律令凡三百五十九章，大辟四百九条，千八百八十二事，死罪决事比万三千四百七十二事。文书盈于几阁，典者不能遍睹"②。对法网过密的现象，古人无论是帝王还是士大夫都对其提出了批评。东汉陈宠针对东汉法律条文众多，指出："汉兴以来，三百二年，宪令稍增，科条无限。又律有三家，其说各异。宜令三公、廷尉平定律令，应经合义者，可使大辟二百，而耐罪、赎罪二千八百，并为三千，悉删除其余令，与礼相应，以易万人视听，以致刑措之美。"③宋太祖尝读《虞书》，叹曰："尧舜之时，四凶之罪止从投窜。何

---

① ［清］王闿运：《尚书大传补注》卷五，清光绪刻民国十二年汇印王湘绮先生全集本，第62页。
② 《汉书》卷二十三《刑法志》。
③ 《后汉书》卷四十六《陈宠传》。

近代宪网之密邪!"①蔡沈则指出了刑网过密的不足,他说:"至于周而律之繁极矣。五刑之属,至于三千。若一按之律,尽从而刑之,则何莫非投机触罟者?天下之人无完肤矣!"②事实上,刑网过密确实会使获罪者人数大大增加。北宋真宗咸平三年(1000),天下断死罪八百人。上览囚簿,怃然动容,语宰执曰:"杂犯死罪条目至多,官吏倘不用心,岂无枉滥邪!故事,死罪狱具,三覆奏,盖甚重慎,何代罢之?"遂命检讨沿革。③杂犯死罪条目过多是一年断死罪八百人的重要原因。明律中的死罪条目也有一百二十二条,较唐律规定的一百一十四条还是要多。仅从死罪条目可以看出,中国古代刑网过密具有一以贯之的特征。

三、法律工具观对仁政司法的影响

(一)立法与司法宽严之辨

就立法与司法的宽严选择而言,可选择的搭配模式有四种。一是立法严,司法亦严。此处司法中的严主要指严格依立法规定审判。二是立法严,司法宽。此处的宽是指审判作出的刑罚比立法规定要轻缓。三是立法宽,司法严。此处的严不是严格依法判决,而是超越法律规定施以更重的刑罚。四是立法宽,司法亦宽,即司法依据立法的宽厚规定进行判决。在考察中国古代的法制模式之前,笔者拟先讨论立法上严与宽的认定标准。尽管前文已列出古代立法严酷的表现,但那只是现

---

① [元]马端临:《文献通考》卷一百六十六,明冯天驭刻本,第6534页。
② [元]马端临:《文献通考》卷一百六十二,明冯天驭刻本,第6377页。
③ [元]马端临:《文献通考》卷一百七十,明冯天驭刻本,第6638页。唐贞观四年(630),天下断死罪者二十九人。咸平三年(1000)与贞观四年(630)相比,断死罪人数确实过多。真宗惊诧不为无因。

象描述,而非理论阐释。笔者认为,判断立法是宽还是严的标准应当采用现代刑法理论标准,即以罪责自负及罪刑相当原则为标准;行为人主观恶性的大小作为预防刑的量刑标准只能在报应刑的基础上作出减轻,而不能作为加重理由,即无论犯罪人的主观表现有多恶劣,对其都只能在报应刑以下(含本刑)量刑。依此标准,刑过于罪及株连无辜的刑罚都是立法严厉的表现。如此看来,中国古代立法中,即使号称"得古令之平"的唐律都属严厉立法。因为唐律并未取消重罪的连坐处罚,且对妖言与和奸等没有犯罪对象的行为都处以较重刑罚。① 中国古代立法宽的现象也有,如汉初的约法三章、唐初的约法十二条。② 但两者存续时间都很短,可见严格意义上的立法宽不是一个正常朝代的理性选择。而立法宽这一选项之所以被弃,是因为宽法再加之司法宽,会导致社会秩序无法维持。汉初的三章之法很快就被发现不足以御奸;唐初的约法十二条虽未明言其不足,但很快就被正式法律取代,可以想见是由于统治者发现其不足以维护社会秩序。那么,是否可以用严厉司法来补立法宽简之不足呢?这显然不可行。因为法宽则民易犯法,而司法者又越法处以重刑,显然是残民之举。诚如王夫之所言:"法宽而任鸷击之吏,则民轻犯法,而无辜者卒罹血不可活。"③立法宽既不可行,立法严成必选,那么立法严而司法亦严会如何? 历史已经给出答案。秦代即如此,尽管秦二世曾经大赦天下,但此并非缓减立法过严之策,而是补充兵源的功利之举。秦代立法与司法皆严导致其二世而亡,此教训后人已长期铭记。因此,立法、司法皆严亦不可取。最后只有立法

---

① 没有犯罪对象表明犯罪的实际危害性较小。
② 《新唐书》卷五十六《刑法志》。已知十二条部分内容为"惟杀人、劫盗、背军叛逆者死"。
③ [清]王夫之撰,伊力译:《读通鉴论》卷三,团结出版社2018年版,第116页。

严司法宽之举了。王夫之说:"法严而任宽仁之吏,则民重犯法,而多所矜全。"①可见,立法严而司法宽有保民之效。

立法严和司法宽模式的选择还与法律工具观导致的制定法权威不足有很大关系。一方面因立法过严,司法者觉得依法断案会与其内心感觉产生很大冲突,表现为司法者不忍心对当事人依法作出判决;另一方面因法律权威不足,使得司法者心目中对制定法的不满能够转化为弃法不用的实践选择。② 两者相辅相成:若无前者,制定法再无权威,只要依法判决在司法者看来是合理的,那么他也不会弃法不用;若无后者,制定法再不合理,司法者亦缺少质疑其合理性的勇气,更不用说弃而不用。具体来说,立法过严对仁政司法的影响体现在两个领域:一是个案的从宽处理,二是普遍的赦宥。

(二) 个案的从宽处理

个案从宽从轻处理主要表现在两个方面。一是当法律适用有疑问时,司法者会选择较轻的处理结果。西晋刘颂所言"理有穷塞,故使大臣释滞"③,即是指面对法律适用疑难时,皇帝让大臣讨论,讨论的结果供皇帝参考,即由人主权断。此时,人主选择较轻的处理结果的可能性较大,下引西汉时的案例处理即是如此。

> 时定陵侯淳于长坐大逆诛,长小妻乃始等六人皆以长事未发觉时弃去,或更嫁。及长事发,丞相方进、大司空武议,以为:"令,犯法者各以法时(颜师古称"法时"为始犯法之时)律令论之,明有

---

① [清]王夫之撰,伊力译:《读通鉴论》卷三,团结出版社2018年版,第116页。
② 当然,这种弃法不用在不同司法者身上有不同表现。帝王可以公开声称屈法伸情,而普通司法者只能表面守法而实质曲法,但两者的本质是一样的。
③ 《晋书》卷三十《刑法志》。

所讫也。长犯大逆时,乃始等见为长妻,已有当坐之罪,与身犯法无异。后乃弃去,于法无以解。请论。"(孔)光议以为:"大逆无道,父母妻子同产无少长皆弃市,欲惩后犯法者也。夫妇之道,有义则合,无义则离。长未自知当坐大逆之法,而弃去乃始等,或更嫁,义已绝。而欲以长妻论杀之,名不正,不当坐。"有诏光议是。①

案中两派所持之论皆有其理:前者符合法条,属文理解释;后者符合法意,属目的解释。皇帝无论选择支持哪种观点,皆无可厚非。皇帝最终选择支持孔光的观点,应当说与立法规定的刑罚株连过于严厉有一定的关联,支持孔光的解释可以在一定程度上消解立法过严的弊端。

二是法律适用没有疑问,但依法处理还是让常人觉得过重,此时司法者有可能屈法施仁。清乾隆四十四年(1779),刑部将杀死六人的秋审人犯冯文炜的年仅六岁与二岁的连坐幼子以斩刑情实具题。乾隆帝认为:"缘坐之子犯事时年仅数岁,尚在童稚无知。若概予骈诛,究觉不忍,是以均未予勾。此即朕之姑息。然仰体上天好生之心,毋宁失之厚耳。惟是此等凶孽留其喘息,已属法外之仁。"②从案件事实来看,依当时的法律,刑部对连坐犯的斩刑情实具题并无不妥,乾隆虽未勾决,但亦未言刑部具题之非,而是承认系自己的姑息。其自称姑息的理由有二:一是体察上天好生之心,认为应敬天保民;二是究觉不忍。我们知道,乾隆帝在清代皇帝中绝不属于宅心仁厚之君,因而他不忍之念的产生乃是在于立法本身过于严酷,其导致无罪幼童被连坐致死的后果已突破了常人能够接受的底线。

---

① 《汉书》卷八十一《孔光传》。
② [清]官修:《皇朝通志》卷七十八,四库全书本,第1968页。

（三）普遍的赦宥

立法严厉给司法实践带来的影响，通常是司法结果同样严厉。其间尽管有个案的从宽处理，但不会对司法严酷的结果产生根本性的影响。为此，最高统治者通过普遍性赦宥方式来减免犯人的刑罚，就是抵消立法过严之弊的重要手段。有时，官员亦会以立法峻严及司法后果严酷为理由请求皇帝施行赦宥。东晋初天灾频发而又刑狱繁兴，著作佐郎郭璞上疏请赦，内容如下：

> 臣闻《春秋》之义，贵元慎始。故分、至、启、闭以观云物，所以显天人之统，存休咎之征。臣不揆浅见，辄依岁首粗有所占，卦得《解》之《既济》。案爻论思，方涉春木王龙德之时，而为废水之气来见乘，加升阳未布，隆阴仍积，《坎》为法象，刑狱所丽，变《坎》加《离》，厥象不烛。以义推之，皆为刑狱殷繁，理有壅滥。又去年十二月二十九日，太白蚀月。月者属《坎》，群阴之府，所以照察幽情，以佐太阳精者也。太白，金行之星，而来犯之。天意若曰刑理失中，自坏其所以为法者也。臣术学庸近，不练内事，卦理所及，敢不尽言。又去秋以来，沈雨跨年，虽为金家涉火之祥，然亦是刑狱充溢，怨叹之气所致。往建兴四年十二月中，行丞相令史淳于伯刑于市，而血逆流长标。伯者小人，虽罪在未允，何足感动灵变，致若斯之怪邪！明皇天所以保祐金家，子爱陛下，屡见灾异，殷勤无已。陛下宜侧身思惧，以应灵谴。皇极之谪，事不虚降。不然，恐将来必有愆阳苦雨之灾，崩震薄蚀之变，狂狡蠢戾之妖，以益陛下旰食之劳也。臣窃观陛下贞明仁恕，体之自然，天假其祚，奄有区夏。

启重光于已昧,廓四祖之遐武,祥灵表瑞,人鬼献谋,应天顺时,殆不尚此。然陛下即位以来,中兴之化未阐,虽躬综万机,劳逾日昃,玄泽未加于群生,声教未被乎宇宙。臣主未宁于上,黔细未辑于下,《鸿雁》之咏不兴,康衢之歌不作者,何也? 杖道之情未著,而任刑之风先彰。经国之略未震,而轨物之迹屡迁。夫法令不一则人情惑,职次数改则觊觎生。官方不审则秕政作,惩劝不明则善恶浑,此有国者之所慎也。臣窃为陛下惜之。夫以区区之曹参,犹能遵盖公之一言。倚清靖以镇俗,寄市狱以容非,德音不忘,流咏于今。汉之中宗,聪悟独断,可谓令主。然厉意刑名,用亏纯德。《老子》以礼为忠信之薄,况刑又是礼之糟粕者乎! 夫无为而为之,不宰以宰之,固陛下之所体者也。耻其君不为尧舜者,亦岂惟古人! 是以敢肆狂瞽,不隐其怀。若臣言可采,或所以为尘露之益;若不足采,所以广听纳之门。愿陛下少留神鉴,赐察臣言。疏奏,优诏报之。①

综合来看,郭璞请赦的理由有三:一是刑狱殷繁,理者有壅滥;二是刑理失中,自坏其法;三是过于任刑,于德有亏。虽然他未明言立法之严,但从司法者任刑则会导致刑狱殷繁这一点来看,东晋初确实存在立法与司法过严的问题。郭璞欲以赦免为补救之方,其义甚明。

---

① 《晋书》卷七十二《郭璞传》。

第十三章　以人治国

以人治国思想即人治思想,是中国古代儒家治国思想的重要内容。需要说明的是,人治不能仅从字面上理解为统治只靠人,因为一些昏暴君主及害民之吏的统治并不能被视为人治。事实上,中国古人所讨论的人治通常与德治无别,即贤德的统治者凭借自身的美好德行及卓越能力实施治理,从而得到优于依法治理的善治效果。

一、人治思想的内容

(一) 人分等级

人治思想的首要内容是将社会成员分为不同等级。值得指出的是,人分等级并不必然导致人治。如秦代时虽也将人分为不同等级,但法家观念强调除人主以外,其他人即便有等级差异,犯法也皆按法律处置,人治色彩较淡。但人若不分等级,则必然无人治。因为在一个人人平等的社会,任何人都没有理由以自己的名义统治他人,于是人治社会中所奉行的一部分人应当统治另一部分人的原则就失去了正当性,故而只能实行法治。中国古代社会中人人平等的观念影响甚微,反而是等级观念深入人心,而人分等级正是人治思想产生的基础。正因为人分等级,低等级的人才会愿意接受高等级人的统治,社会才能和谐。

考察相关资料,我们发现古人依据不同的标准将人划分为不同的等级。三代时期依据身份将人划分为大夫与庶人,即现在所称的贵族与平民。这种划分直接对后世司法产生影响,如《礼记·曲礼上》有"刑不上大夫,礼不下庶人"之说。大夫和庶人之分与身份有关,与德行无关。其对司法领域的影响主要表现为作为不同的司法对象享有不同的司法待遇,较少涉及司法者与犯法者的关系。但是在"学在官府"的时代,只有大夫才享有接受教育的机会,才能够明礼修德,而庶人基本没有机会接受教育,因此不大可能通过学校教育来获得德行的提升。而接受过教育的大夫群体就有义务在社会生活中作出榜样,以提升庶人的德行。为此,大夫与庶人之分就具有了间接的德行差异。

春秋战国时期,孔子将社会成员划分为君子与小人;孟子则将他们分为劳心者与劳力者,并主张:"劳心者治人,劳力者治于人;治于人者食人,治人者食于人,天下之通义也。"①这两种划分与大夫和庶人之分基本对应,即大夫、君子、劳心者大体是一类人,而庶人、小人、劳力者也可算是一类人。特别要说明的是,此时的君子小人不似后来的君子小人之分,后者纯属人品方面的差异,此时的差异主要还是由身份不同而导致的职业差异,如孔子就认为种田是小人的事。但是君子小人之别与德行差异存在关联性已经有所显示,如孔子将小人与女子并列,在男尊女卑还是主流观念的时代,这一做法对于小人在德行上显然有否定意味。事实上,孔子认为:"唯女子与小人为难养也,近之则不逊,远之则怨。"②这就是对他们人品的否定。

汉代董仲舒则将人的禀性分为三类,即圣人之性、中民之性与斗筲

---

① 《孟子·滕文公上》。
② 《论语·阳货》。

之性:"圣人之性",是"天之性",天生纯善,无须教化;"斗筲之性",是"兽之性",天生纯恶,教化亦无意义;"中民之性",是为"名性",需要教化浸染之后,才能够成就人性的"善"。① 此种划分不同于前述三种划分,它是纯粹按照人的德行来划分的,而与人的身份无关。东汉王充主张:"余固以孟轲言人性善者,中人以上者也;孙卿言人性恶者,中人以下者也;杨雄言人性善恶混者,中人也。"②即将人性分为上(善)、中(善恶混)、下(恶)三个等级。东汉末荀悦指出:"教扶其善,法抑其恶,得施之九品。从教者半,畏刑者四分之三,其不移大数九分之一也。"③荀悦提出了性有九品的观点,是对性三品说的进一步细化;性九品中的上品和下品者是不会改变的,可以改变的是中间七品者。其中接近上品的四品是可以通过教化让其向善,靠近下品的三品可以通过刑罚使其不为恶。唐代韩愈主张:"性也者,与生俱生也。情也者,接于物而生也。性之品有三,而其所以为性者五。情之品有三,而其所以为情者七。曰何也?曰性之品有上中下三。上焉者,善焉而已矣,中焉者可导而上下也。下焉者,恶焉而已矣。"④韩愈将人按照天赋秉性分为上品、中品与下品三等,性与情的差别在于性应于内而情发于外,而人之变化不仅与性品之差有关,亦与情之不同有关。性三品说对于司法的意义在于:由于司法者认为居于上品的圣人是不会犯法的,因而不是法律调整的对象;作为中品的中民本性良善,但是需要教化才可以激发其善根;而具斗筲之性的下品者无可教化,他们当中的一部分会因畏惧刑罚而不犯罪,但另一部分依然可能会走上犯罪道路,此时只能对其实施制

---

① [汉]董仲舒:《春秋繁露》卷十,清乾隆抱经堂丛书本,第116页。
② [汉]王充:《论衡》卷三,据明刊本排印,第55页。
③ [汉]荀悦撰,[清]卢文弨校:《申鉴》卷五,汉魏丛书本,第27页。
④ [宋]文傥:《详注昌黎先生文集》卷十一,宋刻本,第436页。

裁。然而，下品者因天性愚昧，其犯法又是值得同情的。因此虽不得不给予法律制裁，但司法者却也应出于悲悯之心而对其实施宽厚处置。

（二）德能之治

人治思想的第二个内容是德能之治，即统治者应当以其德行与能力作为治理国家与社会的手段。我们知道，先秦时期人分等级主要以身份为依据，德行与能力只是派生标准。但随着秦朝建立，贵族政治基本退出历史舞台。秦汉以后的等级主要表现为官民差异，但这种差异一般不依据身份。汉代察举制所举的孝廉、秀才、贤良文学，隋唐以后的科举选官都是依据被选者的人品与能力。魏晋时期的九品中正制虽然为士族所把持，但其形式上依然是选贤任能。可以这样认为，尽管秦以后的官员选择存在着诸多身份上的痕迹，但总体上呈现的还是选贤任能的状况。因此，官民的差异主要表现为德能的差异。

既然人的等级划分依据是德与能，那么高等级者就只能依靠其德行与能力来治理国家。至于德能二者的关系，在儒家正统观念看来应是德主能辅。孔子说过："其身正，不令则行，其身不正，虽令不从。"[①]身正显然是德行方面的表现。孔子还说："君子之德风，小人之德草，草上之风必偃。"[②]"为政以德，譬如北辰，居其所而众星共之。"[③]这些都是对德治的强调。当然，儒家也强调统治者的能力，如孔子主张的"能行恭宽信敏惠五者于天下者为仁"[④]，其中"恭宽信惠"皆是德行上的要求，而"敏"则是能力方面的要求。孟子主张："尊贤使能，俊杰在位。"[⑤]

[①]《论语·子路》。
[②]《论语·颜渊》。
[③]《论语·为政》。
[④]《论语·阳货》。
[⑤]《孟子·公孙丑上》。

荀子则提出:"故君人者欲立功名,则莫若尚贤使能矣。"①则是德能并重。墨家更是彻底主张尚贤,认为"国有贤良之士众,则国家之治厚;贤良之士寡,则国家之治薄。故大人之务,将在于众贤而已"。所谓"贤良之士"应当是"厚乎德性,辩乎言谈,博乎道术"②。可见墨家认为的贤包括德性和能力两个方面,而且能力还似乎更重于德性。③

(三) 有治人无治法

人治思想的第三个内容是"有治人无治法"思想。所谓"有治人无治法",意指立法优良与否并不重要,法制状况的好坏取决于司法者是否贤能。关于制定法与司法者两者对于法制状况功用的讨论,从理论上说可以有三种态度:一种是立法优劣是关键;二是立法与司法者皆是关键,二者缺一不可;三是司法者是关键,制定法的重要性并不大。

第一种观点主要是法家的观点,以商鞅为代表。他强调立法的重要性并提出保证立法质量的原则。他说:"故圣人之为国也,观俗立法则治,察国事本则宜。不观时俗,不察国本,则其法立而民乱,事剧而功寡。"④商鞅强调保证立法质量的原则是观俗立法,只要立法质量有保障,司法者并不需要在人品能力上有特殊要求,只要他们能"缘法而治"即可。韩非也主张只须尚法,反对贤人对法律的灵活适用,认为:"废常上贤则乱,舍法任智则危。故曰上法而不上贤。"⑤这一观点被后来的儒

---

① 《荀子·王制》。
② 《墨子·尚贤上》。
③ 之所以说墨家强调的尚贤更重视行为人能力而不是德行,是从其聚集众贤的方式得出的判断。墨家主张可以通过"富之、贵之、敬之、誉之"的方式来聚集众贤,而真正德行高尚的人显然是对功名富贵兴趣不大的。如儒家的贤者更强调对利益的让而不是争,比如许由、务光、太伯、夷齐、季札等大贤都不崇富贵,不慕功名。
④ 《商君书·算地》。
⑤ 《韩非子·忠孝》。

家部分吸收,西晋刘颂主张的"使主者守文"就是强调司法者只须依法办事即可,不用发挥主观能动性以使判断更加合乎情理。

第二种观点后来成为主流观点,其实应归属于法家重法与儒家重人两者的结合。由于汉代以后中国社会在事实上奉行外儒内法的治理模式,①因此对于立法合理与司法得人同样强调。明代方孝孺认为:"欲天下之治而不修为治之法,治不可致也;欲行为治之法,而不得行法之人,法不可行也。故法为要,人次之。二者俱存则治,俱弊则乱,俱无则亡,偏存焉,则危。世未尝无人也,然取而用之,与用而责成之,无其法,则犹无人也。"②这是人法两重前提下偏向于法的观点,当然还有偏向于人的观点。梁启超认为:"治国非独恃法也,法虽善,非其人亦不行。"③非独恃法,说明应当人法皆重。在法已善的前提下,更强调人的重要性。

第三种观点是人治观点的代表,这一种观点基本只讨论人的重要性,而不讲立法的重要性。孔子说过:"其人存,则其政举;其人亡,则其政息。"④孟子指出:"徒善不足以为政,徒法不能以自行。"⑤即使论及法与人的关系,也认为人比法更重要。《荀子·君道》称:

> 有乱君,无乱国;有治人,无治法。羿之法非亡也,而羿不世中;禹之法犹存,而夏不世王。故法不能独立,类不能自行;得其人则存,失其人则亡。法者治之端也,君子者法之原也。

---

① 汉元帝为太子时,曾向汉宣帝建言,主张宜用儒生。宣帝作色曰:"汉家自有制度,本以霸王道杂之,奈何纯任德教,用周政乎。"《汉书》卷九《元帝纪》。
② [明]方孝孺:《逊志斋集》卷三,四库全书本,第123页。
③ [清]梁启超:《梁启超全集》第四册,北京出版社1999年版,第2467页。
④ 《礼记·中庸》。
⑤ 《孟子·离娄上》。

更为极端的观点认为人的作用是决定性的,良法有没有似乎无关紧要。荀子就说过:"故有良法而乱者,有之矣;有君子而乱者,自古及今,未尝闻也。"①既然只要有君子就绝不会乱,那么是否有良法就无足轻重了。近人沈家本也指出:"大抵用法者得其人,法即严厉亦能施其仁于法之中;用法者失其人,法即宽平亦能逞其暴于法之外。"②虽然单就立法而言,宽平之法应优于严厉之法,但在主张人治者的观念中,"法不能独立"。倘若无良吏,即使有良法也似乎起不了作用。总的来看,有治人无治法观点中强调良法离不开君子,而君子却可以离开良法,因此良法的意义相当微小。在人与法的关系上,人具有根本性的作用,法则具有依附性。

二、司法者的选拔

既然人治优于法治的前提是实践中要有优秀的司法者,那么选拔优秀的司法者就应是治国的关键。问题是什么样的司法者才可视为优秀的司法者呢?考察中国古代司法官员选拔的观念与实践,笔者认为优秀司法者应当符合如下标准。

(一)司法者应当敬事

所谓"敬事",是指司法者应当认真诚恳地对待将要审理的案件。中国早期典籍在记载帝王选择司法官员时并未论及司法者的条件。舜在任命皋陶为法官时说:"蛮夷猾夏,寇贼奸宄,汝作士。五刑有服,五

---

① 《荀子·王制》。
② [清]沈家本:《历代刑法考·刑制总考》,中华书局1985年,第51页。

服三就;五流有宅,五宅三居。惟明克允。"①只是要求他能够明察案件事实,公正判决案件。西周时期,统治者开始对司法者提出了品格方面的要求。周公曾对太史说:"太史,司寇苏公,式敬尔由狱,以长我王国。兹式有慎,以列用中罚。"②意即苏公作为司法者,能够认真对待将要审理的案件,审理态度慎重,能够选择合适的刑罚。作为司法者能够做到敬慎处理案件,就可以获得"以长我王国"的评价并被载入史册。可见,这应当是彼时对司法者的最高评价,换个角度看则是对司法者最重要的要求。

敬事的表现除了应慎刑外,还应当勤于狱事,不得懈怠。周穆王曾言:"庶有格命。今尔罔不由慰日勤,尔罔或戒不勤。"③宋儒蔡沈解释了司法者必须勤于事务的原因,他说:"参错讯鞫,极天下之劳者,莫若狱。苟有毫发怠心,则民有不得其死者矣。"④此处虽只是客观描述了诸侯因勤而致职举刑当,但可看出周王对司法者提出了应当勤政的要求。

(二) 司法者应当公正

司法是解决纠纷的活动,因此司法者通常要面对观点与要求都冲突的双方当事人以及证人。此时司法者应当持公正立场,就事论事,不可偏袒一方。汉代刘向的《说苑·至公》引《尚书》称:"不偏不党,王道荡荡。"该书对司法者为何要公正也做了分析,即"公生明,偏生暗"⑤,意为立场公正更有利于明察案情,而偏袒一方则会导致事实认定错误。可见,司法者立场不公正会导致案件处理出现错误结果。司法者应当

---

① 《尚书·舜典》。
② 《尚书·立政》。
③ 《尚书·吕刑》。
④ [宋]蔡沈:《书经集传》卷六,宋刻本,第256页。
⑤ [汉]刘向:《新序》卷十四,四库全书本,第284页。

公正具体表现为司法者应当独立作出判决，不得受到其他力量的干扰，特别是要排除上司的干扰。早在西周时期，周天子命周公之子君陈分正东郊成周时，就要求他："殷民在辟，予曰辟，尔惟勿辟。予曰宥，尔惟勿宥，惟厥中。"①此即是说司法者不要受周王的干扰，应当独立公正办案。《尚书·吕刑》则系统提出司法者应当排除一系列干扰，独立办案，要求典狱者"非讫于威，惟讫于富。敬忌，罔有择言在身，惟克天德，自作元命，配享在下"。意即办案不应受到有权势者的影响，努力实现司法宽厚；必敬必戒，不要作出错误判决；应努力让自己的做法符合天德，而天德乃是至公无私之德。故吕祖谦主张："典狱之官，民之死生系也，须是无一毫私意，所言无非公理。方可分付民之死生。"②

（三）司法者应当仁恕

这是中国古代正统观念对司法者德行强调最多的地方。诚如前文所言，因为古代有立法偏严的传统，故而需要司法者以宽政为主，才能在一定程度上抵消立法过严之弊。《尚书·大禹谟》记载舜之言："皋陶，惟兹臣庶，罔或干予正。汝作士，明于五刑，以弼五教。期于予治，刑期于无刑，民协于中，时乃功，懋哉。"虽然这段话并未记载对司法者的要求，但《大禹谟》记载了皋陶的回答，他说："帝德罔愆，临下以简，御众以宽；罚弗及嗣，赏延于世。宥过无大，刑故无小；罪疑惟轻，功疑惟重；与其杀不辜，宁失不经；好生之德，洽于民心，兹用不犯于有司。"皋陶赞美了舜的宽厚待人，意味着作为司法官员的皋陶也应宽厚司法。但《大禹谟》乃是伪书，没有证据表明，其所载内容是舜与皋陶等人的观点，但可以看出伪书制造者主张司法者应当具有宽厚的品格。《尚书·

---

① 《尚书·君陈》。
② ［明］丘濬：《大学衍义补》卷一百一十一，明成化刻本，第2086页。

吕刑》正式提出对司法者的要求为"非佞折狱,惟良折狱"。宋儒蔡沈解释:"惟温良长者,视民如伤者能折狱,无不中也。"明人丘濬则进一步阐释道:"必用易直仁厚之长者以任之。"①吕祖谦主张司法者要具有温和善良的品性,丘濬则要求司法者应当平易正直有仁心,两者都强调只有长者才可以充当司法者——所谓"长者"即为人厚道者。汉宣帝则从反面提出了不宜担任司法者的标准,他说:"间者吏用法,巧文浸深,是朕之不德也……于是选于定国为廷尉,求明察宽恕黄霸等以为廷平。"②"巧文浸深"指司法刻薄,这一做法当被否定。所用之廷尉于定国,史载:"其决疑平法,务在哀鳏寡,罪疑从轻,加审慎之心。朝廷称之曰:张释之为廷尉,天下无冤民;于定国为廷尉,民自以不冤。"③而作为司法复核者即廷平的黄霸等人,则具有明察宽恕的特点。到了唐代,德主刑辅理念成为主流法制思想,因而主张司法者应当宽仁的观点较前代明显增多。贞观元年(627),"太宗谓侍臣曰,死者不可再生,用法务在宽简……今法司核理一狱,必求深刻,欲成其考课,今作何法得使平允。王珪进曰,但选公直良善人断狱允当者,增秩赐金,即奸伪自息"④。崔仁师主张:"凡治狱当以平恕为本,岂可自规免罪,知其冤而不为伸也。"⑤武后时徐坚上书请求:"法官之任,宜加简择,有用法宽平为百姓所称者,愿亲而任之;有处事深酷,不允人望者,愿疏而退之。"⑥不仅继续主张用宽仁者为法官,而且明确主张疏退深酷者。唐末五代时期因

---

① [明]丘濬:《大学衍义补》卷一百一十一,明成化刻本,第2091页。
② 《汉书》卷二十三《刑法志》。
③ 《汉书》卷七十一《于定国传》。
④ [唐]吴兢:《贞观政要》卷八,明刊本,第342页。
⑤ [宋]司马光撰,[元]胡三省音注:《资治通鉴》卷一百九十二,鄱阳胡氏仿元刊本,第4239页。
⑥ [宋]司马光撰,[元]胡三省音注:《资治通鉴》卷二百零五,鄱阳胡氏仿元刊本,第4547页。

武人为政,亦多用武人司法,导致司法惨酷,是司法不得其人的反面例证。宋太平兴国三年(978),始用儒士为司理判官。丘濬认为用儒士为理官,"不徒能守法,而又能与法外推情察理,而不忍致人无罪而就死地,名重于利"①。可见,主张应选择宽仁者司法是在中国古代长期受到认可的主流观念。

三、人治思想对仁政司法的影响

(一) 司法者能够施行教化

人治思想对司法的影响首先表现为对法外施仁的决定与实施方面。人治思想将人分为君子和小人,这种分类映射在司法中,表现为司法者基本上被视为君子,而犯法争讼者大体等同于小人。小人犯法是因为其未受教化,故而是值得同情的行为,犯法者亦成为应当被同情的对象。人治思想强调德能之治,而不是简单地适用法律处理。如果人们只强调缘法而治,那么面对当事人的争讼,司法者只须查明事实并适用相应的法律即可,但如此处理不足以显示司法者的德行优势。司法者作为德行高尚的君子,理应发挥君子在德行上的榜样作用,为小人示范君子是如何处理人际关系的。在中国古代司法特别是民间细故案件的司法过程中,司法者总是尽可能地对当事人先行教化。他们或者向当事人申明大义,这是发挥司法者在才能方面的优势之举。因为与普通民众相比,司法者更了解人际相处的大义,特别是重义轻利的价值选择。他们或者拒绝受理案件并同时进行自责:此举表面看来是司法者

---

① [明]丘濬:《大学衍义补》卷一百一十一,明成化刻本,第2102页。

自愧德薄,无颜为官一方;但实质上是以退为进,讽喻当事人的争讼乃是无德之行。还有的司法者直接向当事人亲身示范,这一做法完全以德行为教化手段,是典型的德行之治。

(二) 司法者能够宽待百姓

人治思想对传统司法的第二个影响是司法者应当宽厚待人。由于立法严厉这一传统的长期存在,因此司法就应当选择宽厚,这是一个基本方向。具体而言,在人治思想的人分等级观念中,司法者作为德行较高之人,不应与被视为小人的犯法者一般见识,故而对犯法行为不能简单地依法处理,否则就有以君子标准要求小人之嫌。故而司法者应秉哀矜之念,尽可能宽厚地处理犯法者。而小人之所以应当被宽厚处理,恰是因为他们作为小人以及劳力者的身份决定了他们既没有君子的智慧,又无机会接受教育,因而愚昧成为他们的主要特征。古代中国官员经常称百姓为乡愚,即是此种现象的表征。小人因愚昧而犯法,自然是值得同情的现象,因此司法者理当对其宽厚处理。前引司法宽仁的多起案例中,司法者就明确表示是因为当事人愚昧不懂法而给予从宽处理的。人治思想中"有治人,无治法"理念则为司法者法外施仁提供了理论依据。司法者若认为不宜依法处理案件,就可以突破立法规定,从自己的良知或理性出发,对案件作出虽不符合法律规定但却更合情理的裁决。而司法者之所以会作出这样的选择,是因为他们相信单纯依法处理案件并不一定是最佳选择,优秀的司法者有责任也有能力在法律规定之外作出更合理的选择。

(三) 司法者能够作出高质量审判

既然司法者在德行能力方面优于常人,因此他们审断案件时,就会努力作出更高质量的判决。这主要表现在两个方面：一是司法者在案件存疑时能够作出更合理的审理和判决；二是司法者能够不顾自身安危坚持使司法结果符合自己的良知。

1. 作出合理的审断

合理审断表现在两个方面。一是能够以低成本的方式发现案件真实。司法者在这方面的表现遍载史册。《魏书》记载一案：

> 李惠……转雍州刺史……人有负盐负薪者，同释重檐，息于树阴。二人将行，争一羊皮，各言藉背之物。惠遣争者出，顾谓州纲纪曰，此羊皮可拷知主乎？群下以为戏言，咸无答者。惠令人置羊皮席上，以杖击之，见少盐屑。曰："得其实矣。"使争者视之，负薪者乃伏而就罪。①

本案中，司法者充分运用自己的智慧，通过出人意料的拷羊皮之举发现案件关键证据，从而查明真相，这是典型的德能之治。

二是司法者能够洞悉人情礼俗，对争议案件作出合理判决。如前引汉代何武断剑一案，司法者通过解释死者所立遗嘱的真正含义，使得案件处理结果既符合死者的意愿，又符合情理。取得了良好的社会效果。

2. 能够舍己求仁

我们知道，人治司法的一个重要表现为宽仁司法。但由于立法严厉这一现象长期存在，司法者欲行宽仁很可能触犯律法。秦以后的专制社会强调皇帝大权独揽，普通官员只能奉法守文，这使得宽仁司法具

---

① 《魏书》卷八十三《李惠传》。

有一定的风险性。前引唐代崔仁师主张"治狱当以平恕为本,岂可自规免罪,知其冤而不为伸也",正表明司法者对当事人从严治罪是安全的,而司法宽仁则有一定风险。司法者能够作出更合理的判断,其表现之一就是其能够克服这种心理恐惧,作出符合良知的判决。武则天当政时一案的审理即能体现司法者不畏风险追求宽仁司法的义举。

> 润州刺史窦孝谌妻庞氏为奴诬告,云夜解祈福。则天令给事中薛季昶鞫之。季昶锻炼成其罪,庞氏当坐斩。有功独明其无罪。而季昶等返陷有功党援恶逆,奏付法司结刑,当弃市。有功方视事,令史垂泣以告。有功曰:"岂吾独死而诸人长不死耶?"乃徐起而归。则天览奏,召有功诘之曰:"卿比断狱,失出何多?"对曰:"失出,臣下之小过;好生,圣人之大德。愿陛下弘大德,则天下幸甚。"则天默然,于是庞氏减死,流于岭表。有功除名为庶人。①

本案中,徐有功作为审判者,为被告雪冤本是其职责,居然被他人指控为包庇嫌犯,构成弃市重罪,虽有幸逃过刑罚制裁,但亦被免官为民。此案的处理结果可见司法者求仁风险之大,但也正是这些具秉仁爱情怀的司法者不畏风险,才能作出宽仁合理的判决。

---

① 《旧唐书》卷八十五《徐有功传》。

第十四章 原情司法

原情司法是中国传统司法中的重要理念。"原"是探究之意,原情司法即司法者在审判过程中应探究"情",并使其在案件的审理与判决中发挥作用。作为法律概念的"情"在中国古代很早即已出现,含义也颇为复杂。考察情字在古代司法中的适用语境,可知"情"的含义有三类。

一是指案件发生时的事实与证据,是司法官员可以感知的客观存在。《周礼》主张"小司寇听万民之狱讼,附于刑,用情讯之"①。东汉蔡邕的《陈留太守行小黄县颂》所载:"原罪以心,察狱以情。钦于刑滥,惟务求轻。"②这两处的"情"都是指能够查明案件真相的一切资料。

二是指审判要发现的案件真实。《周礼·秋官·小司寇》主张以"五声听狱讼,求民情",意即通过五听的方式来审理案件,发现案件真实。可见此处的"情"指的是需要查明的案件真相,是案件事实审理的目的。作为审理需要查明的"情",既包括客观事实,也包括行为人的心理状态及其外在表现。如晋代张斐在解释晋律时称:"情者,心神之使。"③此处的"情"即是行为人心理的外在表现。

三是指与案件事实认定无关但却与判决有关的事实。司法实践中

---

① 《周礼·秋官·小司寇》。
② [清]高儒辑校:《蔡中郎文集补》,明兰雪堂活字本,第212页。
③ 《晋书》卷三十《刑法志》。

强调审理案件应当依据天理、国法与人情。日本学者甚至认为,即使是在刑事诉讼中,"情"也是判决应考虑的法源之一。① 第三种含义的"情"与诉讼事实认定无关,它不影响事实认定,只影响判决结果。② 春秋时期《国语》记载鲁庄公之言:"余听狱,虽不能察,必以情断之。"③此处所指的"情"即为司法者作出判决时要参考的情。南朝刘宋时的何承天在议射箭误中直帅的县史陈满之罪时表达了"狱贵情断,疑则从轻"④的主张。他所指的"情"的意思是陈满非故意射伤他人,这显然是对案件判决结果产生影响的事实。

应当指出,上述三种情中的第二种并非完全独立于第一种与第三种。它有可能是第一种情形。比如司法者在事实调查过程中欲发现嫌疑人是否有精神病的事实。司法者如经审查确认嫌疑人确为精神病人,则对其所犯之罪的事实认定肯定会产生影响。同理,这一情也可能是第三种情。比如司法者欲查清被告是否为被害人亲生之子,如果调查后确认了这一关系,则这一关系本身自然会影响最终对被告行为的定罪与量刑。为此,中国传统司法理论在使用情的时候,也经常会出现包括上述三种含义的情。比如当司法者使用折狱以情或以情折狱的时候,他所指的"情"就不限于是影响事实认定或作出司法判决的事实。

---

① [日]滋贺秀三:《清代诉讼制度之民事法源的概括性考察》,载王亚新、梁治平编:《明清时期的民事审判与民间契约》,法律出版社1998年版,第22页。
② 如在民事诉讼中,债务人负欠事实虽已确认,但倘若债务人因贫无力偿还,法官也许会判令债权人减免债务;在刑事案件中,如被告人犯罪已经确认,则应处以流刑,但考虑其家无成丁,法官会判令其承留养亲,免予流放异乡。上述案件中的债务人贫困及被告人家无成丁就是判决所要考虑的"情"。
③ 《国语·鲁语上》。
④ 《宋书》卷六十四《何承天传》。

一、原情司法与事实发现

（一）客观之情与事实发现

客观之情是指案件审理中与争议事实相关的事实,有时候也指案件争议事实本身。这些客观事实的存在,会影响司法者对争议事实真实性程度的判断。从司法实践来看,影响事实认定的客观之情主要有当事人之间的关系、当事人的行为表现及与案件相关的世俗人情。

1. 客观之情对事实认定的影响

一是当事人之间的身份关系。当事人之间的关系会在很大程度上影响他们施加于彼此的行为。如被控行为与当事人之间的关系过于不协调,司法者往往会对行为的真实性产生怀疑。宋代陆九渊知荆门时,有诉人杀其子者,九渊曰:"不至是。"及追究其子,果无恙。① 在本案中,被害人系被告人之子,在缺乏有力证据证明被告人杀其子的情况下,司法者作出事实发生可能性较低的判断是合理的,后来的审判进展验证了司法者的预判。

二是当事人的其他行为表现。当事人的行为表现与其诉讼主张的关系可以从几个方面考察。一是当事人行为表现与其主张符合,则可以认定其主张成立。《元史·王约传》记载了这样一则案例:

> 京民王氏,仕江南而殁,有遗腹子,其女育之,年十六,乃诉其姊匿赀若干,有司责之急。约视其牍曰:"无父之子,育之成人,且

---

① [明]窦子偁:《敬由编》卷十一,明万历三十九年刻本,第415页。

不绝王氏祀,姊之恩居多。诚利其赀,宁育之至今日耶!"改前议而斥之。

上述案件中,王氏子诉其姊匿其赀若干为争议事实。既然是争议事实,可见王氏子之姊肯定是主张其未隐匿其弟财物。司法者发现王氏女育其弟成年,依据这一客观之"情"的存在,王约认为王氏女隐匿其弟财产的事实不可能发生。

二是当事人行为表现与其主张不符合,则不予认定。《折狱龟鉴》记载汉代一则案例:

> 汉时,颍川有富室,兄弟同居,其妇俱怀妊。长妇胎伤,匿之。弟妇生男,夺为己子。论争三年不决。郡守黄霸使人抱儿于庭中,乃令娣姒竞取之。既而长妇持之甚猛。弟妇恐有所伤,情极凄怆。霸乃叱长妇曰:"汝贪家财,固欲得儿,宁虑或有所伤乎?此事审矣!"即还弟妇儿,长妇乃服罪。①

本案中,长妇既称幼儿为己子,但其争夺儿时"持之甚猛"的做法不符合一个母亲应有的表现,即行为与其主张相冲突,为此司法者没有支持其主张。

三是世俗人情。当事人主张的事实与世俗人情不一致时,一般难以获得司法者的认可。在清代的一起诉讼中,当事人双方争夺一座坟墓的祭祀权。当事人彭姓一方为证明所争之墓为本方所有,称墓为其父及其姑(另一方当事人汤姓之母)合葬之墓。汤姓一方则认为系汤姓

---

① [宋]郑克:《折狱龟鉴》卷六,清嘉庆墨海金壶本,第91页。

夫妇合葬之墓。案中彭姓所称兄妹合葬的习惯显然与世俗人情冲突。①按世俗人情，以夫妇合葬为最理想选择，次之也有子女与父母合葬的情形，再次之可能为兄与弟或姐与妹之合葬，至于兄妹合葬违背男女有别之礼，因此为常人所不取。当事人的主张既与世俗人情相违背，又无有力证据证明，故而没有得到司法者的认可。

四是客观规律。当事人主张的事实违背客观规律，则不予认定。客观规律在古代亦被视为人情表现之一种。当事人主张的事实及其提供的证据材料若违背客观规律，会被视为不合人情之举，则该主张及相应的证据很难获得司法官员的认可。南宋人杨迪功与邻人争田，杨迪功称所争田内有石碑为证。官府派人到现场勘验，杨迪功乃令仆人自掘入土尺余，见石一片。主审官员认为杨迪功所称土内埋石之事，又无支书具载，土内有石，何缘而知之，此人情之不能无疑也。② 因所供物证不足为信，司法者没有采信其主张。

五是争议事实本身。如当事人主张的争议事实本身不合理，即使没有其他相关事实，司法者亦可只就争议事实本身对其作出否定性评价。唐代司法实践中，有司法者对违背察狱以情的做法提出批评。初唐徐有功的"驳皇甫怀节李思徵处斩议"载：

思徵，芳部宣条，怀节，宕州分竹。爰因羌叛，奉使讨擒。暂见思徵，屏人共语，即疑怀节与徵同谋。同谋须述谋由，共语当论语状。语既无状，谋又无由。思徵伏诛，一无牵引，薛璟陷辟，方始言。璟元共徵同情，怀节复与徵连结。节当共徵私语，语状在璟合

---

① ［清］徐士林撰，陈全伦、毕可娟、吕晓东主编：《徐公谳词》，齐鲁书社2001年版，第555页。
② ［明］张四维：《名公书判清明集》卷九，明隆庆三年盛时选刻本，第289页。

知。徵在不知语由，徵死谁明反状？有比州刺史奉敕讨羌，白日入州，官人参谒，暂与思徵相见，遂即平章反谋？察狱以情，未闻此理。①

本案认定的事实是两州刺史在因公务短暂见面之际即共同商议谋反之事。这本就是主要案件事实，但不合常理，故而徐有功认为如此认定不符合察狱以情的要求。可见，在徐有功的观念中，主要案件事实既是察狱以情要查明的对象，也可以是察狱以情的基础。

2. 客观之情影响事实认定的例外

以情折狱认定事实的条件一般是案件争议事实没有明确有力的证据支持。如前文所引案件中，陆九渊认定被告人不会杀其子，王约认定王氏女没有隐匿其弟财产等事实，皆是因为对方没有能够提供相反的证据。如有相反证据，不合情理的事实也是可以认定的。《折狱龟鉴补》载一案例：

> 有瞽者与贩者同宿旅店，窃贩者钱五千，次晨相哄鸣于官。官即提讯，问贩者钱有无记认，贩者曰："此乃日用之物，有何记号！"问瞽者，对曰："有记。吾钱系字对字、背对背穿成。"验之良是。贩者不服。官命瞽者伸手，则两掌青黑，铜痕宛然，其为摸索一夕而穿无疑。乃责瞽者，而令贩者取钱去。②

本案中瞽者窃钱的事实，若无证据，单从情理上看是不合理的。但

---

① ［唐］杜佑：《通典》卷一百六十九，北宋本，第3706页。
② ［清］胡文炳：《折狱龟鉴补》卷四，清光绪四年兰石斋刻本，第342页。

司法者查验謦者之手,发现"两掌青黑,铜痕宛然",表明钱是謦者临时穿成无疑。因证据确凿,故而看似不合理的事实也可以得到认定。

3. 违背客观之情认定事实的后果

事实审理中若没有确实证据,司法者通过刑讯而获得被告人认罪口供,并依此口供认定事实,若再与情理相违背,该事实认定错误的可能性会非常高。前引西汉时于公平反的东海孝妇案中,于公之所以认为孝妇不会杀其姑,依据的是其"养姑十余年,以孝闻"的事实。在这一客观之情存在的情况下,除非司法者有确实证据证明孝妇杀姑,否则不能作出违背情理的事实认定。遗憾的是太守不认同于公以情折狱的事实认定思路,仅凭其诬服口供即论杀孝妇,酿成一起冤狱。

(二) 外在表情与事实发现

中国古人认为,人的心理状态总会通过一定的外在表情显露出来,因此,观察行为人的外在表情,可以探知其心理状态。早在先秦时期,人们就总结出观察行为人表情来判断行为人言辞真伪的"五听"方式。《周礼·秋官·小司寇》记载的"五听"包括"辞听、色听、气听、耳听、目听"。晋代张斐在注律时称:"情者,心神之使。心感则情动于中,而形于言,畅于四支,发于事业。是故奸人心愧而面赤,内怖而色夺。"①其中的面赤、色夺即为外在表情,心愧、内怖则是心理状态。而行为人心理状态的内容又与案件争议事实相关。为此观察行为人外在表情的五听之法就是案件审理的出发点。

司法实践中,不乏通过观察行为人表情来发现其陈述存在疑点的案例。前引《三国志》所载高柔审理窦礼被害一案中,就充分运用了五

---

① 《晋书》卷三十《刑法志》。

听中的色听之法。审理该案的司法者在讯问嫌疑人焦子文之前，已经从窦礼之妻盈口中得知焦子文曾举窦礼之钱，然后再讯问焦子文，可以说已经做了充分的准备工作。此时焦子文在作出否定回答时"色动"。本来对于窦礼之妻盈与焦子文所作的相反陈述，双方所言必有一假。如何判断真伪，五听之法已经提供了方法。色听的判断标准是"察其颜色，不直则赧然"。焦子文的色动即为赧然，由此可以认定焦子文作谎。问题还不止于此。焦子文如果只是借了窦礼之钱，而与窦礼死亡无关的话，仅仅对是否借钱之事说了谎，对一个被关押的犯人而言，乃是细小之事，不足以导致其色动。经验丰富的司法者推断受讯人心中一定藏有更大秘密，遂诘问其作谎之事，被告应对不次。至此，司法者已经完全确信焦子文就是凶手，于是直接讯问，被告认罪，司法者据此发现真实。可见本案司法者先是运用了色听，复用辞听，最终发现真实。当然，本案中受讯人的表情是在司法者讯问时自然流露出来的。但在审判实践中，有心理准备的受讯人势必会努力控制自己的外在表情变化，以避免内心的真实想法透过外在表情显露出来，从而被有经验的司法者发现疑点。为此，司法者通过寻常的五听有时难以发现问题。于是有经验的司法者会在审理过程中精心设局，使得当事人放松警惕，从而在特定场景中将其内心的真实情感表露出来。清代张静山在审理一则案件时就遵循了这样的思路。

　　（张静山）擢新安太守。甫下车，有两姓争坟互控……俱无契据……立命传谕两姓五日后登山验看……五日后，亲自登山，两姓俱至。一姓系……郡丞候选，一姓系老诸生……公谕之曰："……昨特虔祷宿城隍庙中，果见神传冢中人至。称系某姓之祖，被某姓诬控，求我判断。我已许之矣。顾一经明白宣示，真假既分，是非立决,此后是其子孙方准登山展祭,非其子孙不得过问。汝两姓,皆当别祖,过此以往不能并至此陇矣。"两人皆遵命。于是拈阄。老诸生居先,郡丞次之。老诸生走伏墓前,草草三叩首毕,起身干哭,颜色怩忸……郡丞乃伏拜墓前,大哭曰:"子孙为祖宗兴讼多年,不辞劳苦,今郡伯祷神得梦,一言判断,究不知是非真假,可否不谬。倘所梦不实,为子孙者今后不能致祭矣。言念及此,能勿悲乎。"痛哭卧地……公谓老诸生曰:"汝别墓情形,众目共见……尚有何说?"老诸生自言知罪。①

关于本案先前的审理过程,材料中虽未交代,但应当是在正常的讯问中司法者没有发现当事人的表情有异。而当事人在陈述不实控词时能够表情平静,亦可见其心理状态相当稳定。为此司法者诡称案件已有神断,当事人只须别墓即可。这让老诸生放松了对司法者的警觉,从而在别墓时将真实心理状态暴露。案中老诸生"草草三叩首毕,起身干哭,颜色怩忸"等情状并不能作为墓非其祖的证据,但司法者依其行为和表情对其主张事实作出真实性较小的判断。在此基础上司法者再直言质问,当事人承认了不利于己的事实。

二、原情对案件实体处理的影响

(一) 具体案情对案件实体处理的影响

具体案情是案件事实的组成部分,每个案件的具体案情各不相同:

---

① [清]胡文炳:《折狱龟鉴补》卷一,清光绪四年兰石斋刻本,第56页。

大部分差异通常并不影响定罪量刑，比如谋杀人是用药还是用利器；但有的情节会影响定罪量刑，比如普通杀人还是肢解杀人。此时司法者若能考虑到此类影响定罪量刑的情节，就可能作出更加合理的判决。定罪量刑的具体情节有多种表现，归结起来，有以下四个方面。

1. 行为发生时的条件

如果行为发生时的条件不同，即使行为相同，对案件处理结果的影响亦应不同。前引晋代殷仲堪审理桂阳人黄钦生诈服衰麻一案，就指出："律诈取父母，宁依殴（同殴）詈法弃市。原此之旨，当以二亲生存，而横言死没，情事悖逆，忍所不当，故同之殴詈之科，正以大辟之刑。今钦生父实终没，墓在旧邦，积年久远，方诈服迎丧，以此为大妄耳。比之于父存言亡，相殊远矣。"①诈称父母丧依晋律规定，应比照殴詈法，属死罪。但本案的具体情形与通常情形不同，即被告人的父死没已久，而通常情形是二亲尚在，这一差异导致本案的危害结果与通常情况下诈称父母丧的危害相比要小得多。先前的死罪判决只看到基本事实，没考虑到其他重要到足以影响案件性质的事实，不符合以情折狱的要求。而殷仲堪考虑到了这一情形，并依此作出改判，从而使结果更加合理。

2. 行为对象不同

行为对象亦是具体案情之一。细心的司法者在案件审理中能够发现行为对象与同类犯罪中其他对象的差异，进而对行为危害性大小作出不同的判断。前引《折狱龟鉴》所载曾公亮将密州银沙认定为禁物而非民物，结果是"盗得不死"。司法者的这一认定是合理的。毕竟，从危害结果来看，盗禁物无具体受害人，而盗民间物则有具体受害人；前者危害较小，后者危害较大。根据犯罪对象性质的不同，而作出相应的判

---

① 《晋书》卷八十四《殷仲堪传》。

决,是符合以情折狱理念的做法。

3. 当事人身份的不同

当事人身份同样是特殊案情之一。司法者若不考虑当事人在具体案件中身份的特殊性守文而断,则会使案件结果显得荒唐。

> 沈括内翰说:"寿州有人,杀妻之父母兄弟数口。"州司以为"不道",缘坐妻子。刑曹驳曰:"殴妻之父母,即是义绝,况于谋杀。不当复坐其妻。"①

本案中,犯者若杀其他人多至数口,司法者坐其妻子,按当时的法律精神是可以接受的。但因被害人乃是其妻之父母兄弟,其妻已具有受害人身份,再受缘坐,无异雪上加霜。州司的判决明显不合理,其之所以不合理,就是未考虑到被害人身份的特殊性。其实关于此种特殊情形,立法已有规定,只是不在同一条文里面,因而州司官员不识。由此可见,如果司法者的法律知识储备不足,但能够注意到以情折狱,则可以补己之短,使得判决更符合法律精神。

4. 案件处理的可能结果

司法者面对的案件事实本身与立法相比并无特殊性,但司法者若发现案件依法处理可能引发特殊的结果,亦会依情理作出与立法规定不一致的判决,以避免惨痛伤害结果的出现。清代一案中司法者樊增祥的选择即是出于此种考虑。对于当事人争议的一女两嫁行为,司法者作出如下判词:

---

① [宋]郑克:《折狱龟鉴》卷四,清嘉庆墨海金壶本,第57页。

王赵氏一女两嫁,前夫牛而后夫马,彼此相争。推原其故,由于其初轻信雷金鸣之言,将其女王金凤招牛谋儿为婿,言明养老送终。实则商州客民,担卖涝槽,何能供养。因此家室勃溪,谋儿遂出贸于外。以临马玉林乘隙而入,先奸后娶,居然夫唱妇随。谋儿归来,入宫不见,以致控案。本县前堂讯明,除各案犯分别责儆外,将金凤断归前夫,仍令谋儿将其岳母迎归奉养。乃下堂后,谋儿即将金凤凶殴,以致王赵氏喊控前来。查赵氏母子,反覆淫荡,诚属无耻可恨。然谋儿从前空人一个,赘入其家,本属便宜,而又久外不归,致其母女以无依丧检。是金凤淫奔,谋儿实启之矣。今一味责其妻之不贞,而不自责其无德、无能、无良、无耻。此时强合一处,将来殴毙谋杀之事皆在意中。是以本县复讯,将赵氏母女及马玉林二次分别重责。照背夫逃走律,将金凤发官媒另行嫁卖,亦不获已之举也。阆尔来呈,称系孤身一人,乏人造饭。遵例出银八两,将金凤买去造饭等语,可谓荒诞已极。查金凤此时虽由官嫁卖,然其母依以为活,有愿娶者仍须与其母商通。妻其女而养其母,而方于国法人情两无所碍。今尔权天道以富平客民,掷银八两,买去造饭。在金凤以风流自赏,岂肯为爨下之奴。而赵氏穷老无归,势将作沟中之瘠。查尔姓名古怪,作事粗疏,若非转贩他乡,即系为玉林顶娶。金凤之事,着传谕官媒,只准本地农商娶买。仍须将其母一同养赡。其有他乡客籍,虽照例出银,亦不准娶。此饬。①

---

① 襟霞阁主纂,储菊人校订:《刀笔菁华正集》第二册,上海中央书店1947年版,第76页。

本案审理之前的全部事实与立法规定的案件情状并无特殊性,故而县令依律将金凤断归前夫并无不可。但在判决作出后出现牛谋儿殴打王金凤的新情况,司法者根据新情况移法就情,重新作出判决。在后来的判决执行过程中,又出现了司法者意料之外的情形。于是司法者再次变更生效判决的执行条件,其目的无非是保障王赵氏有人赡养,马玉林先奸后娶之事不能得逞。上述判决及执行条件变更是以情折狱的特殊表现。此种以情折狱的出现,表明情理对案件实体处理已具有极大的影响力。

(二) 世俗人情对案件处理的影响

世俗人情与案件事实无关,它本身不构成定罪量刑的条件。但世俗人情的存在会在一定程度上影响司法者作出与立法规定不一致的处理决定。前引钟离意私纵防广回家殡母一案中,防广之母的死亡与防广杀人毫无关系。防母既非死于被害人之手,也不是防广杀人的教唆者,而防广亦非为报母之仇而杀人,故而司法者不能以防母死亡这一情节减轻对防广的刑罚处罚。但将防广关在监狱,则会导致他无法为母送终。为父母送终在中国古代是极其重要的世俗人情,司法者冒着风险私放防广回家,就是顺应了子女当为父母送终的人情。另外,吴祐审理的毌丘长杀人案中,发现毌丘长虽已娶妻但尚未生子,这一事实同样与杀人案的本身无事实与法律上的关系,因此同样不能成为对其从轻的理由。当然司法者也没有对行为人从轻处罚,而是拘其妻入狱同居,使其妻受孕生子。这一做法就是顺应了凡人皆应有后代这一中国古代社会最大的人情。当然,也有的世俗人情对当事人而言并非特别重要,但是司法者若认为其应当受到重视,也会基于这一人情作出特定的变通。如前文所引唐太宗在新年释放犯人回家团圆之事即是如此。其实就常理而言，犯人尤其是死罪犯人不得回家过节是正常情形，并不违背情理。但司法者过于重视新岁家人团聚这样的人情，进而作出释放大量犯人回家的惊人之举，反而是违背了司法领域的人之常情。由此可见，依世俗人情处理案件，会出现因人情无统一标准而导致判决及执行出现复杂多样的结果。

（三）忽略人情裁判的消极后果

对于大多数人认可的以情折狱，如果司法者完全不予考虑，只是机械司法，并因而产生了严重后果，那么此种做法自会受到有识之士的批评。前引清代王毂审理两童子相奸案中，司法者机械适用法律，造成了意料之外的严重后果。虽然其判决于法无可指责，但他没有考虑到两名鸡奸者皆是幼童这一特殊案情。这当然首先要归责于立法过于严酷。但诚如笔者前文所指出的那样，在立法存在缺陷的情形下，以情折狱有助于司法实践在一定程度上抵消严酷立法的负面后果。该案司法者未必不知道以情折狱的道理，只是其生性刻薄，不愿意宽厚待人，故而选择简单地依法办事，造成了令人痛心的后果，自然难免为时人所讥。

三、原情司法与仁政司法

原情司法与仁政司法的关系表现在两个方面：一是对事实认定方面的影响，主要表现为原情司法可以降低案件事实发现的成本及提高事实认定的正确性；二是对实体处理的影响，主要表现为原情作出的判决更加合理以及能使当事人获得善待。

（一）对事实认定的影响

1. 降低发现真实的成本

首先，司法者在认定事实过程中如能善用情理，则可以有效地发现真实，客观上避免了其他对诉讼参与人伤害性更大的证据方法如刑讯、发冢、尸体检验的采用。而刑讯、发冢、尸体检验等事实发现方式无疑具有很高的司法成本，有时甚至会高于司法收益。如对于民间细故之类的争讼，司法者滥施刑讯，纵然能够发现真实，但对当事人而言已得不偿失。司法者的此种做法对于受刑讯的当事人而言绝非仁政之举，在受刑讯者无辜的情况下尤其如此。其次，司法者基于具体案情的考虑，主动放弃某些证据的采用，或在取证时避免采取强行措施，同样可以降低发现案件事实的成本。实践中有很多司法者会通过控制证人数量来减少取证扰民，甚而会放弃传唤关键证人到堂作证。前引明代四川人田正春告周仕臣等人田土纠纷一案，原告列文一朋、杨贤、程谦等人为干证，程谦因病未愈，官府只拘文一朋、杨贤两人到堂，调取侯添真、王登等一十三家红契勘验。① 本案系田土之争，原告列三名证人。按中国古代三人为众的精神，列三名证人不仅合法，亦且合理。但证人程谦因病未愈，官府没有拘其出庭。我们知道，三人作证与两人作证效果完全不同，三人作证一般会形成优势证据，而两人作证，倘若证人各支持一方，则会导致事实无法认定。因此，本案的每一个证人都是必要证人。不过司法者最终没有拘程谦到案，显然不是因为事实审理已无必要，而纯粹是因为证人有病未愈。因证人生病，便不拘其出庭作证，

---

① 《四川地方司法档案》，载杨一凡、徐立志主编：《历代判例判牍》第三册，中国社会科学出版社2005年版，第200页。

甚至承受事实可能查不清的风险。可见司法者对患病证人具有一定的怜悯之心。清代亦有类似案例。吴宏在审理苏搏先告苏振鹏析产一案中，两造各执一词，需要证人到堂作证。而关键证人查若篯、苏可章却远在芜湖。吴宏派人传两人到堂，但两人年皆八十岁以上，且住所距案件审理地点遥远，司法者亦未强制他们到堂。① 强调控制证人人数，不仅表现为司法者少传证人，他们甚至会因为当事人开列证人众多而不受理案件。清代判牍《樊山集》记载了樊增祥以被证牵扯十人之多而拒绝受理案件，即是出于减轻讼累的考虑。上述审理实践中，司法者关注到了证人生病、证人年高、证人距离案件审理地点遥远以及当事人提供证人过多而诉讼标的较小的特殊情形，选择了放弃迫使证人作证的做法，是以情折狱的表现。从结果上看，具有仁政司法的意蕴。

2. 认定事实真实性更高

与依口供及刑讯等方式认定事实相比，以情折狱认定的事实往往更加可信。原因在于刑讯得来的口供可能是诬服，甚至证据亦可能有造假的情形。而情理则不然，由于最终事实认定须以口供及证据作出，故而当事人即使作伪也大都会在证据方面作伪，而很少在情理方面作伪，且情理本身亦很难作伪。即使是面部表情，当事人作伪亦很容易被看破，如前述张静山审理的郡丞与老诸生争坟山案件中，老诸生别墓时的忸怩作态，表明其虽努力作伪，但效果不佳，终为司法者识破。既如此，善用情理的司法者就有可能透过证据及口供认定的事实表象而发现真实。本书前文所引《清稗类钞》记载清代县令张某审理东湖某妇逼姑致死一案，就能体现出察情对事实真相发现的积极影响。该案先前

---

① 郭成伟、田涛点校整理：《明清公牍秘本五种·纸上经论》，中国政法大学出版社1999年版，第174页。

的审理中,被告某妇已承认犯罪指控,且讯问过程中并无刑讯行为。但复审司法者认为一个神气静雅的妇人是不可能逼死其姑的,这一判断是典型的情理折狱,最终的审理结果也表明这一情理判断是正确的。发现真实虽不是直接追求仁政,但其在客观上的仁政意义不容忽略。如案件事实认定错误,则无论对原告还是被告都是不仁之举。冤假错案从表面看来似乎只是对被冤枉一方的不仁,其实对另一方也是伤害。以前引于公所审东海孝妇案而言,孝妇无罪被诛自属不仁;对于其姑而言,其自经原本是为减轻孝妇之累,现在反而置其于死地。可见对妇姑二人而言,这一冤狱都属不仁。为此,发现真实是仁政司法的应有之义。而原情折狱有助于发现真实,故而可视为仁政司法表现之一端。

(二) 对案件实体处理的影响

原情司法对案件实体处理的影响表现在两个方面:一是司法者在判决时考虑情理,从而作出更符合人情的判决;二是司法者在案件其他处理环节受情理影响,对当事人作出宽大处理。

1. 司法者原情判决

中国古代立法向有追求宽简的传统,法律关系中行为主体及其表现的不同在法律条文分则中体现得相当粗疏。以唐律为例,行为主体在分则中都只有一个"诸"字概括。这一"诸"字无疑表明立法者基本不考虑行为主体的差异性,而对其处罚作出一视同仁的规定。当然,唐律的总则部分有对老幼疾者及议请减者给予特殊对待的内容,但这一特殊规定的意义是相当有限的。特别是在重罪的处理规定中,分则中往往有"不分少长"这样的规定。但事实上不同的主体哪怕犯同样的罪,其危害性及可责性也不一样。比如一个极度贫困且羸弱之人偶尔实施财产犯罪就比一贯游手好闲的强壮之人经常实施财产犯罪的可责性要低得多。对立法存在的这一问题,有的统治者也是知道的,故而会采取一些矫正措施。贞观五年(631),唐太宗敕令:"比来有司断狱,多据律文,虽情在可矜而不敢违法。守文定罪,或恐有冤。自今门下省复有据法合死,而情在可矜者,宜录状奏闻。"①此诏令赋予了门下省官员原情司法的制度依据。为此,有责任感的司法者在审理具体案件的过程中,会充分考虑到案件的特殊性,从而作出表面虽违背法律,但却更合理情的判决。《坚瓠集》里记载的宋代马光祖判案即具此特征。

> 宋马光祖知京日(当为"口"字),有士子奸人室女,事觉到官。光祖以逾墙搂处子令赋诗。士人援笔曰:"花柳平生债,风流一段愁,逾墙乘兴下,处子有心搂。谢砌应潜越,韩香计暗偷,有情还爱欲,无语强娇羞。不负秦楼约,安知汉狱囚,玉颜丽如此,何用读书求。"光祖判云:"多情多爱,还了半生花柳债;好个檀郎,室女为妻也合当。杰才高作,聊赠青蚨三百索;烛影摇红,记取媒人是马公。"即于公堂合卺,撤黄堂舆从,送归私室。②

本案依当时法律,应对两名当事人以和奸罪定罪量刑。但立法没

---

① [唐]吴兢:《贞观政要》卷八,明刊本,第348页。
② [清]褚人获:《坚瓠集》卷四,清康熙刻本,第156页。此种做法并非偶然,清许联陞《粤屑》载一案例。陈氏子聘徐女为妻,陈氏子满面麻点,徐女娇娆绰约。韦氏子聘定郑女为室,韦子长而秀颖,而郑女乃青唇黑脸者。二家同择此日婚娶。于半途入破庙避雨,遂错抬新人回家。后陈家子不服,诉至官府。阳春县知县叶世度审理发现,陈郑业已成亲,韦子避嫌而俟,于是义韦而斥陈,遂判决如下:韦郎能守礼文,坐以待旦;陈子已成伉俪,讼则终凶。天孙女应嫁裴航,鸠盘茶合婚鬼卒。以故雨师引线,风伯为媒,人何与焉,天作合矣。贫富自安于命,妍媸各配其宜。其一切妆奁,判归各女。仰其父母即日亲自讨回送婿家。无违,速速。其判出,一时传诵。([清]胡文炳:《折狱龟鉴补》卷一,清光绪四年兰石斋刻本,第74页)本案司法者的将错就错虽与法律规定不合,但却合乎人情。

有考虑到两人皆是未婚者,与和奸罪一般针对婚外性关系有别。司法者发现二人关系的特殊性,没有追究其奸罪,而是判令其结婚,无论是从情理上还是伦理上都是更合适的判决。此判决被传为佳话,正说明其非常符合情理。就当事人而言,非但不用受刑罚制裁,反而得以结为连理,自然是宽厚之举。

2. 顺应世俗人情宽待当事人

影响司法者行为的还有世俗人情。由于世俗人情并非某一案件的特殊情形,因而原则上不应影响司法者的裁判。但司法者为顺应世俗人情,亦会在处理案件时施行一些非常规举动,从而使当事人获得法外之仁。古代中国以社会和谐为治理目标,顺应世俗人情的司法无疑比不考虑世俗人情的单纯依法办案更有利于促进社会和谐。前引案件中提到的晋代曹摅岁末行狱,言新岁人情所重,为顺应囚犯全家团聚的人情而纵其还家过新年。梁代王志在冬至日遣囚还家,顺应了冬至全家祭祖的人情。唐太宗在十二月纵囚回家,与前案目的相同。钟离意私纵防广回家殡母,顺应了子女当为父母送终的人情。上述案件中的新年团聚、冬至祭祖、殡葬父母都是中国古代社会极为重视的人情。司法者给予当事人事实上的宽厚处理,理由正是基于对世俗人情的重视。而恰是他们顺应了世俗人情,上述做法尽管于法无据,但都受到了主流观念的肯定。

第十五章　天人感应

天人感应理论是中国古代儒家特别是汉代以后儒家的重要理论。因为相信天人感应的存在，人间的司法者在司法时会有所敬畏，并努力使自己的司法活动结果符合天意，这对中国仁政司法传统的形成具有很大影响。天人感应理论的基础是天人合一理论，下面细述之。

一、天人合一的理论

所谓"天人合一"，是指天与人的关系紧密相联，不可分割。天人合一理论有三个方面内容：一是天人相合，二是天德好生，三是人应顺天。

（一）天人相合

"天人相合"的含义是指天与人一样，人具有的特质天也都有，人天甚至就是一体的。董仲舒在《春秋繁露·阴阳义》中说："天亦有喜怒之气，哀乐之心，与人相副，以类合之，天人一也。"①在《春秋繁露·深察名号》中他又主张"天人之际，合而为一"②。当然，人天相同更多表现在质的方面而非形的方面。宋代张载明确提出天人合一概念，言："故天人合一，致学而可以成圣，得天而未始遗人。"③程颐认为，人道与天道

---

① ［汉］董仲舒：《春秋繁露》卷十二，清乾隆抱经堂丛书本，第132页。
② ［汉］董仲舒：《春秋繁露》卷十，清乾隆抱经堂丛书本，第110页。
③ ［宋］张载：《张横渠先生文集》卷四，清正谊堂全书本，第111页。

具有同一内容。《二程遗书》载:"又问:'介甫言尧行天道以治人,舜行人道以事天,如何?'曰:'介甫自不识道字。'道未始有天人之别,但在天则为天道,在地则为地道,在人则为人道。"①此即认为作为天之本质的道与人之本质的道两者没有差别。这一认识已与董仲舒认为的天人相同之处在于"喜怒之气,哀乐之心"等表面现象有明显的不同。朱熹则认为作为人之质的性源于天之质的命。他说:"天之赋于人物者谓之命,人与物受之者谓之性。主于一身者谓之心,有得于天而光明正大者谓之明德。"②既然人性源于天命,命性无别就是自然之理,两者理当相合为一,其中德则是人性从天命中得到的最有价值的部分。

(二) 天德好生

既然德是人与天最相似也是最光明正大的质,探究人的质必须探究天的德,那么,天的德主要是什么?这是天人合一理论必须回答的问题。《易经·系辞下传》称:"天地之大德曰生。"③天之德有多种,大德是最重要之德的表述。可见好生是天最重要的德。《礼记·中庸》说:"诚者,天之道也。"《史记·五帝本纪》称赞尧"其仁如天",可见,诚与仁也是天的德行之一。《礼记·孔子闲居》则认为"天无私覆,地无私载,日月无私照"的"三无私"为天地日月之德。三无私名异而实同。总而言之,天之德主要有好生、诚、仁、无私等方面。在天的上述德行中,好生与仁具有质的相似性,而诚与无私在价值上亦较为接近。

---

① [宋]程颢、程颐:《二程遗书》卷二十二,四库全书本,第441页。
② [宋]黎靖德编:《朱子语类》卷十四,明成化九年陈炜刻本,第240页。
③ 受此主张影响,后人多有称"上天有好生之德"者,如[明]孙高亮:《于少保萃忠传》卷三(明天启刊本,第343页),[清]戴肇辰《从公录》一卷(官箴书集成,第38页)等书都有这一表述。

（三）人应顺天

天人合一是一种应然状态，而非实然状态。因为天作为相合的一方，主体单一，而作为另一方主体的人却数量众多，且人性复杂多变。以儒家观点，就有君子小人二分法及圣人、中人与斗筲三分法。有鉴于此，如欲达到天人合一，人就不能率性而为，而应主动效法天道。老子说："人法地，地法天。"①虽然中间有地作为过渡，但地与天具有高度一致性，比如作为大德的生就同时为天地之德。因此，法地亦即法天，人应当顺天而行。《礼记·中庸》还说："诚之者，人之道也。"即人应努力做到"诚"，以与天一致。在法天的主体中，古人强调地位高的人更应当顺天。《周易·乾卦·文言》说："大人者与天地合其德，与日月合其明，与四时合其序，与鬼神合吉凶。先天而天弗违，后天而奉天时。"既然人应顺天是一种应然状态，这种状态的实现除了依赖于人的主动顺天外，在古人心目中，天也不只是被动地等待人去顺应。前文已述，古人认为天与人一样具有"喜怒之气，哀乐之心"，且天的力量远胜于人。人如不遵天意，则可能会受到天的惩罚。汉代的灾异谴告即被认为是上天对人间帝王违背天意行为的降灾示警。人如遵守天德，天则会降下祥瑞。当然，无论是降灾还是降瑞，都只是事后赏罚。问题在于人们如何能够在事前知晓天意。早在商周时期，人们就通过占卜方式来获悉天意。以司法领域而言，《易》讼卦《象》说："讼，上刚下险，险而健，讼。讼：有孚，窒惕，中吉，刚来而得中也。终凶，讼不可成也。"此即指通过卦象判断讼的过程与最终结果，而卦象则被解读为天意的体现。又，《易》解卦称："雷雨作，解，君子以赦过宥罪。"即司法者可以通过雷雨作这一天象

---

① 《老子·道经第二十五章》。

解读出天要宽恕犯罪人的意图。周代以后,儒家思想中天德好生好仁的观念已成了统治集团中绝大部分人的共识,因此,人间统治者在治国时只要遵守好生守仁之德即是顺天之举。

二、吉凶之应与仁政司法

(一)天象示现与仁政司法

既然天人合一,而天道至公,又无所不知,无所不能,那么按照这一逻辑可知:当人间的司法活动符合天意时,天便会显示吉兆;当司法活动违背天意时,天则会显示凶兆。古代中国人认为:"天人一气,体戚相通,人受其枉,天岂肯恝然而不为之表暴也哉,且也,精诚之感,征而为异,冤郁之结,酿而为灾。"①史书上这一方面的记载相当丰富。西周初年,周成王因受流言影响,怀疑周公的忠诚,于是"天大雷电以风,禾尽偃,大木斯拔,邦人大恐。王与大夫尽弁以启金縢之书,乃得周公所自以为功代武王之说。二公及王乃问诸史与百执事。对曰:'信。噫!公命我勿敢言。'王执书以泣曰:'其勿穆卜!昔公勤劳王家,惟予冲人弗及知。今天动威以彰周公之德。唯朕小子其新逆,我国家礼亦宜之。'王出郊,天乃雨,反风,禾则尽起。二公命邦人凡大木所偃,尽起而筑之。岁则大熟"②。从史料记载来看,成王仅仅是怀疑周公的忠诚,欲以诸侯之礼葬之,并未对其有明确的贬损之举,天象即予示警。③ 在成王认识到自己误解了周公并出城祭告天地之后,天象开始示吉。此种有

---

① [明]余懋学:《仁狱类编》卷二十六,明万历三十六年直方堂刻本,第517页。
② 《尚书·金縢》。
③ 成王疑周公致天象示警之事发生的具体时间,学术界有两种观点,一是在周公生前,一是在周公死后,目前尚无定论。本文采后一种观点。

冤狱则上天示警、冤狱平反后上天即示吉的现象,成了后世冤狱形成与平反的天象标配。只不过受冤者不限于像周公这样的重要人物,普通人的蒙冤与平反同样会引起天象感应。可见,天象示吉示凶对普通司法者及最高统治者皆有影响。

天象示现对普通司法者的影响主要表现为普通司法者会更加重视个案的审理与平冤。前引东海孝妇冤案中,在孝妇被太守冤杀后,结果是天象示警,郡中因而枯旱三年。后来案件在于公的建议下得以平反,新任太守于是杀牛"自祭孝妇冢,因表其墓"。结果是天象示吉,"立大雨,岁熟"。无独有偶,后汉时亦有一件非常相似的案件。

> (孟尝)仕郡为户曹史。上虞有寡妇至孝,养姑。姑年老寿终,夫女弟先怀嫌忌,乃诬妇厌苦供养,加鸩其母,列讼县庭。郡不加寻察,遂结竟其罪。尝先知枉状,备言之于太守,太守不为理。尝哀泣外门,因谢病去,妇竟冤死。自是郡中连旱二年,祷请无所获。后太守殷丹到官,访问其故,尝诣府具陈寡妇冤诬之事。因曰:"昔东海孝妇,感天致旱,于公一言,甘泽时降。宜戮讼者,以谢冤魂,庶幽枉获申,时雨可期。"丹从之,即刑讼女而祭妇墓,天应澍雨,谷稼以登。①

本案不仅在情节上与前案绝类,在冤狱的天感方面同样极为相似:前者是枯旱三年,后者是连旱二年;平冤后前者是"立雨岁熟",后者是"天应澍雨,谷稼以登"。这种极度相似的冤狱及天象不仅能够让人们对天人感应的相信程度大大提升,自然也会对司法者的内心产生很强

---

① 《后汉书》卷七十六《循吏传》。

中　编　中国仁政司法传统的法文化基础

的触动。当然,后代的天象示现似乎更加复杂,除了原有的旱雨粮熟外,还会在被冤枉者身上产生异象。《晋书》记载了以下一则案例。

> 陕妇人,不知姓字,年十九。刘曜时孥居陕县,事叔姑甚谨,其家欲嫁之,此妇毁面自誓。后叔姑病死,其叔姑有女在夫家,先从此妇乞假不得,因而诬杀其母,有司不能察,而诛之。时有群鸟悲鸣尸上,其声甚哀。盛夏暴尸十日,不腐,亦不为虫兽所败,其境乃经岁不雨。曜遣呼延谟为太守,既知其冤,乃斩此女。设少牢以祭其墓,谥曰孝烈贞妇,其日大雨。①

本案中,天象在示吉方面与前述案件并无多大差异,在示警方面则还有"群鸟悲鸣尸上,其声甚哀。盛夏暴尸十日,不腐,亦不为虫兽所败"等现象。如果说前述案例中的天旱示警尚可以解释为自然现象,本案的示警现象似乎只能解释为天意所致,因而天象示警的色彩更加强烈。后代的天象示警又出现了新的变化,冤狱还在审理过程中天象就会示警,明显不同于前引案例中冤狱已成且主要是命案铸成大错时,天象才予示警。下面三则案例的审判过程就能看出天象示警的及时性。

> (颜真卿)为监察御史……五原有冤狱,久不决,真卿至,立辩之。天方旱,狱决乃雨,郡人呼之为"御史雨"。②

> 元祐中,(唐义问)起知齐州,提点京东刑狱、河北转运副使。

---

① 《晋书》卷九十六《列女传》。
② 《旧唐书》卷一百二十八《颜真卿传》。

属邑尉因捕盗误遗火,盗逸去。民家被焚,讼尉故纵火。郡守执尉,抑使服。乂问辨出之,方旱而雨。①

(元时)徽民谢兰家僮汪姓者死,兰侄回赂汪族人诬兰杀之,兰诬服。文原录之,得其情,释兰而坐回。时久旱不雨,决狱乃雨。②

上述案件在天象以旱雨为凶吉方面与前引汉晋案例无异,只不过冤案都未最终酿成,天象提前示警给了司法者纠正错案的机会,应当说反映了中国古代官员及百姓的善良愿望。而天象对一些非死刑案件也予示警则表现了古人对上天无所不晓且非常关注民生的善良期许。

天象示吉示警对仁政司法的影响非常大。相信天象会示警的司法者知道,如果因一时不慎办错案件,形成冤狱,纵然能逃过上级司法者的审查,但难逃天网恢恢。为此,一个对天象示吉示警深信不疑的司法者在办理案件时会非常审慎,而在冤狱酿成后,也会积极推动案件的复审及平反。

最高统治者与普通司法者不同,他除了可以决定个案的最终处理结果外,还可以变更数量众多案件的原处理结果。因此,天象示现对最高统治者的影响亦表现在两个方面。

一是当天象示现特别是示警时,最高统治者会因惧怕天谴而对正在处理的个案施仁。《续资治通鉴》所载一案即反映了最高统治者的此种心态。

---

① 《宋史》卷三百一十六《唐义问传》。
② 《元史》卷一百七十二《邓文原传》。

> 五月庚辰朔，侍御史知杂事王随言："准诏劾荣王元俨宫遗火事。本元俨侍婢韩盗卖金器，恐事发，遂纵火。"诏韩氏断手足，令众三日，凌迟死。狱成，当坐死者甚众。王旦独请对，言曰："陛下始以罪己诏天下，今乃过为杀戮，恐失前诏意。且火虽有迹，宁知非天谴邪？"帝纳之，减死者几百人，止降荣王元俨为端王。①

本案中，宋真宗最终减死者几百人，作出宽厚处理，很大程度上是相信了王旦所言的荣王宫遗火可能就是天谴且过度杀戮还会遭致更大天谴的说法。

二是在天象示现时，最高统治者下令清理刑狱并赦宥犯罪者以顺应天意。清顺治十年(1653)，皇帝谕令内外法司各衙门：

> 朕念上年京师畿辅水潦为灾，夏秋俱歉，米价日贵。今三春不雨，入夏犹旱。朕心甚切忧惶。常思雨泽愆期，多由刑狱冤滞。尔刑部满汉堂官，即日会同都察院、大理寺及凡有刑名事件衙门督率司官，将在部监犯及发各处羁候听审人犯，如真犯死罪，未经审结，果有情可矜疑者，即日审明，具奏定夺。徒流人犯，察非重情，准与减等。笞杖人犯，准与豁免。候审干连证犯，先行释放。限十日内开具简明情节、减免罪名及释过人犯，具奏发落。大小狱情，未审结者，限一月内通行完结。②

在古人看来，灾异谴告原因有多种，但由于上天有好生之德，因此

---

① ［清］毕沅：《续资治通鉴·宋纪三十二》，清嘉庆六年冯集梧等递刻本，第544页。
② ［清］卢震等纂修：《世祖章皇帝实录》卷七十四，稿本，第1168页。

人间的司法行为若不公平，特别是冤杀无辜，自会招致天谴。因此，针对灾异现象，皇帝下令通过清理刑狱以宽待人犯是经常性的选择。

（二）善恶之报与仁政司法

单纯的天象示吉凶如欲对司法者的行为产生影响，前提是司法者本身须具有仁者的品格。如果司法者不为天象所动，那么天象示吉凶的意义将会大打折扣，毕竟办错案件对司法者本身似乎没有多少不利影响。前引汉晋时期三个孝妇案的冤狱制造官员都没有受到惩罚。有鉴于此，人们的观念不会让上天仅仅示现案件审判的不公，更重要的要让善有善报、恶有恶报这种朴素的正义观在司法领域有所体现。治狱公正、宅心仁厚的司法者会得到善报，而为人刻薄的冤狱制造者则会受到天谴。这种天谴或来自某种神秘的力量，或者由含冤而死的受害人实施。

1. 治狱施仁会受善报

至迟在西汉时期，治狱仁厚会获得善报的观念已为不少司法者相信。前引汉宣帝时廷尉于定国的父亲于公曾任州郡司法官员，其人一直坚持以仁厚折狱。正因如此，他在家中"闾门坏，父老方共治之"时，主张"少高大闾门，令容驷马高盖车"。理由正是相信"我治狱多阴德，未尝有所冤，子孙必有兴者"。结果是其子定国为丞相，永为御史大夫，封侯传世。① 于公相信治狱施仁可获善报的观念及后来子孙富贵的结果深深影响了后世司法者。东汉虞经为郡县狱吏，"案法平允，务存宽恕。每冬月上其状，恒流涕随之。尝称曰：'东海于公高为里门，而其子定国卒至丞相。吾决狱六十年矣，虽不及于公，其庶几乎！子孙何必不

————————
① 《汉书》卷七十一《于定国传》。

为九卿邪？'遂将其孙虞诩取字为升卿，后虞诩果官至尚书令"①。另传东汉"郭躬之典理官也，决狱断刑，依于矜恕，故世传法律。而子孙至公者一人，廷尉七人，侯者三人，刺史、二千石、侍中、中郎将者二十余人，侍御史、正、监、平者甚众"②。当然，上述传闻尚显牵强，即其人的仁政司法与后世的子孙富贵两个事实纵然皆真，亦未见其必然有因果关系。尽管当事人先时的意愿表述似乎可以增强这一说法的说服力，但毕竟还可以用其他理由来解释后代子孙的富贵，如后世子孙确实表现优秀。于是，后世遂有好事者敷衍更加详细的故事，以进一步强化治狱宽厚与子孙富贵的因果关系。《太平御览》载：

> 《后汉书》曰：何敞父比干，字少卿，为汝阴县狱吏决曹掾，平活数千人。后为丹阳都尉，狱无冤囚。征和三年三月辛亥，天大阴雨，比干在家，日中梦车骑满门，觉而语妻。语未竟，而门有老妪求寄避雨，雨甚而衣不沾。雨止，送至门，谓比干曰："公有阴德，天赐君以策，以广公之子孙。"因出怀中符策，状如简，长九寸，凡九百九十枚，以授比干曰："子孙佩印绶者如此数。"比干年五十八，有六男，又生三子，本始元年自汝阴徙平陵，代为名族。③

《太平御览》系北宋时所编书册，这段文字编者自称引自《后汉书》，而《后汉书·何敞列传》记载内容则为：

---

① 《后汉书》卷八十八《虞诩传》。于定国及虞诩后来的显贵可能与其父祖传承的办案宽仁家风有关，阴德果报当为无稽之谈。但在古代社会，人们更愿意相信是因果报应之效。
② ［宋］郑克：《折狱龟鉴》卷四，清嘉庆墨海金壶本，第49页。上引内容不见于《后汉书·郭躬传》，可信度不高。
③ ［宋］李昉：《太平御览》卷六百三十三，宋刊本，第8944页。

何敞,字文高,扶风平陵人也。其先家于汝阴。六世祖比干,学《尚书》于晁错,武帝时为廷尉正,与张汤同时。汤持法深,而比干务仁恕,数与汤争,虽不能尽得,然所济活者以千数。

两者相比,只有一事是真实的,即何比干折狱仁恕,所活者以千数。相比下引历史,上引故事中甚至何敞与何比干的关系都出现了错误。至于所遇仙人及又生三子更属无稽之事。但编出来的果报故事更符合当时人们的心理期望,因而能够获得更多的人相信。施仁狱获善报的故事在后代越来越泛化,所谓的善报也就越来越牵强。试以元人叶留编撰的《为政善报事类》中五例折狱得善报的故事来加以分析。

魏高柔,文帝是为廷尉,护军营士窦礼近出不还……诏复盈母子为平民。柔后转太常。旬日迁司空,后迁司徒,进封安国侯转太尉,年九十。(卷二)

魏傅炎(《南齐书》作"傅琰",本书误)为山阴令……又有一野父争鸡。炎各问何以食鸡,一人云粟,一人云豆,乃破鸡得粟。罪言豆者,县称神明。后迁益州刺史,自县迁州,近世罕有。子刬为官亦有能名,历山阴、建康令。(卷三)

(宋)冯文显自为□官至监司郡守,所至听讼详明,吏畏民爱。守鄜州日,有盗羊杀人者,狱具,将就刑。文显初至郡,疑其不实,乃易狱吏讯之。始云我实非盗,偶见牧羊儿死仆地,驰告里长,故执我。指羊群中一羊以为我所盗者。我知无以自辩,敢不伏罪。文显知其非辜,令释去。不数日旁县获盗羊杀人者抵罪。人皆服之明

断。后官至银青光禄大夫,始平郡开国公。寿七十一。(卷五)

宋邵煜举进士,为连州录事参军,州将杨全诬部民十三人为劫盗,欲置之死。煜察其枉,不肯书牍,白全愿劾其实。再系狱,按验得实,民由是获免。全坐废,煜代。还引对,太宗谓曰,尔能活吾民,深可嘉也。赐钱五万,改右谏议大夫。即命使广南采访刑狱,历淮南、江浙、荆湖转运,知广州。(卷七)

宋胡宿宣州为通判日。有一囚狱成当死,宿疑之。一日,衣冠焚香,堂上静坐,俄而假寐。忽梦一神告曰:"杀人者吴姓也。"既寤,急引囚细问,囚乃实对:"某旦起时,见一人已死街中,被吴姓目,死者妇令执到县。久闻吴与此妇奸,不得其实,何敢言也?"命根究杀人者,果姓吴,囚因免死。盖一念静思之时,已足以通于神明。后官至枢密副使,太子少师致仕。寿七十二。(卷七)①

该书所引事例中,既有古时名人名案,亦有近人的案例。问题在于其所引古人事例中,当时的人们并未将之视作为政善报的例证,如高柔与傅琰的案例,与前述于公的善报为当时人们所认可完全不同。而且所有引述的善报事例亦不如早先于公等人的善报及于子孙,且为当事人预知。上述善报事例皆是报于自身,且表现为富贵长寿及善终。《公羊传》有云:"恶恶止其身,善善及子孙。"②此种现世即报的观念体现了

---

① [元]叶留编:《为政善报事类》,宛委别藏清抄本,第19、23、40、47、50页。
② [汉]何休,[唐]陆德明音义:《春秋公羊传》卷二十三,永怀堂本,第287页。

作者对善报现实性的强调。作为善报的提倡者,作者重在用更加现实的利益回报来有力地促使司法者治狱以仁。类似傅琰智审争鸡者的小智小仁亦可获得善报,但其善报结果不过是由县令累迁到刺史,这与其说是因施仁而获善报,还不如说是一个有能力官员的正常升迁。此种善报的说法过于勉强,但它反映出了人们观念中报应意识的过度世俗化与功利化倾向。

2. 酷狱有恶报

被赋予人的秉性的上天,既会对折狱以仁者予以善报,自然亦会对折狱不仁者予以惩罚,赏善罚恶两者不可偏废。与善报的主体多为上天不同,恶报的施行主体多为司法者所办冤狱的被害人。此类事例史书多有记载,最早的司法恶报出现在西周时期。

《墨子·明鬼》载:

> 周宣王杀其臣杜伯而不辜。杜伯曰:"吾君杀我而不辜,若以死者为无知,则止矣;若死而有知,不出三年,必使吾君知之。"其三年,周宣王合诸侯而田于圃。田车数百乘,从数千人,满野。日中,杜伯乘白马素车,朱衣冠,执朱弓,挟朱矢,追周宣王。射入车上,中心折脊,殪车中,伏弢而死。当是之时,周人从者莫不见,远者莫不闻,著在周之《春秋》。

周宣王诛杀无辜臣子,而受恶报致死。身为天子亦不能逃脱报应,更何况普通司法者?后世司法果报之事常见诸史册。

> (郭弘霸)尝按芳州刺史李思征,不胜楚毒死。后屡见思征为

厉,命家人禳解。俄见思征从数十骑至:"汝枉陷我,今取汝!"弘霸惧,援刀自刳腹死,顷而蛆腐。是时大旱,弘霸死而雨。又洛阳桥久坏,至是成。都人喜。后问群臣:"外有佳事邪?"司勋郎中张元一曰:"比有三庆:旱而雨,洛阳桥成,弘霸死。"①

宋陈睦尝提点两浙刑狱。会杭民有妾沉香者,浣衣井旁,嫡子偶堕井死。妻讼于州,以为必沉香挤之。三易狱不合,睦怒,逐掾杀沈香。东坡诗:"杀人无验终不快,此恨终身恐难了。"盖有激云。睦还京久之,无所授,祷神庙无应。后恍闻人云:"如沉香何!"睦震汗废食,数日而卒。②

富顺令周逵……尝毙一义民官于杖下。已罢,归,昼寝,梦其人至,抚逵背曰:"吾索公数年,今在此邪。"既觉,见巨蛇盘榻后,热气薰背如火,击之困惫。令二仆筐抬之出,犹数昂首视逵,越三日疽背发,无何死。③

与善报会有遗漏不同,在普遍相信神灵无处不在的时代,恶报在人们观念中应是无可逃避的。清人王又槐指出:"惟谋杀人命以及昏夜械斗并一切暧昧案件,若不执有确据,只凭犯供数语,安知非畏刑而诬认,难保不翻供而呼冤。即反覆刑讯,部院照供成狱,而清夜问心,终难自信。幸而法得其当,可无惭于衾影。设使罪非其人,恐难质诸鬼神矣。疑难之案,若无真正凶犯切实供据,只可详报缉凶,俟访获明确,再行审

---

① 《新唐书》卷二百零九《酷吏传》。
② [明]余懋学:《仁狱类编》卷二十八,明万历三十六年直方堂刻本,第544页。
③ [明]余懋学:《仁狱类编》卷二十八,明万历三十六年直方堂刻本,第551页。

办。不可捕风捉影,悬揣刑求。倘率混详报,一经翻驳,措手无及;抑或别处拿获真凶,失入之咎难辞。即使始终屈抑成招,而天良何在,冤枉必报,秉笔者不可不慎也。"①罪非其人,则难质诸鬼神;屈抑成招,则冤枉必报。可见冤狱有恶报在司法者的观念中根深蒂固。

3. 同一案中善恶各报

既然善有善报,恶有恶报,那么在同一案件中,有的司法者施仁,有的司法者施暴,结果则会是善报恶报同时进行。这样的事例对于证明因果报应的存在更具说服力。宋时一则案例的果报即具如此鲜明特征。

公讳仁霸,眉山人,以仁厚信于乡里。蜀平,中朝士大夫惮远官阙。选土人有行义者摄,公摄录参军。眉山尉有得盗芦菔根者,实窃而所持刃误伤主人,尉幸赏,以劫闻。狱掾受赇,掠成之。太守将虑囚,囚坐庑下泣涕,衣尽湿。公适过之,知其冤。咋谓盗曰:"汝冤盍自言,吾为汝直之。"移狱。公既直其事。而尉掾争不已。复移狱,竟杀盗。公坐逸囚罢归。不及月,尉掾皆暴卒。后三十余年,公昼日见盗拜庭下,曰:"尉掾未伏,待公而决。公寿尽,今日我为公荷担而往。暂去即生人天,子孙寿禄,朱紫满门矣。"公具以语家人,就寝而卒。轼幼时闻此语,已而外祖父寿九十,舅氏始贵显,寿八十五。曾孙皆仕有声,同时为监司者三人,玄孙宦学益盛,而尉掾之子孙微矣。绍圣二年三月九日,轼在惠州读陶潜所作外祖孟嘉传云,凯风寒泉之思,实钟厥心。意凄然悲之,乃记公之逸事,

---

① [清]王又槐:《办案要略》一卷,官箴书集成,第6、7页。

以遗程氏,庶几渊明之心也。①

本案中,尉掾暴死及"子孙微矣"自属恶报;而程仁霸得善终,"生人天,子孙寿禄,朱紫满门"则属善报。这种鲜明的善恶之报是古人因果报应愿望的理想体现,由作为主人公的外孙且名满天下的大文豪苏东坡口中讲出,其真实性似更无可置疑,对相信报应观念的司法者会有很大的影响力。

三、鬼神观念与发现真实

既然在人们观念中鬼神能够对治狱者施以善恶之报,那么,在司法者心目中,鬼神理应有协助司法者审理案件、发现真实的能力。从史料记载来看,鬼神观念对案件事实审理的影响主要表现为两个方面:一是引导司法者受理相关案件,二是协助司法者发现真实。

(一)引导司法者受理案件

中国古代的司法审判启动一般需要当事人告状。但在刑事命案中,由于被害人已死,若案件发生较为隐蔽,可能会导致无人告状的结果,因此司法者也就不会启动案件的审理。此时,就有可能会出现一些异常现象,如前文所言的天象示警。而司法者为天象所感,通常会启动案件审理,从而发现真相,为被害人申冤。明代一案的受理即缘自此。

---

① [宋]苏轼撰,[清]王文诰辑注:《苏文忠公诗编注集成》总案卷三十九,清嘉庆二十四年武林王文诰韵山堂刻本,第713、714页。

> 周新按察浙江……初来时,道上蝇蚋迎马首而聚。使人尾之,得一暴尸。唯小木布记在,取之。及至任,令人市布,得印志者。鞫之,即劫布商贼也。悉以其赃召布商家给之,家人大惊,始知死于贼也。①

本案中,周新看到蝇蚋迎马首,于是觉有冤狱。"使人尾之"已属主动侦查案件。当然,蝇蚋迎马首应当是自然现象,但相信天象示警存在的司法者疑而尾之,最终发现了犯罪事实。此类案件并不罕见。由于史书记载的冤狱发生时天象往往会示以旱灾,因此,如果司法者发现某地久旱不雨,亦会主动启动冤案调查。前引明代许进平反山东单县饷妇案就属于此种情形。许进为官山东,因见单县天久不雨,遂疑有冤,启动调查,果真发现冤狱。其实,天久不雨作为一种正常的自然现象,与冤狱并无因果关系。但司法者相信有冤狱,则会展开调查,这样就使得本已存在却未被发现的冤狱能够进入司法者的视野。可见冤狱感应虽然虚枉,但只要司法者相信其有,也会在一定程度上对仁政司法有益。

(二) 受鬼神指引发现真实

按儒家正统观念,司法者审理案件时应当尽人事,而不应问于鬼神,但儒家毕竟不否认鬼神的存在。因此,作为儒家知识分子的司法者尽管不会常言鬼神,但面对疑难案件甚或人命关天之事,祷于鬼神亦属无可厚非。古代案例典籍中,鬼神观念辅助司法的记载还是较为常见的。有的司法者因真正相信鬼神存在,故而主动向鬼神祈祷,然后出现灵异现象(至少司法者如此认为),司法者据此发现真实。《折狱龟鉴》记载:

---

① [明]吕纯如:《学古适用编》卷四十六,明崇祯刻本,第1105页。

南唐升元格:"盗物及五缗者,死。"庐陵豪民曝衣,失新洁衾服直数十千。村落僻远,人罕经行,以为其邻盗之。邻人不胜楚掠,遂自诬服。诘其赃物,即云:"散鬻于市。"无从追究。赴法之日,冤声动天,长吏以闻。先主命员外郎萧俨覆之,俨斋戒祷神,伫雪冤枉。至郡之日,天气晴和,忽有雷声自西北起,至失物家震死一牛,剖其腹,而得所失物。乃是为所啖,犹未消溃也。①

本案中,所谓的神明裁判不过是天雷震死吃衣物的牛,从而发现"赃物"。但天雷打死牛之事只是一种偶然现象。人们之所以相信是天意,是因为打雷之时天气晴和。古人气象知识不足,不知道晴天霹雳其实也是正常天象,因而只能理解为天意所致。该书作者郑克对此作按语称:"此非智算所及,盖获冥助尔,实至诚哀矜之效也。"可见人们对鬼神司法的信奉。从记载来看,本案的神灵与案件没有利害关系,其对司法的参与在人们看来是应司法者所求。更离奇的是,司法者祷神后,犯罪人甚至会鬼使神差地自投法网。清人汪辉祖在《学治臆说》下卷"敬城隍神"中,就曾现身说法:

夜复祷神,鞫两造于内衙,讯未得实。忽大堂声嘈嘈起,询之,有醉者闯入……则闰喜也……研鞫闰喜,遂将听从父命击开禄至死颠末一一吐实……次日复鞫闰喜投县之故,对曰:昨欲窜匿广西,正饮酒与妻诀,有款扉者呼曰:"速避去,县役至矣!"启扉出,一颅而黑者,导以前。迨至县门,若向后推拥者。②

---

① [宋]郑克:《折狱龟鉴》卷二,清嘉庆墨海金壶本,第19页。
② [清]汪辉祖:《学治臆说》卷下,清同治元年吴氏望三益斋刻本,第26页。

汪辉祖认为，正凶主动投案，完全是鬼神指引的结果。鬼神的帮助源于其祷神的行为，因而心中对鬼神尤其是城隍神，更为敬畏。但鬼神辅助发现真实的更多情形是案件被害人化为冤鬼后借生人之口揭露案件真实，从而助司法者发现真实，为自己雪冤。当然，这些所谓的鬼神喊冤实际上是因为具有鬼神观念的司法者对一些现象作出符合原本不存在之鬼神意愿的解读，并进而发现真实。《元书·张桢传》载：

> 张桢……除高邮县尹……守城千户狗儿妻崔氏，为其小妇所谮，虐死，其鬼凭七岁女诣县诉桢，备言死状，尸见瘗舍后。桢率吏卒发之得尸，拘狗儿及小妇，鞫之，皆伏辜。人以为神。①

本案中，被害人崔氏附于其女至县喊冤，因信息详尽，故而司法者很容易发现案件真实。其中的问题在于七岁女儿赴县鸣冤，未必就是冤魂附体，亦可能是其亲眼所见。但古人认为七岁幼女不足言事，因而宁可相信是鬼魂附体。但也正因司法者相信如此，冤狱才有机会平反。否则，单凭幼童之言，司法者可能只视为无稽之语，从而不予问理。可见鬼神之说纵然无稽，但因为司法者相信其存在，有时会对案件审理有一定的积极作用。

（三）利用当事人的鬼神观念发现真实

鬼神观念影响案件真实发现的另一种表现是司法者利用当事人对鬼神的迷信，制造特定审理环境，从而使当事人主动陈述案件事实。《元史·观音奴传》载：

---

① ［清］曾廉：《元书》卷七十九，清宣统三年层漪堂刻本，第1104页。

观音奴……知归德府。廉明刚断,发擿如神……彰德富商任甲,抵睢阳,驴毙,令郄乙剖之。任以怒殴郄,经宿而死。郄有妻王氏、妾孙氏。孙诉于官,官吏纳任贿,谓郄非伤死,反抵孙罪,置之狱。王来诉冤,观音奴立破械出孙于狱,呼府胥语之曰:"吾为文具香币,若为吾以郄事祷诸城隍神,令神显于吾。"有睢阳小吏,亦预郄事,畏观音奴严明,且惧神显其事,乃以任所赂钞陈首曰:"郄实伤死,任赂上下匿其实,吾亦得赂,敢以首。"于是罪任商而释孙妾。

本案中,司法者故意对吏役声称自己会祈祷城隍神,使其显灵并助其审理,相信神灵存在的小吏遂道出真情。这是利用鬼神观念发现真实的经典案例。当然因为小吏并非冤狱的制造者,只是知情者,因此他没有必要刻意隐瞒案情。倘若是案件当事人,特别是刑案真凶,简单地诉诸鬼神的言语恐吓难有效果。司法者需要精心设局,让相信鬼神存在的当事人在特定情况下认为鬼神已经介入案件审理并即将实施报应,且还不能让当事人感受到司法者存在于这一特定环境下。清代一案的审理即是如此。

(姚柬之)授河南临漳知县,屡决疑狱……常姚氏被杀,罪人不得。柬之察其时为县试招覆之前夜,所取第一名杨某不赴试,疑之。召至,神色惶惑,询其居,与常邻。乃夜至城隍庙,命妇人以血污面,与杨语,遂得图奸不从强杀状。①

本案被告人身负命案,乃是死罪,寻常的鬼神恐吓自然不足以使其

---

① 《清史稿》卷四百七十八《循吏三》。

自承犯罪，但司法者精心安排，将被告人置身特定环境下，使其强化了冤鬼确实存在的意识，行为人因恐惧而失去了对司法者的防范心理，从而承认犯罪事实。

四、 司法时令与仁政司法

天人合一观念对仁政司法还有一个重要影响，即司法时令说的形成及相应制度的建立。早在先秦时期，司法时令说就已初步形成。《礼记·月令》主张："仲春之月……命有司，省囹圄，去桎梏，毋肆掠，止狱讼。"而于"孟秋之月……命有司，修法制，缮囹圄，具桎梏，禁止奸，慎罪邪，务搏执"，即案件审理主要应放在秋天进行。但这还仅限于理论上的主张，制度上尚未见到相关规定。汉代时司法应顺应时令的观点被制度吸收。《后汉书·章帝纪》载：

> 律，十二月立春，不以报囚。李贤注："报，犹论也。立春阳气至，可以施生，故不论囚。"

可见，依汉律，立春时节不处决犯人。理由是阳气至，表明天意欲生。人间帝王应当法天，故不得处决囚犯。《后汉书·鲁恭传》记载了鲁恭对此更为详细的论说：

> 初，肃宗时，断狱皆以冬至之前，自后论者互多驳异。邓太后诏公卿以下会议。恭议奏曰："夫阴阳之气，相扶而行，发动用事，各有时节。若不当其时，则物随而伤。王者虽质文不同，而兹道无

变,四时之政,行之若一。《月令》,周世所造,而所据皆夏之时也,其变者为正朔、服色、牺牲、徽号、器械而已。故曰:'殷因于夏礼,周因于殷礼,所损益可知也。'《易》曰:'潜龙勿用。'言十一月、十二月阳气潜藏,未得用事。虽煦嘘万物,养其根荄,而犹盛阴在上,地冻水冰,阳气否隔,闭而成冬。故曰:'履霜坚冰,阴始凝也。驯致其道,至坚冰也。'言五月微阴始起,至十一月坚冰至也。夫王者之作,因时为法。孝章皇帝深惟古人之道,助三正之微,定律著令,冀承天心,顺物性命,以致时雍。然从变改以来,年岁不熟,谷价常贵,人不宁安。小吏不与国同心者,率入十一月。得死罪贼,不问曲直,便即格杀。虽有疑罪,不复谳正。一夫吁嗟,王道为亏,况于众乎?《易》十二月'君子以议狱缓死'。可令疑罪使详其法,大辟之科,尽冬月乃断。其立春在十二月中者,勿以报囚,如故事。"后卒施行。

司法顺应时令虽说与顺应天意有关,但同样符合"议狱缓死"的要求,显然具有慎刑及仁爱精神。此外,司法顺应时令还有不误农时及避免轻罪者被长久关押的考虑。《鲁恭传》还记载鲁恭的如下观点:

旧制至立秋乃行薄刑,自永元十五年以来,改用孟夏。而刺史、太守不深惟忧民息事之原,进良退残之化。因以盛夏征召农人,拘对考验,连滞无已。司隶典司京师,四方是则,而近于春月分行诸部,托言劳来贫人,而无隐恻之实。烦扰郡县,廉考非急。逮捕一人,罪延十数,上逆时气,下伤农业。案《易》五月《姤》用事。经曰:"后以施令诰四方。"言君以夏至之日,施命令止四方行者,所以助微阴也。行者尚止之,况于逮召考掠,夺其时哉,比年水旱伤稼,人饥流冗。今始夏,百谷权舆,阳气胎养之时。自三月以来,阴寒不暖,物当化变而不被和气。《月令》:"孟夏断薄刑,出轻系。行秋令则苦雨数来,五谷不熟。"又曰:"仲夏挺重囚,益其食。行秋令则草木零落,人伤于疫。夫断薄刑者,谓其轻罪已正,不欲令久系,故时断之也。"臣愚以为今孟夏之制,可从此令,其决狱案考,皆以立秋为断,以顺时节,育成万物,则天地以和,刑罚以清矣。

鲁恭批评地方官孟夏断刑,因拘捕犯证从而伤害农业;而有的司法者主张之所以在孟夏断薄刑,是因为轻罪人犯事实已查清,断刑乃是为了避免长期关押犯人。但实践中孟夏断刑并不限于事实已查清的轻罪,而往往将断薄刑变成了审断有罪,常有逮召拷掠之举。故而鲁恭强调孟夏只可断刑,不可审罪。可见何时断刑名义上是时令之争,实质上争的依然是如何才算是对涉讼者施行仁政。

唐代的司法顺应时令之制较为详细,法律规定:"京师之囚,刑部月一奏,御史巡行之。每岁立春至秋及大祭祀、致齐、朔望、上下弦、二十四气、雨及夜未明、假日、断屠月,皆停死刑。"①严格遵守死刑执行时间符合时令要求,能使很多死罪人犯在客观上可以延续生命,同时还增加了免死的机会。宋代则继续重视夏日断轻罪以减轻淹滞的做法。开宝二年(969)五月,"帝以暑气方盛,深念缧系之苦,乃下手诏:'两京诸州,令长吏督狱掾,五日一检视。洒扫狱户,洗涤杻械。贫不能自存者给饮食,病者给医药,轻系实时决遣,毋淹滞。'自是,每仲夏申敕官吏,岁以为常"②。明代的热审制度即脱胎于此,其意义在于减轻犯罪者暑热时期在监狱所受之苦,对被关押者而言可谓仁政。

---

① 《新唐书》卷五十六《刑法志》。
② 《宋史》卷一百九十九《刑法一》。

下 编

中国仁政司法传统的现代转化

关于传统司法的近代转型,学术界给予的评价并不高。有学者认为,清末的司法专业化与新中国成立前后的司法民主化路径都没有改变司法的工具主义倾向,司法现代化的目标没有实现。① 另有学者认为,近代中国法律转型所取得的突出成就,是仿照西方国家的模式建立起了具有近代色彩的法律体系。② 也有学者认为,传统司法对现代司法具有一定的借鉴意义,古代重视道德的自律性与遵守法律的自觉性是与现代法治沟通的连接点。儒家的和谐思想和调解制度与当代恢复性司法有共通之处,对我国构建和谐社会有借鉴意义。③ 原心定罪的刑罚人道主义与现代社会的用刑轻缓化及司法人道主义亦有共通之处。④

已有的传统司法的近代转型研究主要关注清末民国时期的转型,较少关注当代司法的需求;而传统法的现代意义研究也只关注在传统法与当代法之间寻找共通之处,对于汲取传统法资源解决现代法治问题并无实质功用。我们认为,当代司法存在的问题如司法不公、冤假错案经常发生等现象与仁政司法传统明显相悖,将传统仁政司法的制度与实践做法进行符合现代法治精神的改造后,可以有效应对当代司法存在的问题。

---

① 沈国琴:《中国传统司法的现代转型》,中国政法大学出版社2007年版,第286—290页。
② 张晋藩:《中国法律的传统与近代转型》,法律出版社2005年版,第430页。
③ 崔永东:《中国传统法律文化与和谐社会研究》,人民出版社2011年版,第5页。
④ 夏锦文:《传承与创新:中国传统法律文化的现代价值》,中国人民大学出版社2011年版,第344—345页。

第十六章　古今一脉

一、仁政司法传统与现代法治价值的兼容

（一）慎刑详谳与司法正义

司法正义的实现与两个要素密不可分：一是司法过程中能够发现案件事实真相，二是司法者能够正确适用法律。中国古代的慎刑详谳对于发现案件真实及适用正确的法律皆有积极意义，因而与当代司法追求正义价值可以兼容。

1. 慎刑详谳与发现真实

当代司法与古代司法在样态方面存在很大差异，比如当代司法采对抗制，古代司法采纠问制；当代司法强调分工协作与监督，古代司法强调集权负责。但我们不仅应该看到他们的差异，更应看到他们的共同点。在古今司法的诸多共同之处中，司法者都追求案件的真实发现即是其众多的共同点之一。案件真实的发现有赖于确实充分的证据。古人强调"招认明白，赃状露验"，今人主张"事实清楚，证据确凿"。两者在事实查明的要求方面及依证据裁断案件事实方面并无本质区别，区别只在于获得证据材料的手段及其对证据采信的影响不同。为了获得查明事实所需要的证据材料，古人基本上主张可以不择手段，如刑讯逼供、欺诈审理等手段皆可以适用。刑讯虽不受褒美，却始终于法有

据;适用虽然受到限制,却从未被完全禁止。至于欺诈手段则经常适用,而且常为后来的司法者津津乐道。当代社会出于保护当事人人权的需要,许多发现真实的方式被禁止适用。不过抛开上述取证手段的区别不谈,单就其发现案件真实的目的以及主要依证据来发现真实这两点而言,古人今人自是灵犀相通的。

既然事实应当被发现,而且主要应通过证据来发现。那么,如何能够获得真实充分的证据材料,就是古今司法者都必须考虑的问题。古代司法理论中一个重要内容就是通过详细审理来发现真实,这一观念在今天依然没有过时。比如在讨论刑事案件中侦查行为应当遵守的原则中,就有学者将"深入细致"作为一项基本原则,其意义显然在于"深入细致"能够查清犯罪基本构成要件事实和犯罪的各种具体情节,排除证据材料中的矛盾和疑点。[①] 不仅理论界有如此认识,立法中许多制度同样能够体现国家对发现真实的慎重。例如补充侦查制度的主要目的就在于保证证据材料的充分性、真实性及事实认定的可靠性,是典型的慎刑详谳措施。明清时期上级司法机关在发现下级审转的案件在事实认定方面有疑问时经常驳回重审,这一制度在当代不仅体现为上级人民法院在二审时将事实认定不清、证据不足的案件发回重审,也体现为审查起诉阶段检察机关将证据不足的案件退回侦查机关补充侦查。此外,审判阶段的延期审理及中止审理等措施都有因证据调查的需要而适用的情形。如《民事诉讼法》第一百四十六条规定的延期审理情形有:"需要通知新的证人到庭,调取新的证据,重新鉴定、勘验,或者需要补充调查的。"《刑事诉讼法》第一百九十八条规定的延期审理情形有以下内容:"需要通知新的证人到庭,调取新的物证,重新鉴定或者勘验

[①] 陈卫东主编:《刑事诉讼法学》第三版,高等教育出版社2019年版,第244页。

的;检察人员发现提起公诉的案件需要补充侦查,提出建议的。"将重新调查证据及补充侦查作为延期审理的理由,是我国诉讼法律慎重案件事实审理的体现。

2. 慎刑详谳与正确适用法律

发现真实是实现实体正义的必要条件,但不是充分条件;是慎刑详谳的首要目的,但不是全部目的。慎刑详谳的目的还包括正确适用法律。我国当代的司法审判强调案件判决应以事实为依据,以法律为准绳。毫无疑问,此处所指的"事实"应当是事情的真实情况,"法律"应当是正确适用的法律。司法结果只有保证这两点都已达到,才可以说是实现了实体正义。我们考察中国古代慎刑详谳的传统,发现体现这一传统的措施既有事实认定方面的慎重做法,亦有法律适用方面的谨慎措施。清代乾隆九年(1744)奏准的《断罪不当》条例文就规定:"凡州县审解案件,如供招已符,罪名或有未协,该上司不必将人犯发回,止用檄驳。"①这一条文表明,如果上级认为下级审理案件的事实认定有问题,就会将人犯发回重审。而例文所载情况是原审事实认定没有问题,但法律适用有问题,因此不须将人犯发回,只是驳令重拟罪名。可见无论是事实认定还是法律适用,都属于上级审查的范围,也都是慎刑详谳的应有之义。今天的司法活动同样需要既关注事实审理,也关注法律适用。比如立法要求人民法院在二审中应坚持全面审查原则,不仅要审查原判决事实认定是否正确,还要审查原判决法律适用是否正确适当。这一要求对于刑事诉讼与民事诉讼同样适用,不过对于刑事诉讼中的法律适用则更加重视。法律规定,对于原审适用法律错误,或者认

---

① [清]吴芸撰,马建石、杨育棠主编:《大清律例通考校注》,中国政法大学出版社1992年版,第1118页。

定罪名错误,或者适用法律正确,但量刑畸轻畸重,可以直接改判。在死刑复核程序中,最高人民法院如认为原判事实认定正确,但依法不应当判处死刑,裁定不予核准,发回重审。对于死刑的核准程序明显不同于普通案件二审发现只有量刑明显不当时的径自改判,表明了立法对于死刑案件的法律适用持更加慎重的态度,这与中国古代对于死刑案件审理的复奏制度在价值追求上高度相似。

(二)司法守正、司法公正及法治权威

中国古代没有形成法律面前人人平等的制度,法律适用上的人人平等也自然没有成为司法者的普遍信念。在立法上,当事人会因身份的不同而受到不同的对待,比如给予部分当事人特权的议、请、减、赎及官当制度。问题还不止于此:特权阶层在司法审判中除享有立法上的特权以外,还会受到司法者的额外照顾。而普通人不仅无此待遇,反而可能受到更苛刻的对待。实践中司法者如能减少当事人的身份差异对法律适用结果的影响程度,就是更接近实体正义之举。在古代司法实践中,不乏能够坚持法律面前平等对待当事人的司法者,通过严格依法处断来保障司法公正与法律权威。如西汉张释之违背汉文帝意志,坚持依法处理盗高帝庙玉环者,这是反对法外加刑的守正之举。东汉董宣坚持依法处决湖阳公主家奴的守正执法,则是坚持法不阿贵执法理念的公正司法。[①] 在当代社会,法律面前人人平等成为法治的基本要求,当事人因身份不同而享有立法上的不平等待遇已成为历史,但因司法腐败而导致司法不公正的现象在一定的范围内依然存在。据中央电视台报道,1994 年,昆明市男子孙小果和另外四名男子光天化日之下对

---

① 《后汉书》卷七十七《酷吏传》。

两名女青年实施轮奸。孙小果的母亲孙鹤予和继父李桥忠通过关系非法为孙小果办理了取保候审,在判决执行期间又非法为其办理了保外就医。1997年,保外就医期间的孙小果再次强奸四名未成年女性,手段极其残忍。1998年2月,孙小果被昆明市中级人民法院一审判处死刑立即执行。孙小果的父母再次运作,多名司法官员收受其贿赂,致使孙小果的死刑立即执行判决先后经历了两次改判。先是云南省高级人民法院经二审于1999年3月作出改判,判处孙小果死刑,缓期二年执行。结果是缓期二年期满后,减为无期徒刑。在无期徒刑执行期间,云南省高级人民法院于2007年9月作出再审判决,改判孙小果有期徒刑二十年。在孙小果的违法取保候审与违法保外就医及两次违法改判过程中,共有十九名司法人员参与其中。① 这些司法人员收受贿赂,枉法裁判。此类做法即使在古代社会也不符合司法守正的要求。可见当今社会追求司法公正、维护法治权威与古代社会的司法守正追求具有一脉相承的关系。法律的适用应体现公平正义、维护法律权威,这无论在古代还是在当今社会都是司法追求的重要目标。

(三) 善待诉讼参与人与人权保障

仁政司法的重要表现之一是司法者应当善待诉讼参与人。古代社会基于仁政理念的要求,善待诉讼参与人成为仁者司法的应有之义。当代社会虽未强调仁政司法的理念,但基于人权保障的原则而善待诉讼参与人亦极具正当性。在古代社会,善待诉讼参与人包括善待弱势群体,保证司法救济渠道畅通,控制刑讯滥用,刑罚执行过程中善待当事人等多种表现。当代社会中上述四个领域善待诉讼参与人的做法都

---

① 《1998年昆明黑社会老大死而复活,20年后再作案,19名保护伞落网》,https://www.163.com/dy/article/HO87GROS0553E1SY.html,2022年12月11日访问。

存在,且比古代社会更充分,更有法律保障。在优待弱势群体方面,对老幼弱给予特殊待遇的规定在实体法与程序法方面都有体现。在实体法特别是刑法领域,未成年人、老年人、精神及身体有缺陷的人犯罪比正常人获得明显的优待。而审判时怀孕的妇女不适用死刑也比古代社会中妇女犯死罪产后百日行刑更加人道。对精神病人则还有强制医疗这样的保安处分措施,这既是对社会的善待,也是对被告人的善待。程序上优待主要表现为司法机关设有专门的办理未成年人案件的机构。《公安机关办理未成年人违法犯罪案件的规定》第六条规定:"公安机关应当设置专门机构或者专职人员承办未成年人违法犯罪案件。办理未成年人违法犯罪案件的人员应当具有心理学、犯罪学、教育学等专业基本知识和有关法律知识,并具有一定的办案经验。"检察院也设立有独立编制的专门办理未成年人案件的机构。2019年1月,最高人民检察院增设了第九检察厅,专门负责未成年人的检察工作。截至2018年底,各地方检察院已有24个省级院、1400多个市县级检察院都设立了专门的未成年人检察机构,专门从事未成年人检察工作。在没有设立专门机构的检察院,也大多都有专门的办案组或者专门的检察官来负责这项工作。法院则设有少年法庭审理未成年人刑事案件。截至2005年底,全国法院共建立少年法庭2420个,共有兼职或者专职少年法庭法官7233名,基本做到了所有未成年人刑事案件皆由少年法庭审理。《未成年人保护法》也作出类似规定,其中还规定上述办理未成年人案件的专门机构或者专门人员中,应当有女性工作人员。司法机关讯问未成年犯罪嫌疑人、被告人,询问未成年被害人、证人,应当依法通知其法定代理人或者其成年亲属、所在学校的代表等合适成年人到场,并采取适当方式,在适当场所进行,保障未成年人的名誉权、隐私权和其他合法权益。人民法院开庭审理涉及未成年人案件,未成年被害人、证人一般不出庭作证；必须出庭的，应当采取保护其隐私的技术手段和心理干预等保护措施。人民法院审理离婚案件，涉及未成年子女抚养问题的，应当尊重已满八周岁未成年子女的真实意愿，根据双方具体情况，按照最有利于未成年子女的原则依法处理。未成年犯服刑应在专门的未成年犯管教所执行，且服刑内容主要以接受教育与参加劳动为主。

在司法渠道畅通的保障方面，与中国古代相比，当代法院对案件受理的条件要宽松许多。民事案件原告起诉讼不受季节的限制，法院受理案件亦无证据要求。刑事诉讼则提供了公诉与自诉两种渠道，保障当事人能够得到司法救济。行政诉讼中某些案件虽有复议前置情形，但复议本身也是一种纠纷解决的公力救济渠道。2015年，人民法院改革案件受理制度，变立案审查制为立案登记制。对当事人提交的诉状，人民法院一律予以接收、登记，符合法律规定的起诉和受理条件的，一律予以立案受理，切实做到有案必立、有诉必理，当事人依法"无障碍"行使诉权。在刑讯控制方面，中国古代司法制度中，刑讯原则上合法，但在适用对象、方式及严厉程度上有限制。不过实践中对刑讯的限制适用缺乏有效的制度手段，因而非法刑讯屡有发生，给案件事实的查明带来很大的负面影响。当代社会在立法上完全禁止刑讯逼供与逼证，但国家显然也认识到刑讯作为一种司法痼疾，绝不会因一纸条文就销声匿迹。司法实践中刑讯与变相刑讯仍然不时会沉渣泛起并影响司法公正，近年来披露的冤假错案背后大都有刑讯逼供的魅影。正是基于此，刑法将刑讯逼供行为定为犯罪行为，在实体法上予以打击。在程序上则采取有力措施防止司法人员非法适用刑讯。《刑事诉讼法》规定办案机关实施拘留、逮捕后，应当将被拘留人、被逮捕人立即送看守所羁押，并确立讯问犯罪嫌疑人、被告人全程录音录像制度。《刑事诉讼法》第一百二十一条明确规定："侦查人员在讯问犯罪嫌疑人的时候，可以对讯问过程进行录音或者录像;对于可能判处无期徒刑、死刑的案件或者其他重大犯罪案件,应当对讯问过程进行录音或者录像。"2014年,公安部发布文件,对需要进行讯问录音录像的案件范围、录制要求等进一步作出明确规定。《公安机关讯问犯罪嫌疑人录音录像工作规定》第四、五、六条在上述《刑事诉讼法》规定的基础上,进一步扩大了应当对讯问过程录音录像的案件范围。具体如下:

第四条:对下列重大犯罪案件,应当对讯问过程进行录音录像:

可能判处无期徒刑、死刑的案件;

致人重伤、死亡的严重危害公共安全犯罪、严重侵犯公民人身权利犯罪案件;

黑社会性质组织犯罪案件,包括组织、领导黑社会性质组织,入境发展黑社会组织,包庇、纵容黑社会性质组织等犯罪案件;

严重毒品犯罪案件,包括走私、贩卖、运输、制造毒品,非法持有毒品数量大的,包庇走私、贩卖、运输、制造毒品的犯罪分子情节严重的,走私、非法买卖制毒物品数量大的犯罪案件;

其他故意犯罪案件,可能判处十年以上有期徒刑的。

前款规定的"讯问",既包括在执法办案场所进行的讯问,也包括对不需要拘留、逮捕的犯罪嫌疑人在指定地点或者其住处进行的讯问,以及紧急情况下在现场进行的讯问。

本条第一款规定的"可能判处无期徒刑、死刑的案件"和"可能判处十年以上有期徒刑的案件",是指应当适用的法定刑或者量刑档次包含无期徒刑、死刑、十年以上有期徒刑的案件。

第五条:在办理刑事案件过程中,在看守所讯问或者通过网络视频等方式远程讯问犯罪嫌疑人的,应当对讯问过程进行录音录像。

第六条:对具有下列情形之一的案件,应当对讯问过程进行录音录像:

犯罪嫌疑人是盲、聋、哑人,未成年人或者尚未完全丧失辨认或者控制自己行为能力的精神病人,以及不通晓当地通用的语言文字的;

犯罪嫌疑人反侦查能力较强或者供述不稳定,翻供可能性较大的;

犯罪嫌疑人作无罪辩解和辩护人可能作无罪辩护的;

犯罪嫌疑人、被害人、证人对案件事实、证据存在较大分歧的;

共同犯罪中难以区分犯罪嫌疑人相关责任的;

引发信访、舆论炒作风险较大的;

社会影响重大、舆论关注度高的;

其他重大、疑难、复杂情形。

为此,公安机关在办案区讯问室和看守所讯问室应普遍安装录音录像设施,全面开展讯问犯罪嫌疑人的录音录像工作,有效预防刑讯逼供、违法取证等执法违法问题,有效保障刑事诉讼中诉讼参与人的人权。

在刑罚执行过程中善待犯人同样体现了人权保障的要求。行为人虽然触犯刑法,但除依法给予处罚外,不得法外加刑。同时还应在法定条件具备的情况下,给予行为人减刑、假释,包括特定条件下予以赦免。在具体服刑期间,现行制度中也有善待犯人之举。就普通犯人而言,每周劳动五天,课堂学习一天,还有一天休息。饮食方面按照国家规定的实物量标准供应罪犯伙食,保障罪犯吃饱、吃熟、吃得卫生。对少数民族罪犯的特殊生活习惯予以照顾,对有特定饮食禁忌的,单独设置少数民族灶。罪犯食堂参照《餐饮服务食品安全操作规范》做好食品加工、清洗消毒、物资贮存、预防食物中毒等各环节工作。犯人的被服由监狱按照在押罪犯被服实物量标准配发。若罪犯生病,给予治疗,情形严重的可以暂予监外执行。

(四) 教化弭讼与和谐社会建设

中国古代司法重视家族伦理的维护,注重基层社会的和谐,因此,在民间细故案件的审理中注重调处结案。古代的民间细故案件大致对应今天的民事案件和轻微的刑事案件及治安案件。当代社会治理中,建设和谐社会是重要的追求目标之一。特别是近年来社会治理注重从源头化解矛盾,重视通过和解与调解的方式解决矛盾纠纷。这一观念既是对传统社会治理经验的继承,也是针对社会矛盾特点所做的精准应对。在民事纠纷的解决方式中,法律设定了四种模式,分别是协商、调解、仲裁、诉讼。前两种当然是基于当事人自愿之上的纠纷解决方式。即使是仲裁和诉讼,其过程中同样存在调解程序。甚至有的司法机关还将调解结案率作为司法工作的考核指标。不仅民事纠纷解决注重当事人的自愿,刑事诉讼也有类似程序,即和解程序。法律规定,因民间纠纷引起的涉嫌侵犯人身权利民主权利、侵犯财产犯罪,可能判处三年有期徒刑以下刑罚的故意犯罪案件,以及除渎职犯罪以外的可能判处七年有期徒刑以下刑罚的过失犯罪案件纳入公诉案件适用和解程序的范围。但是,犯罪嫌疑人、被告人在五年以内曾经故意犯罪的,不适用这一程序。对于当事人之间达成和解协议的案件,人民法院、人民检察院和公安机关可以依法从宽处理。除法定的刑事和解之外,被告人若能取得被害人的谅解,人民法院亦可以在此基础上对被告人进行从宽量刑。一般来说,被害人的谅解是建立在被告人主动悔过及积极赔偿的基础上的。因此,刑事谅解及附随的从宽量刑无疑是有利于缓减当事人之间矛盾的司法举措,有利于推进和谐社会的建设。

(五) 敏速司法与司法效率及人权保障

敏速司法的价值在于减少当事人被关押期间的痛苦。当代社会虽无敏速司法的概念,但在案件审理期限方面有具体的要求,特别在刑事诉讼中,对于强制措施的适用都有明确的时限要求,比如对当事人权利侵害最大的拘留和逮捕都有严格的期限规定。民事案件的审判虽不关押当事人,但同样有审限的要求。我们知道,当事人纵使不被关押,但从诉讼开始后,当事人必定会为其劳心劳力。因此案件审理拖得越久,当事人受到的损害就越重。对案件审理提出审限要求,显然是有利于当事人的司法为民之举。当然,司法实践中违反期限规定的做法还在一定范围内存在,特别是刑事诉讼中的超期羁押现象经常发生。超期羁押这一概念在中国古代并不存在,但在当代社会强调法治与人权保障的背景下,超期羁押现象因严重侵犯人权而引起社会的广泛批评。超期羁押现象的屡屡发生与案件审理期限经常被突破有关。为此,司法机关提高办案效率,尽可能在法定期限内完成案件审理目标,是解决超期羁押的主要途径。当然严格依法办事,突出人权保障,及时变更强制措施乃至释放嫌疑人也是解决超期羁押问题的应有之义。由此可见,古代社会的敏速司法理念与当代社会强调司法效率及保障人权具有相同的价值取向,也能产生相同的司法效果。

（六）疑罪从无、从轻与无罪推定及人权保障

对于刑事诉讼中的疑罪，中国古代有从无、从有、从轻三种做法。当然，这是建立在犯罪事实是否存在及是否为被告实施之疑的基础上的。如果可疑是罪轻还是罪重之疑，则不应疑罪从无，此时从轻就是非常理性厚道的选择。当代法律坚持疑罪从无，也是针对证据不能证明犯罪存在为前提。单就有罪无罪之疑而言，罪疑从轻在当代没有法律依据。因此从这个意义上说，古代社会的疑罪从无与当代的无罪推定有共通之处，尽管两者的价值取向并不一样：古代的疑罪从无体现的是仁政理念，今天的疑罪从无体现的是人权保障。与基于仁政理念的疑罪从无相比，基于人权保障的疑罪从无当然有其优势。因为疑罪从无，因而嫌疑人在被法院生效判决确定有罪之前，不得被视为罪犯，其正当权利理应受到法律保护。比如不得被刑讯及受到其他伤害，有权为自己辩护并可以聘请律师为自己辩护，在庭审过程中拥有最后的陈述权等。而这些权利在基于仁政理念的疑罪从无中并不存在。基于仁政理念的疑罪从无只影响案件最终的处理结果，即在无法认定有罪的时候，对被告作出无罪判决。当然，疑罪从无在中国古代只是一种案件处理模式，而不是一种理念。因此，疑罪从无的结果并不是在观念上认定被告无罪，而是存疑不处罚，表现为对被告取保放之。这与当代法律要求宣告被告无罪是不一样的。总的说来，古今的疑罪从无虽然在精神上不完全相同，但结果上毕竟有共通之处。这就决定了古代疑罪处理的制度与实践在当代仍有参考价值。

二、仁政司法文化与当代法文化的兼容

（一）仁爱思想与当代社会的人道主义

仁爱思想是中国古代仁政司法理念的观念基础。与仁爱思想相对应的是当代社会提倡的人道主义。人道主义与人本主义以及人文主义有密切关系。在西方，人道主义起源于欧洲文艺复兴时期，是针对基督教教会统治社会的神道主义而形成的一种社会思潮。人道主义的核心是重视人的幸福，强调应尊重人的尊严与自由。我国作为社会主义国家，提倡社会主义人道主义。社会主义人道主义是社会主义社会的伦理原则和道德规范的精神内核。它要求社会对个人应给予关心和同情，也要求人们相互之间应当给予关心和同情。社会应当尊重个人对社会作出的贡献，尊重个人的人格，维护社会成员的基本权利特别是法定权利，并促进全部社会个体的全面发展。

我们比较一下中国古代的仁爱思想与当代的社会主义人道主义，发现两者存在许多共同之处。仁爱思想的内容是仁者爱人，爱人并不单纯是一种情感的体验，更重要的是要对被爱者给予同情和关心，采取有效措施给被爱者以幸福或者减轻被爱者的痛苦。而社会主义人道主义同样要求社会成员之间应当相互给予同情和关心。两者的核心内容基本是一致的，但两者亦有相异之处。一是仁爱思想更多地站在施爱者的立场上，主要关注仁爱者应当如何作为。而人道主义更多地从被爱者的角度出发，从满足被爱者的利益方面来设定人道的内容。二是古代仁爱思想的平等性不及当代人道主义充分。与人道主义相比，仁爱思想具有明显的不平等性。仁爱思想的不平等性首先体现在施仁者

心目中仁爱对象的不平等,比如儒家就对兼爱表示反对,主张爱有等差,血缘与尊卑影响了仁爱对象的范围及仁爱的程度。具体表现为对地位尊者的仁爱应高于对地位卑者的仁爱,对关系亲者的仁爱应浓于对关系疏者的仁爱。仁爱不平等还体现在爱者与被爱者之间,古代的仁爱通常表现为位高者对位卑者的高高在上的爱,故而古代的仁爱者更多是官员贵族,而被爱者往往是社会上的平民乃至弱者。当代的人道主义具有平等性,不仅被爱者之间应当平等,施爱者对不同的被爱者原则上不应爱有等差。① 在施爱者与被爱者之间同样应当平等,施爱者对被爱者不应有居高临下的态度。尽管仁爱思想与人道主义有差别,但两者的核心内容是相同的。有鉴于此,基于仁爱思想的仁政司法与基于人道主义的当代司法自然有共通之处。前者对后者理应有借鉴作用。

(二) 以情折狱观念与综合审判

以情折狱是中国古代仁政司法的重要法文化基础之一。所谓以情折狱表现在两个方面:一是通过察情发现案件真实及纠正错误的事实认定;二是通过察情对案件作出更合理的判决。也就是说,在事实认定和法律适用两个方面促使案件处理更加合理,从而达到仁政司法的效果。当代司法中虽无以情折狱观念,但在事实认定和法律适用领域,也都强调综合审理判断。首先,就事实认定而言,由于我国当代司法强调证据裁判原则,因此事实认定要从证据出发。司法者首先要运用法律推理推导出需要查明的要素性事实,评价每个证据对要素性事实的支持程度。其次,要对全案证据进行综合审查判断,将各个证据所提供的

---

① 尽管从人性上说这一点很难完全做到,但至少人们不会理直气壮地宣扬爱有等差。

支持度合并处理。最后,在内心形成对某个事实主张的确信程度,完成事实认定。在这个过程中,作为推论媒介的经验法则,与中国古代据以察狱的情理模式高度相似。① 在法律适用阶段,当代司法同样没有简单强调依法条断案。在刑事审判领域,最终的定罪量刑要考虑的因素具有综合性,除犯罪基本构成要件外,还要考虑犯罪诱因、犯罪后果、被害人过错、被害人对被告人的谅解情形、被告人的犯罪动机、悔罪表现、被告人的个人特质及家庭情况、行为人再犯的可能性等。总的来看,上述做法与古代司法中的断狱以情具有质的相似性。由此可见,无论是事实认定还是法律适用,当代司法强调的综合审判与中国古代的以情折狱都有共通之处。因而传统的以情折狱观念及其实践理可以为当代的司法实践借鉴。②

(三) 维护伦理与孝老爱亲

中国古代社会是一个以伦理为本位的社会,伦理规范在很大程度上形塑了传统司法的特质。比如行为人因尽孝而犯罪就可能受到从宽处理,尊亲属伤害卑亲属的犯罪行为在量刑时同样会得到宽大处理。当代社会是法治社会,法治社会的一个根本特征是法律面前人人平等,因此因维护伦理而破坏法治公平的做法在当代是不被允许的。不过伦理观念也不能被认为完全过时。当代中国强调和谐社会建设,而家庭和谐自然是重中之重,而欲实现家庭和谐,对家庭成员之间孝老爱亲风

---

① 当然,两者也有不少差别:经验法更强调事实存在的积极认定,而以情折狱更关注事实不存在的消极认定;经验法则主要判断证据本身的可信度及证据与待证事实关系的密切程度,而以情折狱则不仅可以判断证据真伪的程度,亦可以判断证据与待证事实关系的密切程度,还可以直接判断待证事实的真实程度。只不过经验法则判断事实具有确定性,而察狱以情判断事实则更关注事实存在的可能性。

② 以情折狱包括两层含义,主要用来判断事实的称为"以情察狱",主要用来处理案件的称为"以情断狱"。

尚的提倡就显得很有必要。国家每年评选的道德模范中有很大一部分是孝老爱亲的代表,绝大多数地方的村规民约也都将孝老爱亲作为对村民的基本要求。① 当然,当代的孝老爱亲与古代的维护伦理相比,亦有明显变化。古代社会的孝强调的是子女对父母的顺从,这种顺从有时会与法律规定相冲突。比如子女参与父母的犯罪活动,代替有罪的父母承受国家刑罚制裁,甚至将犯罪行为视为孝行而恬然实施。② 而当代的孝老爱亲更强调家庭成员之间的相互扶助与家庭关系的和谐,与国家法律不会形成冲突。因此古代社会因尽孝而犯法或无辜受罚,司法实践为了维护伦理而破坏法律的现象在当代已不复存在。但孝老爱亲价值的倡导对司法实践依然有一定的意义。比如当家庭成员之间的纠纷若严重到非由司法来解决不可的时候,司法者还是要考虑到案件处理结果对家庭和谐的影响。如家庭成员之间因日常生活矛盾而走上法庭,法院应当尽力通过调解来解决纠纷,而不是简单地依法判决。再比如家庭成员之间如因矛盾激化,一方伤害另一方乃至构成犯罪,被告人若取得了被害人及其他家庭成员的谅解,司法者就应给予被告人比普通案件被告人更大的宽待。但这种宽大处理不是绝对的,特别是在被害人本身无法表达主张时,其他家庭成员态度对司法结果的影响应当控制在一定的范围内。③

(四) 人治观念与以德治国

中国古代社会长期存在人治与法治两种观念,有时候两者还呈现

---

① 如河北省兴隆县在289个建制村推行"孝心养老扶贫政策",各村成立"孝心养老理事会",制定"农村孝老敬老村规民约",签订"孝善养老书",开展孝亲道德评议。
② 比如"郭巨埋儿"这样的行为,即使依当时的法律也是犯罪行为。
③ 但如家庭成员一方故意伤害另一方致死或故意杀害另一方,则其他家庭成员的谅解不应使加害人获得比普通加害人获得被害人家庭成员谅解时得到的宽待更大。

一定程度的对立。但我们应当注意的是，人治并不意味着治理只是简单地依靠统治者个人的率性而为，而是治理者在当时法律的基础上，综合考虑天理人情，对事实作出与法律规定存在一定程度冲突的处理结果。古代人治的基础是在承认立法不够完美的前提下，通过治理者积极能动的行为，纠补立法不足及立法缺陷带来的依法治理可能导致结果不公正的问题。从这个意义上说，人治可以被理解为法治的补充。再则，古人也认识到法治的理想状态并不是当民众犯法时依法处置就可以。诚如孔子所言，"听讼，吾犹人也，必也使无讼"，即无讼才是治理的目标。因此，治理者对被治理者进行教化，让民众自觉守法，进而不产生纠纷，这才是法治的理想状态。而官员欲对民众进行教化，当然也须发挥官员的个人魅力，而非依照法律规定按部就班地进行。可见，对民众进行事前教化与司法教化也是官员的人治行为。从这层意义上说，官员的人治行为就不仅仅是法治的补充，而且是法治的保障，特别是理想法治状况实现的有力保障。当代社会的法治状况与古代社会相比有质的不同。主要表现为当代法律体系已相当完善，实践中法律供给不足的状况已较为少见。而且当代社会的立法水平较古代社会亦有质的提高，故而由立法缺陷而导致的执法司法问题同样不再是法治的常态。基于社会治理的前提条件不同，当代社会治理中官员个人魅力的发挥空间亦有较大限缩。因此，人治作为一种现象已不再被广泛认可，取而代之的是德治概念。当代社会与依法治国并列的概念是以德治国。以德治国与古代的人治有着明显差别。由于当代社会不存在官德高于民德这一基本认同，因此也就不存在德治上的官民二分架构，即以官员的高尚德行感化民众行为的治理方式，而是官民共同提升道德水平，共同自觉守法。尽管当代德治与古代人治有区别，但是我们更应看到古代人治与当代德治的共通之处。这一共通之处主要表现在两个方面。一方面,无论当代立法有多大进步,立法永远都不可能是完美无缺的。在法律依然存在问题的前提下,执法者和司法者在治理时不可避免地要运用道德规范来补充立法的不足,这与古代将天理人情作为法律的补充在本质上是相通的。另一方面,通过道德感化民众以及官员自觉守法依然是不可忽视的一种社会治理模式,只不过感化的榜样由官员变成了民众与官员的身边人,具体路径可以是官员感化民众,官员感化官员,民众感化民众,民众感化官员。由于官员具有为民众服务的要求,因此感化性德治的主要表现应为官员感化官员。可以被视为爱民表率的官员理当成为其他官员学习的榜样,而民众则应更多充当这些榜样的评判者与监督者。由此,我们认为,当代的德治与古代的人治依然有相通之处,古代人治的事例与经验可以为当代的德治提供借鉴。

三、传统法律文化与当代法律文化的冲突

传统法律文化与当代法律文化相比,虽然有诸多兼容之处,但亦有些观念与当代法律文化存在格格不入之处。如果说前述传统法律文化与当代法律文化的兼容之处可以作为经验为当代法治建设所吸收,那么,传统法律文化中与当代法律文化观念冲突的部分则是我国当代法治建设应当引以为戒之处。考察传统法律文化的观念,笔者认为以下三个方面的观念与当代法治建设存在根本冲突。

(一)法律工具主义与依法治国观念的冲突

法律工具主义观念在中国传统社会有着历史必然性。因为古代社会最高的追求是不平等的统治秩序,而现代法治社会的建设以社会平

等为前提。在等级社会里,法律只是维护不平等秩序的工具,不可能是整个社会治理的根据。因为属于统治者集团的官员肯定不愿意受到法律的约束,特别是居于等级社会顶峰的最高统治者更是不可能接受法律约束。由此,法律在最高统治者的眼中就只能是统治的工具而已。法律一旦成为工具,能够破坏法律的就绝不限于最高统治者,而是整个统治集团成员。只不过根据他们在权力金字塔等级中的位置,他们能够破坏法律的程度有所不同而已。法律工具观导致法律在官员乃至民众心目中缺少神圣性,遇到法律问题时他们首先想到的不是法律是如何规定的,而是会想到如何找到权力、关系或其他力量来使自己的利益最大化。法律工具主义观念在绝大多数中国人的思想中根深蒂固,以至于当代社会依然有相当一部分官员和民众在遇到法律问题时不相信法律而相信权力和关系。这一观念与当代社会依法治国理念有着根本冲突。依法治国理念强调法律是社会最高权威,依据法律确定的秩序本身就是社会建设的目标而不是达成另外一种目标的手段。当代社会无论是官员还是普通民众都应从自己的意识中清除法律工具主义观念,在内心深处认同法律秩序的神圣价值。国家机关及其公职人员在社会治理过程中遇到问题特别是涉及权利争议的时候,首先要想到依据法律来解决,只有在法律没有规定的情况下才可以选择道德或者其他规范来解决,而且解决的方式在原则上不能与法治的基本精神相冲突。唯其如此,全社会才能形成建设法治国家的共识,法治国家的建设才有可能实现。

(二)伦理等级观念与平等观念的冲突

传统法文化观念中另一个与现代文明观念冲突的是伦理等级观念。中国古代的等级观念有深厚的社会基础,人们对此习非成是。这种等级差异首先发端于家庭,后延伸到社会各个层面。而传统法律认可此种等级差别观念并在制度上予以固化。等级观念对司法的影响主要表现在两个领域:一是在官民之间形成维护官员特权的司法模式,如八议、请、减、赎及官当等制度;二是在家族成员互犯的处理中以服制定罪的制度。伦理等级观念与当代社会的主流观念有本质的冲突。我国社会主义核心价值观强调人与人之间的平等关系,而这一价值观的强调显然对法治建设产生了深远的影响。宪法规定了公民之间法律地位平等,刑法将人人平等视为其基本原则之一,而民法则是将自身定位为调整平等主体之间财产关系与人身关系的法律。行政法调整的行政主体与行政相对人虽不是平等的关系,但在适用法律时对不同的行政相对人却依然是平等的,即行政主体要平等对待不同的行政相对人,不可因为行政相对人的地位差异而给予不同的对待,这一点与刑法中司法机关对待不同的当事人应当平等在法理上是相同的。但由于传统社会不平等观念存续过久,因而其在当代社会依然会在较长的时间内存在并影响社会治理的实践。当代社会中的许多不平等现象就是受此种不平等观念影响。比如单位在招工中存在的对应聘者的地域、性别及与岗位要求无关的学历歧视就是典型的不平等观念在作祟。不平等观念在司法领域也依然存在,比如有的司法机关以担心被告人失学为由决定对初次犯罪的大学生暂缓起诉,[①]而同样情况的普通被告人则无此待遇,这显然违背了法律面前人人平等的原则。更为严重的是司法的不平等往往与司法腐败相伴。如云南的孙小果案中,因为其家庭成员与部分司法工作者有亲友关系,得到了不应有的庇护。身犯重罪却能逃

---

① 2003年,南京市浦口区检察院成立全国首家在校大学生犯罪预防中心,推出一项新举措,即对一些具有可塑性学生的犯罪行为作出暂缓起诉的决定。

过刑罚制裁,长期逍遥法外并继续实施犯罪,造成极为恶劣的社会影响。由此可见,人们心目中的不平等观念还在对社会治理产生着消极影响。国家及社会需要花大力气宣扬平等观念,还要对不平等的做法特别是司法实践中的不平等做法及时予以纠正。如此才可能让人们意识中的不平等观念逐渐消除,使法律面前人人平等观念成为全社会的共识,这样建设法治社会的目标才是可期的。

(三) 天谴报应观念与无神论观念的冲突

中国传统社会人们的意识中存在天谴报应观念,不仅普通民众如此,司法者亦不例外。这种观念在当时对社会治理产生过一定的积极作用,主要表现在两个方面:一是为刑罚的正当化提供了依据,表现为立法者认为法律给予犯罪者的制裁是秉承上天意旨,因而实施刑罚是代天行刑之举;二是就司法实践而言,有些相信天谴报应观的司法者会更加慎重审断案件,避免因审断不慎而出现冤假错案从而受到天谴报应。但是由于天谴报应的虚无不可知性,因而其对司法的影响也具有高度不确定性,具有明显的因人而异的特征。有许多司法者会按照自己理解的天谴报应观来审断案件。如清代刑名幕友"救生不救死"的观念及相应做法,就很容易导致案件处理出现不公平的结果。我国当代社会的主流意识形态是无神论观念。刑罚的根据不是天谴报应,而是报应刑、预防刑及矫正刑三者结合的产物。司法者在实践中也是本于其对立法规定与案件事实的综合考察而作出判决,既不应考虑司法决策会给自己带来何种因果报应,也不用考虑对被告人施以何种刑罚,才能与犯罪者应得的天谴报应相符合,进而被视为代天行诛。但是摈弃天谴报应观念要避免的情况也仅是上述两种情况。古代社会司法者受因果报应观念影响下的积极结果却不应随着摈弃天谴报应观念的同时而被弃如敝屣。比如传统司法者担心错判案件受到天谴,因而尽力审理案件,认真查明事实,谨慎适用法律的做法,在当代仍然应被继承。司法者不能因为不相信有天谴报应观念就可以在审案判案件时徇私枉法,为所欲为。无神论者当然不相信鬼神,但却不能违背良知。这是司法者应当坚守的底线,与是否相信鬼神没有关系。

第十七章　古为今用

一、当代司法存在的问题及成因

（一）刑事冤假错案频现与刑讯适用的关系

在当代的刑事司法实践中，尽管公开实施了无罪推定原则，但无辜者被冤有罪的案件依然会不时发生。这一现象值得我们探究。从理论上讲，由于实行了无罪推定，因此在有罪证据不充分的情况下是不能认定被告有罪的，因而不应当出现无罪错判有罪的冤案。相反，出现有罪漏判的现象才是正常的，但实践中冤狱屡有出现。2019年2月27日，最高人民法院发布司法改革白皮书，内载：自2013年以来，仅由最高人民法院通过审判监督程序纠正的重大刑事冤假错案就有46起。① 可以想见，由其他各级法院及其他司法机关平反的冤案数量要远大于这个数字。

据已经披露的信息显示，上述冤狱的酿造过程中都有刑讯逼供的"功劳"。如福建省念斌投毒案中的嫌疑人念斌自述受到严酷刑讯逼供，被固定手脚后用书本垫肋骨再用锤子砸。云南省杨宗发杀母案中被告人杨宗发同样受到残酷刑讯逼供。嫌疑人被用火钩烙，用开水烫，

---

① 《最高法发司法改革白皮书：纠冤假错案，严惩老赖》，https://baijiahao.baidu.com/s？id=1626595201120722947&wfr=spider&for=pc，2019年2月27日访问。

更加令人发指的是,办案人员为迫使杨宗发认罪,竟将杨宗发带至其女杨显芬的讯问现场,让其目睹杨显芬被严刑拷打的过程。从上述材料可以看出,当代冤狱的形成虽然有证据调查不细致、证据运用不严密、事实认定不合逻辑等多种原因,但刑讯逼供无疑是最重要的原因。与中国古代法律中刑讯具有合法地位不同,我国当代法律早已明令禁止刑讯及变相刑讯,刑讯逼供不仅会导致刑讯取得的证据丧失合法性,而且实施刑讯且逼供情节严重的还会构成犯罪。既然立法已有明文规定,为何实践中的刑讯还是屡禁不止,并还成为冤狱的主要推手?个中原因,值得细思。

(二) 刑事案件超期羁押及其原因

羁押期限是对刑事诉讼中对犯罪嫌疑人和被告人关押的法定时限。法律规定,对被告人在侦查中羁押期限不得超过两个月。案情复杂、期限届满不能终结的,可以延长一个月。重大的犯罪集团案件和流窜作案的重大复杂案件以及交通十分不便的边远地区的重大复杂案件在上述期限不能办结的,经省、自治区、直辖市检察院批准或决定,可以延长两个月。特别重大复杂的案件,经延长仍不能终结的,由最高人民检察院报请全国人大常委会批准延期审理。人民检察院审查起诉阶段被告人羁押期限为一个月,重大、复杂的案件可以延长半个月,需要补充侦查的,补充侦查不得超过一个月。在审判阶段,普通程序一审公诉案件,应当在受理后一个月以内宣判,至迟不得超过一个半月。有特殊情况,在法定期限内不能办结的,经省、自治区、直辖市高级人民法院批准或者决定,可延长一个月。被告人被羁押的案件,未能在法定办案期限内办结,采取取保候审、监视居住的方法没有社会危险性的,可以取保候审或者监视居住,其间不计入法定办案期限。上述内容表明,我国法律对于刑事诉讼中的羁押期限有明确规定,但实践中的超期羁押现象屡有发生。广西壮族自治区玉林市的谢洪武在"无卷宗、无罪名、无判决"的情况下,被当地公安部门自1974年6月至2002年10月,超期羁押了28年。① 福建省泉州市的一起强奸杀人案中,刘来金、许端明、王辉忠三名犯罪嫌疑人于1990年被警方逮捕,案件历经泉州市中级人民法院两次开庭审理,福建省高级人民法院均以证据不足两次发回重审,案件仍由惠安县公安机关补充侦查,而三名被告人已被整整关押12年。②

超期羁押出现的原因包括内在和外在两个方面。内在原因包括司法人员的"有罪推定"思维与"重实体、轻程序"思想。在"有罪推定"思维作用下,当司法人员不能在法定期限内证明被羁押人有罪的情况时,便会将被羁押人继续羁押以图查明嫌疑人、被告人有罪。"重实体、轻程序"思想导致司法人员过分强调法律的实体价值而轻视法律的程序价值。认为司法活动只要能够发现真实并打击犯罪,对嫌疑人、被告人超期羁押无关紧要。当然超期羁押还与司法人员的人权观念淡薄有关。从司法实践状况来看,部分司法人员人权观念极为薄弱,认为被关押的都是有罪之人,多关一段时间也没有关系。殊不知被关押的人员在客观上有很大的无罪可能,在价值上则应被认为无罪之人。司法人员将其视为有罪之人,与现代法治文明完全相悖。

外在原因包括制度原因和现实原因。制度原因表现在立法上没有将羁押期与诉讼期进行严格分离。羁押期严重依附于诉讼期或者办案期,结果是侦查破案、审查起诉甚至审判时间的延长都会导致羁押期的

---

① 莫于川:《超期羁押28年案件凸现我国人权法制的软肋——关于谢洪武悲剧的法理与制度分析》,《河南省政法管理干部学院学报》2005年第4期。
② 毛磊:《超期羁押绝不亚于错案》,《人民日报》2002年7月31日。

延长。制度原因还表现在审前羁押机制中,不存在由中立司法机关主持进行的司法审查机制,致使羁押的授权、审查和救济几乎完全变成一种行政行为,而丧失了司法诉讼行为的基本品质。强制措施中的拘留完全由公安机关自行决定,逮捕一般由检察机关依据公安机关的申请决定。犯罪嫌疑人无法在此时提出申辩,而其委托的律师能采用的手段只有申请取保候审。取保候审的实现与否最终取决于实施羁押措施的执法者的自由裁量,而自由裁量的主要考虑则为是否影响案件的侦查、起诉与审判。如此一来,制度原因两个方面的不足对羁押实施形成合力,使得超期羁押成为难以克服的顽疾。

现实原因表现为公安机关特别是基层公安机关的办案人员与办案经费不足,导致案件证据不能及时取得。证据不能及时取得致使一些案件久侦不结。在羁押不独立于诉讼的情况下,自然会使侦查阶段的超期羁押现象难以避免,而侦查阶段也成为超期羁押发生的主要阶段。现实原因还表现为办案实践中出现的取证难。公安机关在侦查过程中,由于部分群众法律意识不强,不作证、不如实作证、作证后又撤证或翻证的现象还在一定范围内存在,从而导致应当移送的案件无法移送审查起诉,或者移送后在审查起诉期间又被检察机关退回补充侦查,造成超时羁押。

(三) 违法办案及其成因

尽管司法机关作为专业的法律适用机关,其办案行为理当依法进行,但由于各种各样的原因,司法机关违法办案的现象也屡见不鲜。前述刑讯逼供与超期羁押也都属于违法办案的表现,不过因其危害特别严重,因而笔者对其单独论述。此外,司法机关的违法办案还有其他表现,可以分为侦查起诉阶段的违法办案与审判执行中的违法办案。

侦查起诉阶段的违法办案的表现主要有两种。一是对明知是无罪的人，即没有实施危害社会行为，或者对情节影响显著轻微，危害不大，不认为是犯罪以及其他依照刑法规定不负刑事责任的人，采取伪造、隐匿、毁灭证据或者其他隐瞒事实、违背法律的手段，以追究刑事责任为目的进行侦查（含采取强制性措施）、起诉、审判等追诉活动。二是对明知是有罪的人，即有确凿证据证明其实施犯罪的人，采取伪造、隐匿、毁灭证据或者其他隐瞒事实、违背法律的手段，故意包庇使其不受侦查、起诉或者审判。① 司法机关的违法办案还表现为司法机关专业技术人员在办案过程中故意提供虚假材料和意见，或者故意作虚假鉴定，影响刑事追诉活动。

审判执行中的违法办案表现亦有两种。一是在刑事案件的审判阶段表现为故意违背事实和法律，枉法进行判决、裁定，使有罪判无罪，无罪判有罪，或者重罪轻判，轻罪重判；在执行阶段表现为对依法不该减刑、假释、暂予监外执行的犯人徇私枉法，予以减刑、假释、暂予监外执行。二是在民事、行政案件的审判阶段，故意歪曲事实，违反法律，徇私舞弊，枉法裁判；在执行阶段则表现为拖延执行期限或者违法执行。

司法机关违法办案主要是由司法腐败导致的。司法人员因收受当事人及其亲友的贿赂而徇私是司法腐败的主要原因。此外，因人情关系影响而违法办案的也占有相当比重。当然也有一种情况是司法人员迫于社会压力以及上级领导的要求而违法办案。比如因案情复杂短时间难以收集到充分证据认定事实，但上级领导干预司法，以让人民满意为由对司法人员提出限期破案的要求，司法人员按正常办案程序进行

---

① 此包含应当采取强制性措施而不采取强制措施及违法变更强制措施，或者虽然采取强制措施，但实际放任不管，致使人犯逃避刑事追诉的情形。

无法完成任务,也可能会违法办案。

(四) 滥用调解及其成因

调解作为中国传统的纠纷解决模式,在当代受到高度重视。针对民事纠纷的解决,国家提出了大调解的路径。所谓大调解即将人民调解、行政调解及司法调解综合运用,将纠纷解决于审判之前。但传统的调解强调调解者与纠纷主体法律地位平等、关系亲近以及调解者应当具有威信,当今行政调解与司法调解中的调解者与传统调解者相比,他们与纠纷者没有平等关系,亦无亲近关系,自然也无权威,其赖以主持调解的根据只有官方身份,这导致此类调解与传统调解大异其趣,也使得当代的行政调解与司法调解出现了滥用的现象。所谓调解的滥用在民事调解领域表现为行政司法人员为追求以调解解决纠纷的比率,常常会强行调解。这种强行调解可能会在一定程度上违背当事人的自愿,从而破坏调解的基本原则——自愿原则。由于调解人员具有优势地位,特别是司法调解中的调解人可能就是将来案件进入审判阶段的审判人员,因此当事人对调解人员提出的调解建议,哪怕心有不甘,往往也只能违心接受。在刑事诉讼中,认罪认罚及刑事和解具有一定程度的调解色彩。刑事和解是被告人与被害人的和解,司法机关充当类似于调解人的角色。认罪认罚则是公诉机关与被告人之间一定程度的协商,律师在一定意义上处于调解人的位置。在司法实践中刑事和解存在的问题较少。认罪认罚制度往往会出现两个问题:一是被害人对检察机关给予被告人的从宽量刑建议不满意;二是被告人对量刑建议也不满意,认为律师充当了检察机关的助手。

上述问题出现的主要原因在于司法机关没有摆正调解的位置。由于当代社会对中国古代社会以调解解决纠纷的模式充满过多美好的想象，因此给予调解模式以过高的地位，不切实际地夸大了调解的积极意义，有意无意地忽略了调解的负面作用。受其影响，无论是民事案件与行政赔偿案件的调解，还是刑事案件中的和解与认罪认罚从宽的实施，都受到了司法者的过度偏好。为了激励司法人员充分适用调解模式，司法机关在司法人员的评优与考核模式上都采取了一些非理性的措施，这就导致了司法人员在实践中受到利益驱动，强作调解人。除了司法人员有调解冲动外，在中国这样一个自古以来官员具有较高威望的社会中，当事人很难对司法人员提出的不符合自己意愿的调解建议进行有效抵制，从而导致司法人员滥用调解的冲动转化为调解滥用的现实。而制度设计的某些不足如刑事认罪认罚中没有被害人参与，则加剧了已被滥用的调解的负面作用。

二、仁政司法传统权益转化的路径

（一）教化弭讼的现代权益转化

1. 教化弭讼与现代调解的关系

教化弭讼与现代调解的关系表现为两个方面：一是两者的共通之处，二是两者的差异之处。首先，两者的共通之处表现为案件的处理都不是以司法者代表国家作出的强制判决为结案依据。当代的调解若是由民间作出的，调解意见在形式上基本没有要求；若是由行政机关或司法机关作出的，则在形式上会有格式要求。但即使是制作规范的调解书，在当事人签收之前亦不得生效。当事人对调解决定不同意的话，可以通过拒绝签收来否定其效力。这与判决自作出时就生效的法定效力不同。古代社会的调解在形式上更加自由，基本上没有书面调解书之类的文书，调解结果更多是要靠当事人自觉遵守。其次，两者的共通之处还表现为调解的结果都是双方相互让步的结果。双方的主张在调解结果中都有一定程度的体现，也都有一定程度的放弃。作为原本主张对立的双方当事人，在没有外在力量强制的情况下，双方能够达成意见一致，不妥协是不可能的，而妥协就意味着各自让步。

当然，古代的教化弭讼与现代调解也存在着明显的区别。一是理论基础有别。中国古代许多官员之所以在案件发生后选择调解处理案件，其出发点是司法者认为当事人争讼的原因是司法者平时的教化不够，责任主要在官而不在民，因而不应当不经过调解而直接适用法律。由于古代的法律适用往往意味着刑罚实施，因此不先教化而直接适用法律是官员为政不仁的表现。而今天的司法者适用调解与教化无关。实践中没有司法者因为认为自己平日的治理有过错而对当事人的纠纷实施调解。今天社会提倡调解，理论基础在于认为调解更利于提高纠纷解决的效率，有利于保障并促进人际关系的和谐。二是今天的调解在形式上更规范。古代的教化弭讼主体多元，形式多样。就调解主体而言，当事人的亲友、邻居、乡约、里正以及县令、知府等官员都可以成为调解主体；就调解方式而言，司法官言情说理、自我责罚、资助财物、请当事人吃饭饮酒都会成为调解方式。今天的调解有专门主体与专门程序：人民调解有调解委员会的专职人员，行政调解与司法调解的人员都是可以确定的，通常情况下就是纠纷的办理人员；在调解程序上，今天的调解也规范得多，基本就是调解者在征求双方意见的基础上，在结合相关法律规定、国家政策及地方与法律不冲突的民事习惯（在民事纠纷调解中经常成为调解方案的提出依据）的基础上综合提出调解方案，再与当事人协商，最后达成一致意见，制作调解书，经当事人签收后生效。古代社会调解中的各种花式手段在今天都不存在。

2. 调解自愿的权利保障机制

调解结案与判决结案的一个根本区别在于能否体现双方的自愿。这种自愿既体现在对调解方式的选择上,也体现在对调解结果的接受上。但无论是中国古代的教化弭讼还是当代的调解结案,都存在一定程度的违背当事人自愿的情况。当代调解中违背当事人自愿的做法前节已有论述,自不待言。古代的教化弭讼同样存在违背当事人自愿的情况,司法官员甚至会用刑讯威胁的方式迫使当事人接受调解。但是古代官员实施调解的动机与当代司法者实施调解的动机并不相同。借鉴古代的调解实践,对当代的调解制度进行重新设计,可以有效减少调解违背当事人意愿的情况。首先是古代调解虽有官员主导的现象,但并非主流。司法实践中绝大多数调解是在民间完成的。即使案件起诉到官府,若非命盗重案,官员也往往会批示由乡里族长等人调处。而当代调解的官方色彩过于浓厚,即使是从性质上看属于民间组织的人民调解委员会,在民众的眼中仍有官方色彩。可以说古代调解违背当事人意愿的情况主要是由司法官的率性而为导致的,而今天调解对当事人自愿的侵犯主要是由调解制度及调解者的身份导致的。

借鉴古代调解的做法,可以对当代的调解制度进行如下改革,以保证调解尽可能不迫使当事人违背自己的意志。在民事诉讼中,取消将调解结案率作为考核法官工作业绩的标准,但要求法官在开庭前应征求当事人意见,问其是否接受调解。如当事人愿意调解,则告知当事人可以自行协商选择调解人。如当事人无法达成共识,则可以建议当事人选择人民调解机构调解。如当事人亦不愿接受人民调解机构调解,才可询问当事人是否同意法官担任调解人。但要告知当事人,担任调解的法官与调解不成时负责案件审判的法官不是同一人员。如果担任调解的法官在后来又担任审判法官,当事人可以申请其回避。在刑事诉讼领域,刑事和解程序中对被害人意愿的保障也是这一制度价值实现的关键。为此,刑事和解必须有被害人的主动申请和签字,严禁司法人员引诱甚至胁迫被害人违心接受和解。司法人员与被害人协商和解内容时至少要有关心被害人利益的第三人在场。而在认罪认罚从宽制度中应当保障被害人的参与权,尊重被害人的意愿。对被告人而言,检察机关与律师应保证被告人获得充分的定罪与量刑信息,务必避免将疑罪认定为有罪,更要防止将无辜者错判有罪。辩护律师要坚守职业道德,尽力维护被告人的合法权益,不能成为检察官的辅助人。法院对认罪认罚从宽案件的事实仍应进行实质审理,特别是发现被告有罪证据不足或不真实时要敢于判决被告无罪,其自身不能成为检察机关的橡皮图章。

3. 调解书的形成机制

广义的调解书包括普通的民间调解、行业调解、人民调解委员会及人民法院制作的调解书。狭义的调解书仅指人民法院在当事人达成调解协议的基础上制作的关于当事人权利义务内容的文书。由人民法院制作的调解书经当事人签收后即产生与生效判决同等的法律效力。由于普通的调解书无法律强制效力,因此本书在此只讨论狭义调解书的形成机制。鉴于经签收后的调解书具有法律约束力,人民法院在制作调解书时应非常慎重。我们知道,尽管调解书经当事人签收后才产生法律效力,但实践中由于民众法治意识不强而导致对官方法律文书盲目签收的现象广泛存在,结果是签收程序应有的保障当事人自愿的功能往往难以实现。有相当一部分当事人在签收调解书后又反悔,很大一部分原因在于当事人没有真正了解调解书的内容及其法律意义。为此，法院关于调解书的形成及交付当事人签收都应有严格的程序。关于调解书内容的形成，应考虑两个重要因素。首先是调解协议。我们知道，调解书是根据调解协议来制作的，而调解协议是双方协商一致的意思表示。法院在制作调解书时要注意其内容应当与调解协议保持一致。在此过程中，首先要注意避免制作人员在制作调解书过程中发现调解协议内容有缺陷而在调解书中擅自变更原调解协议内容。果真出现此种情形时，制作人员应与双方当事人沟通并取得当事人同意后，重新订立调解协议，再根据新的调解协议的内容制作调解书。其次是调解书制作过程中不能受到一方意见影响而改动调解书内容。在调解书送达当事人签收时，应当告知调解书中的关键内容，或者在调解书中将与当事人利益相关的内容通过突出字体予以显示。总的目标是保证调解书的内容尽可能体现当事人的意志以及保证当事人尽可能充分地了解调解书的内容，如此，当事人在签收后反悔的概率才会下降。送达调解书除了应告知当事人调解书内容，更应告知当事人调解书签收的后果，最好是用统一文字表述并由当事人签字确认他已知道签收调解书的法律后果。

4. 调解人员的选拔与培训机制

就影响调解成功率的因素而言，调解人员的人品与能力无疑是相当关键的因素。当事人可以任意选择的调解人员具有不确定性，因此国家不可能也没有必要对其业务素质提出要求。但对专门调解人员如人民调解委员会的成员、行政机关专职从事调解的人员以及人民法院从事诉前调解的人员而言，国家有可能且也应当对其提出职业素养方面的要求。调解人员的职业素养要求主要表现在两个方面。一是调解人员道德品质及性格方面的要求，主要包括公正、冷静、温和。公正作为调解人员的品格素养,重要性自不待言。冷静的重要性在于能对双方的主张作出理性判断,并能够提出合理的解决方案。而温和的价值在于能够营造一个当事人可以平和交流的场域,从而使得调解协议更易达成。二是调解人员业务素质的要求:调解人员要熟悉法律及相关风俗习惯,特别是要熟悉调解事务所涉及的法律与习惯。调解人员还应当善于摆事实、讲道理,能够以理服人,必要时还能够以情动人。调解人员的品性和业务素质要求可以列入调解人员选择时的参考要素。对具备基本要求被选聘成为调解人员者还应进行执业培训。对调解人员在调解过程中的立场态度、语言表达、调解进程的把控技巧、调解协议的促进达成、调解书的制作等相关方面进行伦理培养及专业辅导,经考核合格后发给证书。调解人员应当持证上岗。

5. 特定民事案件审理中的调解前置程序

民事调解虽然重要,但对案件事实清楚且当事人之间主要是业务关系的案件,调解的必要性并不突出。但对特殊案件,比如关于婚姻家庭等纠纷案件,当事人虽然会将官司诉至法院,但通常并无使关系完全破裂的意愿,此时调解的意义就尤其突出。比如不以离婚为目标的家庭纠纷,追索赡养费、抚养费等纠纷,以要求对方赔礼道歉为主要诉求的纠纷等。此类案件调解的意义远大于其他民事案件调解的意义。为保证当事人在起诉之时因一时冲动拒绝调解,从而致使双方矛盾激化到不可挽回的局面,立法可以为此类案件的受理设定调解前置程序。当然设置调解前置程序,并不意味着纠纷必须以调解结案。但如果在调解程序刚启动时因当事人拒绝即予停止,那么这与普通的诉前调解没有区别,调解前置程序的特殊价值也难以发挥。但如果在当事人拒绝调解建议后法院仍然强行调解,则明显有违调解自愿这一根本原则。

因此调解前置程序应当精心设计,既不能沦为普通的诉前调解程序,亦不能强化本已存在的调解经常具有的违背当事人意愿的问题。笔者建议可以借鉴中国古代的死刑复奏制度及民事司法实践中"松江太守明日来"的做法。① 在上述特定案件当事人将纠纷诉至法院时,法院调解人员可告知此类案件在审判前有调解前置程序,并询问当事人是否接受调解。如接受则向其提供附有必要信息的调解人员名单,供其选择。在当事人选择好调解人员后,再由案件受理人员为当事人与调解人员约定调解时间和地点。如果当事人拒绝调解,则告知当事人可以经过一定时间之后向法院申请审判。但在此期间及其后仍然可以向法院申请调解,以给当事人充分的时机考虑选择何种调解方式解决纠纷。

6. 调解效力的认定机制

依据现有法律规定,除法院调解外,人民调解与行政调解都不具有强制力。我国的行政权力一直处于优势地位,行政机关不仅掌握着丰富的权力资源,在民众心中也较有威望。老百姓有困难多把希望寄托于政府,对政府的处理结果也相对尊重。因此主张行政调解协议具有民事合同效力,允许约定调解协议具有强制执行力、公证执行力、支付令效力及司法确认效力。②

对此观点笔者不能认同。司法调解之所以有效,乃是因为其被视为司法解决纠纷模式的一种,而司法解决纠纷本就是现代社会纠纷解决的最后选择,因而不得不赋予其强制力。若将行政调解赋予强制力,则剥夺了当事人寻求司法解决纠纷的权利,也是不适当扩张行政权的

---

① 明代松江太守赵豫居官慈惠。每见讼者,非急事,则谕之曰"明日来"。始皆笑之,遂有"松江太守明日来"之谣。论者认为"讼者乘一时之忿,经宿气平,或众为劝解,因而获息者甚多"。(参见《坚瓠续集》卷四)

② 史卫民:《论我国行政调解的适用范围与法律效力》,《理论月刊》2012年第1期。

表现。因此从调解种类的效力来看,笔者还是认同现行制度,只承认法院调解在满足条件后具备强制力。问题在于如何使法院调解书强制力的赋予更合理。现行法院调解书经当事人签收后,即具法律效力。民事诉讼法规定,当事人提出证据证明调解违反自愿原则或者调解协议的内容违反法律的,可以向原审人民法院或者上一级人民法院申请再审。从上述规定看,立法是将生效调解书的效力等同于法院生效判决的。但立法关于生效判决申请再审的条件非常宽松,即当事人认为生效判决有错误。法律关于人民法院对当事人申请再审案件应当再审的条件也很宽泛,包括证据和事实方面错误及审判程序的错误。而生效的调解申请再审及法院决定再审的条件都很严格。若严格依法律规定,会导致大多数有错误的调解无法获得再审救济。笔者认为,由于调解程序相对审判程序更加自由,因此调解发生错误的可能性及对当事人权益产生伤害的可能性是大于生效判决的。但法律却对调解错误的纠正设置了更多障碍,显然违背司法公正原则。立法者也许更多地考虑了纠纷解决当事人主义的因素。但我们应当清醒地看到,由于中国传统社会民众权利意识淡薄,当事人对官方相当依赖,调解所体现的当事人主义精神对保护当事人的真实利益所起的作用与判决相比并不占优。因此笔者建议,对于法院调解的效力应当赋予与生效判决一样的救济途径。

(二) 慎刑详谳的权益转化

1. 当事人证据权益的实现与保障机制

诉讼的目标有二:一是发现真实,二是正确适用法律。发现真实作为诉讼目标古今并无差别,但古今的诉讼结构有很大不同。中国传统社会实行纠问式诉讼,诉讼由司法官员主导。当事人特别是被告人往往只是发现真实的手段,而非发现真实的主体。纠问式诉讼的问题是显然易见的。由于诉讼进程由单方主导,而无制衡力量,因而在主导方有破案压力的时候,很容易出现刑讯逼供并导致冤假错案的产生。我国当代诉讼结构是对抗式诉讼,当事人与司法机关一样都是发现真实的主体。问题在于,中国传统社会纠问式诉讼存续时间过久,其运行惯性及负面影响在短时间内难以消除。这就导致当事人依法享有的诉讼主体地位对诉讼的积极影响未能充分发挥。在事实发现领域,表现为当事人的证据权利没有能够充分行使,对事实认定也没有起到应有的作用。借鉴传统司法的经验与教训,对当代诉讼中与当事人证据权利相关的内容进行改造,可以保证当事人能够充分行使其证据权利,从而有利于减少事实认定错误。当代法律对当事人证据权利的规定表现为以下两个方面。

一是当事人收集与提交证据的权利。民事诉讼中当事人可以取证,刑事诉讼中被告人若被采取强制措施,则其本人的取证权利会受到限制,但可以由其辩护人行使。当事人取得证据后可以向司法机关提交,但过了举证期限后再提交可能会被法院拒绝。不过如属于新证据(在过了提交期限才发现并取得的证据),则在开庭前还可以提交。在庭审过程中当事人有权申请人民法院通知新的证人到庭,调取新的物证,申请重新鉴定或勘验。当事人的陈述也属于证据的一种,民事诉讼与刑事诉讼都保障当事人有陈述事实和主张的权利。民事诉讼当事人地位平等,因而法律对其陈述权的保护也是平等的。刑事诉讼中被害人与被告人的诉讼地位不同,故而法律对其还有特殊规定。比如被告人在刑事诉讼庭审程序中享有最后陈述的权利。

二是当事人质证的权利。刑事诉讼中当事人对公诉人向法庭出示的证明被告人罪行的物证,辩护人向法庭出示的证明被告人无罪或罪轻的物证，都有权进行辨认、核实，经过辨认后，发表自己对上述证据证明力的看法。当事人经审判长许可，有权向证人、鉴定人发问。对于刑事诉讼的当事人还有特殊规定。被害人、附带民事诉讼的原告人在法庭调查时，经审判长同意，可以向被告人发问。

从上述内容可以看出，现行法律关于当事人证据权利的规定虽然相当丰富，但依然有不足之处。在取证领域，民事诉讼的当事人与刑事诉讼的被告人皆存在着取证能力不足的问题。法律虽设定了相关制度以解决当事人取证难的问题，但这些制度的实践运行状况依然存在着一定的问题。民事诉讼当事人取证难问题的解决路径是由当事人申请法院调取证据。从司法实践来看，当事人若能够及时依法向法院申请，法院通常会支持当事人主张。但问题在于民事诉讼中有相当一部分当事人法律意识淡薄，甚至连证据的重要性也认识不到，更不用说意识到取证的困难。因而经常出现当事人错过了向法院申请调查取证时机的现象，从而使这一制度的取证保障功能未能充分发挥。对此，笔者建议，对于普通民众的民事诉讼，在起诉时法院若发现当事人未聘请律师，则应告知当事人可能存在的证据风险，并告知当事人有申请法院调查取证的权利。刑事诉讼中被告人的人身自由往往受到限制，因而取证权多由其辩护律师或其他代理人及亲友行使。但由于辩护律师的诉讼对手是公安检察机关，而许多证据又掌握在他们手中，辩护律师要从公安检察机关收集证据，也有一定的难度。立法者显然也认识到了这一问题，因此出台了相关规定，以解决辩护人会见难、阅卷难及取证难的问题，但情况依然不容乐观。特别是在侦查阶段，辩护人尚无向侦查机关及嫌疑人调查取证的权利。为此笔者提出以下两条建议：一是在立法中赋予辩护人在侦查阶段的取证权，二是取消普通刑事案件中侦查机关对辩护律师会见、阅卷、取证的限制。如此，才能切实保证辩护人的取证权能够得到实现。此外,还应赋予当事人以现有事实认定及对方提交的证据存在情理上的疑点为理由申请司法机关重新调查取证的权利。当事人提出此种申请时并不需要提供具体的调查方向。赋予当事人这一权利旨在保证人民法院认定的事实既要有真实充分的证据支持,也要符合情理,从而提高认定事实与客观事实相符的程度。

除了要充分保护当事人的取证权与举证权,法律还应充分保护当事人的质证权。如果说取证权与举证权关系到证据的充分与否,质证权则关系到证据的真实与否。现行法律对当事人质证权是有制度规定的,但问题在于司法实践中当事人质证权的行使要经过人民法院批准。比如当事人向证人及鉴定人发问要经过审判人员的批准,此外,具体的质证程序如何选择同样是由审判人员决定的。由于我国刑事诉讼实践中存在一定程度的先定后审现象,法官对辩护方提出的辩护意见以及对控方证据的质疑往往不够重视,结果是辩护人关于质证程序如何选择的主张经常会被审判人员否定,从而影响事实认定的公正性。2020年海口市中级人民法院在审理一起涉黑犯罪的庭审过程中,面对控方提供的数量众多的证据,辩方主张一证一质。而审判长认为一证一质效率太低,予以驳回。在控方将一批证据全部出示完毕后才给辩方质证机会,辩方认为如此质证,效果难有保证,对此表达强烈不满。① 庭审录像在网络上流传后,造成了一定的负面社会影响。

笔者认为,为了维护庭审秩序并彰显法庭权威,赋予审判人员对庭审过程的指挥权是必要的。但我们也要认识到,法庭的权威不是来自审判人员的霸道,而是源于其对诉讼程序的严格遵守及公正的审理态度。因此,司法机关内部应切实加强对司法人员的职业素养教育;在法

---

① 《法院就法官失态致歉,庭审必须尊重律师》,《南方都市报》2020年6月21日。

官有程序违法行为时,及时纠正并予以惩戒。法院应将法官的程序违法行为与其实体违法一样对待,如此才能有效制止司法人员在审判过程中的恣意行为,维护当事人的法定证据权利。

2. 重大案件当事人要求三审的权益与保障

司法的主要目标是实现正义,正义主要表现为事实认定无误及法律适用正确。从法经济学的角度来看,正义的实现是司法的收益,而实现正义的投入则为司法的成本。司法的投入与产出之比则为司法的效率。司法效率也是司法要关注的价值之一。在司法收益相对稳定的情况下,适当控制司法成本的投入是提高司法效率的重要举措。但过于控制司法成本则会影响司法正义的实现,因此司法成本的控制不能是无节制的。正义和效率在司法体制上表现为审级的数量及终审的审级次数:两者数量越大,越体现对正义的追求;两者数量越少,则越体现对效率的追求。我国目前实行四级二审制,其他国家有的实行四级二审制,也有的实行四级三审制。但是我们应当清楚一点,即正义与效率的价值在不同类别案件中的重要程度是不一样的。一般而言,越是大案越应更重视正义,因为错误的代价太高,比如死刑案件中错杀无辜令人难以容忍;而越小的案件越重视效率,比如标的极小的民事案件就可以用简易程序审理。不同类型案件的价值取向应当有所不同,古人今人对此都有一定程度的认识。古代社会的民间细故案件通常是州县自理,而死罪案件在南北朝以后则要由皇帝决定,显然前者更关注效率,后者更关注正义。今天的刑事案件与民事案件都强调重案、大案、要案要由中级人民法院初审,而普通案件则由基层人民法院一审,显然也是考虑到了前者更关注正义,后者更关注效率。但与古代不同的是,当今制度下无论是重大要案还是普通案件,其审级都是两审终审。笔者以为,立法者之所以如此规定,是他们认为中级人民法院审理案件出错的可能性低于基层人民法院。故而重大案件由中级人民法院一审,而如果当事人上诉,则可由高级人民法院进行终审。但问题在于,人们认为级别更高的法院审理案件犯错较少既无理论依据,亦少现实例证。多重审理的意义在于为错误设定层数更多的过滤网,可以降低错误案件的最终过关率。因此由中级人民法院一审然后再由高级人民法院二审并不比先由基层人民法院一审然后由中级人民法院二审更有利于发现真实与正确适用法律。尽管在终审以后还有可能启动再审程序,但启动再审比启动二审困难得多,且再审程序的启动对重大案件并无特殊关注。笔者认为,借鉴传统社会的做法,可以考虑给予重案、大案、要案的当事人以申请三审的权利。具体制度可如下安排。首先恢复中国传统社会的辞诉下始制,无论案件大小,概由基层人民法院进行一审。其次实行特定案件三审申请权告知制,对死刑和无期徒刑案件及民事领域的特别重大案件,在法院二审终结后,法官应以书面形式告知当事人在法定期限内有申请三审的权利。如当事人在法定期限内提起三审请求,则上级法院必须受理,其审理程序与原二审程序相同。如当事人书面表示放弃申请三审,则二审判决可直接成为生效判决。如当事人不置可否,则在法定期限到达后二审判决取得终审判决效力。

(三) 善待民众传统的权益转化路径

1. 当事人以酌定情节请求从轻量刑

与古代社会的重刑主义理念不同,今天的刑法理论主张刑法应当谦抑。张明楷认为,刑法的谦抑性有两种含义:一是从立法上讲对某种行为,如果适用其他法律就可以有效制止该行为发生,就不应适用刑法。二是对已经构成犯罪的行为,如适用较轻刑罚就可以达到预防效果,就没有必要适用较重刑罚。就量刑而言,应以报应刑为基础,再考虑预防刑的因素,对行为人作出比报应刑轻的处断刑。① 依当前刑事司法实践,法官对行为人作出从轻、减轻或免除处罚,要有法定的从轻、减轻或免除处罚的情节;如无法定情节,须有酌定情节。但酌定情节最终是否影响量刑从轻,则由法院决定。尽管法院是否适用酌定情节主要取决于案件的情节和结果。正因为是酌定情节,如果法官不予适用,那么行为人亦无可奈何。如果行为人质疑,法官就可以解释说某种事实不属于酌定情节,比如被告人系初犯这样的事实,就有法官认为这不应属于量刑从轻的酌定情节。如何让酌定情节特别是酌定从轻情节切实发挥对量刑的影响,笔者认为司法机关应有所作为。从司法解释来看,最高人民法院可以制定并发布酌定情节的推荐类型。对于列入推荐类型的酌定情节,如果法院在量刑时没有考虑,那么行为人当然可以在上诉时作为上诉理由提出,二审法院对此情节应予充分考虑,这是不言自明之事。更重要的是,如果生效判决忽视了推荐类型的酌定情节,行为人就可以以此为理由提出申诉,而受理申请的司法机关在查证属实后,应当决定再审。如果当事人申诉时主张的酌定从轻情节不属于酌定情节的推荐类型,则该情节对司法机关启动再审没有决定性作用;但如司法机关决定不予再审,则应对否定该情节的理由给予书面说明。

2. 疑罪案件被告人申请无罪或者轻罪判决的权益

无罪推定是现代刑事诉讼的重要理念之一。无罪推定在实践中有两种表现:一是在侦查与审查起诉过程中,嫌疑人不能被视为一个有罪之人,其享有的不被强迫自证其罪及为自己辩护的权利应当得到充分保障;二是当案件审理结束时若不能证明嫌疑人有罪,亦不能证明其无

---

① 张明楷:《论刑法的谦抑性》,《法商研究》1995 年第 4 期。

罪,则应作出无罪判决。当然此种疑罪从无是疑罪属于有罪无罪之疑才可以适用的。如果行为人之罪不是有罪无罪之疑,而是轻罪重罪之疑,则不能疑罪从无。比如甲的行为致乙死亡,排除意外事件,问题在于甲的主观状态是故意还是过失不能确定;此时对甲就不能疑罪从无,而应疑罪从轻,对甲应按过失致人死亡罪定罪量刑。但现实中法院很少作出疑罪从无判决,纯正的疑罪从轻判决更是罕见。目前司法实践中的疑罪从轻判决多表现为本应判处死刑的案件因证据不足而在量刑上从轻判处无期徒刑或有期徒刑,即将本应疑罪从无的案件从轻判决。比如湖北佘祥林被控杀死其妻张在玉,司法机关因证据不够充分,便以故意杀人罪从轻判处佘祥林有期徒刑十五年。此种本应从无的案件从轻量刑依然是对当事人人权的侵犯,不符合仁政司法的精神。此外,司法实践中还存在疑罪从挂现象。司法者对事实不清、证据不足的案件,不是疑罪从无,而是长期关押嫌疑人或被告人,以待新的证据出现。前文讨论的超期羁押现象多与此有关。司法机关为何不能严格依法对疑罪予以从轻及从无,根本原因在于司法人员在观念上没有认同现代刑事诉讼应当遵循有利于被告的理念。此外,也有对错放被告造成不良后果的担忧,这与我国长期宣扬的刑事诉讼"不冤枉一个好人,也不放过一个坏人"的理念有很大关系。既然司法人员在观念上短时间内难有根本性的改变,我们就应当改变思路,在疑罪从无这一本为司法人员义务的基础上附加上被告人的权利。具体制度可以作如下安排。首先,刑事被告人在刑事审判过程中可以要求司法机关以事实不清、证据不足为由判决自己无罪或判决轻罪。其次,如法院对被告人的主张不予采纳,被告人当然可以以此为理由向上级法院上诉;如对生效判决,则可以向人民法院提出申诉。此外,被告人亦有权向监察委员会申诉,监察委员会经审查认为被告人申诉理由成立的,应当向人民法院发出监察建议。① 人民法院接到监察建议后应认真复查案件事实,发现确实存在有罪无罪之疑的,应当判决无罪;确实存在轻罪重罪之疑的,应当判决轻罪。

3. 老幼疾者量刑标准的设定及其申请优待的权利

刑法对于老幼等弱势群体在量刑方面给予优待在中国古代是仁政司法的重要表现。受优待的弱势人员包括老人、儿童、妇女及其他残疾人员,其中对怀孕妇女在刑罚执行时还有特殊待遇。当代法律与古代法律相比,不同点在于对于普通妇女犯罪没有特殊待遇。对于老年人犯罪,法律规定:"对于已满七十五周岁的人故意犯罪的,可以从轻或者减轻处罚;过失犯罪的,应当从轻或者减轻处罚。审判时已满七十五周岁的人,不适用死刑,但以特别残忍手段致人死亡的除外。"古代法律对于老年人分为七十岁以上、八十岁以上和九十岁以上三种情形,且法律明确规定应当给予优待的具体措施。比如北魏律规定对于八十岁及九十岁的老者,非杀人不坐。唐律则规定对于九十岁以上的人,虽有死罪亦不加刑。对于年幼者的犯罪,当代法律规定相当完善,较之古代法律更显得宽大,且具体措施操作性强。关于弱者的待遇,对于精神病人给予优待较大。对于身体有疾之人的犯罪,只是给了盲人和又聋又哑的人以特殊宽大,对于其他身体残疾者则没有明确的宽待。而对于女姓犯罪,我国当代的法律只给怀孕妇女不适用死刑的宽待。借鉴中国古代法律对老幼疾妇犯罪优待的规定,笔者认为应对当代法律中关于弱势者的优待措施进行修订。具体建议如下:对于老年人,应当将优待

---

① 从国家机关的职能来看,人民检察院是专门的法律监督机关。但由于刑事诉讼中检察机关承担了公诉职能,因而当被告主张罪疑从无或从轻的申请不被法院接受时,要求检察机关督促法院接受被告主张无异于让检察机关自我否定,缺乏现实性。故而由相对独立的监察机关来监督更适宜。

年龄修改为七十岁,待遇同现行法律给予年满七十五岁的被告人相同。对于年满八十岁的人,规定故意犯罪的,应当从轻或者减轻处罚;过失犯罪的,应当减轻或免除处罚。并且规定不得适用死刑。而对于年满九十岁的犯罪者,应当免除刑罚。对于审判时怀孕的妇女,除了不得适用死刑,在产前及婴儿一周岁之前,不得收监执行。对于一肢残缺的残疾人犯罪者,可以从轻、减轻处罚;对于两肢以上残缺犯罪者,应当从轻、减轻或免除处罚。

对于上述优待措施,司法机关不得剥夺。如果司法机关以情节严重、民愤极大为由剥夺对被告人的优待措施,那么被告人及其代理人当然可以提起上诉,对生效判决则可以提请再审。人民法院在形式审查过后发现被告人符合宽待条件的,应当再审。再审查清事实后应当依法改判,同时监察机关应当追究前述司法人员的责任。

4. 被刑讯与超期羁押者的权益保障机制

刑讯与超期羁押都是违法行为。但司法实践中这两种现象屡有发生,屡禁不止。如何有效遏止此类不法现象?司法机关人员不得刑讯和超期羁押犯罪嫌疑人与被告人,从另一个角度看,自然意味着犯罪嫌疑人与被告人有不得被刑讯与超期羁押的权利。问题在于:应如何有效保护犯罪嫌疑人与被告人的权利?就有效防止刑讯而言,立法可以考虑适用"毒树之果"规则,将刑讯逼供获得的实物证据予以排除。同时,考虑到犯罪嫌疑人对刑讯适用存在举证困难的情形,可以兼采两种举证模式。一是适用举证责任倒置。当嫌疑人或被告人主张其曾受到刑讯时,由相关机关证明未实施刑讯。如果相关机关无法证明不存在刑讯逼供,就可以推定发生过刑讯。推定发生刑讯的法律后果应限定为排除刑讯获得的证据,不包含对可能适用刑讯的司法人员的责任追究。二是适用正常的举证模式,即由嫌疑人或被告方证明刑讯存在。如他们能够证明有刑讯存在,则不仅对非法刑讯获得的证据应予排除,还应当追究刑讯实施者的法律责任。两种举证模式的选择权由嫌疑人或被告人行使。若嫌疑人与被告人能够享有这一权利,对于真正发生刑讯逼供的案件而言,轻则否定非法证据,重则制裁刑讯实施者。前者可以使司法人员非法适用刑讯的目的难以实现,后者则使司法人员为非法适用刑讯付出实实在在的代价。如此一来,司法人员非法适用刑讯,进不能实现其实施刑讯欲达到的目的,退则难以逃避法律制裁。此种釜底抽薪的做法可以有效地遏止刑讯。

对于超期羁押的治理,同样应从维护嫌疑人与被告人权利的角度着手。当行为人首次被采取羁押措施的时候,司法机关应当对其出具羁押通知书,而且同时应给予其亲属通知书副本。通知书应当载明羁押期限及到期不释放时被羁押人家属可以采取的措施,比如向检察机关控告或者向监察委员会检举。当然如果司法机关认为可能涉及案情重大复杂等原因,羁押期限可能会延长,则在通知书上应载明可能延长的期限。在原定期限到期后,如确实需要延长,司法机关应当书面告知被羁押人,并告知被羁押人及其家属有申请异议的权利。在通知书所载的羁押期限到期后,如案件还未侦查完结,司法机关应当为行为人办理取保候审手续。如行为人无法提供财产担保,亦无人可以为其提供担保,则应为其办理监视居住手续,而不得继续羁押。对于超期羁押导致行为人或其家属申诉的,检察机关应当受理。如发现确有超期羁押现象的,应当责令羁押机关改正。

5. 赦免制度的具体化及当事人的赦免申请权

赦免制度在中国古代是一项具有广泛影响力的制度。中国古代的赦免有大赦与特赦两种类型。我国当代没有大赦制度,只存在特赦制度。实践中,特赦对象仅限于特殊犯罪人尤其是特殊历史时期的特殊犯罪人,基本没有常态的特赦。这导致赦免制度的价值难以得到充分发挥。对于当代赦免制度,已有学者作出较为深入的研究,在赦免的价值、赦免的犯罪与刑罚种类、赦免的提起与决定主体、赦免的法律意义等方面皆有细致的考察与分析。对学术界已有的研究成果,笔者在此不再重复讨论。基于本书的研究旨趣,本节主要探讨中国古代基于仁政理念的赦免对当代赦免立法与实践的影响。笔者认为,当代赦免的范围应从犯罪类型、刑罚类型及犯罪者情形三个方面来建构。首先,就犯罪类型而言,对于道义性犯罪,比如由防卫过当而导致的犯罪、大义灭亲式犯罪、走投无路式犯罪、被害人有严重过错的犯罪中的行为人,应当赋予他们请求特赦的权利,特赦的结果可以是减轻或者免除处罚。其次,就刑罚而言,对于判决死刑立即执行的案件,应当赋予当事人请求特赦的权利。只要当事人提出请求,有赦免决定权的机关即应予以审查,审查后认为申请理由成立的,可以赦免其死刑执行,改为执行死缓。[①] 最后,就犯罪主体而言,对于刑罚执行时的老、残、疾等犯罪人,应当赋予他们申请赦免的权利。赦免机关在调查后认为其没有再犯可能性或再犯可能性极低的,可以予以赦免,方式为释放犯罪者并由社区进行矫正。

由于赦免是由当事人以申请方式提出的,而非有权机关主动决定的,因此有权机关应对赦免请求进行实质性审查。既如此,有权决定赦

[①] 判处死刑立即执行案件的被告人申请赦免,理由不应是案件事实和法律适用有疑问。如是此种情况,其正当做法是案件的重新审理而不是赦免。可以赦免的理由应当由两部分构成:一部分是被告人所犯之罪并非暴力伤害性犯罪,特别是没有致人死亡的犯罪结果;另一部分是被告人的死亡会对国家和社会造成重大损失的事实,比如被告正在从事的重大科技攻关项目正处于关键时期。

免与否的机关就应是行使实际国家权力的机关。对于上述不同类型的赦免决定,应当由不同的国家机关决定实施。对于当事人被判处死刑立即执行案件的赦免决定,应当由国家监察机关决定实施。由于死刑案件的生效判决是由最高审判机关核准的,因此对赦免申请的审查与决定不宜再由最高审判机关决定。由于检察机关同时承担公诉职能,因此赦免决定亦不宜由检察机关作出。而行政机关受到职权分工的限制,同样不宜审查和决定赦免,因此依目前的国家结构体制,应由国家监察机关审查并决定实施。而对于非死刑案件的赦免申请应由哪家机关受理决定,笔者的观点是原生效判决是由哪一级审判机关作出的,就由同级的监察机关受理。这样可避免赦免审查全部集中到中央国家监察机关受理,从而给中央国家监察机关造成不堪重负的问题。

参考文献

一、古籍类

《史记》,武英殿本。
《汉书》,武英殿本。
《后汉书》,武英殿本。
《三国志》,武英殿本。
《晋书》,武英殿本。
《魏书》,武英殿本。
《北齐书》,武英殿本。
《周书》,武英殿本。
《宋书》,武英殿本。
《南齐书》,武英殿本。
《梁书》,武英殿本。
《陈书》,武英殿本。
《南史》,武英殿本。
《北史》,武英殿本。
《隋书》,武英殿本。
《旧唐书》,武英殿本。
《新唐书》,武英殿本。
《旧五代史》,武英殿本。

《新五代史》,武英殿本。

《宋史》,武英殿本。

《辽史》,武英殿本。

《金史》,武英殿本。

《元史》,武英殿本。

《明史》,武英殿本。

《清史稿》,民国十七年清史馆铅印本。

《论语》,古逸丛书日本景正平本。

《孟子》,吴县吴氏仿宋本。

《礼记》,相台岳氏家塾本。

《尚书》,相台岳氏家塾本。

《毛诗》,相台岳氏家塾本。

《周易》,相台岳氏家塾本。

《左传》,阮刻本。

《春秋公羊传》,永怀堂本。

《国语》,士礼居黄氏重刊本。

《老子》,华亭张氏本。

《墨子》,毕氏灵岩山馆刊本。

《韩非子》,吴氏宋乾道本景刊。

《管子》,明吴郡赵氏刊本。

《荀子》,嘉善谢氏本。

《商君书》,平津馆本。

《文子》,清道光守山阁丛书本。

《吕氏春秋》,毕氏灵岩山馆刊本。

[汉]贾谊:《新书》,清学海类编本。

[汉]董仲舒:《春秋繁露》,清乾隆抱经堂丛书本。

参考文献

［汉］刘向：《新序》，四库全书本。

［汉］刘向：《说苑》，明刊本。

［汉］桓宽：《盐铁论》，景长沙叶氏观古堂藏明刊本。

［汉］王充：《论衡》，据明刊本排印。

［汉］荀悦撰，［清］卢文弨校：《申鉴》，汉魏丛书本。

［晋］杜预：《春秋经传集解》，宋刊本。

［晋］葛洪：《抱朴子》，平津馆本。

［唐］长孙无忌等：《唐律疏议》，宋刊本。

［唐］李林甫：《唐六典》，明刻本。

［唐］史征：《周易口诀义》，清武英殿聚珍版丛书本。

［唐］吴兢：《贞观政要》，明刊本。

［唐］李隆基：《孝经》，古逸丛书本。

［唐］杜佑：《通典》，北宋本。

［唐］孔颖达：《尚书正义》，宋两浙东路茶盐司刻本。

［唐］陆贽：《陆宣公文集》，清同治五年福州正谊书局左氏书本。

［宋］李昉：《太平广记》，民国影印明嘉靖谈恺刻本。

［宋］李昉：《太平御览》，宋刊本。

［宋］窦仪：《宋刑统》，民国十年刘氏刻嘉业堂丛书本。

［宋］司马光：《涑水记闻》，清学海类编本。

［宋］司马光撰，［元］胡三省音注：《资治通鉴》，鄱阳胡氏仿元刊本。

［宋］苏轼：《东坡全集》，明成化本。

［宋］洪适：《盘洲集》，四库全书本。

［宋］郑克：《折狱龟鉴》，清嘉庆墨海金壶本。

［宋］谢深甫：《庆元条法事类》，清钞本。

［宋］李心传：《建炎以来系年要录》，清史学丛书本。

［宋］楼钥：《攻愧集》，清武英殿聚珍版丛书本。

［宋］徐天麟:《西汉会要》,四库全书本。

［宋］林虙:《两汉诏令》,四库全书本。

［宋］欧阳修:《归田录》,明稗海本。

［宋］王溥:《五代会要》,清武英殿聚珍版丛书本。

［宋］王溥:《唐会要》,清武英殿聚珍版丛书本。

［宋］马永卿编,［明］王崇庆解:《元城语录解》,上海古籍出版社2003年四库全书版。

［宋］李焘:《续资治通鉴长编》,四库全书本。

［宋］宋咸:《孔丛子》,明万历子汇本。

［宋］黎靖德:《朱子语类》,明成化九年陈炜刻本。

［宋］文傥:《详注昌黎先生文集》,宋刻本。

［宋］朱熹:《孟子要略》,清道光二十九年汉阳刘氏刻本。

［宋］蔡沈:《书经集传》,宋刻本。

［宋］张载:《张横渠先生文集》,清正谊堂全书本。

［宋］程颢、程颐:《二程遗书》,四库全书本。

［元］马端临:《文献通考》,明冯天驭刻本。

［元］郝经:《郝氏续后汉书》,四库全书本。

［元］叶留:《为政善报事类》,宛委别藏清抄本。

［元］佚名:《元典章》,元刻本。

［明］姚广孝纂修:《明实录·太祖高皇帝实录》,钞本。

［明］叶子奇:《草木子》,清乾隆五十一年刻本。

［明］张岱:《快园道古》,浙江古籍出版社1986年版。

［明］张溶监修:《大明世宗肃皇帝实录》,"中央研究院"历史语言研究所校印本。

［明］张辅监修:《大明宣宗章皇帝实录》,"中央研究院"历史语言研究所校印本。

［明］刘惟谦:《大明律》,明洪武刊本。

［明］李善长:《大明令》,明镇江府丹徒县皇明制书本。

［明］方孝孺：《逊志斋集》，四库全书本。

［明］丘濬：《大学衍义补》，明成化刻本。

［明］郑麟趾：《高丽史》，明景泰二年朝鲜活字本。

［明］李东阳：《明会典》，四库全书本。

［明］颜俊彦：《盟水斋存牍》，中国政法大学出版社2002年版。

［明］董说：《七国考》，清守山阁丛书本。

［明］许仲琳、李云翔：《封神演义》，江苏古籍出版社1991年版。

［明］吕坤：《实政录》，明万历二十六年赵文炳刻本。

［明］舒化：《大明律附例》，明嘉靖刻本。

［明］余懋学：《仁狱类编》，明万历三十六年直方堂刻本。

［明］焦竑：《国朝献征录》，明万历四十四年徐象橒曼山馆刻本。

［明］焦竑：《玉堂丛语》，明万历四十六年徐象橒曼山馆刻本。

［明］冯梦龙：《智囊补》，明积秀堂刻本。

［明］张四维：《名公书判清明集》，明隆庆三年盛时选刻本。

［明］窦子偁：《敬由编》，明万历三十九年刻本。

［明］施沛：《南京都察院志》，明天启刻本。

［明］尹守衡：《皇明史窃》，明崇祯刻本。

［明］吕纯如：《学古适用编》，明崇祯刻本。

［明］熊大木：《杨家将》，三秦出版社2012年版。

［明］田汝成：《西湖游览志》，四库全书本。

［清］褚人获：《坚瓠集》，清康熙刻本。

［清］郑小白：《金瓶梅》，旧钞本。

［清］蓝鼎元：《鹿洲公案》，群众出版社1985年版。

［清］祝庆祺等编：《刑案汇览》，北京古籍出版社2004年版。

［清］吴荃撰，马建石、杨育棠主编：《大清律例通考校注》，中国政法大学出版社1992年版。

［清］官修:《皇朝通志》,四库全书本。

［清］嵇璜:《续通典》,四库全书本。

［清］鄂尔泰、张廷玉等纂修:《世宗宪皇帝实录》,清乾隆间内府刻本。

［清］李遇孙:《尚书隶古定释文》,清嘉庆九年宁俭堂刻本。

［清］姜兆锡:《周礼辑义》,清雍正九年寅清楼刻本。

［清］纪昀撰,北原、田军等注译:《〈阅微草堂笔记〉注译》,中国华侨出版社1994年版。

［清］王夫之:《礼记章句》,清光绪二十一年刻本。

［清］王夫之,伊力译:《读通鉴论》,团结出版社2018年版。

［清］朱轼:《大清律集解附例》,清雍正三年内府刻本。

［清］官修:《皇朝通典》,四库全书本。

［清］汪辉祖:《续佐治药言》,清乾隆五十四年双节堂刻本。

［清］许应鑅修,［清］谢煌纂:《光绪抚州府志》,清光绪二年刊本。

［清］沈家本:《大清现行新律例》,清宣统元年法律馆铅印本。

［清］沈家本:《历代刑法考》,民国刻沈寄簃先生遗书本。

［清］徐士林撰,陈全伦、毕可娟、吕晓东主编:《徐公谳词》,齐鲁书社2001年版。

［清］贺长龄编:《皇朝经世文编》,清道光刻本。

［清］那彦成:《那文毅公奏议》,清道光十四年刻本。

［清］刘衡:《读律心得》,清同治光绪间天壤阁丛书本。

［清］郝玉麟:《清稗类钞》外交类,商务印书馆印行本。

［清］托津等:《钦定大清会典事例》,清嘉庆二十五年武英殿刻本。

［清］余元遴:《席言》,江西省图书馆藏。

［清］邵之棠:《皇朝经世文统编》,清光绪辛丑年上海宝善斋石印本。

［清］龙文彬:《明会要》,清光绪十三年永怀堂刻本。

［清］孙楷撰,杨善群校补:《秦会要》,上海古籍出版社2004年版。

［清］胡文炳:《折狱龟鉴补》,清光绪四年兰石斋刻本。

[清]董诰:《全唐文》,清嘉庆内府刻本。

襟霞阁主纂,储菊人校订:《刀笔菁华正集》,中央书店1947年版。

梁启超:《梁启超全集》,北京出版社1999年版。

沈云龙主编:《近代中国史料丛刊》,台湾文海出版社1966年版。

《官箴书集成》,黄山书社1997年影印本。

杨一凡、徐立志主编:《历代判例判牍》,中国社会科学出版社2005年版。

郭成伟、田涛点校整理:《明清公牍秘本五种》,中国政法大学出版社1999年版。

二、著作类

陈朴生:《刑事诉讼法实务》,台湾海天印刷厂有限公司1979年版。

陈卫东主编:《刑事诉讼法学》第三版,高等教育出版社2019年版。

陈玺:《唐代刑事诉讼惯例研究》,科学出版社2017年版。

崔永东:《中国传统法律文化与和谐社会研究》,人民出版社2011年版。

范忠信、郑定、詹学农:《情理法与中国人》,北京大学出版社2011年版。

胡旭晟主编:《狱与讼:中国传统诉讼文化研究》,中国人民大学出版社2012年版。

霍存福、吕丽主编:《中国法律传统与法律精神》,山东人民出版社2010年版。

梁治平:《法意与人情》,广西师范大学出版社2021年版。

刘选、王振亚编著:《中国法制史话》,湖北人民出版社2000年版。

瞿同祖:《中国法律与中国社会》,中华书局2003年版。

沈国琴:《中国传统司法的现代转型》,中国政法大学出版社2007年版。

沈云龙主编:《近代中国史料丛刊》,台湾文海出版社1966年版。

睡虎地秦墓竹简整理小组:《睡虎地秦墓竹简》,文物出版社1978年版。

王亚新、梁治平编:《明清时期的民事审判与民间契约》,法律出版社1998年版。

魏文超:《宋代证据制度研究》,中国政法大学出版社2013年版。

吴佩林:《清代县域民事纠纷与法律秩序考察》,中华书局2013年版。

武威通志编委会编纂:《武威通志》,甘肃人民出版社2007年版。

夏锦文:《传承与创新:中国传统法律文化的现代价值》,中国人民大学出版社2011年版。

夏利亚:《睡虎地秦简文字集释》,上海交通大学出版社2019年版。

谢桂华、李均明、朱国炤:《居延汉简释文合校》,文物出版社1987年版。

杨一凡、徐立志主编:《历代判例判牍》,中国社会科学出版社2005年版。

尤陈俊:《聚讼纷纭:清代的"健讼之风"话语及其表达性现实》,北京大学出版社2022年版。

张琮军:《秦汉刑事证据制度研究》,中国政法大学出版社2013年版。

张晋藩:《中国法律的传统与近代转型》,法律出版社2005年版。

张晋藩总主编:《中国法制通史》,法律出版社1999年版。

张兆凯主编:《中国古代司法制度史》,岳麓书社2005年版。

〔英〕马若斐:《传统中国法的精神》,陈煜译,中国政法大学出版社2013年版。

三、论文类

毕玉谦:《试论民事诉讼中的经验法则》,《中国法学》2000年第6期。

陈景良、张中秋:《试论中国传统法文化在现代法制中的意义》,《江苏社会科学》1992年第4期。

邓建鹏:《清代健讼社会与民事证据规则》,《中外法学》2006年第5期。

胡平仁:《中国传统诉讼艺术的特殊魅力》,《求索》2017年第11期。

霍存福:《汉语言的法文化透视——以成语与熟语为中心》,《吉林大学社会科学学报》2001年第6期。

霍存福:《中国传统法文化的文化性状与文化追寻——情理法的发生、发展及其命运》,《法制与社会发展》2001年第3期。

李浩:《民事证据法的目的》,《法学研究》2004年第5期。

马小红:《"确定性"与中国古代法》,《政法论坛》2009年第1期。

马作武:《古代息讼之术探讨》,《武汉大学学报》(哲学社会科学版)1998年第

2期。

莫于川:《超期羁押28年案件凸现我国人权法制的软肋——关于谢洪武悲剧的法理与制度分析》,《河南省政法管理干部学院学报》2005年第4期。

乔传宁、李雪灵:《汉代刑名"作如司寇"质疑》,《安徽文学》(下半月)2008年第4期。

史卫民:《论我国行政调解的适用范围与法律效力》,《理论月刊》2012年第1期。

孙光妍、隋丽丽:《"慎刑"新释》,《北方论丛》2008年第6期。

汪雄涛:《功利:第三种视角——评滋贺秀三与黄宗智的"情理-法律"之争》,《学术界》2008年第1期。

徐忠明:《读律与哀矜:清代中国听审的核心概念》,《吉林大学社会科学学报》2012年第1期。

尤陈俊:《"案多人少"的应对之道:清代、民国与当代的比较研究》,《法商研究》2013年第3期。

张本顺:《"法意、人情,实同一体":中国古代"情理法"整体性思维与一体化衡平艺术风格、成因及意义》,《甘肃政法学院学报》2018年第5期。

张明楷:《论刑法的谦抑性》,《法商研究》1995年第4期。

张中秋:《传统中国法特征新论》,《政法论坛》2015年第5期。

赵小锁:《中国封建社会诉讼证明原则——以情折狱原则之原理论》,《东方论坛》(青岛大学学报)2004年第4期。

郑牧民:《论中国古代获取证据的方法》,《吉首大学学报》(社会科学版)2009年第1期。

后　记

　　本书是在笔者承担的国家社会科学基金项目"中国仁政司法的传统及其权益转化研究"结项成果的基础上修改完成的。课题组经过四年的不懈努力，课题最终以优秀等级结项。笔者当时即生望外之喜，随萌愧惶之意，恐拙作有负评审专家的厚爱。于是下定决心，要投入全力，对结项成果进行打磨，力争琢石成玉，以不负评审专家之望。

　　我从事中国司法制度史的研究已有二十余年，先前的研究一直集中在证据法史领域。在学习和研究过程中，我发现中国古代的证据运用与事实认定存在一些有趣的现象。比如不少司法者反对多传证人到堂，对刑讯逼供多有批评，在田土诉讼中主张尽量少实施勘验，在对当事人之间亲属关系的认定上则更是强烈反对滴骨辨亲这一被传统社会广泛认可的证据方式。在并无现代意义上的人权保障观念与制度的中国古代背景下，我对此问题颇为好奇。经过阅读大量史料，我认为这是中国古代儒家思想中的仁政观念在司法中产生作用的体现，并对这一问题萌发了极大的学术兴趣。其后，我以此为选题申报了国家社会科学基金项目，有幸成功立项。

　　本书以中国古代的仁政理念对传统司法的影响为视角，试图展示中国传统司法一个极具特色的面向。虽然本课题的研究视角较为集中，但由于仁政司法在中国古代并无集中的制度体现，因此在研究资料的收集整理方面需要课题组成员在浩如烟海的资料中爬梳剔抉、去芜存菁，才能搜检到所需要的片言只语。傅斯年先生用"上穷碧落下黄泉，动手动脚找东西"来描述做学问的艰辛，我对此深有体会。在课题研究过程中，课题组两位成员——西北政法大学的陈玺教授、中国政法大学的张琮军编审——提出了许多有价值的建议，课题的顺利结项离不开课题组成员的精诚合作。在大家的共同努力下，课题研究也取得了一点微不足道的成绩，相关研究成果已发表在《法学研究》《中国法学》等法学专业期刊上，有些论文还被人大复印资料全文转载，得到了学术界一定程度的认可。

中国仁政司法传统是一个全新的学术领域。对这一领域开展研究，不仅需要研究者付出长期的艰辛努力，更需要研究者具有宏阔的学术视野和敏锐的学术感悟力。尽管课题组已花费大量精力对这一领域进行研习思索，但因本人的能力水平有限，本书必然存在许多不足之处，恳请方家批评指正。

蒋铁初
2023 年 1 月 8 日于杭州西溪山庄寓所

图书在版编目(CIP)数据

中国仁政司法传统及其现代转化/蒋铁初著.— 北京:商务印书馆,2023
ISBN 978-7-100-22570-0

Ⅰ.①中… Ⅱ.①蒋… Ⅲ.①司法—研究—中国 Ⅳ.① D926.04

中国国家版本馆 CIP 数据核字(2023)第 099920 号

权利保留,侵权必究。

中国仁政司法传统及其现代转化
蒋铁初　著

商　务　印　书　馆　出　版
(北京王府井大街 36 号　邮政编码 100710)
商　务　印　书　馆　发　行
北京虎彩文化传播有限公司印刷
ISBN 978-7-100-22570-0

2023 年 9 月第 1 版　　开本 880×1240　1/32
2023 年 9 月第 1 次印刷　印张 12¾

定价:78.00 元